著●ヘレン・ハーデカー
監訳●塚原久美
監修●清水邦彦
訳●猪瀬優理／前川健一

水子供養
商品としての儀式

近代日本のジェンダー／セクシュアリティと宗教

明石書店

MARKETING THE MENACING FETUS IN JAPAN

by

Helen Hardacre

Japanese translation published by arrangement with University of California Press
through The English Agency (Japan) Ltd.

ジュディスは、マイケルが仕事に出かけているあいだに出ていった。ボストンの病院から中絶費用の請求書が舞い込んだのは一週間後だった。マイケルはしかるべき宛先《あてさき》に小切手を送った。以後、ジュディスとは一度も会っていない。

この事件があってから、長いことマイケルは独りでいた。それまでも一夜かぎりのつきあいを決して楽しんではいなかったが、今では怖れるようにさえなった。ひどく慎重に相手を選ぶようになり、それもごくたまにしかない。彼の用心深さは極端なほどだった。もう子供を死なせるのはまっぴらなのだ。

彼は、死んだ赤ん坊、より正確には死んだ胎児を忘れられないのに気づいた。その子供——彼はその子を人知れず小さなクリスと呼んでいた——のことをよくよく考えていたというわけではない。見に行く映画や新聞で見る映画広告の中に、胎児のイメージを思い浮かべ始めたのである。

常に変わらずマイケルの生活には映画が大きく影を落としていた。彼はいつでも映画から学び続けてきたのだ。映画館の暗闇は彼を忘我状態に落とし入れた。自分の住むこの世界を理解しようと絶えず努力しつつ、彼は、スクリーン上のできごとと自分個人の夢や潜在意識とのあいだに何らかの奥深いつながりがあるのを感じとっていた。

今や彼はまわりのだれもが気づいていない奇妙な事実に目をとめていた。今日の映画に出てくる怪物たちは、この国の病院で毎日のように命を絶たれている胎児にじつによく似ているではないか?

たとえばリドリー・スコットの『エイリアン』を見よ。人間の胸から小さな怪物が生まれ出てくる。鋭い泣き声を上げる胎児は、大きくなって人間をむさぼり食うようになってすら、その奇妙な形のままにとどまっている。

呪われた夫妻のもとに生まれた不気味な胎児様の生物が絶えず泣き続ける『イレイザーヘッド』はどうだ。胎児が登場するホラー映画があまりにも多すぎるように彼には思えた。『キンドレッド』に『グーリーズ』、『リヴァイアサン』、それに『ＳＦボディスナッチャー』でさや状のものから胎児のようにうねりながら生まれてくるクローンたち。カストロ通りでこの映画を二度目に見たとき、マイケルはそのシーンに耐えられず、立ちあがって外に出てしまった。

胎児をイメージしたホラー映画はまだどれだけたくさんあるのだろう。リメイクされた『ザ・フライ』を考えてみよう。主人公は胎児のようによじれもがいてはいなかったか？『フライⅡ』ではどうだ。誕生と再生のイメージに満ちあふれてはいないか？　果てしのないテーマだ、とマイケルは考えた。そして『パンプキンヘッド』がある。そこでは復讐の念に燃えるアパラチアの大悪霊が、胎児の死体に宿ってみるみる成長していき、その巨大な胎児の頭を振りたてながらおぞましい所業を重ね続けるのである。

これは何を意味するのか、とマイケルは考える。われわれの行っていることへの罪の意識ではないだろうか？　われわれは、子供の出生をコントロールするのは道徳的に正しいと信じている。だが同時に、生まれないままで永遠の闇の世界に流し込まれていった小さな生命について、不安に満ちた夢想を持っているのではないか？　それとも単に、永遠に自由な若者でありたいと思うわれわれを、強制して親にしようとする存在自体に対する恐れなのだろうか？　地獄からやってきた胎児！　何ということを考えているのだ、われ知らずマイケルの口にはほろ苦い笑いが浮かんだ。


アン・ライス『魔女の刻《とき》』広津倫子《ひろつともこ》訳、徳間書店、一九九二年、一三二―四頁

目次

凡例

1 本書は Helen Hardacre, *Marketing the Menacing Fetus Japan* (University of California 1997) の全訳である。

2 原注は章末に割り付けした。訳者による注は〔 〕で本文内に挿入した。

3 本文中の寺社の記述は、どれについても執筆当時のことであり、現況は異なる場合がある。

4 原著において日本語の資料を訳して引用しているものについては、翻訳にあたっては元の日本語資料をできるだけ入手して引用した。なお、第三章の手記では原著においては実名となっていたが、プライバシーに配慮し、本書ではイニシャルで表記した。

5 漢数字は「一、二……、一〇、一〇〇、千……」とする。

6 引用文については、原文の表記に従う。

日本語訳について原著者のハーデカー教授ならびにステイシー・マッモト氏、ユカリ・スワンソン氏にもチェックしていただいた。お礼を申し上げる。

謝辞

現代日本人の宗教生活を研究していると、思いもよらない角度から日本社会を観察することになり、そのおかげで、何につけても完璧な調和と合意のモデル的国家という日本について最も好まれてきたイメージやステレオタイプが崩れることもしばしばあります。新たな地点から日本を見直すといってても矛盾を暴くのが根本的な目的ではなく、現代の生活で生じる諸問題に対処するために人々が歴史的な宗教の伝統に則っているという観点から、日本の社会的生活の内側でこれまで認識されてこなかった結びつきや関係性を見出していくことをここでは目的としています。現代の宗教生活の研究は必然的に学際的な営みとなり、人類学、社会学、歴史学の手法まで必要になるばかりか、現代日本における多種多様な宗教的観念や態度、願望などを明らかにするために、日本宗教史の範疇で歴史的文脈を構築する力も必要になります。日本の中絶を取り巻く宗教儀礼をテーマに掲げたために、私は見ず知らずの研究領域にまで手を伸ばす必要に迫られ、その過程で新たな知的債務を抱え込んだことをここで喜んで認めようと思います。

インディアナ大学で女性学を率いるジュディス・アレン教授には、この本のための調査と執筆のあいだ、持続的な励ましと知的な刺激をいただきました。ジュディスは一貫して、私の研究を現代西欧諸国での中絶に関するフェミニストの研究や西洋中絶史の研究と結びつけ、日本の中絶体験をより幅広い学問分野と関連させて示すべきだと主張していました。彼女のおかげで、男女の性的交渉という観点で中絶の意味を捉えられるようになり、中絶の持つ意味が両性で異なるばかりか、しばしば真っ向から対立することも理解できるようになりました。異性愛の女性がいかに中絶によって窮地に立たされるかを解明する学問領域を、宗教右派の中絶反対派に決して明け渡してはならないということも、ジュディスと私が共有している持続的な関心事です。もし本書が日本人論の領域を超えた学者の興味を少しでも引くとしたら、それはジュディスの功績です。ありがたいことに、頻繁に「個人指導」と大量の文献に関する助言をいただき、大衆メディアの分析を主題に加えるのも助けていただきました。原稿全体を一章ずつ声に出して朗々と読み上げる作業さえ厭わなかったジュディスのおかげで、私はそれまでの自分の地平を乗り越えていく希望と決意を与えられました。

本書が基礎としている実地調査は、横浜に住む私の生涯の友人であり研究補助者でもある末本洋子氏と共に行いました。記録的な猛暑だった一九九四年の夏、私と洋子は日本中を歩き回って寺院、神社、新宗教、その他水子供養を実施している様々な場所を訪ね、二〇〇を超える水子供養の実践についてインタビューを行い、統計をあたり、地図や図表を用い、写真を撮り、また儀式にも参加してきました。かつて国家神道や新宗教の黒住教に関する私の研究を手伝ってくれた経験を持ち、自ら曹洞宗の信者でもある洋子のおかげで、水子供養には宗派を超えた関連性があることや、特定の宗教教義や宗教法人の枠組みを超越していることに私は気づかされました。特に、寺の僧侶や信者が自らは中絶経験がなく、中絶にまつわる宗教的不安がなくても水子供養を支持する――あるいは許容する――動機が何であるのかを、彼女のおかげで理解することができたのです。そうした態度は、水子供養全体の物語で重要な役割を果たしています。洋子の洞察と粘り強さ、決断力、そしてユーモアによって、私の調査はとても充実したものになりました――人生においてこれほどの友人は、なかなか得られるものではありません。

明治大学の圭室《たまむろ》文雄教授と英子夫人にも、たいへんお世話になりました。ご夫妻の家は私にとって作戦基地であり、また調査旅行の合間にくつろぎと幸せを得られる場所でした。圭室夫妻には調査期間中ずっと励ましをいただいたのに加え、様々な地域の水子供養について知識のある方々もご紹介いただきました。同様に神奈川大学の宮田登教授にもお世話になりました。教授の中絶などの慣行に関する歴史研究は、私にとって今も学ぶところが多々あります。大阪外国語大学の森栗茂一教授には貴重なデータと調査資料をご提供いただき、また参考文献にも挙げた教授の水子供養研究からも多くを学ばせていただきました。雨宮和子博士には重要な資料をお貸しいただき、生長の家について徹底的な議論の相手にもなっていただきました。

今日の日本における中絶や水子供養の問題がいかに複雑なものかということは、この問題の是非について対立する立場の人々がそれぞれ誠意と信念に基づいていることを知るにつれ、まさに痛感させられるようになりました。特に、この問題について詳細にわたるインタビューをさせていただいた二人の僧侶からは格別な刺激を受けました。一人は天台宗と緩いつながりのある津山の慈恩寺の住職森田愚幼《ぐよう》氏で、もう一人は福岡県行橋市にある曹洞宗大儀寺の住職高井隆一氏です。森田氏は水子供養を行うことを彼女なりの社会的、倫理的責務であると感じていらしたのですが、一方の大儀寺の高井氏は水子供養を搾取的と捉え、本来であれば仏教が取り組むべき深刻な社会問題からの責任逃れと見ておられます。こうした見解の衝突は、調査中幾度となくくり返されたものです。

他に多くの方々と本書の各所について議論したことも、実質的に本書を形作るのに役立ちました。特に、優生保護法の歴史を研究しているコロンビア大学のティアナ・ノーグレン氏には、重要な法律関係の資料や書誌情報、文献を提供していただきました。一九九四年に私がハーヴァード大学で行った「日本史における宗教とジェンダー」のセミナーに参加してくれたメンバーにも感謝しています。特にサリタ・エレン・ハドソン氏の活動家としての中絶への取り組みの議論には、数多くの有用なアイディアを与えられました。ハーヴァードの宗教学協議会で開かれた私の水子供養の研究に関するディスカッション・セッションも実に有意義なものでした。インディアナ大学社会学部のローレル・コーネル氏には、しばしば江戸期の中絶をめぐる変遷について議論の相手になっていただきましたし、彼女の大学院ゼミでは、自分のテーマに関して歴史的人口統計に照らし合わせて捉える手法を学ぶ機会に恵まれました。

アジア学会北東アジア地域協議会から研究費の助成をいただいたことも、この上なく感謝しております。日本の国際文化会館からも同様の支援をいただきました。またハーヴァード大学エドウィン・O・ライシャワー日本研究所のマーゴット・チェンバレン氏には、二年間にわたってこの研究の文章の入力と修正を相当に手伝っていただきました。

最後に、コルディ・プロダクションズの特にヴィヴィアン、セレステ、ステファノ〔米NBCで一九六五年より放送されている昼ドラ「デイズ・オブ・アワ・ライブス」の登場人物〕には、日々の楽しみとテレビや大衆メディアに関する深い洞察を与えてくれたことに感謝しています。

はしがき

ロザリンド・ペチェスキーとクリスティン・ルカーは、中絶を人口統計学上の「出産抑制」とする見方から性的行為とする見方に転換することで、アメリカにおける中絶研究の新たな地平を切り開いた。つまりペチェスキーとルカーは、中絶を単なる結末や結果として検証するのではなく、女と男のあいだで行われる性的な交渉の過程や性行為そのものと切り離しては理解できない現象として取り扱ったのである。戦後数十年にわたって、性行為や避妊をめぐってその種の性的交渉はずっと行われてきた。あるカップルが避妊具を用いるかどうか。毎回きちんと避妊が行われるかどうか。片方あるいは双方が避妊を性行為の前提条件にするのかどうか。男女のどちらが避妊具を用意しておくのか。避妊をめぐる両性の役割分担はどうであり、性関係が続いていくのなら、そのことは二人の関係にどんな影響を及ぼすのか。こうした疑問への答えは前提となる考え方によって違ってくるし、その考え方自体が、移ろいやすく歴史的に変化し続けるセックスや避妊、妊娠、育児、そして中絶に関する文化的な意味によって変わる。それらの概念について、異性愛カップルの一人ひとりがどのような意味で捉えているのか。さらにそうした概念の意味が、第一に各々のカップルの移りゆく関係のなかで、第二に長い時を経て社会のなかで、どのように変わってしまうのか。ペチェスキーやルカー、そして二人に続く研究者たちは、事実上、中絶研究を性文化の領域に持ち込んだのである。[1]

もう一つ別の枠組みとして、女性の中絶への権利を保証しているアメリカ合衆国の連邦法や州法を変えようとする人々のたび重なる政治的挑戦に悩まされた学者たちは、中絶史研究に乗り出した。そのためのアプローチとして、一九七三年の歴史的なロウ対ウェイド判決〔アメリカ連邦法が保証する女性のプライヴァシー権に基づいて中絶を禁止するすべての州法を違憲とした判決〕以前に中絶を求めた女性たち一人ひとりの悲劇を語り、もしロウ判決が覆されるようなことになれば、女性たちが再び直面するであろう苦境を鮮明に思い起こさせる戦略が採用されたこともある。一方、ロウ判決への挑戦者たちは、時に中絶というものを一九六〇年代の若者による「性革命」の勢いに乗った非常に新たな慣習であるかのように描いてみせる。当時の反中絶論者たちは、未曾有の性的大混乱と様々な領域での放任主義を親の権威の失墜――とりわけ父権の権威失墜――と結びつけており、親の権威さえ回復されれば中絶の必要性は消えると主張する者までいる。こうした右派の空想のなかでは、中絶は不義の関係や未婚同士で子産みを目的としない性行為を行った無責任な男女が自己都合のために行う一種の認可された殺人としてスティグマ化されている〔スティグマとは不名誉や恥辱の烙印を意味し、そのような負の価値づけを行うことを「スティグマ化する」という〕。これに対抗するために、フェミニストの歴史家たちは中絶の歴史や既婚夫婦にとっての必要性を説き、中絶には常に医師が関与してきたこと――すなわち通常の医療ニーズを持つ人々を診療している有資格の医療従事者が関与してきたこと――を強調する。リッキー・ソリンジャーをはじめとする歴史家たちの著作は二〇世紀に焦点を当てているが、より長い枠組みで捉えて議論してきた人々もいる。後者の歴史家たちは、一九世紀における堕胎《アボーション》（中絶）の犯罪化や州法による規制を検討し、州法などで規制することなく慣習的に中絶が行われてきたさらに長い時代を追究してきた。[2] ジュディス・アレンは『セックスと秘密』のなかで、オーストラリアの歴史の大半にわたって中絶がいかに当たり前のことだったのかを示している。[3] 中絶の歴史研究で頻繁に指摘されるのは、かつては中絶を道徳的に非難するために胎児中心主義的な議論〔妊娠している女性とは別の命を持つ人として胎児を捉え、胎児の権利などを論ずること。「監訳者あとがき」参照〕が持ち出されることは全くなかったということである。つまり、人間の命が受精の瞬間から紛れもなく存在しているなどと人々は一般に信じておらず、むしろ子宮内の胎児の動きが感じられるようになる「胎動」の始まりの時点と胎児生命を結びつけて捉えていたのである。胎児の超音波写真技術が誕生したことで、胎児が母親から独立した一個の生命体であることを初めて思い描けるようになったのであって、この写真技術によって母親の身体はかき消され、目に見えないものにされてしまったのだと論じている学者たちもいる。

このように、人口統計学とは別に発達してきた中絶研究の二つの伝統は、社会の性文化の中に埋め込まれた性的行為としての中絶の本質を強調すると共に、それが歴史的に変化しうることを示している。本書は、上記二つのアプローチを現代日本の中絶にまつわる宗教儀礼の研究に統合し、双方の研究の流れに寄与することを目指している。

日本でも中絶はこれまで何世紀にもわたって行われ続けてきたが、一九七〇年代になって水子供養と呼ばれる中絶胎児のための儀式が行われるようになり、その後、一大産業を形成するまでになった。水子供養は最初の二〇年間ほど盛んに行われていたが、一九九〇年代後半〔原著執筆時〕には下火になったように思われる。本書では、現代の水子供養の習俗と一七世紀に端を発する性文化の文脈のなかでの中絶の意味というさらに長い年月の歴史とを結びつける。近代以前の日本では、女性の初産をめぐり様々な儀式が執り行われてきたものだが、中絶については事実上全く儀式化されていなかった。中絶は二つの軸に沿って文化的に構築されていた。第一の軸は経済的困難ゆえに行われる中絶に対する寛容な態度であり、第二の軸は不義の関係から妊娠を始末した中絶をスティグマ化する態度である。後者の中絶が生じるのは、権力と権威を備えた男が雇われ女中を手籠めにした結果だという典型的イメージで捉えられていた。

一八六八年の明治維新以降、日本政府が人口と公衆衛生に関する国策を打ち立てた時、妊娠の意味は大きく変わった。国家統制が始まって妊娠と出産の脱儀式化が進み、一九四五年以降は病院出産も一般化した。その後、しばらくは生殖生活《リプロダクティブライフ》〔月経や妊娠、出産、流産、中絶、死産など性と生殖にまつわるあらゆる経験とその経過〕にまつわる儀式が行われない状態が続いたが、一九七〇年代に水子供養が発明され、商業化されるようになって事情は変わった。そこで初めて中絶は、一九四八年に成立した優生保護法で合法化されて以来、数多くの日本女性が経験していながら、何ら象徴的な解決策が与えられてこなかった体験だと見られるようになったのである。ただしこの間に、全国紙の人生相談に見事に体現されている大衆文化は、前近代的な二つの中絶観を継承しつつも、そこに新しい観念と解釈を付け加えていた。

水子供養を最初に広めたのは、大衆向け新聞や週刊誌をはじめとするマスコミのキャンペーンに登場した起業家《アントレプレナー》精神あふれる霊能者《スピリチュアリスト》たちだった。そうしたキャンペーンの主なターゲットは若い独身女性であり、胎児の超音波写真という最新技術を駆使して作られた祟る胎児の画像で読者の恐怖を煽ったばかりか、きちんと供養しないと胎児から復讐され祟られるという霊能者のおぞましい予言も添えることで視覚的メッセージを補強したのである。水子供養を怠った女性に降りかかる祟りの中身は、基本的に更年期障害にまつわる一連の身体的・情緒的問題である。だが、「メッセージを受け取る」のは若い女性たちだけではなかった。何十年も前に中絶を経験した年配の女性たちも、霊能者によって未解決の思いを掻き立てられることになり、その多くが宗教的な贖罪を求めたのである。中年以降の世代はすでにかかわりのある宗教に供養を求める傾向が見られ、安っぽい霊能者ではなく、れっきとした檀那寺〔自家が帰依して檀家になっている寺〕の僧侶を訪ねる方を選ぶ者も多かった。女性たちは恥や恐怖のために水子供養を行ったわけではなく、むしろ自分の中絶が悲しみに満ちたものであり、状況的に不可避な選択であったことを世間に認めてもらうために水子供養を行った。そうした認識を世間に示すことは、男性たちや檀那寺を巻き込むばかりか、時には神社や無数の新宗教の教会までも巻き込むことを意味していた。ただし、水子供養は終わりのない義務だと喧伝していたのは霊能者たちばかりで、若い女性たちは誰も永遠の罪の宣告など受け容れなかったし、檀那寺のようなれっきとした宗教法人の側もそんなことは言わなかった。つまり、水子供養に金を払ったことのある人のほとんどにとって、水子供養は最初から一回限りの儀式であるか、年中行事の暦に組み入れられて毎年行われる行事であり、そうした場では中絶にまつわる性的な色合いは徐々に失われていった。水子供養は、未解決の葛藤をなだめるという女性たちの与えた基本的な意味が満たされれば徐々に消えていく。

　水子供養は胎児中心主義的言説の上に成り立っている。そうした言説は日本の歴史的伝統の重みや合法的中絶に対する人々の強い支持とはあまりにかけ離れているため、それを受容するのはごく少数の人々が信じる宗教法人のなかだけに限られている。水子供養は民間信仰も含む大衆文化の市場で激しい競争に煽られて実体化したものであり、二〇世紀末の不安を帯びた国際的な宗教動向のなかで、それがどの程度、国を超えて普及していくのかは、胎児中心主義がどの程度受容されていくのかにかかっている。

はしがき　注

(1) Rosalind Petchesky, *Abortion and Woman's Choice*, London: Verso, 1984; Kristin Luker, *Taking Chances: Abortion and Decision Not to Contracept* (Berkley and Los Angeles: University of California Press, 1975); idem, *Abortion and the Politics of Motherhood* (Berkeley and Los Angeles: University of California Press, 1984).

(2) Rickie Solinger, *Wake Up Little Susie: Single Pregnancy and Race Before Roe v. Wade* (London: Routledge, 1992); Ellen Messer and Kathryn E. May, *Back Rooms: Voices from the Illegal Abortion Era* (Buffalo, N.Y.: Prometheus Books, 1994); Nancy Howell Lee, *The Search for an Abortionist* (Chicago: University of Chicago Press, 1969); Rita Townsend and Ann Perkins, *Bitter Fruit: Women's Experiences of Unplanned Pregnancy, Abortion, and Adoption* (Alameda, California: Hunter House, 1991); James C. Mohr, *Abortion in America: The Origins and Evolution of National Policy, 1800-1900* (Oxford: Oxford University Press, 1978); Lauel Thatcher Ulrich, *A Midwife's Tale: The Life of Martha Ballard, Based on Her Diary, 1785-1812* (New York: Vintage Books, 1990).

(3) Judith A. Allen, *Sex and Secrets: Crimes Involving Australian Women Since 1880* (Oxford: Oxford University Press, 1990).

序章

一九八一年の夏、神道系新宗教の一つである黒住教の調査中に、私は中絶胎児を供養する儀式を初めて観察する機会に恵まれた。長年の信者であるという当時六〇代前半の女性が、私が調べていた岡山県黒住教教会の女教師たちに供養をしてほしいと言ってきたためである。黒住教にはその種の決められた儀式はないし、聖典のなかにも中絶という言葉は出てこない。それでも、宗教的な救いを求めてきたこの信者に説き伏せられて、教会の女教師二人は目的に適った儀式を編み出した。この供養の儀式も、他のすべての黒住教の儀式のように清浄さという主題に則っていた。胎児の魂は浄められて神道の神々の仲間入りを許されることになり、それによってその女性の心も浄められ、黒住教の理想とする楽観と至福の境地に戻れるというのである。[1]

神道は一般に、清浄をまさに理想とするために、通常は血や死にかかわるできごとを儀式化しないし、黒住教でも信者の葬儀こそ行うが、その場合でも肉体と魂の清浄さを理想とする大いなる指向性は通底している。ただし、その年の夏に（またそれ以降も）私は日本中の黒住教の教会をあちこち訪ねているが、中絶胎児を供養する儀式を目にすることは二度となかった。

私は日本宗教史の研究者として、中絶胎児の魂を供養すること、すなわち水子供養と呼ばれる儀式への関心が日本で高まりつつあることに気づいてはいたが、一九八一年の時点で得られたわずかな証拠から、水子供養は仏教のものであり諸宗派の寺院を中心に行われているのだと推測していた。黒住教の教会で私が目撃したのは、一人の信者がどちらかといえば常軌を逸した信仰心を一時的に発揮しただけのことであり、日本の宗教史上で豊富に見られる酔狂の一つだと私は結論づけた。それきり同じようなできごとに出くわすことはなかったので、私はその見解に満足していた。

ところが実際には、三、四〇年も前のつらく苦しい経験を告白し、儀式を求めた女性の事例は一種の新しい宗教行為を体現していたのであり、それは仏教内部の宗派の境を越えて、一九八〇年代初めまでに日本国内のあらゆる主だった宗教団体において、すなわち神道、仏教、修験道、新宗教、さらには霊能者たちによって何とか形が整えられるようになったものだった。この宗教行為は、もともと宗教の指導者たちが唱導したものではなく、ごく普通の女性たちの主導で始められた。私はその女性とめぐり合った宗教団体の枠組みのなかで当人の目的を受け止めていたので、彼女が参与していた宗教的な現象の本質を見抜けなかったのである。

水子供養という言葉は、その名の通り水子のための「供養」を意味する。水子とは文字通り「水の子ども」であって、前近代の日本では非常に限られた意味しかもっておらず、伝統的な民間の宗教生活に関する史料にはまず出てこない。今でこそ、水子という言葉は様々な宗教のなかで使われているが、この言葉はどの宗教の経典にも出てこない。仏教経典にも神道や修験道の聖典にも水子という言葉はないし、日本の主な新宗教の教祖らが受けたどの神の啓示の中にも明示されていない。経典の中にしっかり位置づけるような「錨《いかり》」が見当たらないために、宗教家たちは供養の依頼者が受け容れてくれる限りは、広くも狭くも自分の好きなようにこの言葉を使うことができる。実質的に、水子という言葉が意味するもののなかには、中絶や流産や死産に終わった胎児の霊魂が含まれるばかりか、生まれたばかりの赤ん坊や乳幼児の魂までも含まれることがある。

水子供養の儀式の中身は実に多様だが、水子の魂を慰め、敬うことを目的とする点は共通している。水子供養を行う動機は、供養を怠る人には不幸が降りかかるという信念に基づいている。時にその信念は、水子霊が祟りをなし、病気や事故、夫の浮気、子どもの非行、経済的な損失をもたらすなどと表現されることがある。水子が「祟る」範囲についても様々なバリエーションがある。ほとんどの供養提供者に一致した見方は、怒りに満ちた水子が真っ先に襲うのは自分の親あるいは親になるはずだった男女だが、特に母親の方が狙われやすいし、水子の兄弟姉妹やその子どもたちにまで祟りが及ぶこともあるといった見方である。さらに範囲を広げて、完全に無関係な人々、つまり水子の「死」にかかわりのなかった人たちでさえ、水子に狙われる可能性があると言われることもある。この解釈では、きちんと弔われないまま地上をさまよっている無縁仏と水子を区別することができない。

　水子供養は超宗派的な儀式であり、これまでの宗教的伝統を選択的に採用している。同時に、それは生殖を儀式化する伝統〔腹帯の儀、産婆や産小屋にまつわる習慣など〕からも外れており、たとえば江戸期（一六〇三－一八六七年）のお産や子産みの儀式に通底していた母子の絆という観念からも著しく逸脱している。水子供養は、合法的中絶が迅速かつ全国的に導入されたことで実現した戦後日本の人口動態の劇的な変化と切り離しては考えられない。中絶は大勢の妊娠した女性たちが分かち合う生殖にまつわる経験になったが、一九七〇年代まではその経験が儀式とはっきり結びつくことはなかった。一九七〇年代に入ってから、無宗派の霊能者たちが新たに水子供養なるものを宣伝し始め、週刊誌を通じて主に若い女性を狙った広告キャンペーンをくり広げるようになった。そこで届けられたメッセージは、本来なら出産まで子を宿し続けて母親になるべきだった女性たちを水子が恨んでいるというものだった。身勝手な女性たちに命を奪われた胎児の霊魂は、正しく供養しないと脅威となり、危害をもたらすとされた。

週刊誌は中絶胎児の「祟り」に関する記事と共に、胎児写真〔本書の文脈では、胎外に出て死んだ胎児をあたかも生きているかのように撮影した写真のこと〕を用いて怒りに満ちた胎児に姿を与えたばかりか、上下を逆さにし〔胎内では通常頭が下になっている〕頭をもたげて恐ろしい形相をした臨月の胎児が恐怖にうち震える若い女性の枕元に浮かんでいる視覚的イメージを作り上げた。そうした記事の載った号には、霊能者のいる寺の住所や交通手段、水子の怒りを鎮めるための様々なランクの供養の料金表もたいてい掲載されていたので、数多くの若い女性が、時には恋人まで伴って、さもなくば縁もゆかりもなかったであろう霊能者のところへ水子の怒りを鎮めるために恥を忍んで行ったのも不思議ではない。とは言うものの、中絶を経験した女性のうち、胎児中心主義的レトリックを心底から受け容れて供養を求めた女性はごく一部にすぎないことをあらゆる証拠が示している。

　胎児中心主義的レトリックでは、胎児に人格があると見なし、胎児はすでに生まれた人間と同じ道徳的価値を有すると主張される。そこでは、胎児は受胎の瞬間から嬰児同様に扱われ、あらゆる種類の人権が付与される。その上、胎児の「権利」と母親の権利は切り離され、母親と胎児は対立する者同士として位置づけられる。胎児中心主義的レトリックはアメリカの反中絶運動が頻繁に用いる手段であり、胎児を物神《フェティッシュ》と見なすことで人々の感情を掻き立てる。あたかも胎児が女性の体外に実在しているかのように見せかける様々な成長段階の胎児の写真は、それを見る者に胎児が人間であることを確信させる。胎児の発達を臨床的に説明し、動いている心臓や指や足先などそれと分かる画像を見せながら「赤ちゃん」「子ども」「おなかの中の子」などと呼ぶことで、胎児は受胎の瞬間から完全に人間であるのだから妊娠を終わらせることはいかなる場合も殺人行為であり、そんなことをする母親は非難されるべきだといった信念が支持されるようになる。[2]

明らかに、胎児中心主義は胎児写真、エコー、胎児モニターといった医療技術に大いに依存している。だが、医療技術が提供する胎児像を文化に照らして解釈することと胎児を物神化することは、別々の現象である。胎児中心主義的レトリックでは、胎児の視覚的イメージに基づいて、胎児は「赤ん坊」以外の何ものでもなく、母親とは独立した命をもっており、一般成人と同じ条件で保護されるべきだとする。この解釈を受け容れると、かつて一般的だった見方とはまるで違う中絶観に至ることになる。

世界中ほぼすべての社会で堕胎（中絶）は行われてきたようだが、ジョルジュ・ドゥヴルーは三五〇の前近代社会を対象とした人類学的研究で、その見方は多様であったということを示している。堕胎（中絶）自体はどこでも行われる行為だが、それに対する態度は容認から憎悪までの大きな幅があった。胎児のために大人と変わらない葬儀を行う社会もあれば、簡単な儀式で終わらせたり、一切儀式は行わずに胎児を処分したりする社会もある。[3] 前近代の日本では、堕胎（子堕ろし）も間引き〔嬰児殺しの一種で通常出産直後に産児調節のために行われた〕も一般に殺人とは見なされなかったし、堕胎や間引き（またはそれにかかわる子捨ての問題）はそもそも人権の枠組みで捉えられてはいなかった。第一章で示すように、胎児が母親の身体とは別に存在しているという観念はなかったのである。

つまり、胎児中心主義的レトリックは、現代アメリカの中絶反対派の場合と同様に、歴史的伝統の大半から大きく逸脱している。かつては中絶反対論者でさえ、必ずしも胎児中心主義的レトリックを議論の土台とはしていなかった。これについて、ペチェスキーは次のように説明する。

ウェブスター裁判（一九八九年七月、ウェブスター対リプロダクティブ・ヘルス・サービス）で四〇〇人を超える歴史専門家たちが提出した準備書面に示されていたように、胎児が中絶規制運動の主たる争点になるのは史上初のことだった。一九世紀半ばから同世紀末にかけてのアメリカでの中絶規制運動では、「胎児の命を守る」こととは全く無縁の様々な目的が掲げられていた。たとえば、有害な薬物から女性を保護することであるとか、産科診療における医師の権限を強化すること、（性役割という）明瞭な区別の概念を強化すること、さらには「移民（特にカトリック教徒）とニューイングランド地方のプロテスタントの相対的な出生率に関する自民族中心主義的な不安」まで挙げられていた。それが、ここわずか二〇年のうちに、「中絶を制限していた伝統的な理由が文化的に時代錯誤になり、憲法上認めがたいことになった時」に初めて、「胎児に付与された道徳的価値が、アメリカの文化と法における中心的課題」になったのである。[4]

日本においては、戦後まで中絶に反対する議論のなかで胎児中心主義的レトリックが体系的に用いられることはなかったし、一九四五年以降でも、そのような取り組みをした重要な事例は新宗教の生長の家だけだった。胎児にも人格があると主張する生長の家は、一九四八年に制定された優生保護法と一九四九年の改正で経済的困難を理由とする中絶が許容されたことに反対した。この合法的中絶への反対は、生長の家が掲げるより広い綱領の一部であり、他にも彼らは戦没者を祀る靖国神社への国の財政援助を求め、戦後憲法における第九条（戦争放棄の条項）に反対する他、戦前の教育方針への復帰や教員労働組合の撤廃、反共政策といった超保守的な政策を支持していた。第二章で述べるように、反中絶運動は多方面で起きていた戦後の進歩的な社会変革への抵抗という、より大きな見解の一要素でしかなかった。生長の家の中絶反対運動は一九六〇—八三年まで続いたが、結局、優生保護法の経済条項を廃止することに失敗し、胎児が人格を有するという考えを日本政府や日本人一般に浸透させることもできなかった。始祖が亡くなった一九八五年以降、生長の家は反中絶運動から完全に撤退した。内閣法制局は、一九七〇年の国会で次のように答弁し、胎児が人格を有するという生長の家の主張を退けている。「憲法は第一三条で、ただいまお述べになりましたような規定を置いておりますし、いわゆる基本的人権の保障を数々定めているわけでございますが、やはりこの基本的人権の保障という制度は、権利宣言の由来とか、あるいは具体的に憲法が保障している個々の権利の内容に即しましても、やはりこれは現在生きている、つまり法律上の人格者である自然人を対象としているものだといわなければならないものだと考えます。胎児はまだ生まれるまでは、法律的に申しますと母体の一部でございまして、それ自身まだ人格者ではございませんから、何といってもじかに憲法が胎児のことを権利の対象として保障していると、権利の主体として保障していると見るわけにはまいらないと思います」〔昭和四五年四月二日参議院予算委員会、政府委員真田秀夫氏の発言〕(5)。このような判断が下されたのは、日本では合法的な中絶が大衆から広く支持されており、その態度は水子供養の唱導者たちに揺るがされることがないほどしっかりと確立されていたためである。

水子供養について特に週刊誌がキャンペーンをくり広げる場合には、常に胎児中心主義的レトリックが用いられ、そこで中絶は胎児の人格に対する道徳的冒瀆だと位置づけられて、不当な扱いを受けた胎児は必ずや母親に復讐するとの予言が告げられる。このお決まりの戦術を見ると、水子供養は、政治的な反中絶運動や生長の家に見られるような胎児の権利にかかわる普遍的な信念とつながりを持つように思われるかもしれない。だが、実際はそうではない。水子供養では胎児中心主義的レトリックを選択的に当てはめ、通常、若い女性たちに母性イデオロギーを振りかざし、彼女たちの生殖を目的としない性生活をスティグマ化する一方で、相手の男性は非難せず、また同じ中絶を受けているのに既婚女性より独身女性の不道徳性を強く非難する。そうすることで、若い独身女性たちに怒れる胎児の供養に金をつぎ込むよう仕向けているのである。だが、水子供養の依頼者は決して若い女性だけに限られない。

胎児中心主義的な水子供養の言説は、世代の異なる女性たちに対して別々の意味合いを持っており、実際、何かしらの形で水子供養に金をつぎ込む人々の多くは、最近受けた中絶手術のために供養を望んでいるわけでもない。むしろ、黒住教の信者の事例のように何十年も前の中絶のために供養を行おうとする女性たちは、必ずしも祟りを恐れているわけではなく、多くの場合、他に選択肢がない状況のなかで自分が責任を果たしたことの証を求めているのである。彼女たちは必ずしも自分のしたことを恥じて水子供養の施主〔法事などを行う当主〕になるわけではないし、それが常に女だけにかかわることだと考えているわけでもない。檀那寺または黒住教のような新宗教が組織全体で水子供養を行う場合には、個人的に中絶経験があるかどうかにかかわらず、すべての檀家が家単位で参加する形を取ることも多い。冒頭の黒住教の事例のように、宗教側がこうした供養を「宣伝」したり勧めたりしていなくても、年配の女性信者は常々頼みにしている宗教が水子供養をしてくれるのは当たり前だと考える。日本ではどんな地方でも俗っぽい霊能者がすぐに見つかるが、男女を問わず年配者の目には、そうした霊能者の類は若干いかがわしく映る。年配者たちは宗教的な問題があれば常々なじみのある僧侶や神主に相談する方を好む。年配者にとって、中絶を「専門」とする宗教家は奇妙で、人の恐れや混乱につけ込んでいるように思われる。年配の信者たちは、自らが必要としている宗教的な導きは、何であろうと常々接している僧侶や神主から得られるべきだと信じている。

水子供養に関する本研究は、歴史的な宗教の伝統を積極的に取り入れて、それを変形させながら、出版、放送、大衆文学や映画などの大衆文化産業にどっぷり浸かっている現代の日本における宗教生活を描く試みでもある。それ以上に、昔から日本の宗教は人々の健康と性にこだわってきたため、今や医学や医療倫理、生殖技術の発展にまで関心を向けなければならなくなっている。ところが、宗教者の多く――特に所属宗派の本山から方針を示されていない末寺の住職たち――は、そのような問題に取り掛かる準備ができておらず、教義に則った道徳的問いかけを発する代わりに大衆文化で得た知識を持ち出すことが多い。それ以外の水子供養提供者たち――なかでも霊能者たち――は、今日の日本の宗教を取り巻いている大衆文化を自ら創造し、「オカルトブーム」の立役者となった。本書では、水子供養を歴史的枠組みと同時代的な枠組みの両方で読み解くことを目的としており、各章で異なる視点からこの問題の諸側面を検討している。

本研究は、通常は宗教を束縛している宗派の垣根を越えている。水子供養は、仏教、神道、修験道などの形で行われるのに加えて、幅広い新宗教の枠内ばかりか、「拝み屋」や「占い師」など様々に名乗って単独で活動しているシャーマン的性格を持つ霊能者などの起業家的な宗教家たちによっても行われている。水子供養が登場したのは一九七〇年代で、一九八〇年代に最も流行し、地域によってはそろそろ陰りが見え始めてはいるが、一九九〇年代半ばの現在でも〔この訳書が刊行される二〇一〇年代になっても〕まだ続けられている。一つの文化的現象として、水子供養は人々の集合的な感情が直接的に表れたものではないが、日本最大の仏教宗派である浄土真宗による全面拒否や数多くの宗教者や一般人のあいだでも次第に高まってきた批判抜きに理解することはできないものでもある。

水子供養に関する研究は驚くほど進んでないが、西洋の学者たちが特に水子供養に注目してきたのは、それが中絶と関連しているためなのは間違いない。(6) 対照的に、日本の学術界では水子供養研究は専門的関心から漏れてしまいがちで、仏教、神道、修験道、あるいは新宗教を研究する学者たちにとって明白な研究対象にならなかったのは、すでに述べたように、研究の基礎となるような文献が存在していないことが少なからぬ理由である。(7) それでも、今ではいくつかの社会学的研究があるし、そこからかなり有益な統計情報を得ることもできる。(8) 民俗学も有望な分野のように思われるが、本書執筆の時点で出版されている先行研究はわずかしかない。(9) 西洋の既存研究は、水子供養があるおかげで胎児の魂が安らぐことに、中絶を経験した女性たちが慰みを見出し安堵するという点ばかり強調してきた。(10) 日本の学者たちが主として水子供養の問題点に注目してきたのに対し、これまで西洋の研究者は一般的に問題点には目をやらず、「女性たちが中絶を乗り越えるのを助ける」儀式として水子供養を称賛するばかりだった。西洋の研究者たちは、水子供養は太古の昔から続いているとか、仏教でのみ行われているとか、水子とは単に中絶胎児の霊魂を意味しているとか、水子供養は社会で広く支持されており、知識人がとやかく論ずる対象ではないといった間違った印象を次々と積み上げている。(11)

本研究では、そのような間違った印象を正すと共に、これまで扱われてこなかった要素を加えることで、既存の研究を補完することを目指している。
ウィリアム・ラフルーアの『水子――〈中絶〉をめぐる日本文化の底流』〔原題は『液状のいのち――日本における中絶と仏教』〕という洞察に満ちた本は、水子供養を仏教的な象徴体系や思想、倫理の枠組みのなかで検証したもので、本研究は同書から重要な示唆を受けている。『水子』は中絶をめぐる日本の仏教の思想と祈禱をひと連なりの伝統として跡をたどり、それが現在の水子供養に至ったとする。同書は地蔵菩薩の詳細な歴史や子どもとの関係性、地蔵が有する複雑な象徴性も説明している。本研究と同じく、『水子』も現代の水子供養を日本社会における幅広い諸問題の映し鏡と捉えて考察している。それ以上に、中絶や宗教者の妻帯などの諸問題をめぐる西洋の議論にも触れることで、水子供養の持つ含意を充分に説明している。

本研究はラフルーアの見解と一致する点が多く、その研究を補うことを主眼としているが、いくつか重要な点が異なっている。本研究では水子供養を宗派を超えた儀式と捉え、仏教だけではなく新宗教や神道、修験道、さらには現代の起業家的な宗教家たちも担い手だと見なしているが、ラフルーアはあくまでも仏教思想の枠組みに依拠している。本研究は、同じ仏教内でも宗派の違いや地域、寺の指導者によって水子供養の実践がまちまちである点に特に注目している。日本最大の仏教宗派である浄土真宗が水子供養を全面的に否定しているという事実は、本研究にとって非常に重要である。対照的にラフルーアの『水子』は、日本仏教を連綿と続く文化の伝統を背負った単一の現象として扱っている。

本研究では、現代の水子供養と過去の仏教の中絶に関する見解のあいだには大きな断絶があると見ている。過去に子堕ろしを嘆く僧侶たちが散見されたとしても、彼らは宗派を超えて高度に商業化された水子供養に乗り出しはしなかった。過去の僧侶たちの悲嘆は、むしろ仏教行事とは無関係であった子堕ろしや間引き、子捨てがいつまでもなくならないことに対する心情表明として理解されるべきである。一九七〇年代以降の水子供養の徹底的な商業化、大衆メディアの活用、そして超宗派的な性格といった特徴は、現代の水子供養に特有のものである。

本研究は、中絶と水子供養をめぐるジェンダー間の対立を検討している点で、フェミニストの立場を採用する。また子堕ろし、間引き、子捨てが江戸期にどのような役割を担っていたのかを理解するため、宗教上の伝統よりも、むしろ当時の出産と母性意識に目を向けている。当時は一般原則として、少なくとも組織的な形では、宗教がそうした事象にかかわることはなかったためである。本書では、子堕ろしと間引き、子捨てについて考えるために、祐天上人という僧侶による、当時としても例外的だった活動を詳しく検討することを通じて、子堕ろし、間引き、子捨てという三つの現象が大衆の心のなかでいかに分かちがたいものであったかを描き出し、現代の水子供養でも重要な役割を果たしている「冷たい男と馬鹿な女」という紋切り型の解釈がいかにして江戸期に生まれたのかを示す。本研究では、現代の若い女性がどのような力関係のために望まない妊娠に至り、それを中絶することになり、その後、自らの経験を胸に刻み、弁明し、あるいはそこで終止符を打つために供養を求めるようになるのかを解明する。本書では、性行為や避妊、妊娠、中絶に対する男女の態度の違い、さらには女性の中でも若い女性と年配の女性の態度の違いを理解することも目指している。水子供養を包括的に把握するには、上記のような理解が不可欠である。

この研究をある人に見せたところ、水子供養によって浮き彫りにされた中絶をめぐるジェンダー間の対立まで追究するのは「欲張りすぎ」だと言われた。読み手としては、中絶にまつわる儀式とその商業化に関する研究か、あるいは中絶とジェンダーの研究はありえても、両方を一つの本にまとめるのはよくないし、どのみちジェンダー間の対立の話題は好まれないというのである。その人によれば、適切なアプローチは、まず男女それぞれの中絶観を説明し、水子供養がいかに男女間の違いを埋めているかということを論じて、商業化の話題は全部抜いてしまうか、あるいは水子供養がどのように行われ商業化されてきたかを論じて、ジェンダーの問題はすべて抜くかのどちらかだと言うのである。

この助言に従っていれば、類稀なる調和と社会的合意こそが日本を諸外国から区別するものであり、それこそが日本の〝特殊性〟の柱であると主張する旧来の民族学的研究と似たような本になっていただろう。従来の日本研究では、社会的な調和と合意が最初から結論として用意されており、多少の対立や利害の不一致はいずれ自然に解消されるものだと前提することで葬り去られてきたのである。

戦後の数十年間にわたって、例外的なまでに調和のとれた日本社会というイメージはしっかりと確立された。だが一九八〇年頃から、そうした見方への疑問の声が次々と上がり始めた。一九六〇年代―七〇年代にかけての日本の近代化の研究は戦後の主要な学術的テーマであり、西欧に比して類稀なる速度でやすやすと近代化（都市化、産業化等）をなし遂げた日本の姿をくっきりと描いてきた。そうした解釈が可能なのはマクロなレベルに焦点を合わせているためであり、非エリート集団が近代化の過程で経験したことは全く無視されていた。[12] 近代化にはつきものの社会的混乱の影響をじかに受けた人々の経験が無視されたからこそ、調和や合意が必然的に続くように見えるのである。大きな争いが生じた場合には、それは例外として扱われた。その結果としての見解は、社会秩序の維持について西欧は日本から学ぶべきことがたくさんあるというもので、それは間違いなく第二次世界大戦後の日本について人種的偏見の目で見ず、否定的に捉えないように努める学者たちの態度に支えられていた。こうした要因が合わさって、日本は特異な国だというイメージは作り上げられた。

ところが一九八〇年代になって、日本を特異とする見方に異議を唱える重要な研究がいくつも現れてきた。[13] 社会史への関心が高まり、女性や貧困層、アイヌや在日韓国／朝鮮人、部落民と呼ばれたかつての被差別集団など、日本社会の非エリート層に関する数々の研究が生まれた。[14] 日本近代史における庶民の経験を明らかにするために「民衆史」を取り上げた日本人歴史学者の業績に加え、西洋の日本研究者による論文も散見されるようになった。そうした研究は日本の学界でも評価され、地位を固めた。[15] 重要ないくつもの研究が、他国と同様に日本の歴史でも対立《コンフリクト》は中核的な要素であると結論した。[16] 社会学者は調和重視のイデオロギー性を論証し、権力者がそうした理念を用いて反論を封じることができるのを示した。[17] 調和の理念はそれまでの仏教研究であまりにも自明の結論とされていたので、好戦的であったことで知られる中世の日蓮（一二二二―一二八二年）を仏教徒とは言えないのではないかと、初期の仏教学者エドワード・コンゼが言い出したほどだったが、実のところ、日蓮の仏教観を教えとする宗教団体は現在の日本で何百万人もの信者を抱えている〔創価学会もその一つ〕。日本宗教の研究のなかでさえ、対立することは日本宗教史の常なる特徴であるという認識がますます高まっている。[18]

かつて理想化されていた類稀なる調和の社会という日本のステレオタイプ的イメージは大きく修正されたが、それに代わる新たな理解の全貌はまだ明らかになっていないというのが公正であろう。特にそれが当てはまるのが女性やジェンダー問題を扱う研究であり、対立のない国としての日本のイメージを保つために、頭の固い研究者のなかには、職場における深刻な女性差別の現実を否定し続ける者もいる。[19] それでも、現代の日本を研究している学者の大半は、水子供養を性文化から全面的に切り離して異論の余地なく論じるような研究は、問題の所在をあやふやにする間違ったものであることにおそらく気づいている。アメリカの中絶論争を知る人なら、宗教が重要なポイントであることと、論争全体がジェンダー色を帯びていることのどちらも認識している。すべての問題は、現代アメリカ社会に存在するすさまじい対立にかかっていることも分かっている。調和と合意が優先されている日本文化では、ジェンダーやセクシュアリティ、対立といったものは中絶経験者を対象に商業化された儀式とは無関係であるなどと、本当に信じていいものだろうか。

中絶とそれをめぐる儀式は——断固として徹底的に——ジェンダー化された現象である。つまり、水子供養の研究において、中絶からジェンダーと呼ばれるものを切り離すことは不可能である。この問題を追究するには、中絶においてジェンダーと権力が交差するところを見つけ、水子供養を実際に行う男女の生活にそれがどんな意味を持つのかを見極めていく必要がある。水子供養の商業化は、母性イデオロギー（すべての女は母になる義務があるという見解）を前提として若い独身女性をターゲットにする点でジェンダー化されており、そうすることで望まれない妊娠に男性が果たした役割は見逃される。中絶の意味は男女で違っているし、中絶を語るのであれば性（セクシュアリティ）を構築する力関係がどうしてもかかわってくる。それ以上に、これまで多くのアメリカの中絶研究が示してきたように、中絶は権力と対立の問題として経験されている。ロザリンド・ペチェスキーとクリスティン・ルカーが詳述している権力と抗争に匹敵するテーマの数々が、第三章で示す八人の中絶経験の語りの中にも見出せる。

水子供養に数多くの問題が必然的にかかわっていることを思えば、そうした問題すべてをたった一つのアプローチで一度に解決できるわけはない。したがって、本研究は必然的に多分野にまたがる学際的な研究となっており、序章の最後に、本書が水子供養の個々の側面を扱うために様々な分野の手法をいかに、なぜ用いたのかを説明する。歴史研究と史料分析によって、江戸期から現代まで受け継がれてきた日本の中絶解釈で用いられる永続的なモチーフを明らかにする。本書では、日本における生殖の状況を文化的に理解するために、江戸期における生殖の儀式化とその後の脱儀式化の過程が重要であることを示す。また、戦後日本の中絶史と日本女性の中絶経験に関しては、一九四五年以降の出版物の分析が本研究のもう一つの重要な核をなしている。中絶経験が述べられた八人の手記を分析することで、現代の女性五人と男性三人の中絶経験のなかに、いかに伝統的なモチーフが立ち現れ、またそのモチーフが当事者の人間関係と生殖歴〔妊娠、出産、流産など、女性が初経から閉経までに経験しうる生殖にまつわるできごとの時系列的な記述〕にどのような影響を及ぼしたのかが示される。さらに全体を通じて、宗教的な理念や儀式の構造を解説し、分析を行っている。そこでの解釈の基礎になっているのは、文献資料の調査ならびに水子供養の提供者とそれを批判する現代の宗教家双方へのインタビューである。日本国内の四か所で行った民族誌的な現地調査では、水子供養の普及と今後の動向を一般化する論拠を示す。

水子供養の問題は非常に複雑なため多角的な見方が要求されるが、これが最終結論だという保証は何もない。水子供養という複雑で議論の分かれる問題については、必然的に解釈は部分的で条件付きにならざるをえないだろう。

水子供養の歴史

第一章では、現代の水子供養研究を、江戸期以降の生殖の儀式化という歴史的文脈のなかで捉える。その頃は産婆〔実際には地方によって呼び名が様々で、明治期以後は有資格者と無資格者は区別されたが、本書では総称として「産婆」を用いる〕が人々に性に関する知識を与え、妊娠と出産を手助けしていた。初産は母となる女性にとって大人になるための通過儀礼であり、嫁ぎ先での地位に重大な意味をもたらすものだった。産婆の行うことは高度に儀式化されており、産婆は胎児の魂をこの世に導き、女性を大人の世界に導く案内人だと考えられていた。不慮の事態にでもならない限り、医者が子産みに立ち会うことはなかった。妊婦は厳しい食事制限を課され、腹帯巻きの儀式を通じて出産の介添えをする産婆と象徴的な意味で結ばれた。男性は産婆が統轄する領域から追い出され、知識を共有することもなければ、実際に手伝うこともなかった。ただし、生まれた子どもを育てられない事態が生じると、その子を間引くかどうかの判断は父親が自らの両親と相談して下した。当時、貧しい人々は子堕ろしや間引き、子捨てを当たり前のように行っていた。

かつてはどの宗教のどの宗派も生殖にまつわる儀式には関与しておらず、子堕ろしや間引きに時折制裁を与えることがあったくらいである。ただし、堕胎された胎児や捨て子の霊魂を弔った浄土宗の僧侶祐天上人の活動に、江戸期の性文化への宗教的なかかわりを見ることができる。堕胎された胎児のための回向は、祐天上人の伝説にしか見られないほど実に奇妙なことであり、当時は通常、読経は大人の葬儀で行うもので、胎児はおろか子どもにもそうした儀式が行われることは稀であった。当時の習慣では、死んだ子どもは成仏させるのではなく、むしろ生まれ変わりを早めるために有無を言わさず即座に処分されたのである。

明治維新後の一八六八年、国は生殖行為の統制に乗り出した。一九四五年までに生殖の脱儀式化が進行し、国家資格を有する産婆の監督下での出産が支持され、それまでの無資格の産婆による儀式は馬鹿げた迷信だとしてスティグマ化された。同時に、規則によって仰臥位での出産が慣行となり、子宮内の状態を計測し、記録することが妊娠中の主要な関心事になったことで、魂を呼び寄せることを主眼としていた出産の民間宗教的な観念は失われた。宗教は相変わらず生殖には関与しなかったが、新宗教の場合は例外的に様々な独自の「呪術的助産術」を提供しており、少なくとも天理教と天照皇大神宮教の二つはそうした手段で改宗者を集めていた。

現代の枠組み

一九四五年以降、妊娠と出産の領域では医師による独占が急速に進み、医療化の進行と共に儀式的要素は完全に排除された。第二章では、そうした生殖の脱儀式化を背景に、水子供養がいかに発達したかを検討する。経済的困難を含む様々な状況下での中絶を認めた一九四八—四九年の優生保護法とその改正の直後から、合法的中絶は一気に浸透して定着し、避妊も遅まきながら徐々に普及していった結果、出生数は減少していった。主要な伝統宗教の宗教者たちが生殖の問題にかかわることはほとんどなかったが、時には世俗の権威と手を組んで中絶をスティグマ化するようなこともあった。一九七〇年代に入るまで、宗教はほぼ全面的に生殖の儀式化に無関心で、例外は生まれたばかりの赤ん坊を家族が神社に宮参りさせていたことくらいである。そうした一般的状況のなかで唯一の例外は、新宗教の一つである生長の家が手掛けた優生保護法の経済条項廃止運動であった。

一九世紀後半以降、国の介入によって生殖の脱儀式化が進められたことで、再儀式化を可能にする文化的空白が生まれ、そこに新たな宗教的意味と解釈が入り込んだ。『読売新聞』の投稿コラム「人生案内」は、宗教色を出すことなく中絶に対する「常識的な」態度を保ち、経済的な理由による中絶には同情を示す一方で、性的快楽を求めた末の中絶には非難を浴びせた。中絶の理由によって二つに分かれるこの態度は、第一章の祐天上人のところで紹介するモチーフのように、江戸期からそのまま受け継がれてきたものである。

水子供養は、中絶に際して行われる主要な儀式になった。水子供養は生殖の脱儀式化で生じた文化的空白を埋め、儀式の様式や解釈、イデオロギーに様々な宗教家の介入を許したために、結果として生殖は再び儀式化されることになった。水子供養は医師たちの生物学主義も中絶を合法化した優生保護法の形で結実した社会的合意も否定せず、それに取って代わろうともせず、この二つの見方と共存していた。実のところ、水子供養はそうした見方に依拠すると共に、現代の男女関係のあり方にも依拠しており、「冷たい男と馬鹿な女」というモチーフにならって、とりわけ馬鹿な女の方を強調しながら現代の男女関係を構築している。

水子供養は出版物——特に若い女性向けの週刊誌——を通じて広まったため、第二章では週刊誌に掲載された水子供養の祟りに関する言説を取り上げる。一九七〇年代半ば以降の週刊誌の言説は、若い女性の生殖を目的としない性をスティグマ化したばかりか、時に悪魔的なものとして取り上げることもあった。女性たちに降りかかると予言された不幸や病気は、閉経にまつわる数々の身体的症状だったり、子どものしつけや夫の性的関心を保持すること、夫の浮気問題など女性が経験しがちな事柄だったりした。全国の宗教団体や信者を対象にした調査によれば、調査の対象になった団体の大多数が水子供養を否定していた。水子供養に金をつぎ込む人々——主に女性だが女性のみではない——の様々な指向性は第二章で紹介する。

水子供養は、現代の性文化と中絶が持つ多様な意味と密接に結びついている。第三章ではこの結びつきについて、中絶を体験した八人の手記を通じて検討する。八人の手記は、水子供養に見られる胎児中心主義が決して万人に受け容れられてはいないことを示している。若干数ではあるもののこれらの語りからうかがわれる限りでは、中絶は男女のどちらにとっても緊迫したできごとだが、必ずしも水子供養から大きな影響を受けてはいないと結論できる。従来の研究では、生殖の儀式化という観点から水子供養の歴史的枠組みが示されたことはないし、またその商業化と普及を加速化させた医学的、法的、イデオロギー的な土台について詳しく検討されたこともない。ましてや、水子供養の根底にある現代日本の男女関係の特徴に目を向ける人などほとんどいなかった。

第四章では、水子供養の主な提供者である霊能者、新宗教、そして仏教僧たちについて検討する。一群のオカルト指向の起業家的宗教家である霊能者たちの興隆は、「オイルショック」とほぼ重なる一九七〇年代半ば以降の日本に見られた宗教的エートスの揺らぎを反映している。新宗教の興隆が主にオカルトと関連していたように、水子供養は変化し続けるエートスの重要な現れの一つである。また水子供養は多くの供養提供者の立場からすれば確実に収入が得られる手段でもあり、檀家制度をモデルに信者と継続的な関係を築くことを狙った経済的戦略でもあった。新宗教の辯天宗《べんてんしゅう》〔「弁天宗」とも表記される〕はまさにそのケースで、創始者の死後、多くの脱会者が出た後に水子供養に乗り出している。おそらく信者数を回復するために辯天宗は水子供養を開始し、西日本全域に広めたのである。霊能者のなかには、圓満院（滋賀県大津市）の三浦道明のように水子供養によって莫大な収益を手に入れた者もいれば、天台宗慈恩寺（岡山県津山市）の森田愚幼のように現代社会における深刻な道徳問題に取り組む一種の社会奉仕活動として水子供養の実践を捉える者もいた。第四章ではこうした人々が推し進めたイデオロギーと共に、その儀式の内容も分析する。

　他の宗教家たち、特に伝統仏教の僧侶たちは水子供養の積極的な推進者ではなかったが、中絶胎児のための儀式を求める檀家からの圧力を感じていた。霊能者や新宗教が水子供養を前面に打ち出したのに比べ、仏教の僧侶たちは受動的に信者の要求に応じた。仏教各派のほとんどは、一つには根拠になる経典がないために、一つには宗教団体にはふさわしくない政治活動とのかかわりを避けるために、水子に対する態度を明確にすることを避けてきた。したがって、檀那寺の僧侶はたいてい本章の冒頭に示した黒住教の事例のような女性信者と対峙すると、どうすればよいか分からず間に合わせの供養を行うしかなくなる。水子供養を行う場合も、僧侶たちは一般信者同様にせいぜい週刊誌から情報を得られたくらいで、大衆文化のステレオタイプに頼る他はなかったのである。

浄土真宗は重要な例外であり、僧侶が水子供養を行うことを禁じている。浄土真宗は国内最大の仏教宗派であるため、その影響力は非常に大きい。また他の宗派でも、様々な理由で水子供養を行わない僧侶たちがいる。経典に根拠がないためばかりでなく、僧侶のなかには寺が中絶とかかわることを好まない者もいれば、儀式を商品化している水子供養を受け容れない者もいるし、女性に対してあまりにも搾取的だと捉える人々もいる。最後の見方は、日本のフェミニストや民俗学者、仏教学者、また多くの一般人にも共有されている。

水子供養を検討するために、国内四か所――津山市（岡山県）、行橋市（福岡県）、三浦市（神奈川県）、いわき市遠野町（福島県）――の現地調査も行った。第五章で取り上げる現地調査では、次の四つの目的を掲げた。①水子供養がどのように行われているか、②地域性やある地域の特殊事情が供養の時期や様々な宗教法人の関与にどのように影響しているか、③供養参加者の宗教的指向性に年代での違いが見られるかどうか、④男性の供養参加者の性格と参加の比率を明らかにすることである。この研究では、仏教内部の宗派同士の違いや、神道や修験道でどのように水子供養が行われているかも観察した。

第五章では、年配者の水子供養への参加の仕方についてさらなる洞察を得る。数多くのカップルが中絶を経験した戦後第一期には、まだ水子供養は存在していなかった。今、もはや子どもを産むことはありえない時期になって、多くの人々が過去の中絶について自分たちが無情でも冷酷でもなかったことを証明したいという欲望に駆られている。実のところ、彼女たちは象徴的な意味において、「冷たい男と馬鹿な女」というイメージを否定したいがために水子供養を利用しているのである。そのために、彼女たちは日頃世話になっている檀那寺で水子供養を行う。檀那寺での水子供養は、中絶経験の有無に関係なく、すべての檀家の参加を前提とした年中行事の一環として行われることも多い。ただし、現在、地方の檀那寺で行われている水子供養はジレンマに陥っている。多くの寺が水子供養のための石碑や施設に多額の投資をしたにもかかわらず、ただ捨て置かれているものも少なくない。この傾向は地方でよく見られる。多くの信者は、過去の中絶についていったん供養をしてしまえば、それ以上中絶のことで思い煩う必要はなくなり、引き続き供養を行おうとは思わないためである。おそらく水子供養のために建てた施設は、いずれ他の目的に使われることになるように思われる。

時には、水子供養を宣伝することで観光事業を促進しようとする共同体もあり、全世帯に強制的に数万円分もの仏像や仏具を買わせたり、旅行者に儀式の用具を売りつけたりしているところもある。そのような住民への強制を小さな町の区長が行うのは憲法上の政教分離とは相容れないはずだが、そのことを地元の人々が問題として取り上げた例はない。第五章で紹介するが、完全に計画が破たんしたために、地元の誰もが水子供養に背を向けた事例が少なくとも一件ある。強制的に進められたことで、さもなくば育っていたかもしれない水子供養への関心の芽はすっかり摘み取られてしまったのである。

これはおそらく極端な例ではあるが、水子供養の重要な一側面を表している。この事例から分かるのは、共同体の人々の支援がなくても、全く地域とかかわりを持たないままで、あるいは地域と対立しながらでも、共同体の中に水子供養が存在し続けることもあるという事実である。つまり水子供養を集合的な感情の「自然な」発露だと見なすのは明らかに間違いである――水子供養はあらゆる意味で歴史的にも文化的にも矛盾を孕んだ儀式なのである。また、水子供養が日本における大多数の宗教団体から拒絶されている少数派の現象にすぎないことを考えれば、水子供養を単に「日本人の中絶対処法」と見なすのは全く間違っている。

おそらく水子供養は、二〇世紀も終わりの日本における宗教生活の特徴をつまびらかにする役目を果たせるだろう。水子供養の普及は自信や楽観主義の喪失を反映しているのであり、また水子供養に対する批判は悲観主義や決定論、セクシュアリティに伴うスティグマを拒否したいという欲望の現れでもある。さらに水子供養は、歴史を持つ宗教的伝統が常に現代に合わせて変更され、応用されてきた過程を明らかにし、宗教と大衆文化の重要な関係を例示するものでもある。

序章　注

（1） Helen Hardacre, *Kurozumikyô and the New Religions of Japan* (Princeton: Princeton University Press, 1986), 151-2.

（2） Petchesky, *Abortion and Woman's Choice*, 338-9.

（3） George Devereux, "A Topological Study of Abortion in 350 Primitive, Ancient, and Pre-Industrial Societies," in *Abortion in America*, ed. Harold Rosen (Boston: Beacon Press, 1967), 98.

（4） Petchesky, *Abortion and Woman's Choice*, xii より引用。

（5） 昭和四五年四月二日参議院予算委員会における真田秀夫の答弁〔国会会議録検索システムで検索〕。

（6）　ウィリアム・ラフルーアの『水子――〈中絶〉をめぐる日本文化の底流』（William LaFleur, *Liquid Life: Abortion and Buddhism in Japan*）は、水子供養に関する最も包括的な学術研究である。この中身が濃く示唆に富む研究は、過去および現在の宗教との関連を通じて水子供養を説明しようと試みている。地蔵信仰や祟り信仰といった日本宗教史上の歴史的要素を用い、概括的な言葉でこれらの儀式が続いてきたことが強調されている。Bardwell Smith, "Buddhism and Abortion in Contemporary Japan: Mizuko kuyo and the Confrontation with Death" (*Japanese Journal of Religious Studies* 15, 1988, 3-24) はより小規模の研究だが、水子供養が中絶に対処するための手段だと概説している。その前に発表された Anne P. Brooks, "Mizuko kuyo and Japanese Buddhism" (*Japanese Journal of Religious Studies* 8, 1981, 119-47) は水子供養研究として広く知られた最初の研究である。Bardwell Smith と Elizabeth Harrison が実施した京都の寺院調査の結果の概要は『「業」の説に関する本派僧侶の意識とその実態　研究報告　第一号』（臨済宗妙心寺派教化センター、一九八九年）で読むことができる。Zwi Werblowsky, "Mizuko kuyo: Notulae on the Most Import, 'New Religion' of Japan," *Japanese Journal of Religious Studies* 18, 1991, 295-334) は東京のある寺に水子供養のために奉納された絵馬の研究である。

（7）　仏教的観点から行われた水子供養研究はこの儀式に批判的で、地蔵菩薩信仰を不適切に利用していると捉えるものが主流である。こうした批判については第一章で詳述する。仏教研究は浄土真宗に基づくものが目立っているが、この宗派は水子供養の正統性を否定し、僧侶がこの儀式を執り行うことを禁止している。これについては第四章で詳述する。

（8）　高橋三郎を中心とする京都大学の研究グループが『水子供養に関する統計調査資料』（平成三年度科学研究費補助金研究成果報告書・京都大学、一九九〇年）に最も包括的なデータを収めている。その概要は新田光子の「水子供養に関する統計調査資料」（『龍谷大学社会学部学会紀要』二号、一九九一年、四六―六〇頁）にまとめられた〔高橋らの研究結果は後に、高橋三郎編『水子供養　現代社会の不安と癒し』（行路社、一九九九年）として出版された〕。神原和子らによる「日本人の宗教意識に関する共同研究の報告」（『東京工芸大学工学部紀要』一〇号、一九八七年、二二―五四頁）も参照。また注6で述べた臨済宗妙心寺派による研究からも、臨済宗で実施された水子供養に関する種々のデータが得られる。

（9）　森栗茂一の民族学的研究「水子供養の発生と現状」（『国立歴史民俗博物館研究論集』五七号、一九九四年、九五─一二七頁）がこのカテゴリーに属する。本調査の終了以降、森栗は週刊誌における水子供養の宣伝広告に関する興味深い単行書『不思議谷の子供たち』（新人物往来社、一九九五年）を出版した。より規模の小さい研究として、宮田登の『「心なおし」はなぜ流行る』（小学館、一九八三年）は、現代に見られる現象と江戸期における水子という言葉の使用を関連づけている。岡山の民俗研究の専門家である同前峰雄は『岡山むかしむかし　赤子「まびき」の習俗』（岡山・日本文教出版、一九八九年）のなかで、西日本全域で行われていた水子供養を厳しく批判した。同様に、清水邦彦「昭和四五年以前からの水子供養」『西郊民俗』一四八号、一九九四年、二一─五頁、田野登『大阪のお地蔵さん』渓水社、一九九四年、一四七─五八頁も参照。

（10）　この種の良質な研究としてはHoshino Eiki and Takeda Dōshō, *Mizuko Kuyō* and Abortion in Contemporary Japan, in: *Religin and Society in Modern Japan: Selected Reading*, eds. Mark Mullins, Shimazono Susumu, and Paul Swanson, 171-90 (Berkeley, Calif.)〔星野英紀・武田道生「負の精神性とやすらぎ──現代水子供養の底流──」『真理と創造』二四号、一九八五年の英訳・増補版〕がある。星野と武田は、以前は集合的な視点で捉えられていた中絶への責任という観念が個々の女性に焦点を当てるよう変化してきたことが、水子供養に影響を与えていると主張した。

（11）　水子供養を批判した研究に関しては、第二章と第四章で数多く紹介する。それ以外にも、橋本満の「水子供養と女性の癒し」（『性のポリフォニー』原田平作・溝口幸平編、世界思想社、一九九〇年、二八四─九四頁）や「不安の社会に求める宗教」（『現代社会学』一三号、一九八七年、四一─五七頁）がある。秋津梨「水子供養の演出でボロ儲けの宗教家たち」（『政界往来』一九八七年六月号、二三六─四五頁）と高橋由典「罪悪感とその軽減──『水子供養』調査から」（『ソシオロジ』三二号、一九八七年、九三─七頁）も参照。『差別とたたかう文化』一二号（一九八四年）は被差別部落民に対する差別撤廃を目的とした雑誌であるが、水子供養を重要な差別の加担者として糾弾している。

（12）　たとえば、Edwin O. Reischauer and John K. Fairbank, *East Asia, the Modern Transformation* (Boston: Houghton Mifflin, 1960); Marius B. Jansen, ed., *Changing Japanese Attitudes Toward Modernization*, Studies in the Modernization of Japan, no. 1 (Princeton: Princeton University Press, 1965); Ronald P. Dore, ed., *Aspects of Social Change in Modern Japan*, Studies in the Modernization of Japan, no. 3 (Princeton: Princeton University Press, 1967) 参照。

(13)　この種の初期の研究として、E・H・ノーマンやジョン・ダワーのものがある。John W. Dower, ed., *Origins of the Modern Japanese State: Selected Wrings of E. H. Norman* (New York: Random House, 1975); John W. Dower, *Japan in War and Peace: Selected Essays* (New York: New Press, 1993).

(14)　Hiroshi Wagatsuma and George DeVos, *Heritage of Endurance: Family Patterns and Delinquency Formation in Urban Japan* (Berkeley and Los Angeles: University of California Press, 1983); George DeVos, ed., *Japan's Invisible Race; Caste in Culture and Personality* (Berkeley and Los Angeles: University of California Press, 1966); Joyce Lebra, Joy Paulson, and Elizabeth Powers, eds., *Women in Changing Japan* (Boulder, Colo.: Westview, 1976); Takie Lebra, *Japanese Women: Constraint and Fulfillment* (Honolulu: University of Hawaii Press, 1984); Susan J. Pharr, *Losing Face: Status Politics in Japan* (Berkeley and Los Angeles: University of California Press, 1990); idem, *Political Women in Japan: The Search for a Place in Political Life* (Berkeley and Los Angeles: University of California Press, 1981) 参照。

(15)　この「民衆史」に主にかかわったのは色川大吉である。彼の"Freedom and the Concept of People's Right" (*Japan Quarterly* 14, 1967）と『明治の文化』（岩波書店、一九七〇年）参照。民衆史の入門としては Carol Gluck, "The People in History: Recent Trends in Japanese Historiography," *Journal of Asian Studies* 38, 1978, 25-50 参照。

(16)　たとえば、Victor Koschmann and Tetsuo Najita, eds., *Conflict in Japanese History: The Neglected Tradition* (Princeton: Princeton University Press, 1982); Eliss Krauss, Thomas Rohlen, and Patricia Steinhoff, eds., *Conflict in Japan* (Honolulu: University of Hawaii Press, 1984) 参照。

(17)　Ross Mouer and Yoshio Sugimoto, *Images of Japanese Society: A Study in the Social Construction of Reality* (New York: KPI, 1986).

(18) Ian Reader and George Tanabe, eds., *Conflict and Religion in Japan*, special issue of *Japanese Journal of Religious Studies* 21 (June-September 1994).

(19) Iwao Sumiko, *The Japanese Woman: Traditional Image and Changing Reality* (New York: Free Press, 1993).

第一章　水子供養以前における生殖の儀式化

性と生殖を取り巻く社会的諸関係は複雑で、法や社会政策に強い制約を受ける時代もあれば、それほどでもない時代もある。性と生殖は、共同体や家族の内部で同時並行的に様々なレベルで重要な意味をもっており、たとえば共同体との絆を固めるものであるのと同時に、集団そのものを永続化させ、性や年齢に基づく家族内の権威のパターンを複製し、親密性と愛情を表現するものでもある。当事者間では生殖が性関係に起因するのは当たり前のことだが、その現場では女と男によって支配権が争われるために、両者の関係は相当な緊張を孕むことになり、性行為や生殖行為の様々な側面に意味が付与される重要な場にもなる。水子供養は生殖にまつわる一種の経験を儀式化したものなので、だからこそ、その歴史をより包括的に理解するには、妊娠や出産の構造の変化やセクシュアリティや生殖が生じる社会的諸関係のあり方、さらに性文化の枠内で移り行く中絶の位置づけといった観点で見ていくことが役に立つ。宗教団体は生殖にまつわることがらを儀式化することに必ずしも積極的に関与してこなかったばかりか、性と生殖を不浄なものと見なしていたため、ごく最近までむしろそれを遠ざけてきた。

中絶は、性関係のなかで、また性関係を通じて意味が付与されるため、中絶にまつわる儀式を行うようになった歴史的な文脈は、性や妊娠や出産を取り巻く社会的諸関係や、その文化的構築の中に見出せる。本章では、江戸期から一九四五年頃までのあいだに生殖にまつわる儀式のあり方がどのような歴史的変化を遂げてきたのかを検討する。この期間を通じて見えてくるのは、前近代の生殖にまつわる経験は広範囲にわたって徹底的に儀式化されていたことと、一八六八年の明治維新以降は国が人口政策に乗り出したために生殖の脱儀式化が進んだこと、さらにその結果としての文化的空白を埋めるために代替的な儀式の形態が新宗教のなかから立ち現れてきたことである。水子供養は、この代替的な儀式形態の伝統に従って、一九四五年以降にきわめて多数の女性たちが共有することになった中絶という体験に焦点を合わせたものである。

ある特定の社会的行為がある時代に徹底的に儀式化されていたとしても、それ以前の時代も同じだったとは限らない。また、その行為がそれ以後もずっと儀式の対象とされ続けると想定すべきでもない。国家がその儀式に関心を抱けば、それまでの実践者たちは追いやられ国家公認の儀式に置き換えられるかもしれないし、あるいは国家の関与によって脱儀式化が推進されるかもしれない。同じ行為について——あるいはその一部の側面について——後に再び儀式化される可能性もあるが、それがどうなるのかは、その行為がずっと文化的重要性を失わずにいられるかどうかにかかっているし、起業家的な儀式提供者たちが人々のニーズを喚起するのに成功できるかどうか、さらには、そうした宗教家たちが自ら喚起した「ニーズ」に応える儀式を商品化し、それを広める能力に長けているかどうかにもよる。

本書では先行研究とは異なるアプローチを採用し、水子供養の歴史は堕胎薬に関する断片的なデータや中絶件数、信仰対象として建立された地蔵の種別や数だけでは分からないと考える立場を取る。おおまかに言えば、水子供養の歴史の具体的な諸側面は、前近代の子堕ろしや地蔵菩薩にまつわる伝統のなかに認められるため、ほぼすべての既存研究はそうした方面からのアプローチによっている。だが、そのようなアプローチでは、性や生殖にまつわる慣行のなかでの中絶の位置づけや、中絶に至る人間関係、中絶が文化的に構築されている範囲などを包括的に理解することはできない。

日本の歴史において、妊娠と出産は古代から儀式の対象とされてきたが、最もよく知られているのは江戸期（一六〇三―一八六七年）における生殖の儀式化である。本章第一節では江戸期の妊娠や出産に関する儀式を取り上げることで、当時の女性にとっていかに初産が一人前になる通過儀礼となり、他の大人の女たちの仲間になって女の知識を共有できる地位を獲得できたのかを検証する。当時の産婆が宗教的な含みのある役目を担っていたのは、出産において産婦の〔通過儀礼としての〕通過と、その子どもの〔産道の〕通過を手助けしたからである。ただし、産婆が宗教と結びつくことはなかった。

当時、間引きや子堕ろし、子捨ては幅広く受け容れられており、特に農民にとっては仕方がないこととして暗黙のうちに認められていた。言うまでもなく、当時はどの階層にも信頼できる避妊手段などありはしなかった。経済的困難による子堕ろしや間引きは一般に許容されていたのだが、性的快楽を追求した末の妊娠は認めないというもう一方の考え方に基づいて、ときおり非難が沸き起こることもあった。本章第二節では、江戸期の宗教と性文化を取り上げて、この種の伝統が発展することで霊験あらたかな祐天上人の伝説が生まれ、「冷たい男と馬鹿な女」というステレオタイプへと結実したことを示す。

江戸期に支配的だった妊娠や出産の儀式の様式や当時の子堕ろしの捉え方では、性や生殖にかかわるものは何であれ不浄で穢れたものと見なす傾向があった。それと同時に、産婆をなかば宗教的な存在と見なし、妊婦をその出産能力ゆえに力強いものと見なすのも一般的だった。だが江戸期の終わりが近づいた頃、ある新宗教が立ち上がり、それまでの妊娠や出産の儀式に替わる新たな儀式を編み出したことで知られるようになった。それは中山みき（一七九八―一八八七年）を開祖とする天理教であり、彼女から安産を確かにする手法を教えられた女性たちの一部がみきの初期の信者群を形成した。みきはそれまでの妊娠や出産について――特に初産の通過儀礼的性格に関連して――「女の知恵」とされていた食の禁忌や腹帯、別火《べっか》、産屋といった慣行をことごとく退けた。みきは古い慣行に取って替わる妊娠と出産の儀式を創案したのである。独特の宗教的信念に基づいて、少数の篤信の信者たちに採用されたこの新しい選択肢は、前近代における水子供養の先駆けと位置づけられる。

明治政府の人口と公衆衛生に関する政策が進むにつれて、江戸期からの妊娠や出産を儀式化する伝統は大きく変貌した。一八六八年の明治維新後に堕胎は刑罰の対象となり、生殖の国家統制はますます直接的かつ組織的に進められた。妊娠と出産の脱儀式化は、生殖行為の管理を意図した国家的試みがもたらした結果の一つだったが、そのためにある種の文化的空白が残されることになった。一九四四年、また別の新宗教として天照皇大神宮教が登場し、天理教とは異なる儀式と助産術を提供することで若干数の信者を集めた。産婦人科の分野に医者が進出し、妊娠と出産の医療化が進展したことで、ほとんどの人々にとって妊娠と出産は脱儀式化されたままに置かれていた。生殖の重要さと多様な意義を考えれば、生殖が再び儀式化されるようになることはおそらく避けがたい。ただし、戦後何十年かのあいだに、日本の人口動態は劇的な変化を遂げており、その一つとして、一九四八年に合法化された人工妊娠中絶によって出生率は短期間で激減した。中絶が数多くの日本人女性の共通体験になった時、彼女たち――そしてそのパートナーの男性たちの多く――によって水子供養の「市場」が形成された。本章ではこうした展開のうち一九四五年前後までを取り上げ、戦後の人口動態と水子供養を通じた生殖の再儀式化については、第二章で取り上げることにする。

江戸期における妊娠および出産の儀式化

江戸期を通じて、産婆術は国家や宗教団体の枠の外で営まれていた。妊娠と出産は徹底的に儀式化され、産婆の役割は高度に儀礼的な性質をおびていた。無数の方言が様々な形で産婆の役割を「媒介者」として表現していた。たとえば、広く使われた「取り上げ婆さん」や「引き上げ婆さん」という言葉は、子どもを新たな生に引き上げる老婆を意味している。[1] 女性にとって第一子を出産することは、共同体において一人前の女になるための通過儀礼であるばかりか、嫁ぎ先での地位を高め、家との関係を強化するできごとでもあった。[2] この伝統的なお産のあり方では、女性には自らの経験に基づいて女性ならではの専門的な知恵を蓄積し、次世代に伝えることが求められていた。[3]

当時の産婆はたいてい自らも何度か子産みを経験しており、赤ん坊を取り上げる女たちと同じ村で産婆として暮らしているのが普通で、赤ん坊を取り上げに村の外に出かけていくことは稀だった。お産とはあの世の魂がこの世で暮らす人間に移行することだと信じられていたために、産婆は魂の導き手であり、子宮内の境目にいる魂を人々の共同体の一員へと移行させる専門家だとも見なされた。[4] 産婆の重要な役割を表す「二人で産む」という言い回しはまさに的確であり、頻繁に用いられた。

女性の初めての妊娠は、その妊婦と子を取り上げる産婆とを「結びつける」儀式を通して周囲から認知され、岩田帯を妊娠四、五か月の妊婦の腹に巻く儀式を終えた産婆は祝宴の主賓としてもてなされた。[5] 通常、腹帯は安産のお守りであり、地域によって様々な違いもあるが、夫の下帯が使われることが多かった。腹帯の儀を終えた妊婦は、妊娠特有の食の禁忌（地域差が大きい）に従い、胎児が育ちすぎないように帯をきつく締めることを教えられた。また、妊婦は神々を汚さないように寺社詣でを控えることになっていた[6]。産婆や親戚の女たちは、それぞれの地方で決められている妊娠中に食すべきものや食してはならないものを教え、分娩時に使う古布や寝具を集めてきれいに洗っておくなどお産への備え方も教えた[7]。

ここで指摘しておきたいのは、妊娠のどの時点で儀式を行うことになっていたかである。「受胎の瞬間」には何の儀式も行われないし、特に注意も払われなかった。岩田帯を巻くことでその妊娠は公認され、女性は「妊婦」という特殊な地位を獲得する。胎児の存在はこの時点から認知されるようになり、地域によって様々な呼び名が使われていたが、人間として認識していることを示すような「子」や「児」といった文字は必ずしも使われていなかった[8]。

多くの地域でお産のある家の穢れに産婆をかかわらせることが重要だと考えられていたため、産婆と共食〔神への供物を皆で食べることで神と人々の結合を強める儀礼的な食事〕したり、産婆に妊婦の着物を一枚与えたりした。産婆との共食で妊婦の家は産神《うぶがみ》への供物を作ることにもなったが、その産神の素性は地域によって様々に解釈されていた[9]。産婆そのものが産神の代理と見なされることもあれば、産神に代わって行為をするとの見方もあり、後者の見方は産婆の食膳に小さな石を置く風習にも表れていた。この石は産神の依代《よりしろ》として、産神にその家のなかで安らげる居場所を提供した[10]。一部の地域では依代を家の仏壇に供えておき、子どもが大病にかかった時にこの石（女の子には丸石、男の子には細長い石）で体をなでれば産神から治癒力を授けられると信じられていた[11]。そのように、産婆は単なる職人ではなかったし、子どもと継続的な関係を持つ仮親のような存在でもあった。産婆は取り上げた子どもの人生上の主な儀式に参列することになっていたし、子どもはお返しとして産婆に中元や歳暮を贈り、産婆の葬式にも参列した。

産婆が産神として崇められ、安産の祈願を求められたとの伝説もある[12]。山形県では、一群の産婆が吉兆の祝宴に招かれ神楽を舞った。一部の地域（新潟、福島、高知、徳島）では、産婆が子どもの産着を縫うことになっており、そうしないと子どもは丈夫に育たないと信じられていた。他に、産婆が名づけ親になる地域もあった。

出産に何かしら神の力が働いているという認識は、お産に際して神々が現れ、産神がお産を仕切るといった信念や、神々がいないとお産が始まらないと信じられていたことにも現れている。つまり、出産と産婆術は神々を遠ざけるほど穢れたものとは見られてはいなかった。実際、瀬戸内海地域〔広島県安芸郡等〕の神話では、お諏訪さまは赤不浄〔月経や出産の穢れ〕を忌むことなく家に入ったとされている[13]。

出産の方式には相当な地域差があるが、梁にかかった綱につかまるにせよ、米俵によりかかるにせよ、しゃがむ姿勢は分娩時に好まれた体位であった[14]。生家に帰ってお産する者もいれば、嫁ぎ先に留まる者もいたし、産婆が一―二名の助手を使うこともあれば、妊婦の母親か義母、あるいは親戚の女たちが手伝いに駆り出されることもあった。お産に直接関与しない女たちは、湯を沸かし、分娩が始まったら飯を炊く[15]。産婆に複数の助手が付く場合には、分娩時に一人は後ろから産婦を抱きかかえ、産婆かもう一人の助手が肛門や会陰の周辺を上向きに押すことで、子どもはあらかじめ用意されていた寝具の上にぽとりと落ちた。男たちがお産の場に入ることは絶対に許されなかった。

一般に、出産の穢れにまつわる禁忌が最も厳しかったのは山村や漁村であり、産屋は人々の住居から離れた場所に建てられ、お産のためだけに使われるという風習が相当長く続いた。この風習が最後まで続いていたのは福井県〔敦賀半島〕で、一九五〇年代まで産屋が使われた[16]。産屋の風習と並行して、妊娠中（および出産直後）の女が使う〔煮炊き用の〕火を他の人たちの使う火と区別する別火《べっか》の風習があった。穢れの源は血と胞衣《えな》〔胎児を包んでいる膜や胎盤などのことで分娩後に排出される〕であり、全国的に胞衣とお産の血で汚れた布は必ず儀式を伴って処分された。

出産がもたらす力は、分娩中の女において最も高まると考えられていた。初産の女はこの力を占有することで男たちを排除し、母という新たな地位と役割を得て他の女性たちの仲間入りを果たすことを保証されたが、それは翻って、子のない女に「石女」というスティグマを与えることにもなった[17]。お産そのものを行う場所や胞衣を処分するために指定された場所を知れば、出産の力がポジティヴに解釈されていたことがさらによく分かる。産屋を使わない稲作地域で自宅か米倉でお産が行われたのは、産神が穀物神と見なされていたためか、産神は先祖なので仏壇の前にいると考えられていたためである。同様に、稲作地域では大黒柱の下に胞衣が埋められることもあり、悪影響しか及ばさないのであれば、そのような場所に埋めるわけはない[18]。

胎児が完全な人間として認識されていなかったことを示す証拠は豊富にある。この点を説明するには、前近代の避妊や子堕ろし、そして間引きについて振り返っておく必要がある。これら三つの行為はいずれも広く行われており、当時の人口事情にどれだけ影響したかは議論の余地があるとしても、そんな事実はなかったなどと真剣に論じる人はいない[19]。当時は信頼できる避妊法がなかったため、避妊や子堕ろしの手段になったのは、地域によって種々異なる薬草の類や呪術、授乳期間の延長の他は、男が季節労働で長期間家を空けることくらいだった。避妊具や植物由来の堕胎薬は産婆の扱う領域であり、それら二つの手段が失敗に終わった場合の間引きも、産婆が手を下すことが多かった[20]。避妊、子堕ろし、間引きが互いに代わりの手段になりえないのは、個人の行う選択として別々のものだからである（いずれの場合も、そのような「選択」をするのは必ずしも妊婦や産婦ではなかった）。ただし、避妊、子堕ろし、間引きは、いずれも胎児または嬰児の一連の発達段階に応じた時間軸に沿って生じるできごとだった[21]。

幕府も藩もくり返し、子堕ろしと子殺し（間引き等）を非難したが、たび重なる飢饉で多くの農民が貧困にあえぐ状況では、子どもが大勢生まれれば数多くの共同体にとって耐えがたい経済的負担になったため、江戸期を通じて子堕ろしも間引きも慣習的に行われ続けた。いずれの行為も罰せられることは稀だったし、宗教側から厳しい非難を浴びることもなかった[22]。

間引きの多くは絞殺などで窒息に至らせたもので、出産直後に行われたのは間違いない。産婆は産まれた子をこのままにしておくか、もともといた神々の世界へ「送り返す」かと尋ねる（「おくか、かえすか」）。この問いは、家内での地位が低い産後の母に向けられるとは限らず、むしろ義母か夫に向けられるのが常であった。そうした「選択」や「決定」は共同体で行う性格のものだったので、このできごとに誰が責任を負うかという点はあまり重要ではなかったし、産婆がいない場合や帰った後であれば、義母か夫が手を下した。間引きが人殺しと同等だと見られていた証拠は全くない。「かえす」と「ころす」は紛れもなく異なる[23]。

仏教や神道、修験道は、事実上、避妊や子堕ろし、間引きについて何も語るべき言葉をもたなかった[24]。当時の倫理思想はもっぱら公的な義務を取り上げていたし、上記三つの行為はどれも公的な性格を持つとは見なされなかったので、倫理思想の主題にはなりえなかったのである。一方、どの宗教も出産やそれに関連する行為を清浄や穢れといった枠組みで捉えていたので、出血を伴うお産は一般に穢れをもたらすものと見なされた。産後の母子は何より穢れている存在と見なされ、父親や家の者も神社や寺への参詣を控えるのがしきたりだった。（女神たちの支配を受けている）漁業や林業に従事する男たちも、妻が出産してからの一定期間、産の穢れのために仕事を休んだ[25]。

仏教と修験道でも、出産を儀式化したり赤ん坊のために儀式を行ったりすることはなかったが、仏教ではお産のさなかに死んだ女の運命に格別な関心を示し、そうした女は悪業のために自分が死なねばならなかった経緯が映し出される「血の池地獄」に送られるとした。仏教は、江戸期のあいだに葬儀と先祖崇拝をもっぱら取り扱うようになった。仏教の葬儀や先祖崇拝には、お産で死んだ女に関する信念が反映されていたばかりか、女性差別の伝統や女の穢れにまつわる民俗的観念も入り込んで反映されていた[26]。お産で亡くなった女を弔う特別な葬儀が発案され、血の池地獄から来た水のイメージを取り入れて「流れ灌頂」と呼ばれた[27]。

中世末期から江戸期を通じて、禅宗の一派である曹洞宗はお産で死んだ女のために特別な儀式を行った。臨済宗でも行われたこの種の儀式は、三つの目的を持っていた。すなわち、女が墓のなかで「産む」のを防ぐこと、早世を恨んだ女が引き起こす災厄を防ぐこと、女の救済を確実にすることである。墓のなかで子を産むというおぞましい事態が起こった場合、その女は血塗られた死装束姿で赤ん坊を抱いた幽霊として戻り、生者に憑依《ひょうい》すると信じられていた。この幽霊は産女《うぶめ》と呼ばれた。この霊を鎮める儀式を執り行う僧に命ぜられた具体的な行為は、死体を足で蹴ることに始まり、死体の頭を剃髪し、左耳に十仏の名前を唱えるというものだった。これらの行為をすべて行うことで、胎児は子宮から象徴的に分離されることになる（「別腹《べっぷく》」という）。女が再び幽霊として戻ってこないように、棺には護符が入れられた。こうした儀式のすべては明らかに母を対象としていたし、究極的にその母が救済され、仏になるのを助けることを意図していた。どうやら胎児については生まれ変わりを願うのみで、母のように成仏することを願うことはなかったようだ。胎児が独立した存在として幽霊となり、誰かを祟ると信じられていた証拠は全くない。水子という言葉も使われていなかった。[28]

水子という言葉は字義通りには「水の子」であり、流動性を感じさせることから、お産で亡くなる女たちにまつわる観念にも結びつく。この言葉の起源ははっきりせず、死んだ赤ん坊や幼い子どもにも使われるという意味では、新生児と乳幼児を同一カテゴリーにくくる「赤子」や「稚児」にも似ている。だが、そうした言葉と水子の違いは誕生前の胎児も含むことである。それ以上に、水子という言葉は地域によって様々に意味が変わる。愛媛では水子とは名前をつける前に死んだ子どもを指すが、隠岐諸島では生まれて一年以内に死んだ子どもを指す。愛媛や隠岐ではこの言葉を中絶と特に結びつけてはおらず、水との関連づけも明示されていないが、東北地方には中絶した胎児や胞衣をわらづとに入れて流すという風習があり、それがこの言葉の起源の一つだと思われる。[29] 仏教の経典には、水子《みずこ》という言葉は見当たらず、水子《すいし》という同字異音語も見られない。胎児と赤ん坊と乳幼児をひとまとめに扱うことは、まだ人間存在として確立していない脆弱な生命体であるという認識を反映しており、乳幼児死亡率が非常に高かった当時の事実をも反映していることは間違いない。これまで水子という言葉は移り変わる解釈に影響を受けてきたし、二、四、五章で見るように、今現在もそうした変化は続いている。

一般的に、初宮参りは赤ん坊の「お披露目」にあたる。この行事は母と子と家族が穢れから解き放たれたことを記念するもので、神の社殿に詣でることで禁忌は終了する。神の祝福と庇護を願って、子どもは地元の守り神へのお参りに連れて行かれた。産みの母ではなく夫の母（姑）が子どもを宮参りさせる慣習だったのは、夫の「家」にその子が加わったことを神前に示すためであり、その後、近所や親戚にも赤ん坊のお披露目をした[30]。

生まれたての赤ん坊に宮参りをさせることは、神のご加護の下、人間社会の一員になるという根本原理に基づいている。この意味で赤ん坊が「人間」と見られているのは疑いようもないが、一方には、誕生から通過儀礼までには長い時間を要すると見なす別の伝統もある。「七歳までは神のうち」など、子どもを人間社会の正式な一員としては扱わないことを意味することわざはたくさんある。こうしたことわざが、病気や飢饉による乳児死亡率が非常に高かった事実を反映しているのは間違いないし、死んだ子どもはもともとあの世に戻っていく運命だったのだと解釈されていたのかもしれない[31]。

出産の儀式化における仏教の守護者の役割

宗教は江戸期を通じて、妊娠や出産の儀式化において中心的な役割を全く果たしていなかったが、地蔵菩薩と観世音菩薩という二人の守護者への信仰は子どもに関する重要な宗教的理念を形成し、それが後に水子供養に組み入れられた。地蔵と観音のどちらも子どもたちの（その生死を問わず）守護者とするという前近代的な伝統は今も間違いなく続いているが、江戸期における地蔵や観音への信仰には、祟る胎児霊という観念は全く見られない。実のところ、地蔵や観音については、堕ろされた胎児が親になるはずだった男女に怒りを向けることの根拠を端から否定するような伝統も見られる。

地蔵と観音はどちらも宗派を超えた信仰対象であり、健康、安全、幸運など幅広い御利益《ごりやく》が得られると信じられてきたが、日本宗教史を通じてずっと生殖とは無縁だった。仏教寺院で行われる現代の水子供養では、通常、境内で供養を行う場所に地蔵または観音の像が少なくとも一体置かれている。もっと珍しい例としては、水子供養が行われる寺の片隅に地蔵と観音の両方が配置されることもある。今日では、中絶または死産があるたびに小観音像または小地蔵像を一体購入し、寺の水子供養の霊場に安置することが一般的に行われており、どちらの像を安置するかはその寺が水子供養のためにどちらの像を採用しているのかで決まる。このような形式の水子供養は一九七〇年代以前には見られなかったが、どちらの像も昔から女に子授けや安産をもたらし、子どもの無事な成長を見守ることと結びつけられてきた。地蔵の方がそうした結びつきがより強いのは、地蔵は死後の子どもに手を差し伸べ、あの世へ送ってくれると信じられていたためである。

地蔵の歴史やインド、中国、日本における地蔵信仰を研究する仏教学者は、近年の水子供養で水子という尊格を地蔵の前につけることにしばしば当惑を示す。なぜなら水子という用語は経典の中にないし、伝統的な仏教の図像にも水子地蔵や水子観音は見当たらないためである。つまり、一九七〇年代に広まった水子地蔵や水子観音の聖像は、過去から継承されてきたものではないのである。ある学者は次のように述べている。「最近のやや異常な水子ブームはいささか危惧を禁じえない。自然発生的な供養の気持ちからではなしに、誰かがブームをあおり、『すべての災いの根源は水子にあり』という一種の祟り的発想を強調している[32]」。

地蔵に言及した経典は無数にあるが、地蔵信仰に最も影響を与えたのはいわゆる地蔵三経である[33]。地蔵の源流の一つはおそらくインドの大地神であり、インドの石窟壁画やオリッサの仏教遺跡にそれらしき姿が見られる。日本でよく知られている地蔵の様式は中国で形をなしたもので、中国での地蔵菩薩信仰は五世紀初めに遡る。中国において、地蔵は地獄で人々を裁く十王信仰の影響を受けて発達し、地獄の罪人たちの救い主になった。地蔵は罪人たちと十王の仲をとりなし、財宝神の姿で現れるとの観念が発達した。図像的には二つの型〔比丘形と菩薩形〕が存在する[34]。

初めて日本に地蔵像が渡来したのは、西暦五七七年、百済の威徳王からの贈り物としてであった。室町期（一三三八—一五七三年）以降の絵巻物や物語によって、地蔵には長命や安産、子どもの安全など新しい職能が加わった[35]。京や大阪で今でも広く子どもの祭りとして行われている地蔵盆は江戸期に始まった〔今日の地蔵盆の源流である地蔵祭の文献初出は鈴木正三（一五七九—一六五五）の『反故集』である〕。地蔵像は旅人のための道しるべにもなった[36]。江戸期には、正統な経典（地蔵と子どもの結びつきが特に主題とされていなかった）を通じてではなく、奇譚によって地蔵と子どもたちとの結びつきは開花した。『今昔物語集』などの大衆的な地蔵話は古くから存在したが、広く流布したのは江戸期以降である。

室町期の終わりに登場した賽の河原という衝撃的なモチーフは、現代の水子供養でも重要な地位を占めている。賽の河原は「裁きの河原」であり、死んだ子どもがあの世で集められる場所だと信じられている。子どもたちは、寂しい石ころだらけの河原で、両親への献身を示すために小さな仏塔のように石を積んで日々を送っている。ところが、毎日子どもたちは鬼に追われて積んだ石を蹴散らされ、虐められる[37]。無数の地蔵和讃が賽の河原を主題としており、真鍋広済はそれらを〔十数編の「地蔵和讃」として〕本に収めた[38]。地蔵和讃には死んだ子どもへの様々な思いが表現されているが、最も代表的なのは、子が親を恋い、親孝行として石を積み、地蔵が唯一の慰みであるといったパターンである。それを超えて、和讃のなかには両親に子どものために供養を行うことを求めるものもあるが、供養は良い結果をもたらさないとする和讃もある[39]〔たとえば「おやの歎きは汝等の責苦を受くる種となる」〕。水子に言及した和讃は一つしか見当たらず、その和讃では、仏の前に立っている水子は血まみれで頭に胞衣をかぶり、助けを求めて地蔵にすがりついている[40]〔「仏の前にたてまつる　中に這出る水子等は　胞衣を頭に被りつつ」〕。

　地蔵和讃には胎児の怒りはいささかも感じられない。子ども向けの和讃では、死んだ子どもの運命は子どもたち自身の業によるものだと教えるものもある[41]〔「過去の罪科あるゆえに責苦を受くると思ふべし」〕。そうした和讃では、子どもたちを純粋な犠牲者と見なすことはないと説いている。つまり、近世には仏教の守護者の像と子どもとを結びつける史実はあったが、水子供養の中核をなす祟る胎児霊という観念に至るような先例はない。つまり、戦後の水子供養の普及は、過去を継承したものではなく、むしろ伝統的な理解からの大きな逸脱を示しているのである。

江戸期における宗教と子堕ろしと性文化

江戸期の子堕ろしにまつわる壮絶な描写の数々を検討することで、当時、どのように子堕ろしが行われ、どのような関係においてそれは起こり、それがどの程度重要なことであったのかを示す典型例が見えてくる。近代ではきわめて例外的な水子にまつわる儀式の事例として、数多くの除霊で名をはせた浄土宗の僧侶、祐天上人（一六三七―一七一八年）の例がある。祐天は生者に憑依した死者の霊と交流することで、堕ろされた胎児の怒りを知る。祐天の行った除霊は、存命中は当人の著作を通じて広まり、死後は人気の高い説教や物語、芝居などの形で一九世紀後半まで残っていた。だが、江戸期の性文化の一部に祐天の除霊に対する抵抗や反抗が確かに存在していたことは、そうした儀式が例外的なものだったことを示している。これもまた、江戸期の日本の性文化や宗教文化における子堕ろしの意味の一端をなしているのである。

本節では、子堕ろしとその結果に焦点を当てる。以下で取り扱う史料は、一六八二―八五年にかけて実際に起こったとされる事件の記録である。この物語を紹介する前に、物語に出てくる人々と事件が起こった江戸の町について説明しておかねばならない。

祐天上人の伝説は伝記と神話が交錯しており、江戸期の大衆文化のなかで長きにわたって信じられていた。祐天の人生は、当人の存命中には主に大衆向け出版物を通じて伝えられた。最初の作品は『死霊解脱物語聞書』（一六九〇年刊）で、祐天が羽生村（埼玉県）鬼怒川沿いで除霊に成功した話が描かれている。一八世紀半ばには、『祐天大僧正御伝記』をはじめとする祐天の伝記もいくつか現れた。(42) そうした伝記の数々で、祐天は常に地蔵の化身として、かつまた有能な巫者《ふしゃ》兼治療者として描かれている。

祐天は北日本（青森県）の貧しい夫婦のもとに生まれ、あまりの貧困ゆえに一一歳の時、将軍家の菩提寺の一つで伯父が僧侶を務めていた江戸の増上寺に預けられた。祐天は僧侶の見習いとしてすぐに経典を学び始めたが、ちっとも上達しなかった。何か月もの指導の末に、手を焼いた伯父は祐天から僧衣をはぎとって僧職に従事することを禁止し、寺男に格下げして、これまで見てきたなかで最も愚かな入門者とののしった。あまりの蔑みに祐天は断食修行を行い、自らの愚かさから解放されるようにと祈り続けた。断食七日目、祐天の見た夢のなかに老僧が現れ、成田不動として知られる新勝寺へ行くようにと告げた。不動は苦行者の守り神であり、シャーマン的な力と密接な関係がある。祐天が断食、隠遁を続け、不動への祈りを忘れなければ、不動は知を授けてくれるはずだと老僧は言った。(43)

後に聖者と呼ばれた人が子ども時代に知的問題を抱えていたとする言い伝えは、後の女、子どもへの共感につながる修辞的な装置と見ることも可能である。またそれは、正統的な浄土宗の教団組織に新たに加わった若者がシャーマン的な守り神を見出して、仏教教団から禁じられている魔力を得たことの説明にもなる。

祐天が成田で再び夜通しの修行を開始したところ、一四日目に火炎に身を包み、牙を光らせ、羂索《けんさく》〔衆生救済を象徴する綱〕と剣を両手に備えた不動明王の恐るべき荘厳な姿が目の前に現れた。不動は声を轟かせ、祐天の愚かさは過去世からの宿業であり、このままであれば幾度も転生して徳を積み続けない限り宿

図1　祐天上人の不動による通過儀礼（『祐天上人一代記』祐天寺所蔵）

業は変わらないと告げた。今すぐに己の宿業を断ち切る唯一の方法は、不動が祐天の口に剣を差し込み、のどもとからはらわたまで貫き通すことで、文字通り宿業を断ち切るしかないというのである。祐天はこの解決法を喜んで受け容れ、不動は剣で祐天ののどもとを貫いた[44]（図1参照）。

この霊能者になる通過儀礼〔成巫《せいふ》過程〕のシーンで、以前の無知な祐天少年はいったん死に、知恵と優れた資質を備えた者として生き返った。祐天が体中の血を吐き出したとされるのはこれまでの宿業からの解放を象徴しており、不動が古い血の代わりに新しい血を授けたとされるのは祐天が熱望していた知恵が授けられたことを意味している。それ以降の祐天は、増上寺で開かれた女人成仏という意義深いテーマでの公開問答〔大衆法問〕で、かつての師たちを次々と打ち負かすほどになった。僧職禁止はその後も長く続いたが、それはもはや知的能力のためではなく、祐天が僧というよりもむしろ巫者だと疑われたためである。図2のように、祐天が大衆を相手に説教し

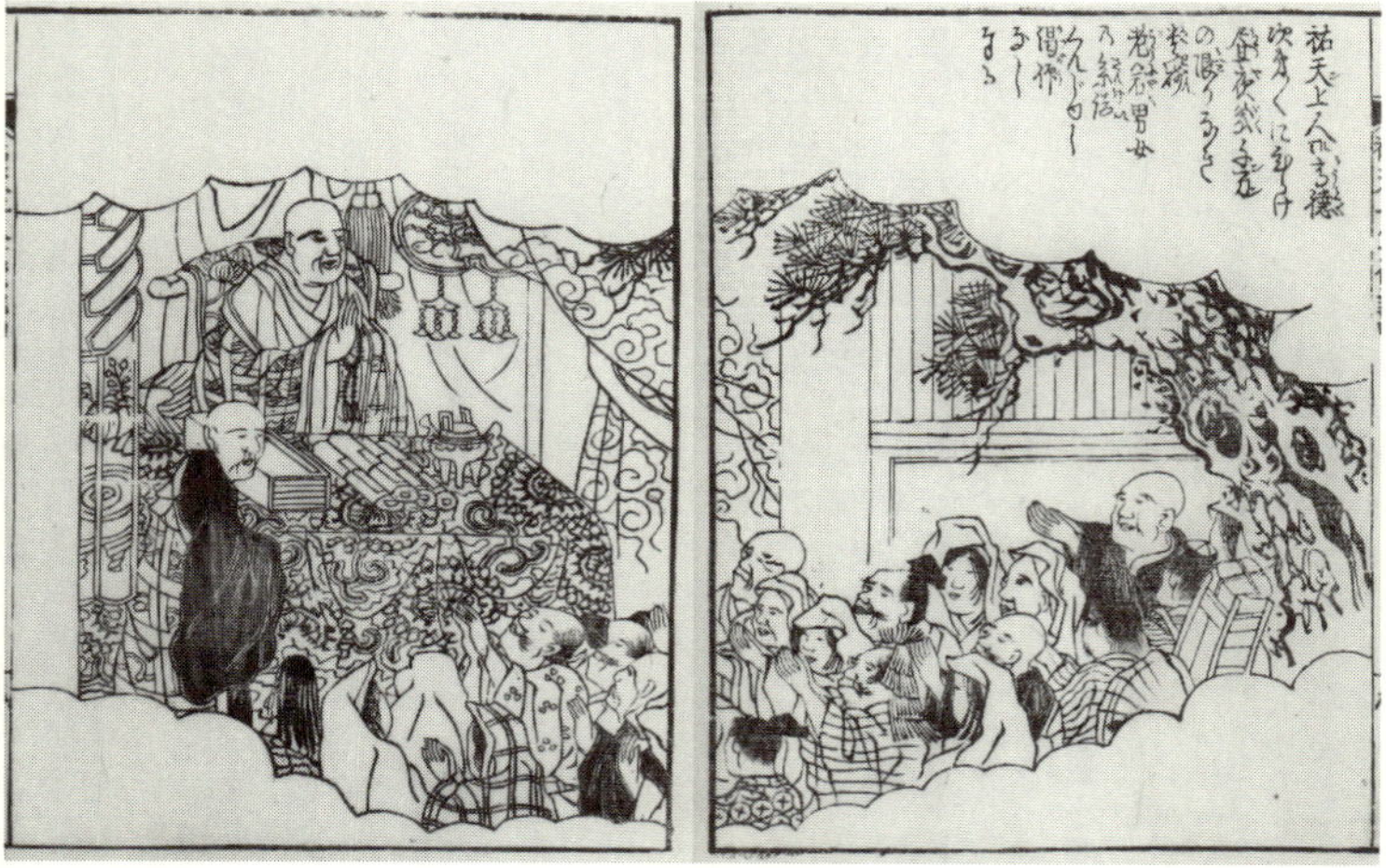

図2　大衆相手に説教を行う祐天上人(『祐天上人一代記』祐天寺所蔵)

ている様子は何度も絵に描かれた。

一六八七年に増上寺を去るまで、祐天は修行寺の様々な仕事に従事した。その時代に、一六七二年の羽生村の累ケ淵の説話〔女の怨霊を成仏させた〕や後述する一六八二―八五年にかけての事件などで祐天は除霊を行った(図3参照)。一六九〇年に出版された『死霊解脱物語聞書』は大奥の女たちの目に留まり、なかでも徳川綱吉の母である桂昌院の目を引いた[45]。やがて、桂昌院は祐天に帰依し、その力添えもあって祐天はいくつかの浄土宗大寺院の住職を歴任して増上寺の住職となり、一七一一年には僧として最高位の大僧正を命ぜられた。

ほどなく検討する祐天の伝説に出てくる子堕ろしの事例は、江戸は中橋の名主であった高野新右衛門に関する話である。高野家は徳川家康が江戸に入る以前から相当の権力を備えていた家柄であった。新右衛門の曽祖父は並みいる地元の実力者のなかから選ばれて家康に接見し、家臣の契りを結んだ。その褒美として、家

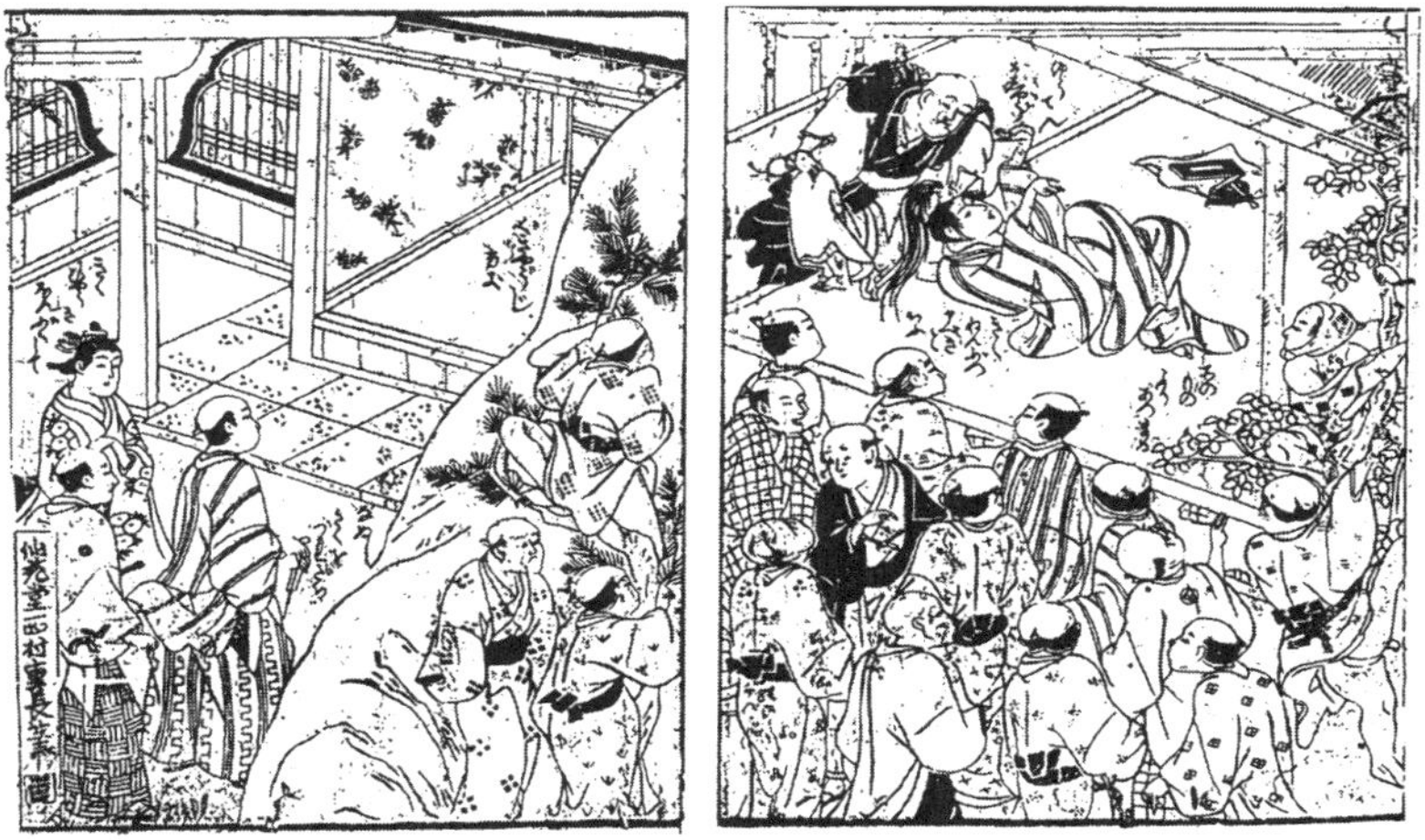
図３　除霊を行う祐天上人（『死霊解脱物語聞書』より転載。大洲市立図書館所蔵）

高野家は伝馬役を申しつけられた[46]。第四代高野新右衛門が中橋の名主になった一六六〇年代頃には、その宿駅は幕府の要とされ、現在の京橋と銀座のあいだで呉服橋と呼ばれるあたりになる当時の中橋は、江戸中でも特に栄えていた地域であった。幕府は約二六〇〇人もの名主を任命し、名主一人は五つから七つの居住区から成る町を束ね、江戸全体では一五〇〇を超える町があった。名主は「国家と地域の接点に立っていた。すなわち、平民の意思や要求を上に伝え、同時に、都市の上位の年寄りや市政官を補佐し、五人組と共に彼らの責任を果たすのを確実にするために働いた[47]」。

最近の研究によれば、一六三〇年代の中橋は、芝居茶屋や銭湯、遊郭などが集まる「かなり大規模で様々な種類の花柳界の巣窟」であり、「楊弓場から、楽阿弥のような托鉢僧が演じる念仏踊り、若衆と戯れるなどの忌々しい遊興に至るまで、多くの娯楽が詰まって」いる場所だった[48]。だが一六五〇年代になると、中橋は商業地となり、扇や鏡、薬など様々な商品が売り買いされた。芝居小屋や遊女の住まいは禰宜町《ねぎちょう》に移ったのである。

以下の物語の主人公である高野新右衛門は名家の生まれであり、江戸中でも栄えた地域で幕府の重職につく名主だった。「高野新右衛門が下女得脱の事」〔得脱とは生死の苦界から脱して菩提《ぼだい》に向かうこと〕から示す[49]。


江戸中橋の名主高野新右衛門の下女によしという者がいた。よしは新右衛門と密通し、妊娠してしまった。妻の嫉妬や世間体を憚《はばか》り、病気と偽って親元に戻し、堕胎《こおろし》の薬をのませた。ところが、その毒が腹に滞り、苦痛の末に死んでしまった。父母は嘆いたが、どうにもならないと菩提所の浅草寿松院に葬った。

その後、新右衛門の娘みよは嫁に行ったが、すぐに離婚して親もとに帰ってきた。やがて病気になり、だんだんとやせ衰えて肺結核のように見えた。ある夜、みよは悶絶して倒れた。しばらくして起き上ると新右衛門に向って涙を流してこう言った。「私を誰だと思いますか。以前、この家につとめていたよしです。その場限りの関係で、思いがけずもあなたの子を宿してしまい、情け容赦なく飲んではならない薬を飲まされ、母子共々命を落としました。ただでさえ女人は罪深いといわれるのに、尋常ならない死に方をしてしまいました。それを哀れとも思わず、供養もしてくれません。煩悩に迷い、冥土でさらに迷うとはなんと悲しいことでしょう」。

よしが様々に恨み泣き叫ぶので、新右衛門は大いに恐れて、あちこちの霊場で怨霊退散の祈禱をしたが、全く効果はなく、みよはますます衰えていった。あるとき、彼女は看病人にこう言った。

「たとえどんなに貴い法要であっても、祈禱ではいつまでも私たちは苦難から逃れられません。どうか祐天上人にお願いし、十念〔念仏を一〇回唱えること〕を受け、回向して〔成仏させて〕いただきましょう」。

新右衛門の菩提所は増上寺の坊中花岳院だったので、そこを通じて祐天に頼んだところ、分かったとやって来た。祐天はまず十念を授けて尋ねた。「おまえが新右衛門を恨むのは道理がないわけではないが、なにゆえ罪のないみよを悩すのか」と。

よしは答えた。「みよに恨みはないが、わが身の苦しみが耐えがたいことを誰かをとおして訴えたくて、この娘にとり憑いたのだ」。

祐天が「おまえは今どのような苦しみを受けているのか」と問うと、すぐに苦しみのありさまを具体的に述べた。

その場にいて話を聞いた人々は身の毛がよだち、恐れおののいた。

あまりに哀れなので、祐天も涙を流して言った。「それはおまえの自業自得の苦しみなのだから人を恨んではいけない。新右衛門がどれほど誘ったとしても、従わなければ妊娠しなかった。毒薬を与えたとしても、飲まなかったら命に別条はなかった。すべて自業自得ではないか」。

よしは答えた。「そのように説明されれば、もっともだと思えるが、激しい苦しみが耐えがたくて新右衛門がうらめしい」と。

祐天は、「どれほど深く恨みをいだき、たとえ家族全員を殺しても、おまえの苦悩が終ることはない。ただ罪業を増やすだけである。今から心を入れ替え、人をとがめるのではなく、自分の罪を深く悔い、阿弥陀仏の本願を頼みに極楽浄土に往生しなさい。浄土に生れて無生忍〔真理の意〕をさとれば、恨めしかったこともすべて昨日の夢のように思え、無為〔自然に任せること〕の快楽を受けることは、このうえなく悦ばしいことではないか。おまえにかわって私が懺悔し念仏を唱えよう。大願〔衆生を救おうとする仏の願い〕と果報を生じる業力〔業の力〕によって往生しなさい」と、ていねいに諭した。

よしは答えた。「教え導きの趣旨、とてもありがたく存じます。しかし、新右衛門を恨んで祟る者はとても多いのです。これらの怨霊も救っていただけますか」と。祐天は訊ねた。「多くの死霊とは、どのようなものなのか」。

それに答えて、「私のほかに一五人います。すべて新右衛門が堕胎させた子どもです」。その子らを妊娠した女はどこの何者かと名や場所を具体的に言うと、明鏡に映したように、少しもまちがいはなかった。

新右衛門はこれを聞いて、恐しさも面目なさもこのうえなく、過去の過ちを悔いて黙っていた。祐天は新右衛門に教示してこれまでの罪を懺悔させ、追善の念仏に励ませて、一六人の亡者ひとりひとりに法名を授けた。そして、新右衛門に勧めて花岳院で七日間の別時念仏〔特別の期間を定めて南無阿弥陀仏を唱えること〕を修めさせ、さらによしにも説法してお帰りになった。

その後、病人は昼も夜も熟睡すること三日を経てから、新右衛門に向かって言った。「私はこの娘を通して訴えるという因縁によって、祐天上人の教化を受け、別時念仏の回向で妄執の雲は晴れ、いま浄土に行くことになった」と、ていねいに礼を言ってまた眠りについたが、みよの病苦は悪化し、ほどなく亡くなったという。

よしの命が終わったのは天和二年（一六八二年）三月一三日で、みよに憑依したのは貞享二年（一六八五年）三月であった。よしに授けた法名は「心月寿山信女」、そのほかの十五の霊の法名はすべて花岳院の過去帳に記されて、今も残っている。

追記——すべてのものの命は不確かである……にも関《（ママ）》わらず、男女の密通で妊娠し、堕胎することは常に起きている。それは大都会も田舎も変わらない。まことに悲しむべきことである。また貧しい家で子どもが多すぎて子殺しに至ることもある。世間ではこれを「まびき」と呼ぶ。さらに貧しくない人々も、その土地の風俗に従って多くの子を育てないことがある。

この物語を子堕ろしの表象や宗教と性文化とのかかわりで読み解く場合、これが書物を通じてではなく、民衆への説教という「パフォーマンス」を通じて人々に知られていたのを意識しておくことが重要である。江戸期の説教は、一種の言葉の芸術の形で行われる勧善懲悪の物語であった。江戸仏教のあり方は多様だったが、なかでも説教の人気は高く、特に浄土宗や浄土真宗ではそうだった。説教師は座布団の上に正座して役者の使うあらゆる技能を用い、体の向きをあちこちに変え、扇を様々なものに見立て、いろんな声やアクセントを駆使して物語の登場人物の言葉を伝えた。その時代の講談は、そこから後に発達していった落語同様に、江戸期の説教の演目や演じ方、口述の技能などから影響を受けている(50)。

当時の巧みな説教師は有名な役者たちと同様の人気を博し、世俗の芝居や文学と同様に、時に教訓的効果を狙って時事的なできごとを取り上げた。その意味で、説教師は現代の週刊誌のような機能を担っていたし、文楽や小説と同様によく知られたできごとを扇情的に脚色して取り上げることで、それらのジャンルに直接的な影響を与えた。祐天のような偉大な宗教者たちの伝記は優れた史料であり、実際、複数のバージョンがある祐天伝は、もともと説教本の形でまとめられたものだった。[51] 巧みな説教師の手にかかると、高野新右衛門の話は多面的なお涙頂戴物話にたやすく変えることができたため、特に浄土宗に出自を持つ説教師たちは、自らの宗派やその教義、さらに浄土宗には除霊効果をもたらす呪術的な力があると宣伝するために、死霊と交流できるという祐天の恐るべき能力を持ち出した。

大衆への説教が社会にもたらす影響は様々な方面から批判を受けてきたが、そうした批判は説教全体の意味を支える重要な要素である。第一に、仏教各宗派の教学者たちは、感傷的で感情的な手法は説教の品格を貶めるし、扇情的な題材は卑俗なことばかり扱い、結果として信心が安っぽく浅はかなものになると見ていた。[52] 同時代の知識人、とりわけ儒学者たちは、祐天のような巫者は人々を欺き、だまし、合理性を失わせると批判した。儒学者の荻生徂徠（一六六六―一七二八年）は祐天の無学と人々の帰依を嘆いたし、[53] 新井白石（一六五七―一七二五年）は『鬼神論』[54] に次のように記した。

> 愚かな男や愚かな女たちが、きわめて愛の執着の深いこと、嫉妬心の強いこと、あるいは人を慕い人を恨んで、神仏に祈ったり呪いごとをするなどして、自分が思う人や恨む人を、夢と正気の間に見たりして、幻の如く影のごとくになっている。これは皆、愚かな本来の性質が、ものを深く思い込んだために、その性質が内に凝り集まって、その精神が肉体の外へ駆け出してしまうのだ。これらのことは、また巫蠱《みこ》（人を惑わす巫女）のことにあるのだ。巫蠱のこととは師巫（巫女の師）の左道（「邪道」の意）をもって人を迷わすものだ。[55]

荻生徂徠も仏教徒や道士、巫者などが霊を鎮めようとしているのを批判して、「この問題にかかわるな」「不可知の深淵を見つめて先祖や天の魂の本質に思いをめぐらすことは、死すべき運命にある人間の仕事ではない」といった趣旨のことを述べている。[56]

庶民は知識階級の小難しい解釈などものともせず、除霊や魔術の物語に熱中した。だが、祐天がよしの霊を鎮める物語をよく眺めてみると、祐天の巫者としての力をひけらかすことが説教の要点ではなかったことが見えてくる。そうではなく、この話は祈禱を通じた回向の勧めと見ることができるし、さらにその物語は単に魂を鎮めるだけではなく、追い払った魂を本来行きつくべき浄土に送って、そこで再生〔「往生」の意〕させることも勧めているのである。そうした道徳的な勧めこそが説法で持ち出される物語の目的なのであって、子堕ろしや堕ろされた胎児の復讐心について何かを伝えることを目的としていたわけではない。

多くの仏教経典が回向について説明しており、そうした説明によれば、儀式を通じて僧侶が死者に善行の功徳を「ふり向ける」時、冥福を祈ること、すなわち読経によって死者に功徳が与えられることになるという。『地蔵本願経』〔大正蔵第一三巻所収〕は、回向により先祖が浄化され悪業が消滅すると説明している。授戒を受けた僧侶でなければ、生者から死者への献身的行為としての追善供養は行えない。[57]祈禱はそれとは全く別の話である。第一に、祈禱は儀式という大きな範疇にかかわるもので、死者と結びつけられるのはその一部でしかないし、また祈禱は授戒を受けた僧侶でなければできないわけではない。もともと、祈禱とは災いを退け、福を増すようにと祈りを通じて仏陀や菩薩の目に見えない加護を求める〔冥助を仰ぐ〕ことを意味する。祈禱は仏教で始められたものではないし、その言葉自体が漢訳経典にほとんど出てこない。しかし、経そのものに呪術的な力があると信じられており、回向という観念があるために、人々は仏の加護を求め、祈ればその加護を確実に受けられると信じ始めたのである(58)。

先に触れた高野新右衛門の物語では、祐天に助けを求めるまでに、新右衛門が娘の病を治そうと何人もの祈禱師や霊能者を訪ねたことが語られる。祐天が物語に登場するのは、あらゆる祈禱師が失敗した後のことだった。祐天の持つ呪術的な除霊の力は回向の原理によって初めて働くのであり、祐天は成仏できない霊を西方浄土に往生させるために念仏や呪文を唱え、教説を垂れている。祈禱に効き目があれば、霊を鎮めたり、除霊したりできるのだが、この逸話の回向がそうであるように、必ずしも霊が救済されるわけではない。この点がこの物語に特異なところであって、後述するように、仏教僧侶が公に性や生殖との結びつきを求めることはめったになかったし、「水子」に対して回向の儀式が行われることはさらに珍しいことであった。

その教訓的、学理的内容は別として、この物語はある種の暴露の形式を採用している。江戸の名高い商業地の名主として、自ら管理する地域の人々に幕府の布告や社会慣習を周知させ、従わせることが課されている立場にある者が、好色な偽善者だと暴かれるのである。自らの富と権力と血筋と公職に満足せず、新右衛門は貧しい奉公人を犯し、子堕ろしの薬を飲ませ、やつれはて孕んだままの女を、たとえ生き長らえても嫁に行けない状態で親元に送り帰した。新右衛門はこれ以外にも女一五人を孕ませ、いずれも堕胎させていた。だが、復讐に燃えたよしの霊が突如として新右衛門自身の娘みよに取りついたことで、ついに放蕩者は当然の報いを受けるのである。

みよの身体によしが取りついた時、みよのこれまでの運命の謎が解ける。みよの運命は、父の哀れな犠牲者の運命の映し鏡である。みよの離縁と不名誉な帰郷は、よしがお払い箱にされ、実家に戻されたできごとをなぞっている。両者とも苦悶の末に亡くなった。よしはみよを襲うが、それはみよへの悪意からではなく、前々から女たちに対して冷酷であった新右衛門に自分の気持ちが通ずるとは思えなかったためである。

新右衛門は一七人の死に責任があるとされ（胎児一五人によしとその胎児が加わるが、みよは数に加えない）、胎児たちとよしは死霊または怨霊と呼ばれる一つのカテゴリーとして扱われる。[59]その下位区分として胎児が区別されることはないし、仮に胎児もまた怨みを抱いていたのだとしても、実際に祟りをなし、生きている人間を襲うのは大人の女よしの霊だけである。江戸期の胎児霊が祟りをなす存在として描かれていないということは、強調しておく価値がある。西鶴の有名な『好色一代女』にも胎児霊が出現するが、やはり祟りをなしてはいない。[60]このように、江戸期の胎児観と現代のそれには明らかに違いがある。この違いを何より明確に表しているのは、堕ろされた子どもの霊や死んだ子どもの霊が、毎日毎日、賽の河原で小さな仏塔を作ろうと石を積むありさまを描いた江戸期の説教である。それによれば、子どもたちの霊は「一つ積んでは父のため、二つ積んでは母のため」と唱えながら石を積む。そこで示されているのは親への「敬意」であり、決して嫌悪ではない。[61]

この物語は、胎児による祟りの装置として堕胎を非難するのではなく、女の執着と男の冷酷さという一対の問題の方にはるかにこだわっている。よしは女の執着を体現しており、死んだ後も悪意を抱き続け、誘惑者を破滅させようと決意を固める。仏教一般に見られる女性嫌悪《ミソジニー》の方針に沿って、祐天はよしの置かれた状況に対して「自由至上主義者《リバタリアン》」的な見方を取り、彼女には雇い主の誘惑を受け容れるか否か、彼が与えた堕胎薬を飲むか否かの選択肢があったはずだと論じ、新右衛門が自らの権力と権威をかさに着てよしを冷酷に扱ったことには目を向けない。否ということができたはずだ、と祐天は論じ、最後にはよしも祐天の宣告を受け容れたように描かれている。祐天の解釈が看過しているのは新右衛門と下女という身分差と、よしが主体性を発揮することを妨げていたもろもろの状況――その場でお払い箱にされたり恥をさらされたりする可能性――であり、そうした状況のすべてが彼女を苦しめ、さらなる不幸に陥れていたことである。祐天は恨み続けるのはやめよと諭し、たとえ新右衛門一家を全滅させたとしても、傷つき犠牲にされたと思うなら自らを苦しめるばかりではないかと指摘する。祐天はよしに執着を捨て、自らの成仏に専念するようにと説得したのである。

　死後も変わらぬ強烈な怨恨を招いたほどの血も涙もない冷酷さを見事に描写しているところに、この物語のドラマチックな力がある。これほどのスケールで男による女たちへの非道（一五人も堕胎させている！）が見られるのは並みならぬことなので、説教師たちは聴衆の嫌悪を最大限に高め、傲慢不遜であった新右衛門を権威の座から引きずり落とすことで観客の満足を最大限に高めようとしたに違いない。新右衛門の娘みよ――いわば「業による犠牲者」――の悲劇的な死は、新左衛門の悪業を埋め合わせるのに充分だとはされない。よしの霊を除くために半狂乱になった新右衛門が霊能者から霊能者へと訪ね回ったことや、結局、祐天であっても容易に除霊できるものではないと言い渡されたところを想像すれば、なんと胸がすくことだろう。新右衛門は後悔し、自らに責任のあるすべての霊の各々に祐天に戒名をつけてもらう〔亡者授戒〕ために（間違いなく相当額の）金をつぎ込み、さらに新右衛門が引き起こした人々の死について、七日間の念仏勤行〔別時念仏〕を追加で行う費用も負担した。ある史料によれば、新右衛門はすっかり恐れをなして一六八七年に剃髪したという[62]。

祐天と高野新右衛門の物語には、後の時代の性文化での中絶を取り巻く表象にも通じるいくつかの要素がある。この物語と後の文化のいずれにおいても、堕胎／中絶は婚姻外の不義の関係で起きたことと見られており、そのような関係にある男女が性をめぐって交渉する場面では、両者間に相当なパワーの不均衡があることが特徴的である。当然ながら物語が現実をそのまま投影しているわけではないが、夫婦間の中絶よりも主人と下女とのあいだで生じた堕胎の方が多かったとつい結論してしまいがちなのは、夫婦間の堕胎について宗教者が宗教的理由で批判することはほとんどないためである。その代わり、冷たい男——男も決して非難されないわけではないが——と性関係を持つ愚かで執念深い女はスティグマ化される。そうした典型化を通じて、本来なら断ることもできたはずなのに、それをしなかった女の招いた結果（恥、身体的な苦しみ、死）は自業自得だという主張へとつながる。祐天はあたかも女と男が対等な交渉ができる関係だったと言わんばかりだし、新右衛門をあからさまに批判することもない。新右衛門には実際に受けた報い以上の責任があると仄めかされているのは確かだとしても、彼は自らの冷酷さのために霊に本性を暴露され恥をかかされた一方で、よしの霊が祐天に厳しく叱責されたことで、ある種救われてもいるのである。

この物語において、堕胎された胎児を含み、回向を受けられない死者の霊は闇から闇へ哀れにさまよう存在として位置づけられており、そうした位置づけは今日の水子供養でも頻繁に聞かれるものである。だが、それは誰にも弔ってもらえないすべての霊に当てはまることで、胎児だけの話ではない。その意味で、堕胎／中絶は常に悪だと決めつけたりはしない相対主義の立場から見れば、ここでの争点は堕胎／中絶ではないのである。

江戸期において、子堕ろしを儀式化することがきわめて稀であった理由の一つは、まさに現代の買春がそうであるように、子堕ろしや間引き、子捨ては蔑まれながらも広く容認されていたためである。日本では、一五世紀半ばから医者が堕胎にかかわるようになった。一六六七年、江戸市中に子堕ろし看板を掲げることが禁止された。これは、その時点まで堕胎がおおっぴらに行われていたことを物語っており、その後も子堕ろし業をたたむことは求められなかった——ただ看板を出すことの自粛が求められたのである。江戸では堕胎や死産などの理由で生じた胎児の遺骸は通常はごみとして棄てられたため、江戸を訪れた者の多くは川に死臭が漂うと訴えるのが常だった。一六八〇年、堕胎で患者を死なせた医者が廃業を言い渡され、比較的軽い罰を受けているのは、一六六七年以降も堕胎そのものは黙認され続けていたことを意味している[63]。

江戸期を通じて子堕ろしや間引きのために何らかの儀式が行われたという記録はほとんど残っていないが、若干の例外もある。今の岐阜県にあたる水田地帯の往還寺と専勝寺という二つの寺は間引きの供養を行ったといわれ、江戸の地蔵院金蔵寺も吉原の遊女が産んだ子どもを供養したという[64]。通常、胎児や乳児のために普通の葬式が行われなかったのは、人間界に速やかに生まれ変わるのが望ましいと考えられていたためである。そのように生まれ変わりを願うことは、成仏させることを目的とする大人の葬式とは全く異なる。実際、一部の地域では赤ん坊をあえて死んだ魚と共に埋葬することで、魚の臭いを嫌う仏が近寄らなくなり、子どもが早く生まれ変わると考えられている。何らかの形で胎児や子どものために仏教儀礼を施す場合には、通常、施餓鬼会という形を取ることで、死んだ胎児や赤ん坊を寄る辺もなく賽の河原でみじめに暮らしている霊たちと象徴的に結びつける。(65)墓は建てられず、定期的に法要が行われることもない。(66)祐天伝説のように、胎児や赤ん坊のために回向の儀式を行うなどということは例外的であり、むしろ異常なのである。

遺棄された子どもの霊の描写に比べると、胎児霊の怒りの描写は色あせて見える。江戸期の子捨ては、一六八七年の生類憐みの令で全面的に禁止された。(67)芭蕉が道端に棄てられた哀れな子どもを見て一句ひねっているように、禁令後も子捨ては続き、議論を招いた。子捨ては一九世紀ヨーロッパでも大きな問題であった。この現象について、歴史人類学者デイヴィット・ケルツァーが豊富な事例を示している。(68)つまり子捨ては日本のみに見られる異常事態ではなく、むしろ人口や生殖を管理するために広く行われた手段であった。ただし、捨てられた子どもが祟る霊になるというイメージは日本に特有のものである。祐天の名を広めた『死霊解脱物語聞書』によれば、一六七二年、羽生村で除霊を行っている最中にまことに恐るべき棄児の霊に遭遇したという。祐天が与右衛門という男の娘から霊を祓おうと何度も試みた後に、娘に第二の霊が憑依した。最初の霊が示した執念深さも驚くべきものだったが、第二のすけという名の捨て子の霊はさらに増してグロテスクだった。すけは先代与右衛門（当代の父）の妻の連れ子で、ひどい障がいを負っていた。手足が不自由で片目が見えず、そして醜かった。先代与右衛門はすけを育てようとはせず、一度は遺棄し、次は川で溺死させたものだから、すけの霊は河童となり、殺されてから六一年にもわたって怨みを抱き続けた。すけは与右衛門の娘に憑依して苦しめ、自らを殺した先代与右衛門の子孫を皆殺しにしようとした。すけの霊の目玉はどちらもゴムでぶら下げたかのごとく頬にだらりと垂れており、その体は膨れあがり、四肢も熱を帯びているかのように赤く腫れあがっていた。まさに忌まわしい姿だったこの霊は、やがて祐天に救われ、戒名を与えられて浄土へ往生することができたという(69)。

ヨーロッパ同様、前近代の日本でも子堕ろし、間引き、子捨ては、経済的にこれ以上子どもを育てることができない時に取られるよく知られた対処法であった。江戸期のたいていの人々は、堕胎された胎児の霊が怨みを抱いたり生者を攻撃したりするとは考えていなかった。堕ろされた胎児が復讐する可能性を思い描いた祐天の例こそ稀なのである。祐天は霊のために祈り、戒名を授けて霊を鎮める。そのようにまさに単純な儀式だけで、霊が生者に祟るという問題は解決されるのである。ところが、棄児の霊の復讐ははるかに重大な問題となり、祐天は最大限の力をふりしぼって除霊を行わねばならなかった。堕胎された胎児の霊の場合に比べて、すけの霊によって引き起こされた恐怖の方がはるかに大きく、供養の規模もその分大きくなる。どうやら、棄児の霊の怒りが堕ろされた胎児の霊の怒りよりはるかに恐ろしいものだったのは間違いないようである。

産婆としてのみき

本節では、中山みきによって考案され、江戸期後期に広まった妊娠や出産にまつわる儀式を検討する。みきは庄屋の娘として生まれ、一三歳の時に別の庄屋の元へ嫁いだ。夫善兵衛との関係は芳しくなく、みきが二〇歳の頃、善兵衛の正妻の座を狙った妾の一人がみきに毒を盛ろうとした。みきはこのできごとを超自然的な浄化がなされたのだと解釈した。
みきは結婚前から浄土宗の熱心な信者であり、結婚にあたって、毎日念仏を唱えていいということを唯一の条件としていた。
みきの家の宗旨が浄土宗であったことに加えて、彼女が住んでいた丹波は修験道の影響が色濃い地域で、有名な寺や神社も多かった。丹波にはかつて内山永久寺と呼ばれる真言宗の寺があり、特に十王信仰が重視されていた。永久寺には石上神宮と呼ばれる修験道の神宮寺があり、みきはその後の人生で永久寺と深くかかわることになる。[70]
母性はみきの人生の重要なテーマであった。みきは合わせて六人の子を産み、そのうち五人が娘だった。授乳期には常に充分な母乳があふれ、母親の乳を飲めないよその子に飲ませてやるほどだった。一八二八年頃、みきは近所の子を預かって育てていたが、その子が天然痘にかかり、死にそうになった。みきは自分の娘二人の命をやるからこの子を助けてくださいと祈った。預かった子は生き延び、みきの娘二人は一八三〇年と一八三五年に相次いで亡くなった。
一八三八年、みきが四一歳の時、一人息子が足に痛みの走る病にかかった。みきは真言宗の開祖弘法大師に祈り、裸足で百日間神社にお参りした。真言宗とのつながりから、みきは真言宗内山永久寺の支流にある修験道の石上神宮に導かれた。そこでみきは永滝村の村長でもある市兵衛という名の高位の修験者と出会った。みきは市兵衛のもとで一〇年間修行し、秘伝の教義を得るための四九日間のお籠もりも行った。みきは十王信仰に関する指導を受け、加持祈禱も教わった。[71]
みきは息子の病を治すために、市兵衛と妻のそよが行う様々な厄払いの儀式を習得した。修験者に付くいつもの巫女が留守の時、みきは代理を務めた。息子の病に関する神託はなく、代わりに男神がみきに取りついて、男の声で善兵衛に「みきを神のやしろに貰い受けたい」と告げた。[72] 除霊師でもあった市兵衛でさえこの霊を祓うことはできず、みきは霊に憑依されたまま三日間を過ごし、片手に一つずつ御幣《ごへい》（神が人間界に下りてくる時の依代《よりしろ》となるもので、先端から細く切った紙が垂れている）を握って静かに坐っている時もあれば、手足を激しくうち震わせながら恐ろしい声で神託を述べる時もあった。憑依はあまりに激しく、時にみきは神によって床を引きずり回され、肌は裂け、血が流れた。[73]

神は自らを天理王の命（十王の一つ）と名乗り、実の神、元の神、そして天の将軍がすべての民を救うために天から降りてきたと告げた。当初は神が何を求めているのか全体像が分からなかったが、やがてその神はみきを自らの社《やしろ》にすることを要求しており、中山家の妻で母という今の立場からみきを解放するよう求めていることが分かった。みきはこの神に日夜仕えるという新たな地位を受け容れた。神の要求を受け容れることで、それまでのようにみきと善兵衛が夫婦関係を持つことは不可能になった。もはや除霊は不可能だと悟った善兵衛が、不本意ながら神の求めに応じると、みきの初めての憑依は終わった。天理教は善兵衛が降参した時点で始まったのである。[74]

初めての憑依が起きた一八三八年から、安産の生き神様としてみきが地元で知られるようになった一八五四年に至るまで、一六年間のみきの人生はほとんど知られていない。みきと子どもたちは非常に貧しく、身代を立て直すどころか、土地や家財を安く売り払い続けた。当時のみきに、自らの子どもも以外に信者がいなかったのは確かである。彼女自身の養生法は、もっぱら神の名を称えることのようだった。「南無天理王命」という祈りは、彼女が前に信仰していた南無阿弥陀仏の教えを踏襲していた。

やがて、娘おはるが一八五四年に妊娠したことで事態は変わった。みきがおはるの腹部を揉んで三度叩いたところ、おはるは驚くほどの安産だった。ところが、みきに同じ術法を求めてきた近所の女は、産後三〇日間熱に苦しむことになった。みきは文句を言ってきた女に、その地方の妊婦に対する食の禁忌に従ったのが悪かったのに、自分の術法に疑いをはさんだので熱が出たのだと告げた。その女は次の年にまた妊娠し、今度はみきの助言に従って食の禁忌に従わなかった。その結果、今度は驚くほどの安産で、回復も順調だったので、女はみきの術法のおかげだと感謝した。その後、みきが安産を導く生き神様だという評判はすぐに広まって大勢が依頼にやって来るようになり、そうした人々のおかげでみきは豊かになっていった。

みきは多くの村を訪ね、妊娠中か産後の女性たちに自らの術を施していった。それにより、かつてのように近隣に暮らす女が産婆術を用いることで結ばれるのとは違う、共通の信念で結ばれた女たちの共同体が生まれた。みきは妊婦に普段の帯を締めることを求め、特別な腹帯は不要だとした。みきの妊娠および産後回復の手法は、「をびや許し」と呼ばれ（「をびや」は分娩小屋のこと）、「分娩小屋を使わない」ことを意味していた。みきは、ただひたすら私を信じ、手を握り、息を整えるだけで安産になると保証した。みきは出産を自然なできごとと見なし、妊婦を特に穢れに位置づける必要はないとした。たとえば、産後七五日間にわたって分娩後の女が社交生活を控える必要などないと、みきは言う。ここで、みきは二つの存在領域を結ぶ産婆の宗教的イメージを利用したのである。

みきは当時、深く幅広く信じられていた出産の穢れという観念を否定するために、女性が月経によって穢れるという観念に注意を向けねばならなくなった。みきは人々に言った。「かぼちゃや茄子を見たか。大きな実がなっているが、あれは、花が咲くので実ができるのだ。考えてみなさい。女は不浄であると世間は言うが、なにも不浄なことはない。男女とも神の子であると見なされる限り、両性の間に違いはない。女は子を宿さなければならず、それは大変なことだ。女の月のものは花なのだ。花がなければ実は成らない」(75)。このように、みきは月経や出産を農作物になぞらえ、実が成るためには先に花が咲かなければならないと語った。この自然主義的なアプローチで、月経と出産は神的な領域を離れ、日常の水準に置かれるようになった。

みきによる妊娠と出産の新しい儀式化は、大多数の女たちに影響を与えることはおそらくなかったが、それでもみきが生み出した宗教的意義は変わらない。みきが妊娠と出産の扱われ方について引き起こした変化は、女の穢れに関する当時の考えや、女の身分や立場が男との関係に直接結びついているといった観念にも変化を生じさせた。みきは自らの夫との力関係を徹底的に交渉しなおした末に、新しい儀式を構築することができた。その事実から、将来的に生殖にまつわる経験が新たに儀式化される(水子供養を含む)時に、女と男のあいだで力関係が争われることになるのかもしれないとの仮説を立てることもできる。ただし、仮にそうだとしても、必ずしもその結果が女性に有利になるとは限らないのである。

国家による妊娠と出産の脱儀式化

明治政府は、江戸期よりも子堕ろしや間引きの禁止を強化した。一八七三年に堕胎が殺人に類する罪として刑罰の対象になったのは重要である（刑法二一二―二一六条）。だがこれは例外的であり、二〇世紀初頭まで国家が避妊や妊娠や堕胎に直接的にかかわることはなかった。一九二〇年代初頭には、日本の公衆衛生改善策の一環として産婆という国家資格が確立された（有資格者は「産婆」と呼ばれ、無資格者は「取り上げ婆さん」などと呼ばれて区別された）。資格制度が確立してからは、有資格の産婆たちが当時の国家制度のなかで公衆衛生のために働くことになり、ほとんどの出産を扱うようになった。一九四五年〔終戦の年〕までは、外科的介入を必要とする複雑な事態でない限り、医者が通常業務の一環として出産に立ち会うことはなかった。有資格の産婆は、妊娠と出産に関する政府の政策と足並みを揃え、権威的で衛生的な施設での出産を広めた。一九三九年から一九四五年にかけては強制的な出生増加策〔「産めよ殖やせよ」〕が進められた。一九四五年に完了した移行期間のあいだ、有資格の産婆と無資格の取り上げ婆さんは協力して業務を行っていたが、国の認定という権威によって有資格の産婆は取り上げ婆さんに取って代わるようになり、その地位を確立していった(76)。

一九四五年以前に有資格となった産婆たちを対象に行われた聞き取り調査では、彼女たちが自らと伝統的な取り上げ婆さんとの大きな違いを認識していたことが示されている。まず、有資格の産婆は取り上げ婆さんより若い傾向があり、一般に自分が子を産む前に教育課程を修了して資格を得ていた。彼女たちは「科学的に」、言い換えれば医学的、官僚主義的、専門的に施術した。有資格の産婆たちは制服を着て、典型的には電話で呼び出され、自転車や人力車で自らの居住地より広い地域に出向いていって、助産を手掛けることが許されていた。制服、自転車、電話、人力車はブルジョア階級のステータス・シンボルでもあった。有資格の産婆は、それ以前には一般的だった坐産を否定し、仰臥位での出産を妊婦に教えた。彼女たちは、妊婦たちに出産予定日の数え方を教え、妊娠中の身体検査を行い、分娩時にはパラフィン紙や白い綿布、消毒薬を使用した。取り上げ婆さんは後産の処理をし、血の染みた敷布を洗い、通常は産後の汚れをきれいにすることが期待されていたが、有資格の産婆たちはそうした下働きは自分たちにはふさわしくないと見下していたようである。取り上げ婆さんが妊娠にまつわる儀式を行っていたのに対し、有資格の産婆たちはそうした儀式をもはや行わなくなり、産後も長く続くような関係を母子とのあいだに築くこともなかった。有資格の産婆たちは自らが働いている共同体の出自ではないことも多く、産婦をれっきとした大人の女たちの一員にするための儀式を執り行うこともなかった。彼女たちは「公的な」知識を部外者にも分かるように伝えようと心掛けていたため、もはや女たちに性別によって隔てられた知恵を伝授することもなくなった。つまり、有資格の産婆たちによる出産は、産婦にとって以前とは根本的に異なるものになった。病院出産の導入による施設化はまだ始まっていなかったが、有資格の産婆たちは事実上、出産を脱儀式化したのである。(77)

有資格の産婆の中にも女たちに避妊を教えたり、堕胎まで手掛けたりした者もいたが、どちらも本来の助産の行為には含まれないと思われていた。加えて、一九三〇年あたりから一九四五年頃まで、国による避妊や堕胎の禁止と取り締まりがくり返されたため、そうした行為は罪悪視されるようになった。一九〇七年公布の刑法によって、改めて堕胎は罪であることが確認され、表1に示すように堕胎罪の有罪判決数は推移した。優生学的理由による不妊手術を認める関連法〔国民優生法〕も成立し、これが後に一九四八年の優生保護法に改められることになった[78]。新聞は堕胎事件をスキャンダラスに扱い、堕胎にまつわる罪悪感と恥の意識を広めた。かつての堕胎は個人や家族の領域に任せられていたが、そのように公の領域で取り扱われるようになったばかりか、国による禁止も加わって、堕胎は公的な性格を帯びるようになった[79]。

表1　堕胎提供者の犯罪認知件数（1904–1955年）

年	件	年	件	年	件
1904	293	1921	340	1938	103
1905	307	1922	266	1939	188
1906	367	1923	258	1940	119
1907	294	1924	215	1941	144
1908	377	1925	171	1942	83
1909	508	1926	418	(1943–	
1910	672	1927	308	1947)	—
1911	580	1928	193	1948	68
1912	639	1929	170	1949	69
1913	630	1930	178	1950	44
1914	605	1931	223	1951	33
1915	545	1932	121	1952	15
1916	—	1933	143	1953	7
1917	497	1934	280	1954	7
1918	563	1935	249	1955	5
1919	387	1936	254		
1920	306	1937	127		

註　これらの認知件数には、個人が自身で行った堕胎、他者によって行われた堕胎、堕胎薬の提供が含まれている。1955年以降の認知件数には、ひと桁が続いている。ダッシュ（—）の部分はデータが入手できなかった（出典：タカヤスイツコ「管理された性、その解放へ」『解放研究特集：差別とたたかう文化』12号、1984年、31頁）

堕胎に対する公然たる非難が増大したにもかかわらず、特に一九三九年以降、国家の出生増加策を推進せねばならなかった時期を経て、数多くの進歩的な産婆たちは合法的な産児制限と堕胎の合法化の両方を強く支持する唱道者になった。国の要請によって女たちを教導することを決意して産婆となった多くの女性たちは、経験を積むに従い先鋭化していったように思われる[80]。

避妊の普及を唱道した欧米の運動家たちに刺激されて、二〇世紀初めに産児制限運動が立ち上がった。日本政府が一九二二年にマーガレット・サンガーの講演を禁止したことは、かえって産児制限運動の火に油を注ぐことになり、平塚らいてうや加藤（石本）シヅエ、柴原浦子、馬島僴らの活動はますます盛んになった。当時の知識人たちは国家の禁止をものともせず、女性解放論者や小作人組合、労働組合など幅広い社会集団も加わって産児制限を唱道した。産児制限運動家たちは産児制限を実施する診療所を開き、こっそり避妊具を支給し、何千人もの女性に避妊の方法を教えた。医師の太田典礼は子宮内避妊リングを開発したし、荻野久作は月経周期を正確に同定して今も日本では彼の名を冠して呼ばれているリズム法〔オギノ式〕を発案した。加藤シヅエははるばるアメリカに渡り、サンガーの診療所でペッサリーと殺精子剤の作り方を教わった。日本に帰った加藤は一人でクリームやゼリーを煮詰め、それをチューブに押し込んで避妊用品を作り上げ、加藤の診療所に行くことを家族に許してもらえない何百人もの女性たちへの返信封筒に入れた。産児制限運動の指導者たちはくり返し取り調べを受け、投獄されたが、政府命令で診療所が閉鎖される一九四〇年頃までどうにか持ちこたえた。産児制限運動には様々な派閥があり、多種多様な立場の理念が入り混じっていた。優生学的な見地から避妊と堕胎を唱えた者がいた一方、加藤のように堕胎よりも避妊を強調した者もいたし、女は利用可能なあらゆる手段を使って自らの生殖能力を自由に調節できるのだとフェミニズム的な発言をする者もいた。[81]

　上述の数十年間にわたって、宗教側の避妊や堕胎に対する態度にはとりたてて変化は見られず、儀式的な慣行の側も著しい変化は見られず、控えめで習慣的なものに留まっていた（修験道は明治初期に公式には解散させられていた）。こうした状況における唯一の例外は、この間に大衆化していった新宗教である。非仏教系の新宗教が無数に創設され、女の穢れや出産の穢れに関する古い考えを否定した。黒住教や金光教のように男性が創設した新宗教でさえも、両性の平等を説き、神の目から見て男女の価値は等しいと教えて、月経中の女が宗教行事に参加すべきではないといった考えを否定した。一方、天理教や天照皇大神宮教のように女性が創設した宗教は、妊娠や出産について独自に儀式化し、双方に様々な肯定的意味を与えたばかりか、天照皇大神宮教では出産に夫をかかわらせ、女の穢れにまつわる一般的な概念をも否定した。(82)

天照皇大神宮教を創設したのは北村サヨ（一九〇〇―六七年）である。サヨは妊娠中も分娩の際も意地悪な義母に手伝いを頼めず、理由は不明だが実家もサヨを援助できなかった。そこでサヨは一九二二年に自分一人で出産を経験したのだが、その経験は儀式的なものとは全く無縁で、女としての知恵が授けられることもなければ、産んだ子どもが産婆と継続的な関係を結ぶこともなかった。例にもれず、彼女の夫も何も手伝わなかった。

妻と夫の二人で子どもを取り上げよとサヨが教えたことで、妊娠と出産は本質的に核家族の仕事となり、そこで男性はそれまで女性のみに独占されてきた伝統的な知識（たとえば、へその緒をどのように切り、どのように結ぶかといったこと）を学ぶことになり、さらに夫婦の絆や妻との性関係、父性としての義務から生じる責任を果たすために妻のお産を手伝うことも要請された。そのように助産術の中に男性の担う役割が作られたが、男性が出産の場面で主役になるようなことは示唆されていない。むしろ妻に対する夫の義務と責任という観念がより重要であり、（サヨを助けることができなかった）女性の共同体には国家や医療機関同様、いかなる意義深い役割も与えられなかった。だがそれと同時に、信者の子どもたちや自らの孫の出産に立ち会う際に、サヨは伝統的な助産術の持つ宗教的側面を残していたので、信者たちにとってサヨは子どもが新たな存在へ移行するのを取り扱う生き神様であり、安産の神であると広く信じられていた。当時でも、無資格でお産を助ける仕事をすることは法に反していたのだが、起訴されることもなかったのである。

戦後における妊娠と出産の脱儀式化の完了

避妊と堕胎に対する国家の姿勢は一九四五年以降、根本的に変化した。敗戦直後の日本は深刻な食料不足に陥り、軍人の帰還と海外入植者の本国引き揚げによって、人口の急激な増加が見込まれた。進駐軍による占領は中立的な立場で監督にあたったため、新たに再編された厚生省は人口増加を抑制する政策に乗り出した。[83] この政策の立役者は一九四八年に制定した優生保護法であり、一定の状況における妊娠を（指定医のみ）中絶することが可能になり〔刑法で取り締まれる「堕胎」と区別するために優生保護法では「人工妊娠中絶」という言葉が使われることになった〕、さらに（一九四九年の修正によって）経済的困難を理由にした中絶も合法化された。有資格の産婆は再編され、新たに助産婦という肩書が与えられて、医学の枠組みに明確に位置づけられた（「助」という字は、医師の指示のもとで「助ける」働きをすることを意味している）。助産婦は避妊の知識を広めることを公に認められていたが、流産を引き起こす薬を与えたり、中絶そのものを行ったりすることは禁止された。それは医師の特権とされ、わずか数年のうちに妊娠や出産の取り扱いも医師たちによって独占された。医師が立ち会う病院出産が速やかに一般に広まると、助産婦たちは不要になり、独立した

専門家としての助産婦の姿はほとんど見当たらなくなっていった。(84)

このように妊娠と出産の医療化が完了するのと同時に、妊娠と出産の脱儀式化も完了した。女性たちは何もかも産婦人科医に頼るようになったが、医師と母子のあいだには単に利便的な関係しかなく、両者のあいだに継続的な関係が結ばれることはなかった。技術革新によって分娩の時間を病院の都合に合わせて（深夜ではなく午前中に出産させるなど）分単位で調節できるようになり、後に国民健康保険が導入されると出産後の女性を長く病院にひき留めておくことで病院の収入は増した。(85)

初産はなおも女性にとって通過儀礼としての性格を維持していたが、その意味は大きく変化した。出産の医療化の文脈において、またセクシュアリティを排除して母性を構築する社会的文脈において、妊娠とは「独身の女または子のない女の状態＝性的に最大限欲望されうる自律した状態」から、「母性の状態＝医師の指導と夫の管理のもとで子を持つという家の領域に限定された状態」への移行を意味する。この移行の特徴として、妊婦は性的でない装いをするようになる（子ども服にも似た丈夫でゆとりのある妊婦服や、化粧をせず、かかとの低い靴に靴下を履き、短めでヘアピン止めしただけの飾り気のない髪型など）。母性に独特の権威が与えられている（おまけに、子のない女より上位になれる）ことは疑いないが、その一方、性的なものを排除し従属させられた母性のイメージは、性的な欲望を抱く主体としての死と同時に性的欲望の客体としての「死」も表象しているため、相当な葛藤をもたらす。現代の女性たちが「産ませてくれる」と表現するのは、まさに医師主体の出産が行われているためである。こうした表現によって、妊婦は医師に対して受け身の立場になる。これは「二人で産む」という積極的表現に示されていたように、前近代の助産術を特徴づけていた産婆と妊婦双方への宗教的な力の付与とはほど遠いものであり、ここまでに起きた変化がいかに大きなものであったかをまさに物語る指標でもある。

まとめ

本章では、江戸期における生殖にまつわる経験がいかに広範に儀式化されていたかを見てきた。儀式化されたのは主に妊娠と出産であった。対照的に子堕ろしや間引きの儀式化は、いくつかの事例は残されているものの、例外的であった。仏教儀礼が行われる場合、通常は施餓鬼会や祈禱の形を取り、大人が死んだ場合の葬式や葬儀に見られるような回向の儀式は行われなかった。唯一の例外が祐天上人の説話であり、祐天は回向を通じて堕胎胎児を供養するという独特の試みを行った。新宗教に位置づけられる天理教では、穢れの概念を否定した上で新たな儀式化の方法を指し示したが、それ以外の宗教団体は生殖にかかわろうとはしなかった。

明治維新以来、国は組織的に人口政策に乗り出して、特に二〇世紀初頭には子どもを産むことは官僚機構に取り込まれ、生殖の脱儀式化がもたらされて文化的空白が生まれ、その空白に天理教や天照皇大神宮教などが小規模ながら入り込むことになった。他の宗教団体は、たいてい以前と変わらず生殖にかかわろうとはしなかった。一九四五年以降、国の人口政策の性格はそれ以前の出生増加主義から一八〇度転換し、わずか数年のうちに出生率は激減したのだが、それをもたらしたのは主に中絶であった。その過程の詳細は次章で取り上げる。

第一章　注

（1）鎌田久子「産婆――その巫女的性格について」『成城文芸』四二号、一九六六年、四七―六〇頁を参照。
（2）松岡悦子『出産の文化人類学』海鳴社、一九八三年、二三頁。
（3）青柳まちこ「忌避された性」坪井洋文『家と女性』小学館、一九八五年、一〇頁を参照。
（4）鎌田、前掲。
（5）山梨県や南九州の事例では、この祝宴の際に妊婦の実家が食物を振る舞うのは、嫁ぎ先の家に対して、堕胎させることは許さないと知らせる意味がある。宮田登『「心なおし」はなぜ流行る』小学館、一九九三年、八七頁を参照。
（6）高木誠一「妊娠及出産に関する俗信」『民俗学』一号、一九二九年、四九―五三頁、橘正一「妊娠・出産・育児に関する俗信」『民俗学』一号、一九二九年、三五一―三頁。
（7）橘、前掲三五一―三頁。
（8）飯島吉晴「子どもの発見と児童遊戯」坪井洋文『家と女性』前掲二四一頁。
（9）鎌田、前掲五二―三頁。
（10）永田典子「産神信仰における石」『女性と経験』八号、一九八三年、一九―二二頁、鎌田、前掲三三頁。
（11）永田、前掲二〇頁。
（12）鎌田、前掲五七頁。
（13）野村敬子「『お産の神様』覚え書き」『女性と経験』七号、一九八二年、九―一二頁。
（14）坪井洋文「村社会と通過儀礼」『村と村人』小学館、一九八四年、四五五―五〇六頁。
（15）小林経広「出産の習俗にみられる米飯等の呪術」『伊那路』二七号、一九八三年、六頁。
（16）刀根草代「民俗社会における出産空間認識の地域性」『女性と経験』七号、一九八二年、五七―六一頁。
（17）青柳、前掲四二〇頁以下を参照。山口県熊毛郡では、不妊は夫が山の鳥を捕獲したことの罰だと信じられており、不明瞭ながらも夫に不妊の責任を問う稀な事例である。

(18)　刀根、前掲。
(19)　Susan B. Hanley and Kozo Yamamura, *Economic and Demographic Change in Preindustrial Japan, 1600-1868* (Princeton University Press, 1977).
(20)　青柳、前掲四二九—三九頁。
(21)　藤目ゆき「ある産婆の軌跡」『日本史研究』三三六号、一九九三年、落合恵美子「ある産婆の近代」荻野美穂他『制度としての〈女〉』平凡社、一九九〇年。
(22)　千葉徳爾／大津忠男『間引きと水子』農山漁村文化協会、一九八三年。
(23)　飯島、前掲二四六—九頁。
(24)　仏教寺院に、間引きや子殺しを行った人が地獄で苦しんでいるのを描写した間引き絵馬が奉納されていることは知られているが、大量に見つかったわけでもなければ、広く普及しているわけでもないため、そうした行為を不名誉だとして制裁するような大きな動きがあったことの証拠にはならない。最近の清水邦彦の研究（「昭和四五年以前からの水子供養」『西郊民俗』一四八号、一九九四年、二一—五頁）では、前近代の水子供養の証拠としてよく取り上げられる東京の回向院の水子塚は、実際には明暦の大火（一六五七年）で亡くなった無縁仏を供養するために建てられたもので、生殖とは何ら関係ないことを示している。いかなる場合でも、そうした「証拠」の大半は庶民の感情を反映したものではなく、社会的エリートの道義をふりかざした支配の結果である。
(25)　John Henry Wigmore, ed., *Law and Justice in Tokugawa Japan: Materials for the History of Japanese Law and Justice under the Tokugawa Shogunate, 1603-1867* (University of Tokyo Press, 1967), 7, 15-44.
(26)　Takemi Momoko, "'Menstruation Sutra' Belief in Japan," *Japanese Journal of Religious Studies* 10, 1983, 229-48.
(27)　小野泰博「流れ灌頂から水子供養へ」『伝統と現代』七五号、一九八七年、一八—二五頁。茨城県では、この儀式は「川施餓鬼」として知られている。
(28)　石川力山「切り紙伝承と近世曹洞宗」圭室文雄編『民衆宗教の構造と系譜』雄山閣、一九九五年、三一〇—八頁。

(29) 宮田、前掲八六頁。現代の水子の観念に寄与すると思われる日本宗教における水のイメージの調査を参照。ラフルーア、前掲二四―三〇頁。
(30) Wigmore, op.cit., 14-44.
(31) 飯島、前掲二六四―七頁。
(32) 頼富本宏『庶民のほとけ――観音・地蔵・不動』日本放送出版協会、一九八四年、一五八頁。
(33) 地蔵三経とは『地蔵本願経』(大正蔵一三巻)、『地蔵十輪経』(同)、『占察善悪業報経』(同一九巻)である。
(34) 頼富、前掲九七―一一三頁、速水侑『菩薩――仏教入門』東京美術、一九八二年、一四八―五一頁。
(35) たとえば、『矢田地蔵縁起絵巻』『地蔵菩薩霊験記』参照。
(36) 頼富、前掲一一五―八頁。
(37) 速水、前掲一六四頁、頼富、前掲一四七―八頁。
(38) 真鍋広済『地蔵菩薩の研究』三密堂、一九六〇年、九八―一二二頁。
(39) 真鍋、前掲二〇五、二〇八頁。
(40) 同二一四頁。地蔵と胎児の怒りとの結びつきは前近代には見られないと結論するもう一つの研究としては、田野『大阪のお地蔵さん』参照。
(41) 真鍋、前掲二〇九頁。
(42) 郡司由紀子の研究は、祐天伝記の様々な版を比較している。郡司「祐天上人の一代記を中心とする累説話の研究」『お茶の水女子大学　国文』五二号、一九八〇年。
(43) 高田衛『江戸の悪霊祓い師』筑摩書房、一九九四年、二四五―五九頁。
(44) 高田、前掲二六〇―七頁。
(45) 徳川家の公式記録『徳川実紀』(一八四九年成立)に、桂昌院が羽生村での除霊に成功し、当時、名声を得ていた祐天の檀家になったとの記録が残されている。高田、前掲一五〇頁。
(46) 同二一五頁以下。

(47) James McClain and John M. Merriman, "Edo and Paris: Cities and Power" in: *Edo and Paris: Urban Life and the State in the Early Modern Era* (Cornell University Press, Ithaca, 1944), 17 (鵜川馨／ジェイムス・L・マックレイン／ジョン・M・メリマン編『江戸とパリ』岩田書院、一九九五年、三一頁)。
(48) McClain and Merriman, op.cit., 265-7（『江戸とパリ』三六八―七〇頁)。
(49) 高田、前掲二〇八―一二頁より引用。
(50) 関山和夫『説教の歴史的研究』法蔵館、一九七三年、三〇七頁。
(51) 同三一〇頁。
(52) 同三〇七頁。
(53) 高田、前掲三三七頁。
(54) 同二四―五頁は、引用した『鬼神論』（一六八八―一七〇四年頃著述）の一節は、新井白石が『死霊解脱物語聞書』（一六九〇年刊行）に記された羽生村の除霊で祐天が果たした役割について何かしら知っていた証拠だとしている。
(55) 浅野三平『鬼神論・鬼神新論』笠間書院、二〇一二年、四七頁（原著は『新井白石』松村明編、日本思想大系、岩波書店、一九七五年、一五九―六〇頁より引用)。
(56) 「徂徠先生答問書」『近世文学論集』日本古典文学大系、岩波書店、一九六六年、二〇一頁。
(57) 藤井正雄『仏教葬祭大事典』雄山閣、一九八〇年、五七―六〇頁。
(58) 中村元『仏教語大辞典』東京書籍、一九七五年、「祈禱」による。
(59) 「水子」という言葉は現れない。
(60) 井原西鶴『好色一代女』、高田、前掲二二四頁も参照。
(61) 関山、前掲二七一―二頁。
(62) 高田、前掲二一五頁以下。
(63) 同二一九―二七頁。

(64) 森栗、前掲九八頁。

(65) 宮田、前掲八三—四頁。

(66) Hoshino and Takeda, op.cit., 175.

(67) Ibid., 232.

(68) David I. Kertzer, *Sacrificed for Honor: Infant Abandonment and the Politics of Reproductive Control* (Boston: Becon, 1993).

(69) 高田、前掲九九、一一七—九頁。

(70) 村上重良「天理教の神話と民衆救済」『民衆と社会』春秋社、一九八八年、一九四—八頁。

(71) 同一九八—二〇二頁。

(72) 『天理教教祖伝』天理教教会本部、天理教道友社、一九五六年、一頁。

(73) 村上、前掲二〇三頁。

(74) 島薗進「神がかりから救けまで」『駒澤大学仏教学部論集』八号、一九七〇年　二一〇頁。

(75) 『天理教教祖伝』前掲二六二—四頁。

(76) 吉村典子「女性の生活と出産慣行の変貌」『季刊人類学』一四号、一九八三年、松岡、前掲。

(77) 島一春『産小屋の女たち——産婆物語』健友館、一九八一年、上野輝将「出産をめぐる意識変化と女性の権利」『日本女性生活史』女性史総合研究会、東京大学出版会、一九九〇年、落合、前掲、藤目ゆき「戦間期日本の産児調節運動とその思想」『歴史評論』四三〇号、一九八六年。

(78) この記述においては、コロンビア大学のティアナ・ノーグレン (Tiana Norgren) から中絶およびこれに関連する事柄を管理する法律の歴史に関し有意義な意見をいただき、また彼女による未発表の翻訳を活用した〔ノーグレンの研究は、後に *Abortion Before Birth Control: The Politics of Reproduction in Postwar Japan* (Princeton University Press, 2001) として出版された。邦訳は岩本美砂子監訳『中絶と避妊の政治学』青木書店、二〇〇八年〕。

(79) 藤目、前掲、石崎昇子「生殖の自由と産児調節運動」『歴史評論』五〇三号、一九九二年、一番ヶ瀬康子『日本

婦人問題資料集成　第六巻　保健・福祉』ドメス出版、一九七八年、第一―二章。

（80）藤目、前掲。

（81）藤目、前掲、石崎、前掲。Kato Shidzue, *A Fight for Women's Happiness: Pioneering the Family Planning Movement in Japan*, JOICFO Document Series no. II (Japanese Organization for International Cooperation in Family Planning, Tokyo, 1984).

（82）天理教教会本部『教祖伝』七六、二六二―四頁、天照皇大神宮教『生書』、天照皇大神宮教、一九五二年、第一巻、三八五頁。

（83）Deborah Jane Hacker Oakley, "The Development of Population Policy in Japan, 1945-1952, and American Participation," Ph.D. diss., University of Michigan, 1977.

（84）大林道子『助産婦の戦後』勁草書房、一九八九年。日本における助産婦による自然分娩に関しては、松岡悦子「文化と出産――日本の自然分娩運動を中心として」『民族學研究』四七―四頁、一九八三年、『厚生省五〇年史』厚生省五〇年史編集委員会、厚生問題研究会、一九九〇年参照。

（85）加藤宏一『計画分娩』診断と治療社、一九八八年。

第二章

水子供養の実践と中絶の本質の変容

本章では、戦後を通じて変化してきた中絶の実践の文脈で水子供養を検証する。まず優生保護法施行について述べてから、戦後を三つの時期に区分して考える。各時期を論じるにあたって、常に避妊と中絶双方の統計や全国調査、歴史研究の結果を参照し、全国紙である読売新聞の人生相談欄に寄せられた一般の人々の手紙から浮かび上がる避妊と中絶への態度を確認する。続いて、優生保護法の経済条項を撤廃しようとした新宗教団体、生長の家の政治的試みを検証する。生長の家は一九六〇年から八三年にかけて経済条項撤廃を何度も試みたが、すべて失敗に終わった。生長の家の意図に反して、彼らの行動はフェミニストや家族計画運動家など国民の幅広い層に合法的中絶を支持する態度を改めて表明させる結果になった。続いて本章では、一九七〇年代半ばからマスコミが特集を組むようになったことで水子供養という観念が形成され、喧伝された際に、大衆向け週刊誌が果たした役割を検証する。マスコミは霊能者たちに全国的な言論の場を与え、各出版社が競って取り上げたことで水子供養は国民の目を大いに引き寄せた。マスコミのキャンペーンは水子供養の商業化を促進する一方で、当事者の経験に一貫性を与え、中絶を更年期の典型的な症状と結びつけた。次節では、水子供養が始まった時期を様々な場面で特定し、供養参加者の社会学的特徴や信念などを取り上げた複数の調査の結果を分析する。本章のまとめでは、江戸期以降に重要な変化を来《きた》した領域を指摘する。

優生保護法の施行

第二次世界大戦後の占領が始まった当初、太田典礼や加藤シヅエをはじめとする戦前来の産児制限運動家たちは、社会党の衆議院議員に選出された。社会党の議員たちは、兵士や海外入植者たちの本国引き揚げがもたらす人口爆発を懸念して中絶の権利を主張し始めた。そればかりか、これらの議員たちは女性を違法な堕胎から守り、遺伝子に刻まれた原子爆弾の悪影響や国の人口増加策から女性たちを守ることも意図していた。

　医師とつながりの強い国会議員たちも社会党と手を結び、医師による中絶を認めるために既存の国民優生法の手続きを「簡略化」することを求めた。戦争が終わるとすぐ交渉が始まったが、全会一致で進めることはできなかった。むしろ、占領軍の支持を得ること、すなわち連合軍最高司令官（本来の略称はSCAPだが、日本ではSCAPの総司令部を指すGHQと総称的に用いる習慣があるため、以下GHQとする）配下の公衆衛生福祉局（PHW）の局長であるクロフォード・F・サムズ准将の承認を得ることが不可欠だった。ところが、GHQは中絶に関して公式には中立の立場をとり続けた。GHQはできる限り関与を避けようとしていたが、実はあらゆる方面から圧力を受けていた。カトリック教会はGHQに（中絶はおろか）避妊をやめさせろと言っていたし、日本の家族計画運動家たちはGHQに対して日本政府が行う避妊具の配布や中絶合法化を支援するよう求めていた。(1)

　産児制限運動出身の国会議員たちは、GHQが弱腰で曖昧な態度であること、日本の国内情勢にあまりに無知であること、カトリック教会の産児制限への反対にすっかり怖じ気づいていることに気がついた。ある議員はGHQが産児制限運動を抑え込もうとしていると訴え、(2)加藤シヅエはGHQがマーガレット・サンガーにビザを発行したがらないのはアメリカ国内のカトリックの非難を恐れているからだと批判した。(3)日系アメリカ人の産児制限運動家で医師の天野文子は、カトリックの批判を恐れたGHQが産児制限を提唱する内部コンサルタントの報告を隠したと考えている。[4]

一九四八年、優生保護法案は衆参両院を通過し、翌一九四九年に施行された。一九四九年には経済的困難を理由にした中絶を認める条項も追加され、一九五二年にはさらなる改正が加えられ、都道府県の優生保護審査会が個々の中絶案件を認めるかどうかの審査を行うという要件が削られて、医師一人で中絶を認めるかどうかの判断を行えるようになった。

このような改正が行われた理由の一つは、中絶を禁止すると、一九五〇年の時点で一二万―一五万件と推定されていた非合法堕胎[5]がさらに増えると認識されていたためである。一九四五年以来、日本の非合法堕胎とは医師以外の者が行う闇堕胎のことではなくなり、正規の医師が行いながらきちんと報告されない中絶のことを指すようになっていた。戦後日本の民主主義下のあらゆる調査結果が中絶数は過少報告されているとしていたが、どの程度報告が漏れているかについては大きく意見が分かれ、意見のすり合わせを可能にする道は全くなかった。医師たちはすべての中絶について報告することになっていたが、いったん報告されると永久に記録が残るため、報告しないでほしいと医師に訴える患者も後を絶たなかった。一九五八年に国民健康保険が施行されると、統一料金の保険診療制度を活用するよりも、未報告の中絶で現金収入を得る方向へと経済的に誘導されやすい状況が生まれた。これが広く知れ渡ると、産婦人科医は不正で金儲け主義だというイメージが広まった。一部には、戦後すぐの時期に実際に行われた中絶数は、報告数より七割は多いと推測する者もいる。[6] 表2には、一九五〇―八九年の出生数に対する中絶数の比率の変遷を示す。ただし、公式の統計にいかに問題があろうとも、参照できる恒常的なデータはこれしかない。

戦後の中絶の三期区分

ここで採用する時代区分は、中絶と水子供養の実践に影響する様々な要因を考慮するための試みである。その要因とは、避妊の普及、中絶そのものの実施率、宗教界の内部的変化などである。実際、本章に示す区分は、より幅広い日本の文化史、社会史、経済史における時代区分に従っている。(7) そうした枠組みを用いると、一九四五―五五年の第一期は、もっぱら復興と経済基盤の再建に当てられた時期にあたる。一九五六―七〇年代のオイルショックまでの第二期は、高度経済成長期である。オイルショック以降の第三期は、経済活動の歩みが鈍化し、調整と停滞が続いた時期である。ただし、中絶と経済それぞれの変化を同じ時間軸上で並べて見ているとはいえ、私は中絶と水子供養が経済的要因で決定されると考えているわけではないし、生殖にまつわる行為がなぜその頃に変化したのかをそれで説明できるとも思わない。中絶の報告件数のピークが訪れたのは一九五五年で、本研究でもこの年を転換点と見ている。一九五六年から七四年にかけて中絶率は減少していき、この期間が第二の特徴的な区分になる。一九七五年以降は、出生数に対する中絶率は再び緩やかに上昇し（表2）、特にそれまでは目立たな

表2　出生数に対する中絶率（1950-1989）

年	%	年	%	年	%
1950	20.9	1970	37.8	1980	37.9
1955	67.6	1971	37.0	1981	39.0
1960	66.2	1972	35.9	1982	39.0
1963	57.6	1973	33.5	1983	37.1
1964	51.2	1974	33.5	1984	38.2
1965	46.2	1975	35.3	1985	38.4
1966	59.4	1976	36.2	1986	38.2
1967	38.6	1977	36.5	1987	37.0
1968	40.5	1978	36.2	1988	37.0
1969	39.4	1979	37.4	1989	37.4

毎日新聞社人口問題調査会編『記録　日本の人口――少産への軌跡』毎日新聞社、1992 年、337 頁、表 24

かった若い世代に中絶率の上昇が顕著に見られた。

　こうした変化と並んで宗教界も変貌を遂げた。一九四五年から五五年にかけては、宗教活動が一気に盛んになり、大小様々な数多くの新宗教が花開いた。その一部は、前代未聞の速さで大組織に成長していった。一九五五年までには数多くの新宗教が失敗に終わり、他のものに吸収されていった。生き残った新宗教は、おおむね楽観主義と無限の可能性を強調する独自の世界観を採用していた。[8]一九七五年までには、そうした新宗教のうち大教団の信者数はピークに達し、なかには信者数が減り始めるところも出てきた。より古く、より楽観主義的な傾向を持つ新宗教に加えて、「新新宗教」と呼ばれる世代が登場した。新新宗教は、運命や宿命、人間の行いに対する霊の影響などを強調し、悲観的な態度を採用する点で先に生まれた新宗教とは異なっていた。[9]水子供養はそんな新新宗教と肩を並べて立ち現れ、どちらも若者をターゲットにしていたし、スピリチュアリズムが重要な役割を果たすことを強調して、個人の運命は自己決定に基づく自らの努力よりもむしろ人知れぬ霊の力に影響されるため、きちんとお祀りしておかないと責められたり罰せられたりするし、水子の場合には祟られることになるといった信念を広めた。

　日本の宗教社会学者たちは一九八〇年代初頭以降の日本において宗教活動が目立って盛んになったことを観察しており、この現象をジャーナリストたちは「宗教ブーム」や「オカルトブーム」と呼ぶようになった。[10]変化の指標としては、あらゆる種類の宗教団体の信者数の増加、様々な宗教的信念を抱く人の増加、宗派を超えた慣習的宗教行為（墓参り、仏壇の設置など）を実行する人の増加などが示された。[11]最近の調査では、死後の生命や霊的世界の存在、霊と交流するなどのシャーマン的な霊能力を信じる若者の数もめざましく増加したことが示されている(12)。

宗教への新たな関心は、すかさず商業化されていった。超能力者や霊能者の登場するテレビ番組は、もはや視聴者の少ない午前中だけに留まらず、ゴールデンアワーに高視聴率をとるようになった。水晶やタロットカード、恋愛を引き寄せたりニキビをなくしたりするためのお守りが売れ、運勢判断や易、地相、姓名判断、手相見、タロット占いなどの店が繁盛した。オカルトや魔法、ノストラダムスの予言に関する本の他、クリシュナムルティをはじめとするインドのスピリチュアリストたちの本までもがベストセラーに入った。新しいオカルティズムが儲けになるとみた書店は、精神世界を専門とするコーナーを常設するようになった。一九七九年に初のオカルト雑誌『ムー』が創刊されると、ほどなく様々な読者層を狙った類似誌が登場し、一九八三年には『トワイライトゾーン』、一九八六年には一〇代の少女をターゲットとする『ハロウィン』が続いた〔二〇一七年現在、存続しているのは『ムー』のみ〕。これらの雑誌には、通信販売で買える様々なオカルトグッズの広告が掲載された。たとえば「一人で幸せになっていい？　幸福と奇跡を呼ぶアステカのブレスレット！」「家庭用ピラミッドがあれば瞑想しなくても超自然のパワーがあなたのものに！」「ミステリアスなヒランヤラピス（六芒星）ペンダントを身に付けるだけで誰でも幸せに！」といった具合である。通信販売で瑠璃《ラピスラズリ》の時計やペンダントを買える「ラピスクラブ」に入会することもできた。この石を買ったおかげで、転職できた、資金繰りに成功した、拒食症が治った、恋人ができたなど、数々の御利益の証言が相次いだ。さらには、自らの身体力を奇跡的に高められるという「気」の通信講座まで出てきた。オカルトマンガも登場し、一〇代の少女向けマンガを描いていた黒田みのると山本鈴美香という二人の漫画家は、自らの読者層を対象にした「新新宗教」の開祖にもなった。[13]

実際、「新新宗教」の登場は、「ブーム」の本質を明らかにするできごとだった。[14]「新宗教」という名も歳月を重ねるうちに的外れなものになっていく運命にあるが、「新新宗教」という名の大小様々な組織の登場はその不条理に輪をかけるものだった。比較的組織が大きいものとしては、阿含宗、GLA、真光と、後者二つの分派がある。小規模のものはあまりに数がおびただしく説明しがたいが、いずれも都市シャーマニズムと重要な結びつきを持ち、よく見れば、その開祖はつい最近まで拝み屋であったり、伝統的な種々の巫者だったりすることが多かった。新新宗教が先立つ新宗教やいわゆる「既成宗教」(寺院仏教や神社神道)と全く違っていたのは、若い信者の比率が高く(なかには三〇歳未満が六割を占めるものもあった)、霊魂への強い関心が見られ、霊を操るテクニックを重視した儀式を行うなどの点である。新新宗教はそれまでの宗教のようにきめ細やかに構造化された組織を持たず、対面しての伝道活動よりも開祖の著書やテレビ出演によって広まっていったように思われる。[15]

「拝み屋」と呼ばれる類の開祖を持つ独特の都市シャーマニズムは、オカルトブームのもう一つの側面である。拝み屋は祈禱の専門家だが、助言を与える過程で運勢判断や地相、姓名判断、暦占いなどをしばしば行ってみせる。当人や家族の健康や安泰、繁栄を求めて、あるいは不幸が霊障によるものかどうかを知るために、たいていその場限りの即金払いで誰であろうと拝み屋に頼むことができた。拝み屋も相談者側も女性とは限らないが、どちらも女性の方が圧倒的に多いようである。[16]

戦後初期（一九四五―五五年）

戦後第一期にあたる一九四五―五五年には、避妊具の使用率はまだ低く、中絶が出生率低下の主な要因になっていた。表3には、一九五〇―九二年の避妊実施率の変化を示す。コンドームの製造が始まったのは一九四五年で、一九四七年以降は劇的に増産されるようになった[17]。少なくとも三〇は下らない民間の家族計画団体が次々に開設され、天野文子医師率いる日本妊娠調節研究所や加藤シヅエが資金を出した日本家族計画連盟も顔を並べた。こうした団体は産児調節診療所を開設して避妊具を提供し、使い方を指導した[18]。出生率は一九四七年に〔一五―四九歳の女性一〇〇〇人につき〕三四・四というピークを記録し、一九四八年には国の全人口が八〇〇〇万人までに膨れあがり、一九七〇年には一億人に達すると予測されていた。戦後初の世論調査では、産児調節と小家族が強く支持されていた[19]。一九五一年には日本政府も家族計画への支持を表明し、一九五二年以降は厚生省が助産婦や保健婦に家族計画指導員としての（再）訓練を施すようになった[20]。

表３　避妊実施率の変化（1950-1992）

年	%	年	%
1950	19.5	1973	59.3
1952	26.3	1975	60.5
1955	33.6	1977	60.4
1957	39.2	1979	62.4
1959	42.5	1981	55.5
1961	42.3	1984	57.3
1963	44.6	1986	62.8
1965	55.8	1988	56.3
1967	53.0	1990	57.9
1969	52.1	1992	64.0
1971	52.6		

毎日新聞社人口問題調査会編『記録　日本の人口――少産への軌跡』毎日新聞社、1992年、54頁、表1

新聞の人生相談欄（「人生案内」など）に寄せられた手紙には、当時のカップルが直面していた避妊と中絶にまつわるジレンマがうかがわれる。人生相談欄は戦後を通じて日本の新聞の定番であった。人生相談欄の相談者は自分の抱える問題を当事者の言葉で語るため、避妊や中絶にまつわる無数の相談を読むことで、この二つのテーマに関する統計数字に息が吹き込まれ、人々が自らの生活のなかで避妊や中絶をどのように理解していたのかが見えてくる。ただし、人の理解は時を経て変化するものだし、それが登場するメディア——大衆の好みに合わせた商品としての新聞——によって形作られてもいる。相談欄はきちんと分析されたことがないため、本研究でこれを用いる目的と予測される結果を明らかにしておくことは重要である。[21]

まず、人生相談が社会の現実を鏡のように映し出しているとは想定しないことにする。一見したところ、相談欄にあるのは相談の手紙とそれに対する回答のみであるように見える。しかし、相談の手紙とそれに対する回答が新聞紙上に載るまでに複雑なプロセスを経ていることに目を向ければ、そうした相談を現実そのままだと見なすことの間違いに気づかされる。第一、すべての手紙が紙面に掲載されるわけではなく、読者には見えないところで編集者がどれを載せ、どれを載せないかを決定しているのだし、選ばれた手紙は担当記者に回され書き直されているのである。ここでは一九四五年から八八年にかけて読売新聞に掲載された「人生案内」を取り上げるが、同新聞社は今も大勢の男女の担当記者を抱えている。[22] 回答を書くプロセスも同様に読者の目には見えず、そのことも読者と社会の現実のあいだを隔てる壁になっている。

人生相談欄の回答には、その時代の「常識」を目に見える形にするという人生相談欄のイデオロギー的機能が働いており、中絶に関する相談の取り扱いは、他の問題への回答とは違って、とりわけ道徳的色彩を帯びることがよくある。この点を明らかにするために、対照的な事例を挙げてみよう。

一九七〇年頃までの「人生案内」には、結婚まで純潔を守りたいと願う若い男性の悩みが頻繁に寄せられた。この種の手紙への回答は、特定の結論を押しつけず、級友や友人のからかいに左右されるなと相談者を励ますのが常だった。回答者は読者の共感的理解を促し、必ずしも正解を告げはせず、他の選択肢を排除したりもしない。そうすることで「人生案内」の読者たちは、相談者の人となりを想像し、様々な可能性を思い描いて楽しめるようになる。[23] 一方、避妊や中絶に関する相談への回答は、男性の純潔性の問題に対する回答とは違って、明解かつ規範的で、断定的であることが多く、切迫した表現がよく用いられる。こうした特徴のために、読者には解釈の余地がなくなり、他の相談の時のようにいろいろと思いめぐらす道は閉ざされ、単一の道徳的枠組みに導かれがちになる。

ただし、「人生案内」が各時代の「常識」を構築することに一役買っていたとしても、またいわゆる「常識」の中身自体が変化していくことも確かだとしても、「人生案内」自体が移りゆく社会の価値観の単純な写像であると受け止めるわけにはいかない。男性の純潔性に関する相談の事例を時系列的に追っていくと、一九七〇年頃に姿を消すことに気づかされる。それを根拠に、一九七〇年以前は男性が婚姻時の自らの純潔性にこだわっていたが、一九七〇年以降にそうしたこだわりは消えたと結論づけてよいだろうか。その可能性もあるが、「人生案内」は単なる現象——独立した検証を必要とするもの——にすぎないのであって、現状を説明する証拠にはならない。あるテーマ——たとえば中絶というテーマ——に関して膨大な数の相談が掲載されたこと自体、当時の新聞記者たちの道徳的先入観や社会変化の見方を反映していたわけである。「人生案内」だけでは結婚式まで純潔性を守る男性の増減は確認できないし、非夫婦間の妊娠の多くが中絶に終わることの証拠にもならないが、一方で「人生案内」はこの日本で何が起きているのかを告げてくれる。避妊や中絶に関する相談記事が新聞紙上に蓄積されていくにつれ、中絶に関する支配的なイメージが固まっていき、誰がなぜ中絶するかに関するステレオタイプ的なシナリオが生まれる。そうしたイメージとシナリオのどちらも、戦後数十年のあいだに変化している。ここで人生相談の内容を紹介する目的は、日本における中絶への態度の一つの表れとして、中絶に関するイメージやシナリオの変化を描き出すことにあるが、これらのテキストが現実の社会変化を直接反映していると考えているわけではないことをお断りしておく(24)。

「人生案内」は、中絶に関する「常識」の二つの大きな傾向をあらわにする。一つ目は、経済的困難による必要性から多くの中絶が行われているという認識であり、その場合の経済的困難とは、絶対的な困難の場合もあるし、相対的な困難の場合もある。絶対的な経済的困難を理由にした中絶は、一九五五年頃までによく見られたもので、もう一人子どもが増えると経済的に破たんするような場合である。それ以降の時代には相対的な経済的困難が立ち現れるが、そこにはもはや貧困の危機に直面するといった感覚はなく、もう一人子どもが産まれてしまうと、すでにいる子どもの生活水準を上げられず、塾や習い事をやめさせることになるといった話になる。どちらの意味での経済的困難であろうとも、その種の困難に直面した女性に対する回答は一般に同情的で、相談主の悲劇を社会全体の問題として見る方向に読者は誘導される。回答者の口調は明らかに道徳的なトーンを帯びがちで、登場人物それぞれを個性的な存在として描くというよりも、むしろ社会的地位や道徳的立場を代表するように描く傾向が見られる(25)。回答者は行動の意図を問うよりも、行動そのものの道徳的価値を判断する。そこで常に前提されていたのは、その妊娠が婚姻のなかで起こったものだということである。

中絶に関する二つ目の「常識」では道徳的な考察がさらに重要性を増すのだが、そこで前提されているシナリオは、冷たい年上の既婚男性と馬鹿な独身の若い女性が不倫の関係を結んだ結果、中絶に至るというものである。このシナリオは戦後何十年間も「人生案内」の定番になっていたが、馬鹿な女の役割の大半を一〇代の少女が占めるようになったのは戦後を三区分したうちの第三期である。「人生案内」に見られるこのシナリオは、第一章で検討した江戸期の大衆口承文学をまさに継承しており、驚くべき連続性を示している。中絶と経済的困難が語られる時には男性の姿は見えず責任を問われることもないのに、不倫のシナリオのなかでは男性が中心になっているあたりは、まさに馬鹿な女と冷たい男の組み合わせになっている。女性たちは、無知かどうかはともあれ、無垢ではあったはずなのに、不倫の性関係によってとことん堕落したと見なされる。対照的に、男性たちはそもそも無垢ではないし、性関係のためにとことん堕落することもない。このシナリオで描かれる女性は、自分を大切にせず感情的で二人の行為の結末が見えていない。一方の男性は自己中心的で利己的であり、妻と愛人の両方から利便と快楽を得ようとしている。

経済的困難に訴えた非断定的で同情的なシナリオは「冷たい男と馬鹿な女」という支配的イメージと共存することもある。これについては、三区分した期間の各々について典型的な「人生案内」の相談を検討することで、中絶のステレオタイプ的な表象が進化していく様子を観察できるはずである。

一九五二年六月二二日に掲載された相談のなかで、ある二児の母は産児制限（「産制」と略される）を望んでいたが夫に反対されたと述べている。彼女は医者に相談したいと思いながら、夫の同意なしに相談するのは不貞にあたるのではないかと心配していた。この相談に回答者は、すでにいる子をよく育てたいと考えて産児制限をするのは女性の権利であると答えた。間違っているのは夫の方である。産制を用いるのは「女の権利」であり、不貞にはあたらないというのである。(26) 以下の一九五三年三月四日の相談には、経済的困難の重圧によって女性たちが産児制限の方向に動機づけられていることが示されている〔表記は原文のママ〕。

相談者——三十三歳、三男一女の母で両親とも八人暮し、月収八千円位なので家計は非常に苦しく、この上子どもができたらどうしようもなく、二月に女児をうんでからは夫婦仲も妊娠を怖れるため余りよくなく、毎日悩んでいます。私も乳呑児を抱えて内職しつつ毎月千円位かせいでいるので、今度こそ避妊薬を買おうと思いつつも、つい食糧の方へ使ってしまいます。こんなことをしていては、夫婦生活に破たんを来すでしょう。夫は真面目でよく働いてくれますのでだれをうらむ気にもなれません。とるべき道をお教え下さい。

回答者——あなたのお手紙ににじみ出ているご苦労はあなたばかりでなく、日本の主婦たちのみんなが持っているつきつめたにっちもさっちもいかない生活苦なのではないでしょうか。そのような苦しみのなかでの妊娠、出産、育児はよろこびでもたのしみでもなく悲痛なものになってしまいます。いかに貧困であっても人間の最上のいとなみである子どもをうみ育てるということは、女にとっても家庭にとっても最大のよろこびであり希望でなければなりません。そのためには避妊の方法とか薬とか器具についてよくしらなければならないのです。そのための相談所や指導があなたがたの味方として身近になければならないわけです。あなたもぜひ近くに手をとって教えてくれる人かところをお求めになり、不妊の手術をなさるのもよいと思います。それには女でなく男の方がすれば仕事も休まずにできるぐらい簡単で手術料も安くてよいかと思いますが、この問題はあなたひとりで苦しんでいるのでなくご主人と相談してお互の生活を建設的にするためにどうしたらよいかをお考え下さい。(27)

人生相談に寄せられるこうした手紙はただの逸話かもしれないが、新聞社にとってはリアリズムとプラグマティズムの代弁者として読者への信用がかかっているため、相談欄は世論を伝達するものとして立ち現れる。この種の相談では、避妊は真正面から奨励され、女性は男性が心を入れ替えるのを待ったりせずに自ら進んで避妊の責任を取るようにと勧められる。後の時代により明白になるのだが、「男性を変えること」に対する暗黙の結論は、男性との性関係を拒否することであろうと、彼らに避妊の責任を分担させることであろうと、女性にとって男性を変えようとするのは夢物語にすぎないということである。だから女性は自分の自由になる範囲では、できる限り自立して振る舞うべきだとされる。

避妊が導入され始めたばかりの頃は、中絶が出生率を引き下げるための主な手段であった。人口学者のホッジとオガワは当時の状況を次のように説明する。「総出生率は三・二六から二・〇〇強へと三分の一も落ち込んだ。この時期にこそ、日本が人口転換を乗り切った主な手段が中絶であったことの証拠が見られる(28)」。これに匹敵するほどの変化がヨーロッパで起こるには、一世紀以上もの時間がかかったものである。一九五五年、日本の報告中絶件数は一一七万一四三件のピークに達し、これはその年の出生数の六七・六%に相当する数だった。この中絶件数の半分は、経済的困難を理由に行われた。[29] 一九五〇年の報告によれば、搔爬が最もよく使用された方法であり、中絶一〇〇〇件につき約二・一件の死亡事故が起きていた。[30] 人口学者たちはこれほど中絶に依存していた理由として、コンドームの不足と高価格、その信頼性の低さを挙げていた。[31] ある観察者によれば、一九五五年には一年分の避妊具代より安い二千円程度で中絶を受けることができたという。[32] 他に、中絶に対する宗教的障害がないことを指摘する研究もある。「神道と仏教は中絶の倫理について何も言っておらず、間引きが過去何世紀にもわたって産児制限の手段として許容されてきたことに照らしても、合法的中絶が簡単に受け容れられたのは無理はない[33]」。一九五〇年の時点では国民の約六割が産児制限の実行を支持していたが、中絶に関する他の調査では、過半数が支持している例もあれば、支持率がずっと低い例も見られるなど矛盾した結果が出ていた。[34]

日本人は家族規模を制限する方向に強く動機づけられていながら、高価で信頼性の低いコンドームという避妊方法に全面的に依存しており、さらに避妊に失敗した場合やそもそも避妊を行わなかった場合には中絶以外の選択肢がない状態に置かれてきたため、なかなか態度を決められずにいた。一九五五年に中絶を受ける女性たちの大半を占めていたのは、二〇代から三五歳までだった。三〇歳を超えると中絶経験のある女性の比率は高まり、三五歳の女性たちは出産より中絶の経験の方が多いほどだった。一九一一―一五年に生まれた女性たちの平均出生数は四・八だが、一九二一―二五年に生まれた女性たちの平均出生数は二・六五であることから、この変化の甚大さが分かる。出生数がほぼ半

減したのである。一九二〇年代に生まれた世代の女性たちにとって、中絶はしごく一般的な経験になった。(35)

この時期の中絶に対する態度は様々だった。日本医師会の報告は中流階級における中絶の普及は当然の成り行きだとしていたが、一九五五年のいくつかの女性誌は多少の懸念を示していた。それでも『主婦の友』は、先に江戸期の議論で確認したのと同様に避妊と中絶を連続線上に位置づけて、避妊に失敗した場合の中絶を肯定した。毎日新聞は、二、三人の子どものいる女性や中絶をくり返している女性に対して不妊手術を推奨し、この手術を避妊に始まる一連の事象の新たな終着点として位置づけた。

戦後まもなく中絶を経験した女性たちは、経済的な事情によって手術に追いやられたという感覚や、生まれていたはずの子どもや犠牲になった自分自身への哀れみをよく口にしたものである。一九五五年の『婦人公論』の調査に答えて、ある女性は「健康と経済的な問題を考えたけれど、何よりも(胎児が)哀れで、罪の意識を感じた」と書き、別の女性は「中絶は女性にとって悲劇だ。恥ずかしいし、恐ろしい中絶を耐えなければならない(のはひどい)」と書いている。(36)

こうした短いコメントの意味を理解するために、中絶の社会的および性的な文脈が重要であるのは明らかである。一九五六年四月三〇日の「人生案内」への相談は、ある種の中絶の文脈と、それに付与される判断を示している。

相談者――二十二歳の女性、四年前から三十八歳で妻子ある会社課長のTと交際し、初めは社用的なものでしたが次第に深い関係になってしまい、これまでに二回中絶をし、現在も三ヵ月の身重となっています。前回の手術の結果も悪く、今のお腹の子をなんとかして育てたいのです。本当に愛情故《ゆえ》のお腹の子なのですが、彼は中絶を主張します。家庭の事を考える彼の立場もわかりますが、私には三度目のお腹の子を殺す気になれません。自分で死を選ぶ方がどんなに幸福かわかりません。今さら彼と別れて他の男性と結婚する気になれず、今まで何度も死を覚悟したかしれません。また中絶するたびに死んでしまいたい位の悲しい思いをします。

回答者——あなたのような苦悩に接する毎に、男性の虫の良さと女性の意気地なさの両方に怒りを感じさせられます。愛情はどうにもならぬものだといってしまえば、旧時代の女の不幸を真似る手しかありませんが、家庭も愛人も大事と得手勝手な男が多いから女が泣くのか、あなたのような踏みつけられ痛めつけられても、それを愛情とのみあまんじる女が多いから、男性を反省させぬのか、同罪のようです。

彼は恋愛を享楽したいが、一生の責任は真平ごめん、だからこそ、妻以外の女性が子を産むのを望みません。あなたは愛情の子と自慢なさいますが、あいまいな関係からさびしい運命を追《(ママ)》わされて生れることを、子は恨んでも喜びはしますまい。子は両親の無責任を恥じることでしょう。二度目の手術の結果もよくない御様子なのに、彼との仲がつづく間は、そのくり返しでまかりまちがえばあなたの生命にかかわることであり、病弱となりかねません。二十二歳の若い命をもっと貴重に考え粗末になさらず、三度目の中絶を最後に、彼との関係を清算なさる勇気を持って下さい。人生の出発のつまずきで、長い一生に見切りをつけるのは大バカです。だらしない弱さでは真の愛情は求められません。安定のない場所に幸福は育たぬものです。[37]

この相談では、三人目の「愛情故の子」に対するこの女性の愛着に対し、冷や水を浴びせるような厳しい回答が対置されている。回答者は彼女の感傷にいささかの同情もなく、彼女の「だらしなさ」への不快感をまるごとぶつける。この回答は冷たい男に恋をした馬鹿な女という役割を彼女にあてがい、この遺憾な関係で生まれた子は非嫡出子というスティグマを背負っていくことに気づかせようとしている。相談者は自尊心を奮い起こし、自分を利用するばかりの男を自らの人生から追い払うべきであり、胎児への感傷的な幻想でもって、自分自身の人生を正すという急務から目をそらしてはならないというのである。[38]

高度経済成長期（一九五六―七五年）

戦後を三区分したうちの第二期には、避妊の実施率が上昇し、それまで出生率の引き下げ役を担っていた中絶と徐々に役割を交替していった。中絶から避妊への移行は、未曽有の経済成長や女性の労働参加率の増加、両性の教育レベルの向上および婚姻年齢の上昇に伴って生じた現象である。表2と表3を比べると、避妊実施率が五〇％を超えた一九六五年頃に、中絶率が〔対出生数比で〕五〇％を下回ったことが見てとれる。[39] それ以降、避妊実施率は着実に上昇し、中絶率は一九七五年まで下がり続けた。

表４　中絶に対する態度（割合、1969-1992）

	1969	1972	1973	1975	1977	1979	1981	1984	1986	1988	1990	1992
賛成	9.5	8.6	9.4	9.2	12.5	10.9	16.3	17.4	15.8	17.3	22.2	26.2
条件によって賛成	62.6	64.2	68.2	68.2	66.3	63.8	68.1	65.5	68.1	68.1	57.3	56.6
反対	16.3	14.0	12.7	11.1	10.1	9.1	10.8	10.3	12.7	9.4	13.6	10.5
非回答・わからない	11.6	13.2	9.7	11.5	11.1	16.2	6.6	4.2	6.0	5.2	6.9	6.7

毎日新聞社人口問題調査会編『記録　日本の人口――少産への軌跡』毎日新聞社、1992 年、83 頁、表７

中絶が減り続けた一九五五―七五年のうち、ひときわ目立つ例外は丙午《ひのえうま》の一九六六年である。丙午の年に生まれた女の子は結婚できないという言い伝えのために、その年に子どもを生まないことを決意したカップルが多かったのは明らかであり、そのような迷信が今も重要である可能性を示している。

多くの論者が指摘しているように、コンドームは日本の避妊具として最も広く使われてきたし、コンドームをリズム法（オギノ式）や定期的禁欲法と組み合わせるのも一般的である。日本の女性は自分自身の性器に触れることを好まないためペッサリーは論外であり、一方の子宮内避妊具（ＩＵＤ）も副作用の噂のために広く普及してはいない。この時期に避妊ピルが処方されていなかったのは、厚生省がピルは女性の健康を脅かすと見なしていたためである。さらに、女性たち自身が副作用の恐れや自らの身体リズムを変容することへの嫌悪によってピル導入にためらいを感じていたためでもあるが、その傾向は今も続いている。(40)

日本人が産児調節のために中絶よりも避妊に頼るようになっていった一方で、表４に示す通り、より多くの人々が中絶を許容するようになっていった。どうやら中絶は、避妊代わりという初期の役目を失うにつれて受け容れられていったようであり、その代わり今度は避妊が失敗した時の最後の頼みの綱にされるようになった。一九六四年の厚生省の調査によれば、三五歳以上の女性あるいは二人以上の子どもがいる既婚女性の約半数が中絶を経験していた[41]。

水子供養が登場したのはこの戦後第二期の終わり頃だが、これについては後で詳述する。中絶数が戦後最少を記録したこの時期の終わりになって、中絶への許容度が高まり、それと同時に中絶に関する宗教的な不安が出てきたのは逆説的である。しかし「人生案内」で見る限り、一九七〇年代半ばまでは戦後第一期に見られたような現実的で非感傷的な中絶観がまだ生きていたことがうかがわれる。たとえば、どんな場合でも中絶は婚姻外で子どもを産むよりましだと判断されている。不倫相手の既婚男性が子どもを認知してくれるはずだとか、奥さんとは別れ、性関係に入る前に結婚を条件に出さなかったこの私と一緒になってくれるだろうなどと夢想する女性たちは、もっと自分を大切にしなさい、中絶を受けてその男と別れなさいと忠告されるのが常だった[42]。

ところがこの時期の終わり頃、たとえば一九七五年一月二四日掲載の次の相談のように、中絶に対する超自然的な罰が下り、胎児を中絶したことを後悔するといった話が初めて登場する。

相談者――三十四歳の主婦、見合い結婚十二年目で主人は三十九歳の商人。子供は一姫二太郎に恵まれ、とてもしあわせな日々を過ごしておりました。ところが、昨年春、私が妊娠してしまい、びっくりしました。子供はもういらないと、夫婦でいつも言い、避妊していたのですが……。

でも母親として、妊娠した以上、中絶なんてとても考えられませんでした。ところが、主人は大反対で、子供は四人もいらないから早いうちに中絶しろ、と言うので、私はいやな気持ちで中絶しました。私は意志薄弱なバカな女です。

それ以来、私は悩み通しです。私は何かのバチに当たったのでしょうか。やはり中絶など、してはいけなかったのです。医者が「四人は多いなあ、中絶は簡単だ」と言ったのを、思い出してはいらだち、主人と医者を一生恨み続けることでしょう。

毎日が悲しくつらく、おなかの大きい人を見たり、妊娠した人のことを聞くと、胸が突きさされる思いで、もう苦しくて苦しくて、死んであの子にわびたい気持ちです。


回答者――自分はバカな女だ、意志薄弱だ、何かのバチか、となげいていらっしゃいますが、とんでもない。原稿用紙の裏にたどたどしくしたためられた切々たるお手紙を読んで私は近頃になく感動いたしました。これこそ母性というもの、人類愛の源泉というものであろうと思いました。

私自身はからだの弱い子供を幾人も育てた苦労と、世界の食糧の限界という見地から、ご主人に近い意見を持つものですが、お手紙の行間ににじみ出ている大慈大悲の観音さまのようなあなたの思いの前には、そんな意見などチャチであさはかで、吹けばとぶようなサル知恵だなという気がいたしました。その医者もまさにそれで、一朝情勢が変わって生めよふやせよと政府が太鼓をたたけばすぐ踊り出すからでありましょう。

どうぞ太陽のようなあなたの思いを大切にし、自信を持ってください。ただ、ご主人や医者を一生恨みつづけるなどとおっしゃるのはちょっと行き過ぎではないでしょうか。彼ら（ご主人を含めてごめんなさい）は太陽や大地でなく、それらから派生した支部、支店、飛沫みたいなものだから、いわば子供なみです。対等に恨んだり憎んだりするほどの相手ではありません。子供にはやさしく接してあげましょう。

おろした子供に死んでわびたいお気持ちを、一姫二太郎にそそいでいただきたいものです。

この手紙で、相談者は一種の原型的「水子」観に言及している。中絶したのは間違いだったし、具体的には明かされていないが、現在の苦悩は中絶のためだと思い、悔い改める道を探しているのである。彼女の苦悩の裏側には、自分に中絶を勧めた夫や医師への強い憤りがある。諦めの境地で成り行きを受け容れるのではなく、彼女は今さらながらの後悔にもだえ苦しんでいる。それに対して回答者は、相談者の感傷的な母性像を受け容れながら、神秘的な罰が下るといった観念は否定して、彼女の思いを三人の子どもたちへの献身に注がせようとしているのである。

一九七六年から現在まで——一〇代と中絶

戦後の第三期にあたる一九七六年から現在〔一九九〇年代半ば〕までの期間に、日本の中絶率は全体的に若干高まり、先進諸国の大半と同程度になった[43]。実は、この間の日本の中絶率は、ほぼすべての年齢層について低下した。唯一の例外は一〇代であり、一五歳から一九歳までの女子人口一〇〇〇人あたりの中絶数は、一九七四年の三・四から一九九一年には七・六へと倍増した。ホッジとオガワは、次のように結論している。「学校の卒業から最初の結婚までの期間が延び、結婚前のセックスと望まぬ一〇代の妊娠が共に増加した結果、中絶件数が膨れ上がった」[44]。本書では一〇代の妊娠の増加については深く追究しないが、本章の後の節で水子供養の普及を狙ったキャンペーンなどの文化的要因によって、いかに若い独身女性の妊娠に注目が集まり、それがスティグマ化されたのかを示すことにする。

この時期の中絶に対する許容度は、表4に示すように高率を維持していた。全般的に、女性たちの教育レベルが上がり婚姻年齢も上昇するのに伴って、中絶容認の度合いは高まる傾向がある。自分自身の中絶に否定的に反応する女性でも、中絶そのものには必ずしも反対しない。ホッジとオガワによれば、「女性が自らの最初の中絶で示す感情は（中略）一般的な中絶への態度とは無関係である。初めての中絶に罪悪感を抱いている女性や胎児に憐れみを感じている女性、生殖機能が損なわれたのではないかと心配している女性でも、中絶そのものは支持している」[45]。

誰かが中絶を経験している家庭に生まれた世代が増えていけば、中絶経験を当たり前のことと見なし、否定的な連想をしないようになることで、中絶への強い支持が維持されるように思われる。ところが、前の世代があまりにも多くの中絶を経験したために、若い女性は母親や叔母や友人たちを苦しめた身体的な痛みや不安の感情に敏感になっているようである。若い女性たちが個人的に二律背反的な感情を抱いていたりすれば、彼女たちはよりいっそうマスコミによる水子供養の集中攻撃に屈しやすくなる。

皮肉なことに、おそらく社会全体が中絶を許容するようになったからこそ、一〇代のなかから新たな妊娠観や中絶観が立ち現れてきたのである。中絶が未婚で出産するよりはるかにましな選択肢と思われていることは変わらないのだが、今や少女たちの不適切な性行動が新たな注目を集めるようになり、それと並行して一〇代の妊娠が増加していることも広く知られるようになっている。この傾向は、以下に示す一九七六年一一月一三日の「人生案内」にも現れている。(46)

相談者――十八歳の女子、高校三年生。三年前から、先輩にあたる二歳年上の現在大学生の彼と交際しています。つきあって一年後から肉体関係をもち、二度中絶しました。

二度目の中絶後、出血が長くつづいたため、何度も病院に通いました。そのため、もう子どもができないからだになったのではないかと心配で、そのことばかり考えて、来年彼と同じ大学を受験する予定なのに、勉強に身が入りません。

病院で診察を受ければはっきりするのでしょうが、宣告されるのがこわくて、行く勇気が出ません。ことしの夏休みには彼が家庭教師をしてくれましたが、彼にも話せませんでした。

二度目の中絶後は、一度も肉体関係をもちませんが、受験のこととあわせてノイローゼになりそうです。勉強に没頭している友人にも、私を信じている両親にも相談できず、悩んでいます。

回答者――わたしたち人間は、他人の行動については、その可否が実によくわかるのに、自分のこととなるとまるで何もかもわからなくなってしまうものです。

あなたのこの問題にしても、もしこれがあなたのお友だちのことだったとしたら、あなたはいったいどんなアドバイスをしますか。

たぶん、そんなに心配だったらお医者さんにみてもらえばいいじゃないのかとか、前に通っていた病院で妊娠不能の体になったと宣告されていないんだから、絶対だいじょうぶよとか、とにかく今は何もかも忘れて受験勉強に専念すべきよ、などと言うだろうと思います。

しかし、現在その悩みの渦中にある当人としては、いろいろ不安な事柄があって、それができないということでしょう。

しかし、人間は、幸せになるためには、やるべき時にやるべきことをきちんとしなければいけません。たとえば、体のことで夜も眠れないくらい心配なら医師にみてもらうことです。ただくよくよ悩んで、受験に失敗するほどつまらないことはありません。

あなたは、どうやら、やってはいけないときに、やってはいけないことばかりしているのではありませんか。


回答者は苦悩する一〇代の少女に、自分の人生をだめにしているのは自分自身だと重々承知しているでしょうと言わんばかりである。回答者は相談者の性関係についても、彼女の中絶についても否定的なことは言わず、相談者の人生の今の段階ではどちらの行為も不適切だと言うのみである。行間に込められたメッセージは、この少女にとって最も緊急な課題は勉学に集中することなのだから、中絶に起因する無用な心配など忘れなさいということであろう。回答者の主な関心事は道徳よりも実際的な問題であり、くよくよしてばかりいては大学受験にも失敗すると諭している。馬鹿な女と冷たい男というパターンに基づく道徳的な回答ではなく、教育上の達成を最優先しているこの忠告を、相談者はきっと聞き入れたことだろう。

ここで、戦後の三つの時期にわたる変化についてまとめておこう。一九四五―五五年の戦後第一期には、中絶は真正面から奨励され、女性たちは感情的な自立を妨げる感傷や執着を捨てるようにと励まされた。当時の日本の経済状況から人口制限は必要だと理解されており、避妊手段はまだ手に入れがたく広く普及してもいなかったため、中絶は現実的かつ必然的な手段であった。ところが、それと同時に男性の無責任さと女性の情緒的弱点というテーマが立ち現れたのである。

一九五六―七五年の戦後第二期には、かつての経済的困難が解消され、避妊手段が徐々に手に入りやすくなったのに従って、カップルの一方（たいてい男性）が他方に中絶を強要する問題が立ち現れてきた。この変化は、避妊実施率の上昇や中絶率低下の始まりと並行していた。水子供養が登場し、霊能者による宗教が開花し始めると、中絶に対する女性たちの不安は時に宗教的な色合いを帯びるようになった。

一九七六年から現在〔一九九〇年代半ば〕に至る戦後第三期では、経済的困難の重要性はさらに弱まった。人々は子どもをもう一人育てる余裕がないとは心配しなくなったが、もう一人子どもが産まれるとすでにいる家族にどう影響するかという点はまだ気にしていた。こうした変化と同時に、若い女性の性行動を取り締まろうとする新たな規範が登場し、以下で見ていく通り水子供養という新しい形で伝えられるようになったのである。

生長の家による中絶反対運動

優生保護法の成立以来、その合法性について激しく異議を唱え続けてきたのは新宗教の生長の家ただ一つであった。生長の家は、一九二九年に大本（一八九二年創始）〔俗に「大本教」と呼ばれるが正式には「教」はつかない〕から分かれて谷口雅春（一八九三－一九八五年）によって創設されたもので、大本のスピリチュアリズムを大いに引き継ぎ、霊魂や前世／死後の世界の存在にとりわけ関心が強い。生長の家が中絶反対の声を上げ始めたのは一九六〇年頃のことである。当時、生長の家の信者はおよそ一五〇万人で、一九五五年頃からほぼ横ばいの状態が続いていた。生長の家が政治の世界に足を踏み入れたのは、特に中絶に関心があったためではなく、戦没者の合祀を行う靖国神社への国としての支援〔護持参拝〕や反共産主義、戦争放棄をうたう憲法九条の撤廃、（教員組合の労働基本権を否定した）戦前の教育体制の再建など、数々の保守的かつ国家主義的な理念を創始者の谷口が支持していたためである。

前述の目的を達成するために、そして優生保護法については経済条項を撤廃するために、生長の家は一九六四年にロビー活動を行う「生長の家政治連合」を組織して政治介入を開始した。この団体は国政選挙や地方選挙の立候補者たちに手を差し伸べたばかりか、生長の家青年部は、右寄りの宗教各派に対して中絶への反対や国会議員の靖国参拝をはじめとする国粋主義的理念への支持を呼びかけるようになった。そのような政治行動で活気づいた生長の家は、一九七〇－八〇年に急速に信者を獲得し、一九八〇年頃には約三五〇万人を数えるようになった。国会でも、生長の家は自民党の右派の政治家たちとの関係を深めた。保守派の石原慎太郎の場合のように、様々な新宗教とつながりのある国会議員とかかわることもあった。生長の家は、複数の宗教団体から支持を取りつけることで都市部の多くの票田を押さえることを目指していた。

生長の家の中絶反対は、中絶は霊魂が人間の形となって生まれることを妨げるものだから、許しがたい人殺しだとする胎児中心主義的な信念に基づいていた。生長の家婦人部の白鳩会の会報誌に示されているように、その胎児中心主義は胎児写真によってもたらされるイメージに間接的に依存していた。以下は、一九七八年の白鳩会の年次会合における典型的なスピーチの内容を抜粋したものである。

世の中には、(中略)中絶されて闇から闇へ葬り去られている胎児のあることを、皆さんは御存知だと思います。

ここで私は、優生保護法なるものを考えてみたいと思います。優生保護法とは一口に申しまして、堕胎奨励法のことなのです。人工妊娠中絶が法的に定められていますために、可愛い赤ちゃんとなって生まれてくるはずの胎児が、病院の手術台の上で器具によって引張り出され、切り刻まれて血まみれとなって、汚物同然に捨て去られているのです。なんと悲惨なことでしょう。

この法律は、昭和二三年、医系議員の手によって立法化したのでありますが、年ごとに改悪されて、昭和二七年には〝闇中絶を合法化することが必要――〟という、医系議員の提案理由によりまして、中絶は全く野放しとなってしまったのです。

このころから中絶は急激に殖えてまいりました。昭和三〇年には、届け出られた数だけで一六〇万、闇中絶を入れますと、何と三〇〇万人もの胎児が中絶されていったのです。この数は、交通事故死亡者の約七〇倍、二〇秒間に一人の割合で胎児は殺されていったのです。

カラーテレビ、クーラー、車と、豊かな生活の蔭に、このような悲惨なことのあることを、私達は真剣に考えなければいけないと思います。中絶は、子宮癌や盲腸の手術とは訳がちがいます。母体に宿された生命は、数ヶ月すると、可愛い赤ちゃんとなって生まれてくるのです。いえ、お腹の中に宿る時から、既に立派な赤ちゃんなのです。可愛い耳もあれば鼻もあります。小さな五本の指もそろっているのです。人工妊娠中絶は殺人なのです。

この中絶は、性道徳の退廃を招き、青少年の非行化の原因ともなっているのです。私達は、今ここで心を合わせて、この優生保護法の改正をして、そして、この悲惨な現実をなくすために、胎児の生命を護りたいと思うものでございます。(47)

生長の家の中絶反対は、胎児中心主義に依拠するだけではなく、胎児または流産児（この新宗教では「水子」という言葉を避けている）が害をなし、たいていはそれがカップルの子どもたちに向けられるという観念にも依拠している。(48)生長の家の出版物の主要テーマは、胎児の霊魂は「両親」の関心を惹くために、「兄弟姉妹」たちに夜尿から非行まで様々な問題行動を引き起こさせていることである。このテーマは、創始者の妻谷口輝子が自分の担当する人生相談欄のなかで頻繁に取り上げている。ある時、四人の子持ちで七年前に中絶をした三六歳の女性が手紙を寄せてきた。その手紙は、六歳の息子の寝小便や白い着物を着た小さな子どもの影を見るといった怪現象について、どうすればいいのかと助言を求めるものだった。それに対する回答は次の通りである。

七年前に中絶された子どもに対しては、心の底からお詫びをして下さい。生きようと思ってこの世へ生れて来たものを、生れさせようと考えて、神様が与えて下さった尊い生命を殺してしまわれました。まことにいけないこと、申訳ないことをされたのです。深く懺悔して、丁寧に祀って上げることは一日も早い方がよろしいのです。殺された子どもの悲しみの涙は、次ぎに生れた弟にお寝小と現れて、両親に訴えているのです。純真な六歳の弟の眼に、白衣を着て現れているのです。哀れなその子どもの心を思いやって、温かい心で慰めて上げて下さい。

霊人らしく白い着物を着て、弟の眼に小さい子と見えたのは、たしかに七年前に殺された胎児に相違ありません。（中略）

「先祖供養の本」を（中略）よく御読みになって、それに教えられているようにして、中絶の子に名前をつけて祀って上げて下さい。[49]

胎児中心主義や胎児の霊魂が「兄弟姉妹」に害をなすという観念、中絶を性的モラルの荒廃や非行と結びつけること、先祖の霊魂同様に胎児の霊魂にも（戒名を与えるなど）鎮魂の儀式を行うといった宗教的解決策が、生長の家の中絶反対運動から立ち現れた主な宗教的要素であった。

ところが、一九七〇年代後半に生長の家の支持を受けて当選した候補者たちは、何度も自民党内部の汚職スキャンダルへの関与を問われることになった。生長の家は中絶を受けにくくする法改正

〔経済条項の撤廃〕を試みたが、一九八三年に五度目の試みが失敗に終わったのを最後に生長の家政治連合も解散した。一九八五年に創始者が亡くなると生長の家の政治介入も終わり、その頃までに信者の数も約六〇万人へと激減した。[50] 突然の政治介入の終了と創始者の死が重なったことから、谷口個人への支持がすべての鍵を握っていたことがうかがわれる。いったん目標が消えてしまうと、もはや政治介入を続けるほどの特に差し迫った教義にかかわる問題もなかったため、生長の家の中絶反対は事実上これで終了した。生長の家の信者の小グループは、仙台などの地方都市で中絶反対を訴え請願書の署名集めなどを一九九〇年頃まで続けていたが、幅広い支持は得られなかったようである。信者たちの政治介入は、問題そのものよりも創始者に忠実だった証のように思われる。

他の宗教団体は、生長の家の中絶反対運動に加わらなかったし、多くの政治家や一般大衆も同様だった。もしかしたら、生長の家はあらゆる宗教団体のあいだで広く支持されている中絶に大打撃を負わせようなどとは思っておらず、政治的および宗教的な立場として極右にあることを示すために、中絶をはじめとする数々の問題を利用しただけなのかもしれない。五度にも及ぶ法改正の失敗を重ねても負け試合だと納得しない信者も残ってはいたが、生長の家の歴史から、政治活動で一時的に増えた仲間は簡単に失われかねないことが分かる。

日本の女性運動は生長の家と真っ向から闘った。中絶に関する断固たる信念に基づいているわけでなく、単に票を得るために宗教団体の支持を得ようとしていると、フェミニストたちは右寄りの政治家たちを批判した。女性運動側は、宗教と政治が手を組んだ真の目的は、あらゆる戦後の社会改革に関して時計の針を逆戻りさせ、日本を天皇中心の軍国主義的かつ出産奨励主義的な国家に戻すことではないかと疑っていた[51]。第三章に示す手記の多くは〔優生保護法から〕経済条項を撤廃しようとする生長の家の試みに反対する目的で書かれたものである。それらの手記からは、生長の家の胎児中心主義的レトリックが断固として拒否されている様子が見てとれる。

女性運動も家族計画運動も、生長の家が非行や犯罪など、ありとあらゆる社会問題を中絶と結びつけて見せることに異議を唱えた。さらに、中絶反対の理由に「人命尊重」を挙げるのは見せかけだけだと非難した。加藤シヅエは次のように書いている。「反中絶派は『生命尊重』の理念を唱えることで、中絶を人殺しだと見なしたのだが、彼らが尊重するのは胎児の生命だけであり、母胎の生命は全く無視されていた[52]」。

医師たちとそのロビイストたちは、女性運動や家族計画運動と手を組み、中絶を可能にしている経済条項の撤廃に反対した。未報告の中絶件数が不明であるため医師たちがどれだけの利益を得ているのかは定かではないが、相当額に上るだろうと推測できる。ただし、医師たちの中絶支持が単に中絶で利益を得ることを目的としていると強弁するのは全くもって不公正であり、真剣に公衆衛生上の問題と見て動いた医師たちがいるのも間違いない。

マスコミにおける「水子」

戦後第一期のマスコミにおける中絶描写は、一九六一年の映画『豚と軍艦』で主演女優〔吉村実子〕が苦悶のなか中絶医の血まみれの手術台から身を引き起こす姿を演じたように、中絶を耐える女性の痛みと苦悩にスポットを当てていた。他にも、映画『神田川』〔一九七四年公開〕には、恋人の中絶に同伴し取り除いた組織を医者に見せられた男の苦悩が描かれている。映画『白い巨塔』〔一九六六年公開〕の主な登場人物の一人は、次々と中絶を行うことで私腹を肥やす腐敗した中絶医である。曾野綾子の小説『神の汚れた手』〔上巻一九七九年、下巻一九八〇年発行〕は、敬虔なカトリックの立場からの中絶批判である。

水子供養が商業化されるようになった一九七〇年代半ばまでに、一般大衆のあいだで中絶は十分に許容されるようになり、避妊も広く普及していた。中絶は右寄りの宗教団体からの政治的攻撃をしのいで生き延びていた。水子供養が登場したのはマスコミが名づけた「オカルトブーム」の最中で、ちょうどその頃から一〇代以外のすべての年齢層で中絶率が減少し始めていたにもかかわらず、多種多様な中絶の表象が映画やフィクション、相談欄などに登場し、全体的には中絶に許容的な枠組みの範囲内で、実に多様な視点から中絶が描かれるようになった。

本節では、一九七〇年代半ばから九〇年代初めのマスコミで水子供養が喧伝され、形作られたことを説明する。この時期に水子供養が取り上げられたのは、中絶に反対するためではなかった点に留意すべきである。むしろそれらの記事は、今後も中絶が必要とされ続けることを想定しているように思われる。そうした記事の命運は、他ならぬ水子供養にかかっているのである。週刊誌は頻繁に水子供養を提供する寺社を記事に取り上げ、交通案内や様々な等級に分かれる供養の料金表も載せていた。特定の霊能者の見解や儀式を紹介する記事もあった一方、霊能者たちは何ページにもわたる有料広告ページで編集者の介入を一切受けることなく自らの宣伝をすることもできた。この種の出版物は、競合他誌に勝つためのセンセーショナリズムに依存していたため、胎児の祟りについては最も恐怖をそそる霊能者のお告げを掲載し、若い女性の苦しみについても最も苦悩に満ちた内容をつづることで、週刊誌はぼろ儲けすることができたのである。

マスコミで水子供養ブームが起きたちょうどその頃、戦後の中絶で国の出生率を引き下げるのに貢献した一九二〇—三五年生まれの女性たちは更年期にさしかかっていた。彼女たちが中絶を受けた当時は水子供養が熱狂的に報道されるようなことはまだなかった。戦後の特徴として妊娠と出産は脱儀式化されていたため、彼女たちの中絶は何ら宗教的な介入や監視に妨げられることなく行われた。自らの生殖期の終わりにあたって、多くの女性たちが水子供養に吸い寄せられたのは、水子霊の祟りを恐れていようといまいと、自分が経験しているのがまさに祟りだと信じていようといまいと、中絶したのは自分が冷淡だったためではないし、中絶したことを忘れてもいないということを証明するためだった。

伝統的に、宗教がマスコミに登場する機会は限られている——話題になるのはせいぜい宗教団体や宗教的指導者がスキャンダルに巻き込まれた時や他に取り立ててニュースがない時、あとはお盆の時期くらいだろう。お盆は怪談やホラー映画の公開にうってつけな時期でもある。どんな話題でもそうだが、宗教について報道される場合も売り物になると考えられるからこそ報道される。過去一〇年ほどの宗教に関する報道では、「オカルトブーム」や「占いブーム」などの「ブーム」に焦点を当てるという新たな形の商品化が行われた。引き金になるのは、入信率のわずかな上昇だとか、魅力的な創設者や珍妙きわまりない教団の登場など、どんなささいな事象でも構わない。ブームの到来を盛り上げるために、マスコミは引き金となった事実の重要性をやたらと強調し、前代未聞だと叫び、様々に誇張して見せる。マスコミのなかでも特に週刊誌の記事は、お決まりの手法でセンセーショナルに大袈裟に書き立てる。いわばそれは「クズ」[53]の典型である。そうした誇張された報道に関心を抱く人が増え、大勢の人々の目の前に何らかの宗教や宗教行為が絶え間なくさらされ続けることで実際に教団も大きくなり、その宗教行為を行う人々の数も膨れあがる。同じ情報が口コミで広められていたら、伝播するのにはるかに時間がかかっていたことだろう。

　週刊誌は、「オカルトブーム」を別の形で商品にしていた出版社やテレビネットワークともつながっており、「水子供養」もそうした商品の一つであった。テレビの視聴率を上げ、本や雑誌を売りさばくために、ブームの規模を拡大していくことは、どの媒体にも共通の商業的関心事である。特に出版社はオカルトに関する出版物専用の子会社ができてしまうほどで、書店にはその成果が山積みされている。できるだけ多くの消費者を取り込むことが儲けにつながるので、幅広く多様な消費者を引きつけておくために、「水子」をはじめとするオカルト現象は漠然としか表現されず、解釈の余地があえて大きく残されている。[54] 様々なメディアが相互に結合することでテキスト間の相互作用現象[55]が生じる。海外のタブロイド紙〔小ぶりのゴシップ新聞で日本の週刊誌に匹敵する〕の研究者たちによれば、タブロイド紙はその読者のためにテレビや民俗的口承文学も含む大衆文学と結びつけられ、多様な形で示されるイメージは「互いに反映しあい、まじりあう[56]」。

　一九七三年に若い女性をターゲットにした『女性セブン』に掲載されたある記事は、東京の正受院水子寺をもっぱら水子供養を行っている寺として紹介していた。正受院の僧侶によれば、これまでに三〇万もの霊魂を供養したそうで、なかには中絶が禁止されていたハワイから日本へ手術を受けにきた「母親たち」の水子もあるという。この僧侶によれば、一九七二年の夏だけで五万件の供養が行われた。その記事には、まるでアメリカのタブロイド紙『ナショナル・エンクワイアラー』のような見出し――「私は三〇万の水子の叫び声を聞き、その母たちの涙を見てきた」[57]――が躍っている。一九七六年の記事は、両腕を失った尼により一九七三年に創設された千葉の水子供養専門寺を宣伝していた。その記事には、近くの遊園地やビーチの説明に加えて詳細な交通案内まで添えられており、供養を受けに行く人に一泊して近くを観光して回ることを勧めている[58]。

全国の水子供養の拠点の一つである大津市の圓満院や同院の僧侶三浦道明が登場する全二ページ見開きの広告は、マスコミが大々的にくり広げる「水子」キャンペーンの定番になっていた。三浦の見解と彼の供養については第四章で取り上げる。三浦は若い女性向けの雑誌の他にも、主婦向けの『主婦の友』、一般誌の『サンデー毎日』や『週刊サンケイ』など幅広い雑誌に広告を出していた。中絶胎児を供養しないと水子霊の祟りがあると広告する圓満院の供養の基本料金は、水子一霊の永代供養につき三万円だった。

マスコミの水子供養キャンペーンは、週刊誌に散見される胎児中心主義的レトリックで構成されている[59]。週刊誌の胎児中心主義的な水子供養の記事は、胎児と乳児の違いを消し去り、受胎の瞬間から胎児に完全な人間性と権利を与えている。さらにそうした記事では「母」と「子」を対立した存在として描くことで、妊娠している女性を胎児から切り離す。週刊誌の胎児中心主義は、中絶を妊婦が胎児に対して行う人殺しとして位置づける。男性が妊娠に関与していることを無視しておいて、「母」だけに中絶の道徳的責任を負わせる性差別がそこにある。そこでは、すべての女は子を産まねばならないとする母性イデオロギーが前提されている。

怒れる胎児という物神化されたイメージは、扇情性を高め、恐怖を募らせる目的で、胎児写真やそれを元にしたグラフィックアートで作られる。だがここで、胎児写真それ自体は、受精や妊娠、中絶に関する道徳的メッセージを何ら持ち合わせてはいないということを強調しておかねばならない。胎児を物神化し、このテクノロジーを「配備」するには、独立したイデオロギーに動機づけられたある種の解釈が必要になる。マスコミの水子供養キャンペーンでは、胎児中心主義的レトリックがこの解釈の中身であった。

「水子」の記事の多くは、供養の料金を紹介していた。プラスチック製地蔵像は約五〇〇〇円、石像の場合は四万―一五万円で購入できる。水子供養の石像作りを手掛けているある会社の人は、一九七九年まではこの種の仕事はなかったと証言している。[60] 一九八〇年、ある大阪の寺は「水子」一霊についてわずか三〇〇〇円で祈禱を行い、さらに二〇〇〇円で月一回の読経を引き受けていたばかりか、三霊以上の「水子」については割引までしていた。[61] こうした記事が示しているのは、水子供養は寺院のみならず宗派に属していない宗教法人や神社でも行われることがあるという事実である。

「水子」の記事に交通案内や料金が示されていることから、ある重要なメッセージが伝えられる――水子供養の依頼者は、通常自分の家が世話になっている寺には向かわず、匿名性を保てるような所に行って供養を受けるべきだということである。ここで明らかに、水子供養は秘密裏に行われるものだということが伝えられる。水子供養の有料広告を出している寺社の大半が、宗派にかかわらず誰でも歓迎するし、身元を明らかにする必要もないとうたっている。

『週刊ポスト』や『平凡パンチ』『週刊現代』などの男性週刊誌の記事は、女性誌とは少々趣向が異なる。男性誌ではたいてい中絶にまつわる宗教的な不安に対して没感傷的な態度を取り、そうした不安につけ込み、不安を掻き立てることで儲けている産科医や霊能者の手口に焦点を合わせる。ある記事は、出生率が急落したら産科医はすぐに水子供養を行い始めるだろうと皮肉めいたコメントを載せていた。[62] こうした記事は、水子供養の流行は最近のものだと暴き、この供養の周囲に張り巡らされている罠や、古くから行われてきたかのような印象を与えていることを指摘して、通俗的でいんちきだと批判する。そうした記事では、東京近郊で最も知られている「水子」の里――紫雲山地蔵寺（埼玉県秩父）――が開山したのは一九七一年であり、自称僧侶の橋本徹馬が資金集めに奮闘した末のことだったとか、[63] 三浦道明が圓満院で水子供養を始めたのは一九七五年であるといった指摘がなされている。雑誌社は圓満院の年間予算を一〇〇〇万円と推計し、三浦やその家族が行っているとされる莫大な数の胎児供養についておぞましげに述べている。水子供養から派生した副業としてべらぼうに高い供物が販売されていることや「水子」に悩まされる人のために設置した二四時間営業の電話相談、二〇回以上もの中絶を経験した供養依頼者のスリリングな話などが紹介され、そのどれもが水子供養は「恐怖産業」だと男性誌におしなべて結論させている。ある記事は、「人間の弱みにつけ込む産業」と呼んでいた。[64] 水子供養を「産業」と呼ぶことで、宗教的な重要性は失われ、マスコミの水子供養キャンペーンで用いられる胎児中心主義も否定されることになる。こうした週刊誌のあいだでさえも、水子供養は広く社会の調和や同意に基づいたものではないし、むしろ対立に根ざしたものだと認識されているのである。

若い女性を読者とする女性週刊誌の記事では、どれも中絶を受けた女性に水子霊が祟るという話題が中心である。不気味な胎児のイラストや写真は、執念深い胎児がかつての「母」の周囲をただようさまを描いている。イラストや写真には、叫び、わが身を恥じて顔を手で覆い、胎児から逃れるように布団に隠れる少女たちの姿が描かれる。祟りの犠牲者たちは、民間伝承的な怪談の断片と更年期障害の症状が組み合わさった複雑な症候を報告する。怪談をなぞった症候の一つは「金縛り」で、何か濡れて重たくひんやりとしたものが胸の上に乗っているというおぞましい感覚である。誰もいないところで乳児の姿を見たり、赤ん坊の泣き声を聞いたりする女性たちもいる。奇妙なシミが肌にできたのでよく見ると、そのシミの中に胎児の姿が浮かび上がってぎょっとしたなどと語られる。月経でもないのに性器から少量の血が出る「不正出血」だとか、月経不順や痙攣、頭痛、肩や背中のこりなどが報告される。なかには冷感症や性欲昂進、不妊、性器のできものなど、性的な問題を報告する人もいる。男性たちがパートナーの中絶後に身体的および性的な問題に悩まされたといった報告は皆無なのに、上述のような症状が複雑に絡み合って女性にだけ現れるというのである[65]（図4―9を参照）。

こうした記事で「専門家」としてインタビューを受けた霊能者たちは、（人生案内と同じ調子で）執念深い祟りに関してしばしば助言を与えたり、今になって胎児が怒りを募らせたことについて意見や解釈を述べたりしている。霊能者たちがくり返し取り上げるのは、一〇代の中絶が増えていることや、相手を特定しない性行動が広まっていることである。一九八五年七月と八月の水子供養三回シリーズに登場した中岡俊哉は「水子」の祟りについて本も書いている[66]〔たとえば『強運を阻む水子霊の秘密』二見書房　一九八〇年〕。

中岡が連載で挙げた例のなかには、こんな話がある。ある女性は中絶の後で四度も見合いを断られた。別の女性は、中岡の話を読んで水子供養をするようになったら願い事がかなったと証言している[67]。中岡は水子関連の問題を次のように分類する。恋愛や結婚の問題（夫の浮気も含む）、病気（子宮の腫瘍や癌も含む）、性的問題、子どもの問題（非行、勉学拒否や登校拒否、家庭内暴力など）、仕事の問題といった具合である。中絶をしたちょうど一年後に交通事故で怪我をしたという女性に、中岡は前の恋人とのあいだで妊娠して中絶したことを今の恋人に告げるべきではなかったと回答した。四度の中絶後、妊娠できなくなってしまったという女性に対し、中岡はきちんと供養してやらなかったために胎児の霊が餓鬼に変わり、彼女が幸せになろうとするのを邪魔しているのだと説明した。また別の女性は、自分の母親がかつて受けた中絶の「水子」のために婚約が破棄されたのではないかと心配していると書いてきた（相談者自身も一度中絶をしていた）。これに対して中岡は、母娘一緒に水子供養を行うことで殺した「水子」への償いをし、今後はずっと避妊をしなさいと勧めた[68]。

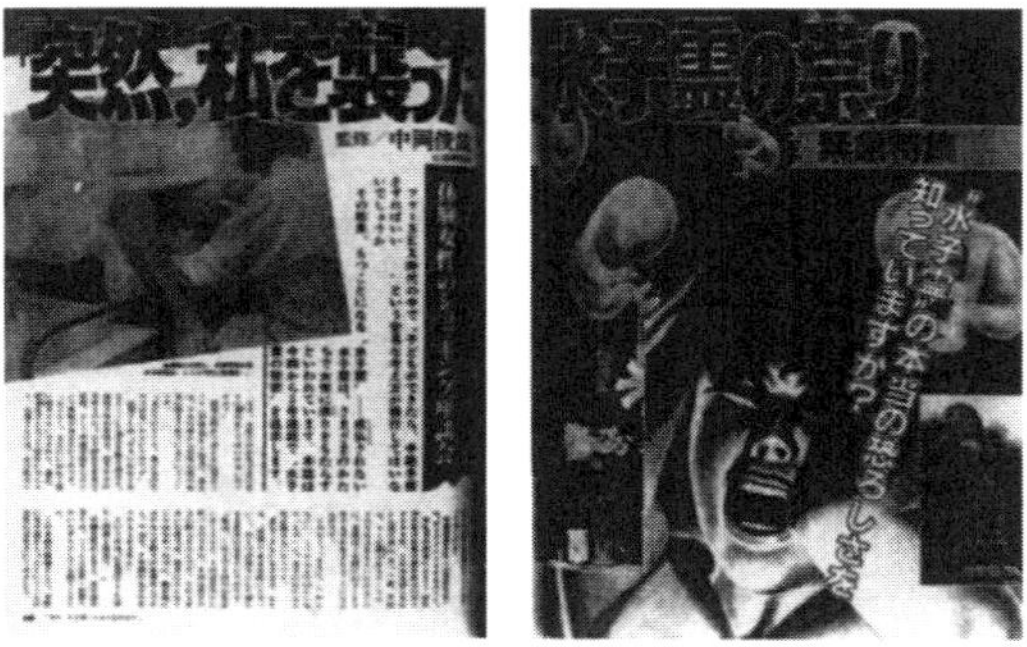

図４「突然、私を襲った水子の祟り」『ヤング・レディ』1985年6月23日号、144-145頁

　水子供養の記事に読者はどのように反応するのだろうか。男性誌では批判の声が上がっていることをすでに見てきた。女性読者の中にも、メロドラマを馬鹿げていると笑う人がいるのと同様に、そうした記事を低俗なクズやまがい物と見なして否定的に反応する人もいるかもしれない[69]。

水子供養に関する週刊誌の記事の読者を取り上げた民族学的な研究は存在しないが、メディア研究者のホールによって分類された主な解読法のすべて——支配的読み方、交渉的読み方、反論的読み方(70)——が行われていると仮定することは可能である。それによれば、男性誌は反論的読み方を採用しており、水子供養を全面的に否定している。これと同じスタンスを採用していた女性読者もきっといるに違いない。ただしアメリカのタブロイド紙やメロドラマ、女性向け恋愛小説の研究によれば、女性は自分が見たり読んだりしたものを信じていなくとも、どちらかといえば受容的な態度を示す傾向が

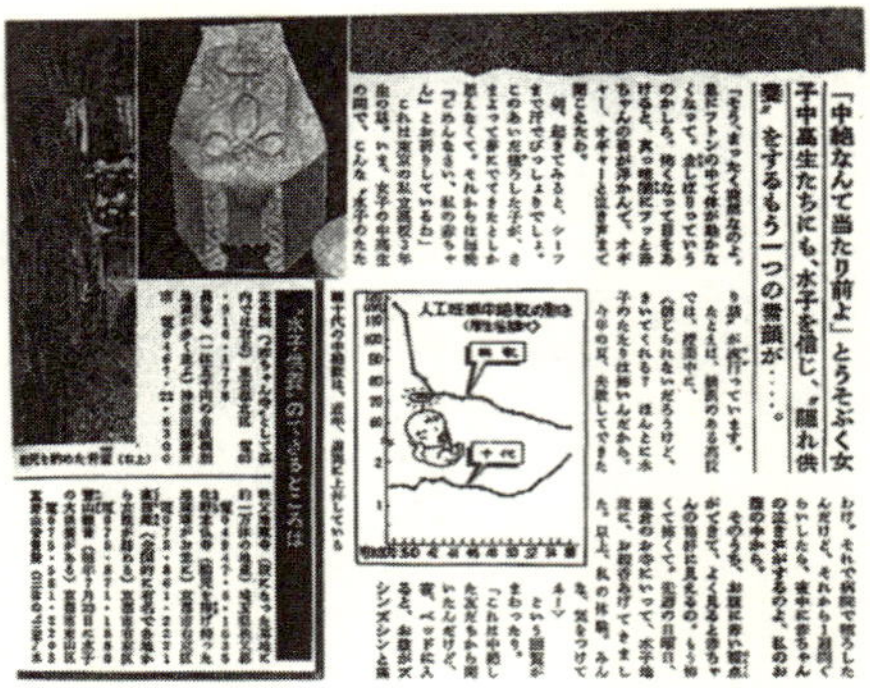

図５　イメージ、統計、恐ろしい証言、供養提供者のリスト　『女性自身』1982 年 11 月 4 日号、194 頁

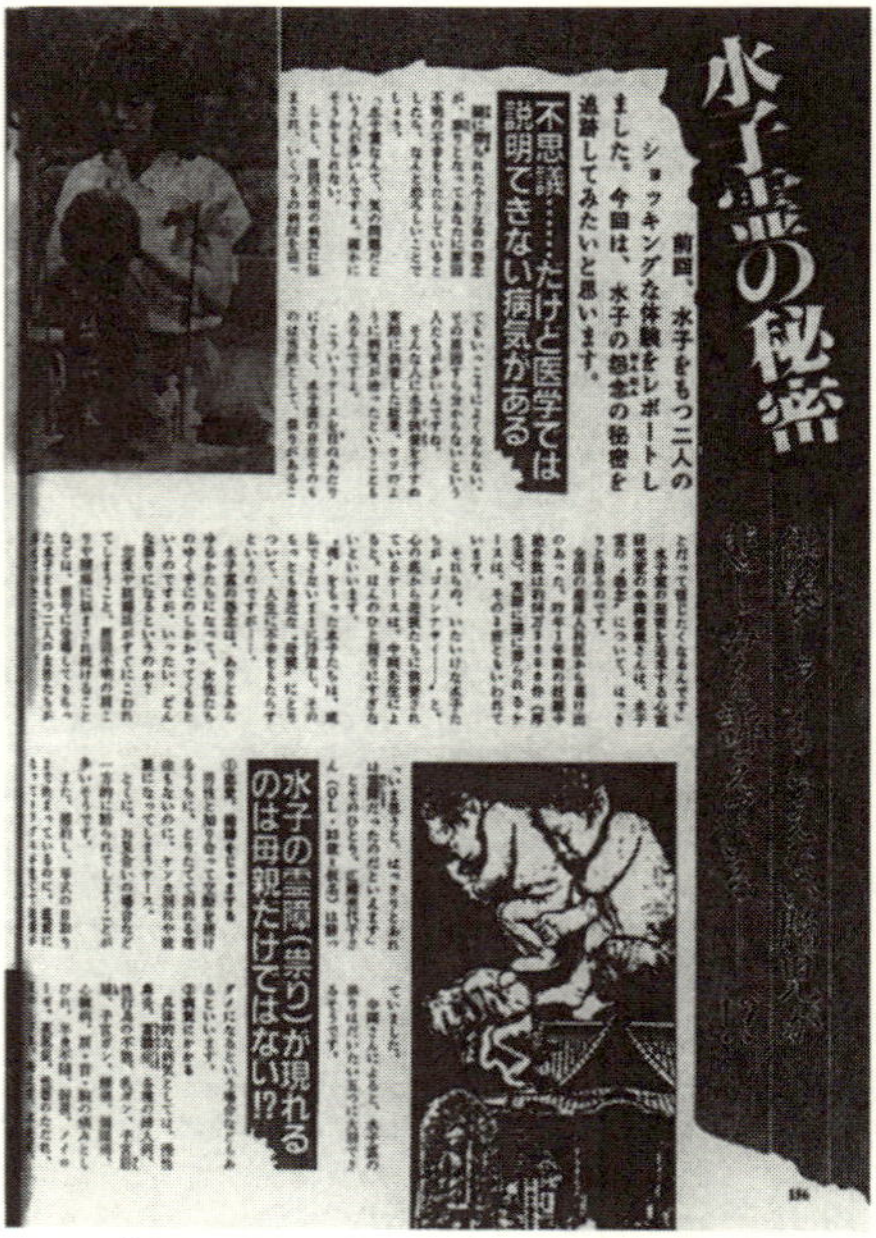

図６　「水子霊の秘密　供養してもらえない胎児が悲しみを訴えている!?」『ヤング・レディ』1985 年 8 月 13 日号、159 頁

図７　「水子霊の本当の恐ろしさを知っていますか？」『ヤング・レディ』1985年8月13日号、155頁

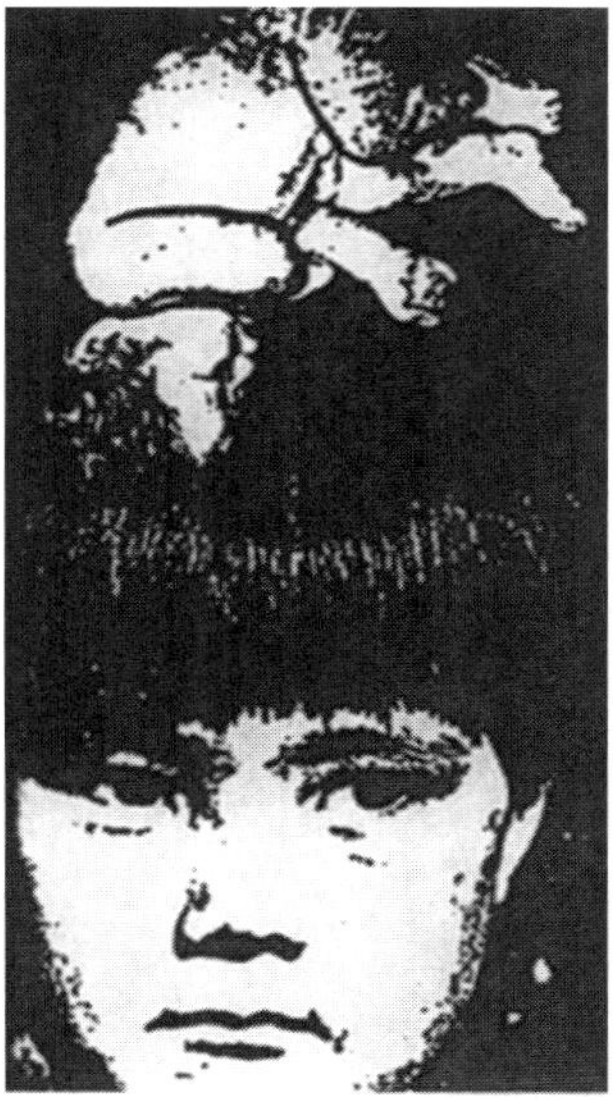

図８　若い女性の頭の中にある水子霊『ヤング・レディ』1985年8月13日号、158頁

あるという。週刊誌の記事は男女どちらも話題にするが、熱心な愛読者であればあるほど雪男や超能力、ＵＦＯ、占星術などを信じる傾向がある。読者のなかでも懐疑的な人々は、ちょうど自分は「優れた霊媒師」だと名乗りながらＵＦＯを小馬鹿にする女性のように、一部は信じ、他は信じないという態度を示す。「交渉的な」読者たちは、若干首をかしげつつも、時に面白がり、時に懐疑的な態度を示す。この種の読者はいくつもの矛盾した態度を次々ととることで、二―三ページの記事を読むあいだにちょっとした感情のジェットコースターを楽しんでいる[71]。

　読者のなかには、「水子」に関する極端な物語を真実かもしれないと考えることで、想像を楽しんでいる人もいるかもしれない。この立場は、『ナショナル・エン

図９　「女子中・高生に大流行『水子のたたり話』のゾオッ！」『女性自身』1982年11月4日号、193頁

クワイアラー』の読者についてバードが見出した特徴と重なる。「難しいな、でもそうか、ありえるかもしれない。そうだ、奇妙なことは世界中で今も起こっているのだから……ちょっと面白い話じゃないか、まるで大勢の人が思いっきり想像力を掻き立てたみたいだ」という具合である。(72) なかには、自分自身の状況もひどいものだけど、もっとひどい状況にある人々が大勢いると結論づけることで、想像力から生まれた快感を味わっている人々もいる。(73) バードが述べる通り、「扇情的な『タブロイドTV』の番組のように、タブロイド紙は家族の調和という理想を危機に追いやってみせるので、読者はその危機を代償的に経験しながら、他人の困難と自分の安定した生活を引き比べることができる」(74)。

読者がマスコミの水子供養キャンペーンを楽しんでいるのでもなければ、若い女性の性生活が露骨かつ徹底的に暴かれ、イデオロギー的に糾弾されているのに対して、なぜ読者が黙っていられるのかが理解できなくなる。ちょうど「人生案内」で描かれていた性行動に積極的な若い独身女性のように、週刊誌には女性は性行為をすることで必然的に女として格下げされるというテーマがくり返し現れる。そんな格下げは男性にはありえないのだが、女性たちは決してそこから逃れられない。「水子」

のイメージは、彼女たちが汚され格下げされたことを象徴している。

この格下げの一つの現れは、中絶が日本において更年期と関連した身体症状や日本の家庭に起こりがちな様々な問題をもたらす原因として描かれていることである。マーガレット・ロックの最近の研究によれば、日本で更年期と関連づけられることが最も多い症状は、腰痛と肩こり、耳鳴りであった(75)。現在日本で注目を浴びている家庭内の諸問題としては、夫の浮気や子どもたちの登校拒否、子から親に対する家庭内暴力、そしてたいてい義理の娘が主に担っている家庭内高齢者介護に伴う困難がある。

週刊誌が「水子」の魂に祟られる女性の苦しみを上述の諸問題を連ねて何度も報告することで、どの世代の女性たちにも当てはまる報復のロジックが形作られる。一〇代や独身女性に対しては、不道徳的なセックスと中絶は身体と心にダメージを与えるものだというメッセージが伝えられる。妊娠（特に初めての妊娠）を最後まで続けることを拒むなら、将来子どもを産めるチャンスを失うかもしれないし（不妊の脅威）、そもそも自分を性的対象としてふさわしい存在にしている若さや美しさまで奪われるかもしれないというのである。中年の既婚女性に対しては、水子供養のロジックは事実上、「おまえの抱えている夫や子どもの問題は、すべて昔の中絶によってもたらされたものだ。夫の浮気も子どもの問題も、おまえのだらしない性生活のせいだ」と告げる。更年期以降の女性に対しては、「おまえが今苦しんでいる身体症状には原因がある。かつての中絶がおまえの生殖期の終わりにツケとして回ってきたのだ。供養をして罪を償わねばならない」といった報復のロジックが用いられる。

胎児写真は、水子供養の因果応報的なロジックを視覚的に強化し、形を与えることに明らかに寄与してきた。マスコミに胎児写真が登場したのは一九六二年六月号の『ルック』と一九六五年四月三〇日号の『ライフ』であり、どちらも日本版が出版されていた[76]。今や胎児写真はごく当たり前のものになっており、女性の身体が消去され、あたかも胎児と女性が別々のものであるかのような印象を抱かされることに、私たちは慣れきっている。「膨らんだ頭とひれのような腕を備え、風船のように膨らんだ羊水のなかで身を丸めている姿……は、臍帯一つで宇宙船につながれたまま宇宙空間を自由に漂っている『人間』の象徴になった」のである[77]。日本の文脈において（さらに、日本以外のどこであろうとも）、母親と切り離された胎児の存在という観念は、胎児写真の登場で概念化が可能になった画期的で新奇なものであり、妊娠した女性と胎児との絆や一体感を重視する第一章で検証したような宗教的および民俗的な観念から大きくかけ離れたものである。

子宮内の胎児を見ることが今や可能になったことで、新たにまっさらな概念的可能性を展開できる白紙状態《タブララサ》が生じ、そこに自分の感情や社会的偏見や、あるいは女性と胎児とを闘わせる一種の道徳劇が投影されるようになった。その結果、中絶に関して女性は勇敢な宇宙飛行士になぞらえられる胎児の「殺人者」にされてしまう。胎児を宇宙飛行士になぞらえることで、中絶に男性が果たしている役割から注意がそれる結果になってしまうのは決して偶然ではない。胎児自身は他者が自分にどんな意味を付与しようとも反論できないため、実に様々なラベルづけが可能になる。ほとんど分化していない人体組織だという人もいれば、ホムンクルス〔昔の生物学者が精子の中に宿っていると考えた小人〕だとか、「赤ちゃん」という人もいる。胎児写真から得られる視覚情報に投影されたイメージは、その投影の語り手や語りを取り巻くレトリックが十分信頼に足るものである限り、なかなか打ち消しにくいものである。

物神化された胎児は水子供養の産物に他ならない。胎児の姿を人間らしく、しかも威嚇的に見せるために、いくつもの美術的テクニックが用いられている。まず、胎児のスケッチと写真を組み合わせたものに、胎児はどこにでも無数に存在しているという文章を添えることで真実味を持たせる技がある。あるいは、できるだけ週数の進んだ胎児を見せるというテクニックも使われる。このテクニックを用いると、胚と胎児と赤ん坊の境界線はぼやけていき、胎児は母親とは別の独立した存在なのだから、ある程度自律的な行為もできるはずだという感覚が強化される。ただし、そうした効果を得るためには、通常なら出産を控えて頭を下にしている臨月の胎児をひっくり返す必要がある。実際、水子供養で描かれる復讐心に満ちた胎児は頭を上にもたげて登場する。最後に、胎児の力の大きさを増幅させるために、記事のどこかに出てくる大人の写真に比して不釣り合いなほど胎児イメージを拡大して見せることもある(78)。

大衆文化において、祟りをもたらす胎児への関心は非常に大きく、それはむしろハリウッドが国際的な舞台で真っ先に取り上げたがるような一大関心事なのである。日本でも大勢の観客を動員して大ヒットした映画「エイリアン」の三本シリーズを思い起こせば、そこにはまさしく超常的な存在の抱く敵意や純粋な怒りが描かれていることが分かる。エイリアンが行う唯一の活動はただひたすらに繁殖することであって、彼らの胎児を寄生虫のように人体に埋め込み、しまいには孵化器にされた人体から化け物が生まれて来ることになる。この映画では、孵化器にされた人間は苦悩に叫びながら死に行く一方で、エイリアンの子は宿主の胸を突き破って飛び出してくるという血塗られた破滅的な出産シーンが描かれる。何よりもおぞましいのは一群のエイリアンの母たる「クイーン」であり、その存在意義は悪魔的な自らの種を生き永らえさせることのみにある。この種の映画特有の女性性や再生産、母性に対する嫌悪は、さほど目立たない形ではあるが水子供養キャンペーンの感性にも通じている。

水子供養の実践

数多くの宗教法人や寺院、霊能者の研究によって、水子供養を意味づける制度的文脈が明らかにされている。一九八〇年代半ばに京都の寺院で行われた水子供養の調査では、当時の都市部の寺院に水子供養を依頼に来る人々の社会学的特性や中絶に対する態度、供養を受ける目的に関して貴重なデータが得られた。この節では、制度的文脈のなかで現実に行われている水子供養を検証する。

『宗教年鑑』に列挙された二〇九の宗教法人を対象に実施された一九八六年の全国調査の結果では、対象者の五五％が水子供養を正統な宗教行為だとは見ていなかったが、四三％が水子供養を行っていた。また、四六％が水子供養の流行を否定的に見ており、四五％が水子の祟りなど実際にはないと否定していた[79]。この結果は、第五章に示す日本国内四か所における約二〇〇の寺社を対象にした私の現地調査の結果とも一致している。一九八六年の調査でも、宗教法人の過半数が第五章で説明するような理由で水子供養を認めていなかった。こうした調査結果を合わせてみると、水子供養は調査対象の宗教法人——大半が寺院——のおよそ四〇–四五％で行われていると結論できる[80]。

序章と第一章では、前近代の妊娠と出産が宗教法人ではなく大人の女たちの共同体のなかで儀式化されていたことを説明した。その歴史を考えると、調査対象の宗教法人の過半数が中絶について儀式を行うことを拒絶したのも不思議ではない。そうした歴史的障壁に加えて、そもそも週刊誌という「クズ」のような媒体で水子供養が大衆化したという事実もある。体面を気にする宗教法人は、いかなる場合でも中絶にまつわる不道徳な連想と宗教との折り合いをつけることはできなかったのである。共同体の内部で権威を保とうとする彼らの立場では、性や生殖といった汚い仕事に結びつけられるのを望むとは考えにくい。実際、かえって驚くべきなのは、四割を超える宗教法人が水子供養を「行っている」ことである。歴史的および伝統的な理由を挙げて拒絶している同業者もいるような新しい儀式なのに、それほど多くの宗教法人が手を染めているのである。

一九八六年の調査では、水子供養について実に多様な定義があることが判明した。調査対象となった宗教法人の五三％が「水子」を中絶や死産で失われた胎児の霊魂のことだとしていたが、二五％は亡くなった乳児期の霊魂もそこに加えていた。[81]このように複数の解釈があるのは、「水子」という観念をしっかりつなぎとめておける経典が存在しないためである。

水子供養の依頼が最も多かった一九八〇年から八三年にかけて、水子供養を行う宗教法人も最多を数えた。一年で見るとお盆の頃に供養を申し込む人が多かった。最近、水子供養の件数が減ったところ、変わらないところ、増えたところの割合はほぼ同じだった。[82]第三者による調査では、一九八五年頃から減少したとの報告もある。

一九九一年に水子供養の宣伝をしていた二八四の寺院を調査した結果では、水子供養依頼者の大半がその寺の檀家ではなかった。供養依頼者の過半数（六一％）が男女のカップルで訪れ、女性が一人で依頼してきたのは三七％であった。こうした数値だけでは、世代による違いが見えなくなる。すでに述べた通り、マスコミは水子供養を望む人々が秘密と匿名性を求めるように仕向け、その傾向を強化してきた。おそらく水子供養依頼者は誰一人として、過去の中絶を誇ってもいなければ、一度だろうとそれ以上だろうと中絶をしたことがあるという事実を吹聴したくはなかったはずである。通常は家族全員で寺の檀家になるので、家族の誰かが一人で檀那寺を訪れたりすれば他の家族に筒抜けになる。それればかりか、若い女性たちは檀那寺や僧侶一家と直接的に触れあう機会がないまま成長している。つまり彼女たちにとっての選択肢は、秘密をもらす可能性のある見知らぬ人か、匿名性を保証してくれる見知らぬ人かになる。年配の女性の場合は話が別で、特に地方に行けば寺と親密かつ継続的な個人的絆を結んでいる可能性が少しは高くなる。そうした女性たちにとって檀那寺は足を向けやすいところだろうし、特に自分の中絶が遠い昔のできごとであり、友人もまた大勢経験していたりすれば、水子供養を行うことは恥とは感じられないだろう。それればかりか、第五章で見るように、年配の女性たちは男性にも同等の道徳的かつ金銭的な責任を引き受けてもらうために、水子供養をすべての檀家で行う年中行事にするよう寺に働きかけることも少なくない。また若い女性とは違って、年配の女性たちは自分たちが知られていない場所に行くことをかえって恥ずかしがる。

水子供養を年中行事にしている寺院の宗派は浄土宗と真言宗がそれぞれ二三％ずつくらいで、続いて日蓮宗と曹洞宗が各々一三％ほどだった(83)。この四つの仏教宗派が水子供養の実践の多くを占めていることは、浄土宗や曹洞宗よりもむしろ天台宗や真言宗などの密教的な宗派で行われる水子供養が目立っている事実に照らすと少々奇異に感じられる。しかし、この四つの宗派の名が上がることは、第

表5　宗教団体・寺院・霊能家が水子供養を始めた時期

	「水子供養」実施団体 *	「水子供養」実施寺院 **	「水子供養」を実施している霊能者 ***
1965年以前	15.2 %	25.3 %	20.4 %
1965～1974年	13.8 %	16.9 %	22.0 %
1975～1984年	42.1 %	47.5 %	33.9 %
1985年以降	11.8 %	8.5 %	8.5 %
無回答・不明	17.1 %	1.8 %	15.2 %

*『宗教年鑑』（昭和60年度版、文化庁編）で「包括宗教団体」および「単立宗教法人」として記載されている宗教団体のすべて。有効回答数209（回収率41.0%）。** 書籍、新聞、雑誌などで「水子供養を行っている」と紹介されている寺院。有効回答数284（回収率81.4%）。*** 主として『全国霊能・心霊家名鑑（増補版）』(大石隆一編、鷹書房）に拠った。有効回答数59（回収率35.5%）。（高橋三郎『水子供養に関する統計調査資料』［未公開調査］京都大学教養部社会学教室、1992年、14、18、22頁）

五章で説明する通り、真言宗、日蓮宗、曹洞宗、浄土宗の寺院で最も頻繁に水子供養が行われていたという私の一九九四年の調査結果とも符合する。

表5は、様々な宗教法人で水子供養が開始された時期を比較したものである。ほとんどの水子供養提供者が一九七五―八四年に供養を開始していることと、霊能者たちが他の宗教法人に先駆けて始めていた傾向があることがうかがわれる。この結果は、たいていの依頼人は霊能者を通じて（じかに会ったかマスコミを通じて）水子供養を知り、その後、寺などに依頼するようになったという一般的な見方とも合致する。

表6は、水子供養の平均的な料金を示している。これによると、料金には大きな幅があるが、明らかに一―三万円あたりに集中しているのが分かる。表7は、ほとんどの水子供養提供者が月間一〇件未満の依頼しか受けていないことを示している。つまり、水子供養を実施している霊能者や寺院、その他の宗教法人のほとんどが、実際には頻繁に水子供養を行っているわけではなく、それで大きな収益を

表６　水子供養の料金

	「水子供養」実施団体	「水子供養」実施寺院	「水子供養」を実施している霊能者
1000 円未満	8.5 %	5.3 %	16.9 %
1000 円～ 5000 円未満	19.1 %	28.9 %	18.6 %
5000 円～ 10000 円未満	18.4 %	24.3 %	10.2 %
10000 円～ 30000 円未満	15.9 %	23.6 %	25.4 %
30000 円以上	4.6 %	7.0 %	15.3 %
無回答（ＤＫ含む）	33.5 %	10.9 %	13.6 %

高橋三郎『水子供養に関する統計調査資料』［未公開調査］京都大学教養部社会学教室、1992 年、17、19、24 頁

表７　水子供養の月平均実施数

	「水子供養」実施団体	「水子供養」実施寺院	「水子供養」を実施している霊能者
10 件以下	43.4 %	59.5 %	44.1 %
11 件～ 100 件	19.7 %	22.2 %	27.0 %
100 件超	7.3 %	4.6 %	3.4 %
無回答・不明	29.6 %	13.7 %	25.5 %

高橋三郎『水子供養に関する統計調査資料』［未公開調査］京都大学教養部社会学教室、1992 年、16、18、23 頁

表８　調査対象者の性別と年齢層（1983 年）

	女性	男性
11 ～ 20 歳	19.2 %	17.6 %
21 ～ 30 歳	44.3 %	46.4 %
31 ～ 40 歳	15.4 %	15.2 %
41 ～ 50 歳	10.7 %	10.4 %
51 ～ 60 歳	4.6 %	5.0 %
61 ～ 65 歳	0.6 %	0.5 %
無回答・不明	5.2 %	4.9 %

神原和子他「日本人の宗教意識に関する共同研究の報告及び論文」『東京工芸大学工学部紀要』8、1985 年、8 頁

表９　あなたにとって供養することは次のどれに当たりますか

罪のつぐない	73.9 %
気持ちのやすらぎ	44.6 %
自然な気持ちから出た自然な行為	39.9 %
生きていく上での心の支えや慰め	31.6 %
心の重荷を軽くすること	26.1 %
幸せになること	20.3 %

複数回答。高橋三郎『水子供養に関する統計調査資料』［未公開調査］京都大学教養部社会学教室、1992 年、10 頁

得ているところはごく一部にすぎないことになる。こうした結果からも、水子供養の「ブーム」がすでにピークを過ぎていることが示唆される。

一九八三年と一九八四年に水子供養の普及ぶりとその特徴を明らかにする調査が行われた結果、調査者たちは年間およそ一〇万人が水子供養を行っていると結論しているが、すでに流行は収束しつつあった[84]。調査者たちは京都周辺の寺院でアンケートを配り、水子供養を受けに来た人々に回答を求めた。得られた回答数は一九八三年が五五八通で、一九八四年が一一二七通であった。どちらの調査も、女性が回答者の八五％超を占め、六〇％が都会に暮らしていた。表8は、一九八三年の調査の回答者の年齢分布である。回答した男女の四分の一が大卒であった。調査が著名な観光地である京都で行われたことは、三〇歳未満の比率が高い理由の一つかもしれない。この結果は、都市部の寺院、特に観光地の寺院が、地方の寺院よりも比較的若い依頼主を引きつける傾向があることとも符合している。

この調査が行われた二年のどちらの年についても、回答者の約七七％が自分の「水子」は中絶によるものだと答え、二〇％が流産、三％が死産と答えた。回答者の実に八五％が自分の「水子」に対して罪を感じていると答え、七〇％以上が「水子」のために供養を行わなければ祟りがあると考えていた。表9は、回答者が「供養」が各人にとってどのような意味を持っているかを示している。

さらにいくつかの質問項目によって、水子供養の依頼者たちはその後の人生が良くなると考えていたことが明らかにされた。供養することで願っていることとして、「自分や家族の健康」「これから先、タタリがなくなること」「幸せな結婚生活」などが挙げられている。こうした結果は日本で行われる

表10　あなたは、水子となったお子さんは、どうなっていると思いますか

いつも自分の心の中にいる	45.2 %
霊魂としてあの世にいる	33.9 %
先祖のいるところにかえっている	25.8 %
極楽、天国にいる	20.8 %
生まれかわる霊として存在している	19.9 %

複数回答。高橋三郎『水子供養に関する統計調査資料』［未公刊調査］京都大学教養部社会学教室、1992年、10頁

他の宗教の儀式にも符合している。先祖の魂に捧げる場合は別として、儀式は互恵性を確立し、それを強化する性格を持つため、一般に生者にとっての御利益が期待されるものである。[85]

調査結果で示された後悔と罪の意識、それに供養を行えば御利益があるという期待が混じり合った感情は、第一章で扱った江戸期に見出されたもろもろの入り混じった感情に直結している。現代人のメンタリティでは、恐怖の対象である霊魂が御利益をもたらすと見なすことは矛盾に思われるかもしれないが、儀式がその溝を埋める役割を果たしているのである。そこでは、恐ろしく怨みに満ちた霊魂が供養を通じて慈悲深い守り主に変わることが想定されている。だが現在では、永遠に邪悪な「水子」のイメージによってそうした観念がむしばまれていることが次のデータからうかがわれる。

表10は、供養を終えたのちに「水子」はどこにいるかと尋ねた結果であり、驚くべきことが信じられているのが分かる。複数回答が多いのは、現在「水子」がどこにいるかについて回答者は定かでなく、確信を持っていないためかもしれない。水子は先祖とともにいる、極楽、天国にいる、生まれ変わっているなどと信じている人々は、水子の霊魂が満足し、新たな存在として幸せに暮らしているとおそらく信じている。だが一方で、水子の魂はまだ自分の近くにいる、あいまいな魂のままである、永遠に不確かな存在である

などと答える人も大勢いる。この調査の研究代表者である神原和子によれば、江戸期を通じて、そしておそらく戦後すぐの頃まで、堕ろされた子どもや死産した子ども、流産した子どもたちは、先祖や仏さまなどのところへ行くのではなく、すみやかに生まれ変わると信じられてきたことを考えれば、水子の生まれ変わりを信じる者は予想外に少なかった。その事実から、今や人々にとって「みず子《ママ》は私個人のもの、身近なもの、親しいもの、切り離せない私個人の領域そのものである」と神原は結論している。生まれ変わりを信じる気持ちが今のように弱まってしまったのは、科学が権威を持つようになったことや、人の命は一回限りだと見なすキリスト教的な観念が普及したためだと神原は解釈している。(86)

まとめ

水子供養が登場した一九七〇年代半ばは、一〇代を除くすべての年齢層で中絶率が低下していた。マスコミに乗った「オカルトブーム」の一環として水子供養は開始され、それと同時に新たな起業家的な宗教家たちが登場して、その一部は「新新宗教」を設立したり、教団に属さない魂のカウンセラー役を担ったり、水子供養に特化したりした。そうしたオカルトブームの要素が合わさって、前世代の新宗教が持っていた全面的な楽観主義は拒絶され、必ずしも人間に対して慈悲深くはない様々な霊魂の存在が信じられるようになり、それを様々な儀式で操作したりなだめたりできると考えられるようになった。

第一章で検討した通り、水子供養における「水子」の観念は、江戸期の民間伝承や口承文学に出てくる霊魂の一種に相通じるところがある。ただし、それは切れ目なく続いてきたわけではなく、江戸期の物語をはじめとするテキストは、ほぼ全面的に霊魂を慈悲深い存在と見なし、すみやかに人間として生まれ変わるものとして描いている。それとは対照的に、今日的な捉え方では「水子」の邪悪な側面を強調する傾向が見られるが、調査によれば水子を守護者的な存在だとする見方も一部にあることが示された。マスコミに胎児写真が登場するようになったことで、「水子」の概念は劇的に変化し、第一に母と胎児が引き離され、第二に胎児は神出鬼没の脅威的存在として物神化された。生まれ変わりの観念が消えていくにつれ、水子霊の怒りから決して解放されることはないという観念は強まる。若い女性の性をおどろおどろしく描く文章に怒れる胎児の表象を貼り付けることで、女性嫌悪も強調される。水子供養を広めるために中心的な役割を果たした週刊誌がわれ先にと水子供養の宣伝を露骨に行った結果、あまりにも卑俗で「クズ」のような雰囲気が醸し出されることになり、大多数の宗教法人は水子供養に背を向けた。

江戸期と全く同じように、今日でも経済的な困難のために必要性に迫られた中絶は寛容に受け止められている一方で、不道徳的と見なされる性関係の結果としての中絶はスティグマ化されている。「不道徳な性関係」は「冷たい男と馬鹿な女」というステレオタイプ的なシナリオを通じて作られた表象である。対照的に、儀式の方にはそうした連続性は見られない。中絶に対する文化的判断は二極化しており、同情と非難の両方が存在しているようである。いったん非難のモードに入ると、復讐のロジックに基づいて激しい女性嫌悪が働き、罰としての更年期症状など、年齢層にかかわりなく女性たちは何かしらの問題を抱え込むとされる。「冷たい男と馬鹿な女」のシナリオでは、中絶に男性が果たした役割を見出し、その責任を問うことは可能である。一方、経済的困難のシナリオで、その種の責任が問われることは稀である。

水子供養が大々的に商業化されたのはごく最近のことなので、もっと前から水子供養があったら、どれだけの女性が水子供養をしていたかは知りようがない。はるか昔に経験した中絶のために今になって水子供養を行おうとするような中年後期や高齢期の女性たちの多くは、若い頃に水子供養の機会があったとすれば、その時に供養していたのかもしれない。年配の女性たちの水子供養が若い女性とは全く違う形式をとっていることは、重要なポイントである。詳しくは第五章で取り上げるが、年配の女性たちは水子供養を檀那寺のすべての檀家を巻き込んだ年中行事にすることに成功してきた。

一九八三年と一九八四年の両年に調査を行った研究者たちは、年間中絶件数の約一八%にあたるおよそ一〇万人が水子供養を行ったと推定している。どの年についても報告された中絶件数が実数より少ないことは間違いないし、一九八〇年代初めに水子供養を行った人のなかには何年も前の中絶について供養を求めた年配の男女も数多く含まれていたはずである。そうした統計上の不備を前に、こうした数字から推測することは控えるべきかもしれない。だが、本章のデータだけでは確かめようがないが可能性として述べるなら、中絶と何らかのかかわりがあった人（本人だけでなく、近親の女性やパートナーの男性、子どもたちなど）のうち、一五―二〇%程度の人々が何らかの形で供養しようという気持ちになり、水子供養の「市場」を形成しているのではないだろうか〔一九九五年度の厚生省心身障害研究「望まない妊娠等を防止する」の分担研究「中絶を受けた女性！心理」（黒島淳子、實川真理子）では、都内の病院で中絶を受けた女性対象者に調査票を配布して郵送で回収した結果として、回答者の四五%が水子供養を実施していたと報告している〕。この人々が水子供養を求めたのは、長い歴史を持つ妊娠や出産の儀式の遺産にも見えるし、現在進行中の妊娠や出産の脱儀式化への抵抗と見ることもできる。そうした気持ちこそ、もともと日本の宗教遺産を通じて創造された水子供養の「水源」であり、今もその水位を維持するのにある程度寄与しているのは、新聞の相談欄や政治・法制度における中絶への攻撃、映画や小説や週刊誌のなかでの中絶の表象である。

水子供養の市場をどのように解釈するにしても、儀式というレンズを通して見るだけでは中絶にまつわる文化や性のあり方の大半はぼやけたままになる。本章で水子供養「ブーム」の立役者であるマスコミという一大産業を検討してきた結果、この現象を主として集団的宗教意識の「自然な」現れと見なすのはあまりにも単純すぎるということが明らかになった。同様に、江戸期からの連続性を根拠として、水子供養を「日本人なりの中絶対応策」だと単純に決めつけるべきでもない。水子供養は、中絶を受けた女性の大半や宗教法人の大半が拒絶している少数派の行為なのである。

第三章では、中絶と現代の性文化を検証する。そこで経済的困難という表象や、「冷たい男と馬鹿な女」という図式が作られていく過程をより詳しく検討することが可能になる。

第二章　注

（1）人口政策における連合軍最高司令官（SCAP）の役割をテーマにした最近のある学位論文では、SCAPが人口学的懸念というより地政学的懸念から、この領域で中立の立場を守ろうとしていた驚くべき理由が指摘されている。SCAPは占領国に対するソビエト連邦の関与を最小限に抑え、日本の共産党の成長を抑制することを望んでいた。ソ連自体は合法的中絶と受胎調節を奨励する政策を採っていたため、SCAPは日本が生殖コントロールを通じてソ連にシンパシーを抱くのを回避させたかったのである。第二に、ニュールンベルク裁判が進行中で、ドイツは人道性および大量殺戮の罪に問われていたが、その手段の一つとして強制的不妊手術が問題になっていた。占領軍が産児調節によってドイツ人を大量殺戮しようとしたなどと反論されないように、ドイツの占領軍は避妊ピルを全く認めなかった。そうした考えに加えて、産児調節を「原爆より大きい災害」と呼んで激しく非難する一派もあった。これら三種の要因が組み合わされて、日本占領において中立性を保つことが何よりの安全策になったのだとオークリーは述べている。Oakley, "The Development of Population Policy in Japan," 176-8, 209.

（2） ibid., 6. 北岡壽逸《じゅいつ》の名が挙げられている。

（3） Shidzue Kato, *A Fight for Women's Happiness: Pioneering the Family Planning Movement in Japan* (JOICFP, 1984), 96.

（4） Fumiko Amano, "Family Planning Movement in Japan," *Contemporary Japan* 23, 1955. 他のアメリカ人評者はＳＣＡＰの中立性を追認する傾向にあり、人口学者 Irene Taeuber をはじめとする the 1948 Rockefeller Mission on Public Health in the Far East のメンバーも同様であった。

（5） 厚生省五〇年史編集委員会『厚生省五〇年史』七一六―八頁。

（6） Tatsuo Honda, *Population Problems in Post War Japan* (Tokyo: The Institute of Population Problems, Welfare Ministry, 1957), 13, 14, 18 n. 3; Robert Hodge and Ogawa Naohiro, *Fertility Change in Contemporary Japan* (Chicago: University of Chicago Press, 1991), 45.

（7） 下記参照。Andrew Gordon, "Conclusion," in: *Postwar Japan as History*, ed. Andrew Gordon (Berkeley and Los Angeles: University of California Press, 1993).

（8） Hardacre, *Kurozumikyo and the New Religions of Japan*, chap. I.

（9） ここで採用した戦後の宗教生活の時代区分は、井上順孝他『新宗教事典』（弘文堂、一九九〇年、三二一―九頁）に合わせた。

（10） 学者たちは「ブーム」の存在に気づいているが、そのことをジャーナリスティックに報道することには全く否定的である。井上順孝は宗教の創設と拡大、ルーティン化、「化石化」は日本の宗教史の常であり、今の状況は青天の霹靂ではなく、むしろ予想通りだと見ている。井上に言わせれば、今回新しいことがあるとすれば、それは宗教の生命力そのものの盛衰ではなく、ジャーナリズムが宗教に注目したことである。次を参照。井上順孝『新宗教の解読』筑摩書房、一九九二年、一六〇頁。

(11) 島薗進『現在救済宗教論』青弓社、一九九二年、二二一―二二頁。

(12) 『新宗教事典』一〇八―一九頁。

(13) 西山茂「霊術的新宗教の台頭と二つの近代化」『近代化と宗教ブーム』国学院大学日本文化研究所、同朋出版、一九九〇年、九三―八頁。

(14) 「新新宗教」という用語は大正大学の宗教社会学者西山茂の造語であるが、後に西山は「魂の操作にかかわる」という意味で「霊術的」という形容を好んで使うようになった。前掲六九頁参照。

(15) 沼田健哉『現代日本の新宗教』創元社、一九八八年。

(16) 現代日本の都市部でのシャーマニズムについては次を参照。大石隆一『日本の霊能力者』日本文芸社、一九八三年、同『奇跡の霊能力者』日本文芸社、一九八四年、朝日新聞社会部『現代の小さな神々』朝日新聞社会部、一九八四年、藤田庄市『拝み屋さん　霊能祈禱師の世界』弘文堂、一九九〇年、同「街の霊能力者と信者たち」『思想の科学』三七四号、一九八三年、前田博『日本の霊能者』株式会社コア、一九八六年、佐藤憲昭「都市シャーマニズム」『論集日本仏教史　大正・昭和時代』雄山閣、一九八八年、白水寛子「変化エージェントとしての新宗教の霊能者――S教団の事例」森岡清美編『変動期の人間と宗教』未来社、一九七八年、宗教社会学の会『生駒の神々、現代都市の民族宗教』創元社、一九八六年、菅野国春編『ドキュメント神と霊の声を告げる人びと――運命に光をあてる奇跡の霊能者三〇名』出版科学総合研究所、一九八六年、渡辺雅子「新宗教集団の発生過程――浜松市の自成会における教祖誕生をめぐって」田丸徳善編『都市社会の宗教――浜松市における宗教変動の諸相』東京大学宗教学研究室、一九八一年。

(17) Oakley, "The Development of Population Policy," fig. 7, 187. アメリカで発生したコンドームの意味をめぐる

宗教的な根深い論争（病気の予防か避妊か？）は、日本では生じなかった。次を参照。Joshua Gamson, "Rubber Wars: Struggle Over the Condom in the United States," in: *American Sexual Politics: Sex Gender, and Race Since the Civil War*, ed. John C. Tout and M. S. Tanitillo (Chicago: The University of Chicago Press, 1993), 322-31.

（18）　Kato, *A Fight for Women's Happiness*, 94ff; Amano, "Family Planning," 5ff.

（19）　毎日新聞社は一九五〇年から貴重な隔年調査を開始した。次を参照。Honda, *Population Problem in Post War Japan*, 1ff.

（20）　Kato , *A Fight for Women's Happiness*, 99.

（21）　人生相談欄に関する研究は乏しく、若干しかない研究の大半が、相談内容は社会的現実を直接的に反映していると見なしている。「人生案内」の一部はJohn and Asako McKinstryによって翻訳されたが（*Jinsei annnai: Life's Guide*, Armonk, N.Y.: M. E. Sharpe, 1991）、詳しい分析は行われていない。長期シリーズ"Can This Marriage Be Saved?"を取り上げた博士論文では、いかに神話的な家族イメージが形成されるかが示されている。次を参照。Sandra O. Harrigan, "Marriage and Family: Myth, Media, Behavior," Ph.D. diss. Columbia University Teachers College, 1989.　Christian Bringreveはオランダの相談コラムを取り上げ、移りゆく社会的価値観を分析している。"On Modern Relationship: The Commandments of the New Freedom," *Netherlands Journal of Sociology* 18, 1982, 47-56.

（22）　避妊や中絶に関する相談のほとんどは、相談者も回答者も女性であった。これは本章に引用したすべての手紙に当てはまる。

（23）　読者は回答者の答えを受動的に受け止めていると見るべきではなく、むしろ意味の構築に積極的に参加している。この見方を広めるために、テレビや「女性向けフィクション」の研究が特に影響してきた。次を参照せよ。Dorothy Hobson, *Crossroads: The Drama of a Soap Opera* (London: Methuen, 1982). David Morleyは、いかにテレビ視聴者たちがドラマの内容を他者とのやり取りに用いているかを示した。次を参照。Morley, *Family Television: Cultural Power and Domestic Leisure* (London: Comedia, 1986). 本研究ではメロドラマとファミリードラマ、そして相談欄に関しては、テレビ視聴と新聞読みとのあいだにアナロジーがあると仮定しており、映画研究の観客論の議論から得られた洞察は、限定的ではあるが「人生案内」の読者にも応用できると考えている。影響力の大きい複数の研究によって、映画や出版物、広告が共通の「イメージ内容」にいかに立脚しているのかが明らかにされている。次を参照。Susan Ohmer, "Female Spectatorships and Women's Magazines: Hollywood, Good Housekeeping and World War II," *The Velvet Light Trap* 25, 1990, 53-68, および Michael Renov, "Advertising: Photojournalism/Cinema: The Shifting Rhetoric of Forties Female Representation," *Quarterly Review of Film and Video* II, 1989, 1-21.

(24) 「人生案内」の中絶にまつわる手紙に特徴的な決めつけるような論調を指摘することで、読者とテキストのあいだのやり取りが終わったと言うつもりはないが、道徳主義的な回答をすることで読者を回答者のロジックを受け容れる方向に誘導しているのは確かである。読み手のテキストの解釈方法のタイプ分けは、次を参照。Stuart Hall, "Encoding/Decodings," in: *Culture, Media, Language*, eds. Stuart Hall et al. (Birmingham, England: Centre for Contemporary Cultural Studies, 1980). いずれにせよ、「人生案内」の読者に均質性を想定するのは間違いであろう。人生相談欄の読者の性別には明らかに偏りがあり、圧倒的に女性が多いということも、テレビのメロドラマのアナロジーに従っている。次を参照。Judith Mayne, *Cinema and Spectatorship* (London: Routledge, 1993), 44.

(25) ここでは、性病に関する疑似ドキュメンタリーにみられるような道徳性を装う映画作成と共通する要素が多い。次を参照。Annette Kuhn, *The Power of the Image: Essays on Representation and Sexuality* (London: Routledge and Kegan Paul, 1985), chap. 5.

(26) 読売新聞社婦人部『日本人の人生案内』平凡社、一九八八年、一三六―七頁。

(27) 同二二七―九頁。

(28) Hodge and Ogawa, *Fertility Change in Contemporary Japan*, 47. 本多の推定によれば、「(一九五五年の) 産児調節のうち三分の二近くが中絶で行われ、避妊によるものは全体の三分の一に留まっていた」。次の資料によれば、出生率は一九四七年の三四・三から一九五〇年には二八・三に減少していた。*Population Problems*, 19.

(29) Kato, *A Fight for Women's Happiness*, 103.

(30) 次より引用。Irene Taeuber and Marshall Balfour, "The Control of Fertility in Japan" (Office of Population Research, Princeton University), 13-7.（未公刊論文）
(31) Ibid.
(32) P. Pommerenke の文章を次より引用。Paul Gebhard et al., *Pregnancy, Birth, and Abortion* (Westport, Conn.: Greenwood, 1958), 219, n. 20.
(33) Gebhardt et al., *Pregnancy, Birth, and Abortion*, 219.
(34) Amano, *Family Planning*, 8, 11. 中川清「都市日常生活のなかの戦後」〔以下、「都市日常」と略〕成田龍一編『都市と民衆』吉川弘文館、一九九三年。
(35) 中川「都市日常」二七二頁、二七五―九頁。一九五三―六四年に報告された中絶件数は出生数の五〇％を超えており、この傾向は都市部から始まり、地方よりも強く現れた。
(36) 同二八二頁より引用。
(37) 『日本人の人生案内』一一三―四頁。
(38) 同様の回答として、一九五〇年一〇月一三日掲載の手紙も参照。
(39) 当時の避妊使用率については最大七〇％という推定値もある。中川「都市日常」二七九頁を参照。
(40) 毎日新聞社人口問題調査会編『記録　日本の人口　少産への軌跡』毎日新聞社、一九九二年。以下も参照。Hodge and Ogawa, *Fertility change in Contemporary Japan*, 275-6.
(41) 中川「都市日常」二七五―六頁。
(42) たとえば、第二章で引用した一九五六年のケース同様に、一九六四年一月三〇日掲載の手紙は、既婚男性の子どもを宿した女性は非嫡出児を産むくらいなら妊娠中絶した方がいいと述べている（読売新聞『人生案内』三三四―五頁。三四五―六頁も参照）。
(43) 入手可能な統計によれば、日本の中絶率と対出生中絶比は東欧やソ連に比べて大幅に低く、どちらかといえばアメリカやイタリア、ドイツ、スウェーデンの数値に近い。次を参照。Henshaw and J. Van Vort, eds., *Abortion*

Factbook 1992 Edition (New York: Alan Guttmacher Institute, 1992), 78, table 2.

（44）Hodge and Ogawa, *Fertility Change in Contemporary Japan*, 48. 次も参照。Hoshino Eiki and Takeda Dosho, "*Mizuko Kuyo* and Abortion in Contemporary Japan," 171-90, 特に 180, chart 2 参照〔日本語版に図なし〕。

（45）Hodge and Ogawa, *Fertility Change in Contemporary Japan*, 102.

（46）読売新聞『人生案内』六三五―六頁。

（47）松田美智子「胎児を大切に」『白鳩』一九七八年八月号、六二―五頁。

（48）このテーマが四〇人もの証言集に発展していく。楠本加美野『流産児よやすらかに――親と子の運命を支配する流産児供養』東日本教文社、一九八四年。

（49）谷口輝子「妊娠中絶児の幻影を見て」『白鳩』一九七八年九月号、八四―七頁。

（50）『新宗教事典』一九六頁（グラフ三）、五六一、五六四―七〇頁。生長の家の反妊娠中絶の小冊子は Samuel Coleman, *Family Planning in Japanese Society: Traditional Birth Control in a Modern Urban Culture* (Princeton: Princeton University Press, 1983) に紹介され、その中絶反対運動（およびそれに反発する様々なレベルの活動）については LaFleur, *Liquid Life*, chap. 10 で論じられている。

（51）生長の家の中絶問題の位置づけはアメリカのニューライト運動に非常に似ており、後者では自分たちが転覆しようと狙っているあらゆる民主主義的かつ進歩的な社会変革のシンボルとして中絶問題が用いられている。「公共のディスコースやディベートは異常なほど女性対胎児の議論に固執してきたように思われる……（たとえば）自由意思による中絶やそれを可能にする施設、一〇代のセックスや婚外セックス、生殖につながらないセックス、快楽主義、キャリア主義、女性の労働参加、「伝統的」なジェンダー・アイデンティティの軽視、核家族の解体……などを相手に回した大々的な聖戦である。中絶は社会の土台をゆっくり、たゆまず破壊していく病理のシンボルとなった……（それればかりか）ニューライトの社会運動にとって、国を政治的に再活性化し、道徳的に更生するためのイデオロギー的象徴にもなった」。次を参照。Valerie Hartouni, "Containing Women: Reproductive Discourse in the 1980s," in: *Technoculture*, ed. Constance Penley and Andrew Ross (Mineapolis: University of Minnesota Press, 1991),

33.

(52) Kato, *A Fight for Women's Happiness*, 109.

(53) そうした「クズ」のことをMary Ellen Brownは次のように定義している。「第一に、クズは本来、捨てておくべきもの、すぐにごみになってしまうようなものを暗示する。第二に、安っぽさ、粗悪さ、資本主義的商品システムの氾濫を暗示する。第三に、支配的な見方のためにねじまげられた人々の好みに合わせて作られた見かけ倒しの華やかさを暗示する……第四に、クズは過剰である。安っぽい物品としての機能を果たすのに必要とされるよりもずっと卑俗で、より味わいに欠け、より攻撃的である」。以下を参照。"Soap Opera and Women's Culture: Politics and the Popular," in: *Doing Research on Women's Communication: Perspectives on Theory and Method*, ed. Kathryn Carter and Carole Spitzack (Norwood, N. J.: Ablex, 1989), 161-90. 引用元 S. Elizabeth Bird, *For Enquiring Minds: A Cultural Study of Supermarket Tabloids* (Knoxville: University of Tennessee Press, 1992), 107.

(54) 週刊誌の「水子」の記事は、アメリカにおけるロックスター「マドンナ」の報道に似た予測不可能性の要素がある。マドンナの魅力の一つは完全な理解やただ一つの理解を拒んでいるところであり、だからこそ彼女は幅広い消費者たちを惹きつけるのである。次を参照。Lisa Frank and Paul Smith, eds., *Madonnarama: Essays on Sex and Popular Culture* (Pittsburgh: Cleis, 1993).

(55) Frederic Jameson, "Postmodernism, or the Cultural Logic of Late Capitalism", *New Left Review* 146, 1984, 53-92.

(56) Bird, *For Enquiring Minds*, 2.

(57) 『女性セブン』一九七三年五月一六日号、一九一―三頁。

(58) 「房総台地の水子供養」『週刊女性』一九七六年八月一五日号、一二二―三頁。

(59) 水子供養に関する週刊誌の総合的な研究としては、森栗茂一『不思議谷の子供たち』を参照。

(60) 「前代未聞の水子地蔵ブームの拠点」『週刊現代』一九八〇年九月一〇日号、一八六―七頁。

(61) 「寺社めぐり」『ヤングレディ』一九八〇年一一月一一日号、一三四―五頁。

(62) 「風のように」『週刊現代』一九九三年一〇月一六日号、六八―九頁、「夏の御供養」『平凡パンチ』一九八五年八月八日号も参照。実のところ、産婦人科医の全国組織が毎年水子供養を行っていることを Margaret Lock が以下の本に記している。*Encounters With Aging: Mythologies of Menopause in Japan and North America* (Berkeley and Los Angeles: University of California Press, 1993), 277. このトピックについて重要な情報を提供してくれたティアナ・ノーグレンに感謝を捧げる。

(63)「女ごころが救われる美しい水子寺」『週刊女性』一九八一年六月一六日号、四〇―五頁。この記事は、橋本が高齢であること（一八九〇年生まれ）に触れ、橋本の寺は水子供養の中心地となっているが、より若い三浦道明ほど水子供養の普及に重要な役割を果たすことはできないと指摘している。

(64)「水子ブームに警告する」『週刊ポスト』一九八二年年一二月一七日号、二〇七―九頁。

(65)「突然、私を襲った水子霊の祟り」『ヤングレディ』一九八五年七月二三日号、一四五―八頁（三回シリーズの一回目）「女子中・高生に大流行『水子のたたり話』」『女性自身』一九八二年一一月四日号、一九三―五頁。

(66) これらの記事のタイミングから、お盆前後に大量に掲載される傾向があったことが見てとれる。

(67)「突然、私を襲った水子霊の祟り」一四五―八頁。

(68)「許して赤ちゃん！　そして安らかに眠って…」『ヤングレディ』一九八五年八月二七日号、一六九―七一頁。

(69) テレビのメロドラマと週刊誌に対する皮肉な見方を分析した研究は次を参照。Ien Ang, *Watching Dallas: Soap Opera and the Melodramatic Imagination* (London: Methuen, 1985); Walter Ong, *Orality and Literacy: The Technologizing of the World* (London: Methuen, 1982), 22, 45; Harold Schecter, *The Bosom Serpent: Folklore and Popular Art* (Iowa City: University of Iowa Press, 1988).

(70) Hall, "Encoding/Decodings".

(71) この仮説は次の諸研究の結果とも一致する。Annette Kuhn, "Women's Genres," *Screen* 25, 1984, 18-28; Tania Modleski, *Loving With a Vengence: Mass-Produced Fantasies for Women* (London: Methuen, 1982); Ang, *Watching Dallas*.

(72) Bird, *For Enquiring Minds*, 122.

（73） Brown, “Soap Opera and Women’s Culture,” 156-7.

（74） Bird, *For Enquiring Minds*, 160. ただし、こうした複数の読みを可能とする理論について、Meagan Morris は「格下」と結びつけられるジャンルを取り締まろうとするブルジョワが、その策略を見せないようにするためにまとう「民族誌学者の仮面」だと批判している。

（75） Lock, *Encounters With Aging*. 北米の女性たちとは対照的に、更年期の日本女性が「ほてり」に悩まされることははるかに少ない。更年期の症状と中絶との関連については一六二頁を参照。

（76） 胎児写真とその文化的重要性に関する議論としては次を参照。Rosalind Petchesky, “Foetal Images: The Power of Visual Culture in the Politics of Reproduction” in: *Reproductive Technologies: Gender, Motherhood and Medicine*, ed. Michele Stanworth (Minneapolis: University of Minnesota Press, 1987), 61; Carole Stabile, “Shooting the Mother: Fetal Images and the Politics of Disappearance,” *Camera Obscura* 28, January 1992, 183.

（77） Petchesky, “Foetal Images,” 61-3.

（78） Renov, “Advertising/Photojournalism/Cinema,” 16. 次も参照。Ray B. Brown, ed., *Objects of Special Devotion: Fetishes and Fetishism in Popular Culture* (Bowling Green, Ohio: Bowling Green University Popular Press, 1982). Renov は一九四〇年代の広告テクニックを取り上げ、男の赤ん坊は母親と同じ大きさで表現され、母親は様々な形で屈辱的に描かれていると論じた。

（79） 高橋三郎「水子供養に関する統計調査資料」京都大学教養部社会学教室、一九九二年〔高橋編『水子供養』一九九九年　二五九―六二頁〕。

（80） 同。同調査によれば、一九九一年に調べた六八一か所の京都の寺院のうち、六二・九％が水子供養を行っておらず、三五・五％が行っていた〔高橋編『水子供養』二九八―九頁を参照〕。

（81） 同。

（82） 同。

（83） 神原他「日本人の宗教意識」一―三八頁。特に二九頁。

(84) 同。
(85) 同五九頁。
(86) 同二二一五四頁。

第三章　現代の性文化における中絶

はじめに

本章では、中絶にかかわった個々の男女がどのような見方をしているかということに目を向ける。そこで八人の手記を取り上げ、中絶に関する「常識」と水子供養の胎児中心主義がどのように影響しているのかを明らかにする。それと同時に、個々人による中絶のイメージが大衆文化のなかでのイメージとどのように結びついているのかも検討する。ここで取り上げる手記の多くは、もともと優生保護法の「経済的理由」条項の撤廃を狙った生長の家の運動に抵抗するために書かれたものであるため、個々の男女にとって「経済的困難」とは何を意味しているのかが明示されている。以下の手記に登場する人々は、「冷たい男と馬鹿な女」というステレオタイプを時に受け容れ、時にそれに抵抗し、時にそれを否定している。さらに、これらの手記は統計学的調査では把捉しきれない中絶を取り巻く思考と感情の幅について豊かな洞察を与えてくれる。

本章では、性文化の一部をなしている異性間の性行為や避妊、中絶について論じる。ここでいう「性文化」とは「様々な社会的文脈で性を構造化している意味、知識、信念、実践のシステム」のことである。[1]「性文化《セクシュアル・カルチャー》」という言葉は、いわゆる性的なものごとが「文化に属する多くの領域の一つ」[2]だという事実を喚起させるし、そのように捉えれば「性文化」という言葉が生物学的決定論を否定していることも分かる。下記ではそれぞれに中絶経験を語る手記を引用してから、各人がセックス、避妊、妊娠、中絶に付与している意味を分析する。この分析で必然的に個々人のパターンと集合的なパターンの関係が問われることになるが、それは個人の実践や個人が現象に与える意味がその人自身のセクシュアリティの経験を形作るのと同時に、日本人全体の性文化で共有される意味の構築にも寄与しているためである。個人的なレベルの性文化と集合的なレベルの性文化のどちらも、宗教や大衆文化から付与される意味に影響を及ぼすのと同時に影響を受ける相互的な基盤の上に存在している。

一九六〇年代までは、月経や授乳、閉経といった生理現象が文化的に条件づけられているなどと言えば一笑に付されたことだろう。しかし、その頃から現在までのあいだに、医療人類学や文化人類学(3)や学際的なジェンダー研究(4)によって生物学的決定論という先入観は打ち砕かれ、文化的構築性を強調する見方に置き換えられたことで、先に挙げたような生理現象がいかに文化によって条件づけられ、各文化によってどれほど異なって経験されており、どのように歴史的に変化してきたのかが解明されてきた。一方で、セクシュアリティに関する歴史学的研究や比較文化学的研究によって、セクシュアリティのあり方はほぼ無限とも思えるほど多様で、社会的に構築され、各々の文化に特有のものであり、時代によって変わることも明らかになっている(5)。女らしさ《フェミニニティ》や男らしさ《マスキュリニティ》の歴史研究も進み、そのどちらも変化し、文化ごとに異なることも分かってきて、これらの特性には変更不能な生物学的基盤があると信じてきた旧来の前提には疑問が投げかけられた(6)。

本書では、避妊や中絶とは男女のあいだの性的な駆け引きとエロティックな交渉のなかから立ち上がる「性的な《セクシュアル》」習俗であると見なしている。カップルは二人の将来の関係に思いをめぐらせながら避妊や中絶を実行し、その意味を理解している。家族や会社（あるいは学校）の状況も二人の関係に影響を及ぼすが、二人のあいだで生じるセックスや避妊、妊娠、中絶の意味に最も影響を与えるのは、その男女が将来をどう思い描いているかである。性文化のなかでジェンダーがどのように構築されているかも重大な意味をもち、それを背景に男女はどちらも常に自分と相手との関係を推し量り、二人の境界線を確かめ、時としてそれをひっくり返したり抵抗したりしてみせる。性体験の話には、そのように性文化のあらゆる要素が反映されている。(7)

カップルが避妊、セックス、妊娠、そして中絶に与える意味は、二人が自分たちの関係をどう捉えているのかにも左右される。この関係は続いていくのか。まだ結婚していなければ、結婚という形で実を結ぶのだろうか。どちらかが、あるいは二人とも子どもが欲しいのか、子どもを育てていきたいと思っているのか。これら一連の問いへの答えは、どれも二人の関係の多義的で両義的な側面を映し出す。二人の気持ちが一致して性行為を控えることもあれば、一方的に無理強いされることもあり、酔った上でのこともあれば素面のこともある。どのような行為に及ぶ場合でも、カップル間には複雑なメッセージが交わされる。何を望みどう伝えようとしているのかが当人に十分自覚されていないこともあるだろうし、もう一方がそのメッセージを「受けとめ」てくれるかどうか、意図通りに解釈してくれるかどうかも分からない。特にこれが当てはまるのが避妊の場合で、どちらが避妊に責任を負うかという問題の曖昧さは、以下に示す中絶をめぐる手記の重要なテーマでもある。誰が責任を負うべきかという点がはっきりしないだけでなく、以下の手記が明らかにしているのは、セックスそのものと同様に、避妊もまた控えたり無理強いされたりすることがあり、運命と諦めてしまったり、不注意だったり、酔った上でのことだったりするために、確実に避妊できていないことも少なくないということである。

妊娠はカップルにとって大きな意味を持つが、その意味は二人の年齢や婚姻の有無、さらに両者のパワー・バランスによって変わってくる。どちらの側も妊娠を利用してパワー・バランスを変化させようとしたり、相手の気持ちや意図をはっきりさせようとしたりすることがある。日本では合法的な中絶を手軽に受けられるし、胎児中心主義な物言いも比較的希薄なので、妊娠したことのみを理由に強制的に結婚させられることはまずない。一方で、既婚カップルの場合は、どちらかが子育てに消極的で子作りするつもりがなかったとしても、妊娠してしまったという事実によって気が変わることもある。同様に、夫婦二人とも、あるいはその一方がこれ以上子どもは欲しくないと思っていても、妊娠の事実によって決意が揺らぐこともある。

妊娠と同様に中絶が持つ意味も一義的ではなく、カップルの関係性によって大きく変わりうる。二人一緒に決めることもあるだろうが、以下の手記を読めば、必ずしもそうでないことは明らかである。セックスや避妊、妊娠などと同様に、中絶もまた控えられたり強制させられたりしうるもので、積極的な目的を掲げて中絶を受ける人もいれば、嫌々おびえながら受ける人もいる。男女いずれかの家族が大きな役目を果たすこともある。中絶の決心を固めているのを覆させようとすることはめったにないとしても、家族から中絶を迫られることはあるし、特に女性が未婚の場合にはその可能性が高まる。中絶しなければ別れると、男性が女性に告げることもある。同様に、女性の方が「もう決めたこと」として男性に中絶するつもりだと通告したり、手記にも見られるように、一切事が済んでから報告したりすることもある。後者の場合、男性側から事情を聞けば（一過的かもしれないが）中絶がどれほどの威力を持っているかを実感できる。男性の態度いかんにかかわらず、女性は自律性を保ちうるし、男性がセックスを通じて女性に与えたものよりはるかに大きい情動的なインパクトを男性に与えることもできる。カップルのどちらの側も、二人の関係において優位に立つために中絶を「利用」することも可能だが、以下に示す手記を見る限り、そうした試みはたいてい失敗に終わる。未婚カップルの場合、中絶によって関係が終わることも稀ではない。

事例と代表性との見極め

ここで強調しておきたいのは、以下の手記はすべて当事者によって記された自ら経験した中絶の報告だという点である。〈手記5〉と〈手記6〉を例外に、これらの手記が書かれた目的は、優生保護法の「経済的理由」を廃止しようとする生長の家に対抗して、経済条項の必要性を訴えるためだった（第二章参照）。これらの手記は、もともと日本家族計画連盟が発行した『悲しみを裁けますか――中絶禁止への煩悶』（一九八三年）に発表されたもので、この本には生長の家に対する批判が集められている。[8] 一九八〇年代初頭のきわめて政治的な文脈のなかで発表されたこれらの手記は、（意味合いは異なるにせよ）「人生案内」や水子供養の雑誌記事と同じようにイデオロギー的な文書である。中絶は性的行為のなかでも特に重い意味を負わされているため、あらゆる中絶の表象には政治性が含まれる。政治性抜きに中絶を語ることは不可能なので、非政治的な中絶表象というものはありえない。そう考えると、政治的性格を持っているからといって、これらの手記の信用性や内容が損なわれることにはならない。

中絶に関して個人の物語を示すことは、避妊やセックス、妊娠、そして中絶に付与された意味を検討する上で価値がある。こうした語りを大量に収集することが実質上不可能であるのは、心の傷に触れるテーマなのでプライバシーの陰に隠れたがる人が多いためである。そこで、中絶と水子供養の研究のために何かしらの民族誌的な基礎を確立するには、他に良い資料を収集する機会がなければ、少数の入手可能な手記を利用せざるをえない。しかし、その場合、その有効性と限界の両方をはっきり認識しておく必要がある。

ごく少数の個人の手記に基づく研究は代表性〔データが実態を十分に反映していること〕が保証される大がかりな調査の代わりにはならないが、大きな調査だからといって、一人の人間が経験した中絶の事例に示されるやり取りや駆け引きや感情についての洞察が深まるわけでもない。ここに示すのは個人的な体験の回想であり、当時は必ずしも見えていなかった脈絡を事後的に見出して、中絶を可能にしていた法律の存続の危機という主題に結びつけているのである。これらの手記を読んだからといって、「今日の日本における中絶の現状」の典型例が得られるわけではないし、これらの手記が特定の人々を代表しているわけでもない。八編の手記ではあまりに少なすぎて広く一般化するわけにはいかないが、これらの手記は主題が似ており、共通要素もあるため、次の調査など、今後の研究で仮説を立てるための材料にはなるだろう。なお、海外で行われた中絶研究でも、サンプル数が少なくとも非常に示唆に富むものがあるのは事実なので、サンプル数が少ないからといって必ずしも結果の価値が下がるわけではない[9]。

中絶とは常に一人の男と一人の女のあいだで生じた妊娠を中断することであるため、中絶について一人の人間が語る場合、それがパートナーの一方側から見た話になることは間違いない。つまり、どの手記についても語り手のパートナーは全く異なる観点を持っているだろうし、それは語り手が話した内容と必ずしも一致しないかもしれない。仮にパートナーの言い分も聞くことができれば、実際に起こったことについて理解が深まるのは確かだが、今になっては無理な話である。ただし、そのようにパートナーの観点が欠けていても、手記の書き手自身が性行動に付与している意味にアプローチするのに何のさしつかえもない。語られる意味や、そこで描かれる当人の姿が歪められていないかどうかをパートナーにいちいち確認してもらう必要はないし、またパートナーの示す反応によって語り手の見方が否定される心配もない。

本章で取り上げる手記は二節に分けて取り上げる。第一節では、四人の女性が自分自身のことや自らの複数の中絶経験、妊娠歴などを語る。第二節で取り上げる四編の手記は、それぞれが経験した一回限りの中絶に焦点を当てている。第二節の四編すべてが初めての妊娠を中絶したケースである。四編のうち三編は男性が語り手で、一編は女性である。表11には、第一節で引用する手記を比較できるように概略をまとめた。表12は、第一節の登場人物のすべての妊娠について、同時期（一九五五―八〇年）の全国の中絶率の推移と共に年表化したものである。

第一節

この節で取り上げる手記は、すべて優生保護法改正の動きに反対する人々から寄せられたものである。そのように高度に政治的な文脈で集められた手記であるため、ここに登場する女性たちが通常よりも政治性が強く、中絶についての立場がはっきりしていることは間違いない。この政治的能動性

表11　第一部の生殖歴のまとめ

名前	誕生年（推定）	手記（インタビュー）時の年齢	職業	妊娠回数	中絶回数（流産、死産含む）	子どもの数	何回目の妊娠を中絶したか	《プロフィール》セックス、出産、中絶に対する全般的態度
Y・M	1935年	48歳	デザイナー	3回	1回	2人	3回目	母親の「性道徳にひときわ厳しい」態度から距離を置こうとしている。「祝福されて子を産んだことは一度たりともなかった」。「中絶をしたことは、（中略）胸がいたみ、心のどこかにつかえている」。「子ども（を）……育てられると心情的に思っても……ダメで、それに伴う条件がなければできることではない」。
K・T	1948年	35歳	歯科医	5回	3回	2人	1、3、5回目	セックスは「愛情の最高表現」であり「楽しいコミュニケーション」と真面目に捉えている。中絶は「自らがひきずりつづけねばならない大きな宿題」。「石にかじりついても育てきるという悲壮な決意のもとに第二子誕生。……「その決断は」一大事で単純ハッピーにはなしえない」。「願わくば妊娠が今後ともありえないように」。
M・T	1948年	35歳	看護師	6回	4回	2人	1、4、5、6（?）回目	「いずれも予定外の妊娠であった」。「母体の健康が危うい状態の中では、胎児よりも母体を優先させなければならない」。「妊娠そのものに嫌悪感をおぼえ」るように。「手術後、自分の身体からつきものがおちたように、すっきりとした気分に」なった。「妊娠は病気と紙一重」と実感。
O・K	1943年	40歳	専業主婦	2回	1回	1人	2回目	「男と女の肉体関係［は］……（今は）時々は馬鹿らしくなります」。（若い頃は）「セックスが肉体の快楽であるよりは、唯一の人に対して羞じらいをかなぐり捨てて無防備になれる」ものと思っていた。（障害児を産んで、夫への情緒的な結びつきが衰えた後）「セックスなんて下らない」と思うように。（中絶に関して）「男性の総体が憎らしかった」。

表11　第一部の生殖歴のまとめ（つづき）

名前	Y・M	K・T	M・T	O・K
《1回目の妊娠》				
年齢	20歳	20歳から25歳（?）	27歳	22歳
婚姻状態	未婚	未婚	既婚	既婚
雇用状態	組合のない会社で出産休暇もなく、仕事を辞めるはめに	学生	看護師	専業主婦
計画的妊娠かどうか	未計画	未計画／膣外射精の失敗	未計画	計画的（?）
自分の反応	不安、葛藤。	「子どもの出現は全然考えられないことだった」。パートナーへの憤り。	妊娠は病気のようなものと感じる。	妊娠を歓迎。
周囲の反応	パートナーは楽観的。両方の親は最初反対。実母と和解、支えられる。	パートナーは自責に駆られる。	不明	不明
結果	出産	中絶	中絶	出産、子どもに障害。
《2回目の妊娠》				
年齢	21歳から22歳	22歳から27歳（?）	28歳	30歳以上
婚姻状態	既婚	既婚	既婚	既婚
雇用状態	自分も夫も失業。多額の負債。夫の重病。	歯科医	看護師	専業主婦
計画的妊娠かどうか	未計画（?）	未計画／コンドームの失敗	未計画	未計画
自分の反応	躊躇したが、この妊娠が最後のチャンスと思い直す。	望まない妊娠だが経済的に産める状況。	産む決意、子どもが欲しいと思った。	「男性の総体が憎らしかった」。
周囲の反応	今回は中絶すべきと彼女以外の誰もが思っていた。	不明	不明	不明、夫との関係はすさんでいた。
結果	出産	出産	出産	中絶

《3回目の妊娠》

年齢	婚姻状態	雇用状態	計画的妊娠かどうか	自分の反応	他の人の反応	結果
32歳から33歳（?）	未亡人。既婚男性の子を妊娠	内職／パートを経て組合のある企業にフルタイム勤務に。	未計画	絶望的、経済的帰結を恐れ、母の反応を心配。	パートナーは中絶をうながし、実母等も中絶を望む。	中絶
24歳から29歳	既婚	歯科医	未計画、IUDの失敗の疑い	強いためらい、猛烈な吐き気、妊娠への嫌悪。	不明	中絶（想像妊娠と発覚）
30歳	既婚	看護師	未計画	不明	不明	出産

《4回目以降の妊娠》

年齢	婚姻状態	雇用状態	計画的妊娠かどうか	自分の反応	周囲の反応	結果
4回目　24歳から29歳 5回目　29歳から34歳（?）	4、5回目ともに既婚	4、5回目ともに歯科医	4回目、未計画、IUD除去後。5回目未計画、避妊の失敗	4回目「悲壮な決意」「こんなことはもうイヤだ」 5回目　夫の母を介護しなければならなかったので、継続的な収入の必要を優先。	4回目不明。5回目、夫は曖昧、あるいは中絶に反対。	4回目　出産、5回目中絶。
すべて未計画で出産に至らなかったこと以外は不明。（Mの妊娠は4から6回）。						

表 12　第 1 節の妊娠のタイミングと全国の避妊率、中絶率（高めおよび低めの推計値、1955–1980 年）

	全国の避妊率 *	全国の中絶率		Y（1935 年生）		K（1948 年生）		M（1948 年生）		O（1943 年生）	
		低 **	高	妊娠回数 ***	年齢	妊娠回数	年齢	妊娠回数	年齢	妊娠回数	年齢
1955	33.6 %	50.2	131.9	①	20						
1956				②	21-22						
1957	39.2 %										
1958											
1959	42.5 %										
1960		42.0	138.0								
1961	42.3 %										
1962											
1963											
1964											
1965	55.5 %	30.2								①	22
1966											
1967	53.0 %			③ 中絶	32-33						
1968						① 中絶	20(?)				
1969	52.1 %										
1970		29.8				②	22(?)				
1971	52.6 %										
1972						③ 中絶	24(?)				
1973	59.3 %					④	25(?)			② 中絶	30+
1974								① 中絶	27		
1975	60.5 %	25.0	84.0					② 中絶	28		
1976		21.8									
1977	60.4 %	21.1				⑤ 中絶	29(?)	③	30		
1978		20.3									
1979	62.2 %	20.1						④〜⑥タイミング不明、すべて出産に至らず。			
1980		19.5									

* *Basic Readings on Population and Family Planning in Japan*, ed. Minoru Muramatsu and Tameyoshi Katagiri (Tokyo: JOICEP, 1981).　** 女性 1000 人あたり。　*** 妊娠回数で中絶と明記していない回は出産

は、女性たちが匿名で語らず、実名を用いていることからも確認できる〔本書ではイニシャルで表記した〕。家の外で働いていない女性は一人だけで、他の三人は看護師、歯科医、デザイナーといった専門職に就いている。つまり、彼女たちは平均よりも高い教育を受けている。看護師と歯科医の二人は、子育てするのに夫はあまり頼りにならないし、自分たちの収入がなければ家計が成り立たないと述べている。デザイナーの女性は二〇代で夫を亡くしており、十年余を経て再婚するまで子どもや自らの母親を含む一家の生計を一人で支えてきた。働いている女性たちは、働き続けなければならないことと中絶を受けることを直結させていた。

各々の手記は当然ながら短く、手記を読んだだけでは十分には分からないような事柄に触れることもしばしばある。つまり引用後の分析では、手記に「描かれている通り」の中絶のあり方に焦点を当てるしかない。語られているできごとが、実際のところどうだったのかを確かめることはできないし、手記そのものの内容を超えて、女性たちの身の上に起こった他のできごととの関係を明らかにすることもできないためである〔手記本文の表記は原文ママ〕。

〈手記1〉「誇らかに産むことなく」（Y・M　四八歳　デザイナー）〔手記タイトルは原本より転記、以下同様〕

はじめてみごもったとき、「一人っ子と長男では」と双方の親、とりわけ私の親が承知しないで、結婚話はこじれていた。親と男との間で悩みに悩んで「彼とは別れるしかないな、でも……」と迷っていた頃だった。その最中の妊娠、怒るであろう親のことを思うと気が重かった。二〇歳の私にとって初めて遭遇した重いことだった。

「なんとかなるさ」と楽観的な男と、生まれつき虚弱だった私のからだを心配して「子供の一人くらいあったっていいから」という母。双方のくいちがいはあったが、産むことはかろうじて一致して、やっと長男を産んだ。婚姻届はこのときだした。組合のない小さな会社は、もちろん辞めざるをえなかった。

二度目の妊娠がわかったとき、上の子は一年四か月、夫の結核が進行中なことも発見された。「堕ろすしかないな」といった夫には、金の工面がつかなかった。そのころ彼は会社勤めをやめ、友だちと共同で仕事を始めたばかりのときで、借金ばかりがあった。

しかし、私の心のどこかに「もう産めないのではないか」という予感めいたものがあって、何一ついい条件はないのに、産みたいと思った。私は一人っ子で兄弟が多い人がうらやましかったので、子どもを一人っ子にしたくなかったということもある。「何故、産むの？」まわりの誰彼から非難がましいまなざしを投げかけられながら、また、あとあとまでもいわれながら産んだのが長女だ。

夫は検査ミスがもとで、四か月危篤状態が続き、長女の誕生から一年後に世を去った。小さな子を二人育てる女に職は見つからず、預かってくれるところもなかった。それでも母にたのんで産後二か月で喫茶店のウェイトレス、店員、包装工などパートぐらいしかないが転々とする。そこへ夫の看病で続いた寝不足、栄養不足。最初の子のときはあふれるほど出た母乳も出なかった。そんな無理がたたったのか、結核、胃潰瘍、腎臓炎とからだがガタガタになってしまった。

入院することもできず、細々と内職、洋裁などでたべるしかない。貧乏と病気は悪循環だと、いやというほど知った。自分は自殺しても、子どもだけは道づれにしたくない、ギリギリのところで生きていた毎日だった。

夫と気まずくて疎遠になっていた母との間だったが、そのころ父と別居した母は私たちと一緒に住むことになった。六畳一間で親と子ども含めての苦闘が始まった。

そして九年後、三度目の妊娠をした。ある男と恋愛関係の中でのことだった。男は家庭をこわす力がない、自分の子と私の子二人そしてもう一人の子を育てられる体力も経済力もないから、という。私は前二回と比べれば、ある程度の経済力はあるし会社には組合もあるから産休もとれる。だが、結婚の形をとっていない場合の適用例はまだない。二人の子ども、性道徳にひときわ厳しい母、そして近所とか会社という世間の人々のことを考えると、あえて産むだけの勇気はなかった。仕事はやめるわけにいかない。一家の働き手だし、まして好きな仕事はずっと続けたい。結局男に付き添われやむなく中絶した。会社にも家族にも内緒だから寝てもいられない。二日生休〔生理休暇〕をとってそしらぬ顔で残業のきびしい仕事をこなさなければならなかった。

そのことが原因かどうか判らないが、その後、今の夫と結婚して子どもを望んだとき、二度と妊娠することはなかった。これまで避妊に気をつかっても妊娠したのに、今度は医者に通ったり努力する皮肉なことになる。

しかし、この中絶をしたことは、すこやかに育つ二人の子の成長をみるにつけ、胸がいたみ、心のどこかにつかえている。

考えてみると、祝福されて子を産んだことは一度たりともなかった。その度に思い悩んだ結果の現在である。

子をはらんだとき、素直に疑いもなく、誇らかに産める人ばかりではない。とつおいつ自問自答し、産むにしろ、産まないにしろ、決意しなければならない。そして産まない決心をするとき、今度の優生保護法の改正がいうように中絶の禁止が明文化されたらどうにもならない。堕した本人も医者も堕胎の罪に服さなければならないとしたら、困るのは女自身だ。医者はやらないことができる。しかし、当事者である女は逃げられない。今までだって身も心も傷ついている。そして尚、より危険な思いをし、罪人にされるなんで承服できるだろうか？

子どもの一人や二人育てられると心情的に思っても気力だけではダメで、それに伴う条件がなければできることではない。育てることはかなりシンドイことなのに、その条件はほんとうに少ないのだから。[10]

Y・M（以下Y）は第一節で取り上げる四人のうち最年長であり、ただ一人の戦前生まれである。彼女は戦中から戦争直後にかけて成長し、高度成長が始まり中絶率が高い水準を保っていた時期に成人した。一九五五年、二〇歳の時にYは後々三度経験することになる妊娠を初めて経験した。その妊娠をした時、彼女と後に結婚することになる男性との結婚話は両家の親たちから強く反対されていた。彼女は親の反対に逆らえなかったし、まだ若かった彼女はおそらく親世代の目にはまだ「一人前」には見えていなかった。

そんなYにとって、妊娠は両家そろっての反対を結婚の承諾に転ずるための手段を得たようなものだった。彼女は幼い頃に虚弱だったため、母親は妊娠した娘を心配し、気遣った。親たちが意識していたかどうかはともかく、妊娠したことによって彼女は一人前の女性として認められることになったし、娘の初めての妊娠という事態に直面して母親の心境も変化したようである。彼女が妊娠を継続するという決意を伝えたことで、母や恋人とのあいだに新たな連帯が生まれたのである。Yは妊娠によって、自分の人生に権力を行使していた人々とのパワー・バランスを変えることに成功した。

一九五五年に二人は経済的に自立したものの生活は厳しく、その影響で夫は過労による病気になり、Y自身も後年に健康問題を抱えることになった。労働組合もない小企業では産休を取れる見込みもなかったので、Yは退職し、夫の収入に全面的に依存することになってしまった。彼女にとって社会は融通がきかないところで、例外を認めてもらえるとは思えなかった。

Yの二度目の妊娠は、最初の妊娠以上に大変な時にやって来た。夫の結核は悪化し、休職中で借金もかさんでいた。最初の子の時には、夫は産みたいという彼女を後押ししてくれたが、今回は中絶してほしいと言い、彼女自身も二人目の子どもを産むのに「何一ついい条件がない」と認めていた。周囲の誰もが同じ意見だったにもかかわらず、Yが出産を選んだために、誰一人助けてくれず、産んでからも非難されるばかりだった。一九五五年の当時、確実な避妊手段を手に入れるよりも合法的な中絶を行う方が容易であり、この頃、継続的に避妊している夫婦は三四%にすぎなかったことに照らせば、彼女を非難した人々が望ましくない妊娠に対する最良の対処法として中絶を考えていたことは疑問の余地がない。Yの物語はこの時期の「人生案内」の映し鏡である――もしも彼女が二度目の妊娠について投稿していたら、きっと中絶するようにと忠告されていたに違いない。そうした忠告を聞き入れなかったため、彼女は世間の冷たい目に立ち向かわざるをえなくなった。

二人目の子が生まれたことで、Yは肉体的にも精神的にも大きなストレスにさらされることになったばかりか、死の床にある夫の看病も重なり、経済的な問題も続いていた。過労で彼女の健康状態は最悪だった。そんな最中に夫は亡くなり、両親は別居して、母親がYと子どもたちの住むアパートの一室に転がり込んできたので、彼女は自分を含めて四人の生活を一人で支えることになった。Y自身、本来なら入院すべきほど健康状態が悪かったのだが、仕事を辞めるわけにはいかず、やがて「貧乏と病気は悪循環」と気づくに至った。二人目の子どもを生んだことへの世間の批判の正しさを、彼女は思い知らされた。

それから九年後、一九六六年か一九六七年にYはまたしても妊娠した。経済状態はいくらか改善していたが、未亡人の立場で既婚男性の子を身ごもったのである。この子を中絶しようと彼女が決断した要因は、相手の男性が妊娠に反対したこと、産休をとれないこと、母親の渋面や世間の白い目が予想できたことなどである。彼女は相変わらずただ一人で家計を支えていたし、子どもを産むことにしたら仕事を辞めざるをえなかったので、そうするわけにはいかなかった。

何年か経てからYは自分の決断に心を痛め、あの中絶のために不妊になったと考えるようにもなったが、それでも自分の判断は間違っていなかったと思い、気力だけでは子どもを産んだり育てたりできないと指摘する。彼女は罪の意識を表明しているわけではないし、胎児中心主義を示しているわけでもない。彼女の置かれた状況を大衆文化の水準で表現すれば、「冷たい男と馬鹿な女」による中絶といった図式になるだろうし、彼女自身、それは頭のすみに浮かんだに違いないが、彼女は自分をそうした図式に当てはめようとはしない。Yの言い分としては、自分の中絶は経済的理由による中絶以外の何物でもないのである。彼女にとって出産するのに「伴う」条件とは、十分な経済的・社会的支援があることに他ならなかった。ところが、彼女が自分の出産歴を振り返ってみた時、どの出産も「その度に思い悩んだ結果」でしかなかったのである。

〈手記2〉「自らの『血』と『生』を問いながら」（K・T　三五歳　歯科医）

中絶ということばを気安く口に出せる女性などいないだろう。語られることのない、ひっそりとした体験。診察台の上で麻酔の眠りの中に落ちていくときの気持の重さは、妊娠とわかったときの面映ゆいような感情と、何と開きのあることか。新しい生命をはぐくむ可能性をそこで断ち切るとき、幾度も反すうしての決意とはいえ、自らがひきずりつづけねばならない大きな宿題をもったようなものでもある。「女」としてよりも社会に生きる現実の自分、また何かをなしうる人間としての自分に鋭い問いかけをして答えを出し続けねばならないという意味で。

私の第一の妊娠は在学中だった。何よりも卒業を、そしてその先の国家試験を通過せねば職業を手にいれられないコースだったし、子供の出現は全然考えられないことだった。子持ちでも勉学を続けた女性先輩もひとりいたが、私には保育環境を整えられるめやすはなかった。当時は未婚だったが入籍の話は進行中だったから、世間的なプレッシャーは少なかったといえる。けれども経済的にも自立した女を目指す以上、その時点で産むことはできなかった。産まないと自分ではっきり決めたら、今度は相手に「もし今後、子供が産めない体になっても責めないでね」と頼んだ。初めての妊娠を中絶すると、流産ぐせがつくとかの話を聞いていたし、寂しさ・不安感を共有したかった。妊娠に至ったのは共同責任だから、女の私だけが傷つけられるわけでもなく、彼も手術当日の待合室で何かを考えさせられたと思う。それからも夫婦関係を維持していくうえで、産まれるべき子どもとひきかえの、意義をもった生活を築こうと決意した。

私は幾分まじめに、セックスは愛情の最高表現と考えている。だからセックスを大事にしたいし、また楽しいコミュニケーションとも思う。

避妊を考えないセックスが恐らく自然で一番イイのだが、健康な男女なら子を授かってしまうようにできている。不自然でなく身体に負担のない避妊方法を選択するのが大問題だ。そもそも第一の妊娠は膣内殺精剤のみに頼った失敗だった。基礎体温を測定してみると非常に不規則なリズムであるとわかったが毎朝続けることができず、「君のはアテにならない」ことになった。それで手軽なコンドームとなったが、私としては中断されるような気分が否めなく好まなかったけれど次善の策ということか。

二年位するうちにまた望まない妊娠。今回は仕事一時中断というハンディはあるが産める状況。何よりも、これをのがせば産めない身体になってしまうような強迫観念が作用して、第一子を産むことに至る。産後半年位して、ドクターに相談すると「ピルも長いこと使えば本来のリズムを崩していくから勧められない」というのでＩＵＤ（子宮内避妊器具）をいれることにした。ところがこれを装着して一か月間出血し続け、やはり異物なのかなと思う。子宮内膜の炎症とかガン化など一抹の不安もあったがセックスについては、避妊の精神的圧迫から解放されて、良い作用を及ぼしたようだ。しかし何と、二年半位してそろそろ交換かというとき「妊娠」という結果をもたらした。一〇〇％の避妊率ではないと聞いていたがまた苦渋の決断をせまられることになった。

一時は産もうと言ったものの、第一子も育ってきて、これから仕事へ本腰と思う矢先やはり中絶を依頼してしまった。ドクターが術後「シャーレーにいれたもの」をみせてくれて「胚がないし妊娠じゃなかったです」との説明に、良かったというべきか複雑な気持だった。帰り道、麻酔を追加した後遺症か、猛烈な吐き気で苦しく、這うようにしながら「こんなことはもうイヤだ」と思う。ＩＵＤは除去してしまったので、三か月後また妊娠。このときは石にかじりついても育てきるという悲壮な決意のもとに第二子誕生。全く産むも産まないも女にとっては一大事で単純ハッピーにはなしえない。私の場合は、保育、私の仕事への夫の援助など恵まれていたので、のりきれたと思う。

それから四年がすぎ、今度は夫の母が脳卒中で倒れ看護・扶養問題が噴出して引越しをするかどのように態勢づくりをしようかという時の妊娠。確かに「ルーズさ」の責任が問われるが、現実には母としてよりも働き手として経済援助も要請されていたから「子供は可愛いものだよね」という夫の言葉も有効性がなかった。老人福祉問題の渦中にひきずりこまれて第三子は出現できなかった。

自分のおかれている「生」の許容できる部分でしか産むということはできないし、産まない、産めないと決めるときも自らの血ときびしい「生」の在り方を問い続けることで償ってきた。願わくば妊娠が今後ともありえないように、しかし「産め」と強制されることもないように[11]。

一九四八年頃に生まれたK・T（以下K）は歯科医であり、この手記を書いた頃には夫と一緒に開業していたと思われる。彼女が最初に妊娠したのは学生から専門家になろうとする移行期であった。彼女はその時の年齢を明らかにしていないが（当時、歯科医になるには大学の歯学部を卒業しなければならなかったので）、二〇代前半くらいだったと推測される。

Kが妊娠したのは後に結婚することになる男性とのあいだで避妊に失敗したためである。もしかしてこの男性は妊娠に直面することで彼女が「経済的に自立した女を目指す」のを諦めることを期待していたのかもしれないが、そうだとしたら彼は落胆させられた。Kは妊娠を続けるか中絶するかは自分しか決められないことだと考えていた。妊娠によって二人の力関係が自分に有利に変わるのを恋人が願っていたという疑惑は、Kが彼に言った言葉でますます強まる。妊娠に至ったのは共同責任だから自分だけが傷つけられるわけではないと彼女は彼に告げている。Kは相手が何かを考えさせられたようだと言いながら自分自身の感情はほとんど明かすことなく、二人で意義の高い生活を築いていくことへの決意を語っている。言い換えれば、Kは中絶に際して胎児中心主義的レトリックを受け容れていなかったし、何らかの精神的挫折も感じていなかったのである。

Kはいろいろな避妊法を試したが、試すたびに妊娠してしまったようである。月経周期が不規則だったためリズム法は頼りにならず、殺精子剤のみの使用で最初の妊娠をし（一九六九年頃）、コンドームでの失敗かその未使用のために一九七〇年頃に二度目の妊娠をしている。医師がピルを勧めなかったので、彼女は次にＩＵＤを試したが、二年半後、一九七二、三年頃にこれも失敗した（と彼女は考えた）。中絶を決意して手術を受けた後に、異常妊娠〔おそらくＩＵＤ装着に起因する胞状奇胎と呼ばれる胚の形成異常〕だったと告げられたのである。あまりのできごとに苦い思いと諦めを感じ、無気力になってしばらく避妊もやめてしまったところ、彼女は四度目の妊娠をし、この時は一九七三、四年頃に正常に分娩した。さらに一九七六、七年頃、彼女は不注意によって五度目の妊娠をし、中絶している。Ｋにとって避妊を選んで実行するのは、自分の健康とエロスの高まりのどちらかを犠牲にしなければならないことだった。どちらも犠牲にせずにすむ信頼性の高い避妊方法を彼女が見つけらなかったのは明らかである。

最初の妊娠の後、Ｋは避妊の責任を非常に重視したようである。彼女はこの責任を「大問題」と見なしていた。しばらくのあいだはＩＵＤのおかげでこの責任から解放され、避妊のために性行為を途中で中断する必要もなかったのだが、深刻な副作用に見舞われることになった。異常妊娠を経験したことで彼女は避妊も妊娠もいやになり、捨て鉢になってしまった。この経験のために、もう一度何らかの避妊法を試してみようという気力が起こらなかったのだ。

はっきりしているのは、Ｋが一時的に無気力になっていたあいだ、夫が自ら積極的に避妊しようとはしなかったことである。彼女が弱っているのを幸いに、彼が二人目の子どもを産むようプレッシャーをかけた可能性もあり、やがて彼女は「石にかじりついても育てきるという悲壮な決意のもとに」第二子の出産を熱意なく受け容れた。

五回目の妊娠は避妊の「ルーズさ」が原因だったが、この時の中絶も夫にまつわる別のプレッシャーが影響していた。今度は発作で倒れた義母の介護責任がＫの肩にのしかかってきたのである。

中絶しようとした彼女を夫は思い留まらせようとした。だが、ここに来て、『子どもは可愛いものだよね』という夫の言葉も有効性がなかった」とKは言う。夫の態度は明確には描かれていないが、妊娠を重ねるにつれて夫はますます避妊の責任を持たなくなり、結果としてKにとってはますます厳しい状況になっていったようである。彼女が夫に抵抗できたのは歯科医としての収入があったことが最大の要因である。それがあったからこそ、妊娠するたびに産むかどうかをK自身が決断できたのであり、経済的自立性を得ようとした彼女の当初の努力が正しかったことを物語っている。

〈手記3〉「産むこと・生きること」(M・T　三五歳　看護師)

私は今まで二回の出産と、四回の流産・中絶の経験がある。私は職域病院に勤務する看護労働者。三交代の労働は、母性を持つ人間の労働条件とは程遠い。夜勤は月一〇―一二回あり、その分、看護婦の夫たちに負担がかかる。夜勤の妻にかわり、保育所に子供を迎えに行き、夕食を食べさせ、夜はむずかる子をあやし、朝食を準備し、保育園へ送る生活が月の三分の一あるという事であり、日曜日も父子家庭が多い。看護婦のオヤジよ起ち上がろう!との呼びかけが出てくるのは、こうした背景があるからである。だから、働き続けるのは大変であり、看護婦の身体はいつも疲れてる。生理がくるうのは日常的なことでもあり、計画もしないのに妊娠したりする。

私もその例にもれず、いずれも予定外の妊娠であったがすべて産むわけにはいかなかった。何故なら、生活が逼迫していたから。住宅・光熱費は月一〇万円に達し、子供がいたらとても一人分の賃金では生きられない。肉体だけがたよりの生活者だからである。胎児は母体あっての生命であり、母体の健康が危うい状態の中では、胎児よりも母体を優先させなければならない。三交代労働の中で得た私の人生訓である。

つわりで気分が悪く、食事もほとんど入らず、それでも仕事はローテーションを組んであるため、夜勤は二人だから仕事をしたくないと思っても急には勤務変更出来ず、ふらふらしながら青白い顔で出勤する。ノイローゼ気味になり、やがて妊娠そのものに嫌悪感をおぼえ、妊娠を継続する事が出来ず中絶を決意した。手術後、自分の体からつきものがおちたように、すっきりとした気分になり、食欲はまるで魔法が解けたようにおいしくなんでも食べられる。自分の身体が健康をとり戻して行くのが感じられ、妊娠は病気と紙一重と実感した。そんな劇的な経験をして、私は、胎児は母体の健康と彼女をとりまく生活の上にあると感じた。

上の娘を妊娠したのはそれから一年あまりたってからのこと。アパートでは子供が禁止されていた。スペースも四畳半と三畳でせまく、それも悩みの一つであった。前回よりもつわりはかるかった。年齢も二八歳であったので産む決意をした。看護婦も子どもを産んで働き続ける事が人間的であり、母性を行使することが、看護職を女性の職業として誰もが働き続けられる労働条件向上につながると思った。そして何より子どもを産みたいと思うようになった。

だが、子供可という手頃なアパートはなかなか見つからなかった。そのうち女の子が生まれた。アパートの大家さんからは、子供が動き回らないうちに出てほしいと言われた。アパートさがしと保育所さがしで一日が暮れることもあった。産休明けは目の前に来ていた。病院内に保育所をつくろうと、組合に働きかけて来たがなかなか実らず、保育所を病院側につくらせるにはまだどれくらいかかるかわからなかった。幸い病院に働く検査技師の先輩が無認可保育所を紹介してくれた。公立の保育所は、生後四か月から預かる基準であった。産休は七週間で、産後初めての出勤の日、預けにいった無認可のその保育所には、娘のベッドがなかった。定員オーバーを承知で無理に園長にたのみこんだのだった。もし預かってもらえなかったなら、私は職場を去らねばならなかっただろう。両親はすでになく、保育ママに預ける経済的ゆとりもなかった。それでも、七年前の保育料は三万五千円、ミルク代やおむつ代等を支払うと手元に残る私の給料はほとんどなかった。

日一日と成長する娘を見ていて、素直に喜べない自分が悲しかった。アパートは出なければならず、子供可で経済の許す家賃のアパートはなかなか見つからず、思いきって、住居空間を買うことにした。多額の借金をして買ったそれは、四畳半二間のスペースだった。職場と住居は近くなり問題は一応解決したが、娘の動きが活発になり、保育園の園長から、「澄ちゃんがベッドを渡り歩いて目が離せなく危なくてこまる。公立とちがって手が足りず外に遊びに連れて行ってやりたいがそれも出来ないので、何とか公立に入れるよう、区にかけ合って下さい」と言われた。

それから、福祉事務所通いが始まった。途中入園は誰かが退園しないと出来ないと言われ、娘が入園出来たのはそれから半年もたった四月であった。娘は一歳六か月になっていた。その時、私のお腹には二人目の子がいた。大きなお腹に歩きたがらない娘を抱くこともしばしばで、病院と保育所と家を往復する、綱わたりの毎日であった。一人で子供を育てなければならない立場に立っていたらと思うと、今でも背すじが寒くなる。もしかしたら、死をえらんでいたかもしれない。

今回の「改正」推進の動きに益々人生の夢を描けなくなる時代の予感がするのは私の思い過ごしだろうか。⑫

M・T（以下M）の生活は、看護師としてのストレスの多いスケジュールに加えて、家計の問題、住居問題、仕事と育児のやりくりという二重負担に支配されている。夜勤に出る日の夫の協力に彼女は感謝しているが、夫による手助けが日常的に得られている証拠は乏しい。Mの収入を勘定に入れても、夫婦の生活は何とかやりくりしているという程度で、彼女も夫も稼ぎが良い仕事には就いていないことがうかがわれる。夫が幼稚園に子どもを迎えに行けるということから、彼は公務員か何かで職場には労働組合があり、残業はないようである。

Mと夫が子どもを産み育てていくには共働きをする必要があったが、彼女にとって妊娠はあまりにも身体的な負担が大きく、妊娠と仕事とを両立できなくなった。その背景には、彼女の妊娠を許容できるような病院の管理体制ではなかったという事実がある。彼女は自分の置かれた状況を悟り、やむをえず第一子の出産を遅らせることで仕事を継続し、夫婦の生活をまかなう収入を確保した。彼女は追い詰められ、妊娠への嫌悪を語って妊娠を終わらせることを決意したのだが、中絶が終わった時にはまるで憑き物が落ちたようにすっきりしたのだった。

二度目の妊娠（二八歳の時）と三度目の妊娠（二九歳か三〇歳の時）でも、Mはゆとりのある住まいや保育園を見つける必要に迫られた。両親はすでに亡くなっており、時には肩の荷を下ろしたいと思っても誰も頼れる人はおらず、夫も協力的ではなかった。一九八〇年代、不動産価格が急騰した時代の保育園は満杯だったので、彼女の負担がさらに増したのは間違いない。そのあいだ、ずっと彼女は地獄のようなスケジュールで働き続けた。そうした状態では、月経周期が不規則になり、さらに三度も予定外の妊娠をして中絶するはめになったのも驚きではない。

〈手記4〉「潔癖な私がつぶれた」（O・K　四〇歳　主婦）

私の性体験は二〇歳からなので、もう二〇年もの間、男と女の肉体関係を味わってきたわけです。よくもまあ、飽きずにやってきたことと、時々は馬鹿らしくなりますが、そう言ってしまえば一切の人間的な衝動とか行為から超越してしまいそうでやっぱり人間の側に留まっています。

若い頃には、人間てもっと高尚なものだと思っていました。男と二人でままごとみたいな世帯を持ちながら、俗に流されないための砦を築くといったほどの意気込みで暮らしていました。本を読み合い、ささいなことを喋り合うのがおもしろくて、こんなに身近に感じられる間柄になったのがうれしくて、それで抱き合って。セックスが肉体の快楽であるよりは、唯一の人に対して羞じらいをかなぐり捨てて無防備になれる、その親密さのあまりということだったと思います。だから、妊娠して胎動を感ずるようになると、どんなに可愛い赤ちゃんが生まれるだろうと待ち焦がれました。

私の母は、お父さんと一緒のお墓に入れてくれるなと書きのこして四四歳で死んだので、せめて娘の私は陰気とか横暴な親とかと一切関係のない明かるくてなんでも話し合える家庭を作ろうと、固く心に決めて赤ちゃんを待ちました。若い私たちの家庭を見守ってくれる人は誰もいませんでしたが、つれあいと固く結びついているという実感が、私の支えであり自信でもあったのです。

ところが、産院から帰ったその日から、火がついたように泣く赤ちゃんに仰天してしまった。フギァフギァという泣き声は、私が一杯のお茶を飲む間も待ってくれないし、夜中で私が熟睡中であろうとお構いなし。そういう時に、しまった、早まったと、チラと思い浮かべてしまう。それなのに、私のからだの方は気持とは関係なしに、赤ちゃんの泣き声に反応しておっぱいがボトボト滴る。たちまち、着ているものが濡れてしまう。慌てて赤ちゃんをおっぱいに吸いつかせるんですが、ちょっとだけ待って欲しいと恨めしかったですね。それに、赤ちゃんにかかりきって一日が暮れてしまう中で、私は動物に退化してゆくんだなあと情けなかった。二二歳で母親になって未熟だったにしろ、たまには誰かがおしめを洗ってくれることでもあれば、もっとゆとりを持てたでしょうね。

そのうちに、赤ちゃんの発育が遅れていることが気になり出した。地域に根づいていない核家族は、そういう困難が生ずるとたちまちお手上げです。それに、当時の障害児の早期発見のための情報や窓口は今と違って限られていましたから、自分について何もわかっていない幼子を抱きしめ途方に暮れるしかない。教育の糸口を見つけるまで、暗い気持ですぐに泣けてしまう毎日でした。

それからの私は、嫌でも母親になり切ろうと、自分を追い込みました。子供が社会で通用するように育てようと、熱心に訓練に取り組みました。嫌がる子供をつかまえて、四六時中教え込み、間違った発声や語法、知識を直そうとしました。後で聞いたことですが、近所の子供がうちはあんなにこわいお母さんでなくてよかったと言ったそうです。それほど子供を育てることに没頭していたのに、私の心の奥底では子供が人並みでないことがどうしても許せない。私の期待通りに子供がならないと、つい手が出る。いくら大声で教えても、子供はサ行とラ行の発声がうまくいかない。どうしてこんな簡単なことができないの、頑張ってやり通して欲しいと願う気持ちを抑制できなくて、逃げようとする子供を叩く。そういう時に、私の人生はこんな筈ではなかったと思う。人生について熱っぽく語り合った初々しい私はどこへいってしまったのか。子供に対して横暴で残酷な自分がむきだしになったのが嫌でたまりませんでした。それで、子供を叩いた後に、はっと我に返って自分自身を叩いてみる。ところがどうしても子供を叩いただけの力をこめて自分を叩けない。自分には甘くなってしまう。私は母親じゃない、弱い者をいためつける鬼だと思って、今度は床の上に体を打ちつけた。誰かに罰して欲しかったのね。子供に対して申し訳ないから。でも、子供はそういう母親をおびえた目で見ていましたっけ。

そういうわけで、私は長いこと母親らしい優しい気持になれませんでしたけれど、外からは信念を持った熱心なお母さんだとみられていました。私は母親大会とか小学校のＰＴＡの集り、それに障害児の親の会にも加わって障害児への差別が不当なことを訴える発言をしました。でも、教育委員会や障害児学級の担任のやり方がいかに差別的であるかを言えばいうほど、その批判は自分に刺さってくる。子供を障害児としてだけ見て優しく受けいれられないのは、母親である私自身だということがわかってくる。その頃、青い芝の会という障害者自身のグループができて、親が彼らに対していかに抑圧的であったかと発言しているのを知ると、私も母親であることで安閑としていられなくなる。

　私が思いがけない妊娠をして中絶したのはその頃です。つれあいとの関係は荒んでいました。私が社会と自分の意識に対して批判的になればなるほど、セックスなんて下らないと思ってしまう。それでも、以前の親密な関係に戻りたいと抱き合うのだけれど、つい、顔をそむけるような心持になってしまう。その時に私は三〇歳を少し越えていました。生理がなくなっても、私の中で命が芽生えているとは全然思えませんでした。幼い命どころか、自分の命さえ信じられないんですから。惨めな気持で中絶しました。男性の総体が憎らしかった。

　でも、私の深いところではほっとしていました。これで私の正しさとか信念がつぶれる。私も間違っている人の仲間入りができる。人並みに子供を育てなければいけないという固苦しい義務感から解放される。批判する目、手厳しく他人に強いる信念、おっかないお母さん、そういうものから自由になれる……。

　私が、お母さんらしくなれてうれしいと思えるようになったのは、それから大部後です。肉体は母親になっても、他人が育つのを待つことができるためには暇がかかるんですよね。私自身が育つために、間違った判断にしろ避けられなかったのだと思います。今では私の背丈を越した息子が、笑いながら嫌味を言うんです。俺、お母さんに突きとばされて柱にぶち当たったっけ。私は身を縮こめながら、まだあつかましいことを思います。尊敬されるような母親ではないけれど、子供から、お母さんが好きだといつまでも思われていたいなと。[13]

O・K（以下O）は自分の身の上話を、悲劇的な喪失を伴う一種の成長物語として描いている。彼女は理想を失い、先天的な障がいを持つ息子への希望を失い、夫との絆も失ってしまった。彼女が性に目覚めた頃には純粋な絆という理想に満たされていたのだが、彼女の希望と理想を尻目に、セックスはどんどんみすぼらしいものになり下がり、ついには絶望的で馬鹿げたものとしか見えなくなり、今や彼女はすべての男性に憎悪を感じるまでになってしまった。

Oの最初の妊娠は、ここで紹介した手記のなかで、唯一、心から待ち望まれ歓迎されていたものだった。この妊娠は彼女と夫との絆を固めるという意味を与えられ、彼女が両親から独り立ちしたことを証明するものでもあった。すでに亡くなった両親は「陰気」で「横暴」な親だったと記されている。Oはただひたすらに両親から自由になることを願い、理想的な愛に守られて、「俗に流されない」ことを決意していた。「俗に流されない」とはどういう意味なのか、彼女ははっきりと言葉にはしていないが、彼女が望んでいたのは両親とは袂を分かつ凡庸ではない生き方であったように思われる。何よりも、彼女は両親の夫婦関係を自分がなぞることを恐れていた。

Oにとって妊娠とは、しっかりと独り立ちし、夫との絆を結実させるために重要なものだったが、その一方で、彼女は赤ん坊が生まれることでどれほどの注意力や体力が実際に要求されるかといった現実はほとんど意識していなかったようである。赤ん坊が生まれ、まさに「火がついたように」泣き出した時、彼女は現実に打ちのめされた。夫と完全に一体となるという彼女の理想を打ち砕くかのように赤ん坊は絶え間なく母を求め、彼女の体はそれに反応し、本人の意思とは無関係に自動的に母乳が滴り落ちて、自分は動物になってしまったのだと彼女は思う。そんな自分の変わりようにOは恐怖を覚えた。

母親が生きていれば助言や支援も得られたのだろうが、Oはすべて自分一人でやらねばならなかった。どうやら夫もほとんど役に立たなかったらしく、「たまにおしめを洗ってくれる」ことさえなかったようである。つまり、子どもの誕生によってうぶな理想主義はあっけなく崩れ去り、Oが最も恐れていた未来がやってきた。負担を肩代わりしてくれる気もないことがあらわになった夫との絆は失われ、嫌悪してやまなかった両親のような俗物になり下がってしまった自分に気づいたのである。

息子に障がいがあると判明した時、Oは母親業に専念することに決め、せめて息子を「人並み」に育ててあげようと決心した。実際、彼女は息子の能力に限界があることを認めようとせず、言葉の障がいを矯正しようと躍起になった。ここで再び、Oは「弱い者をいためつける鬼」になってしまった自分の変わりように恐怖を覚えた。外の社会に対しては、障がい者の側に立った社会参加や社会運動をくり広げていたにもかかわらず、そんな彼女は見せかけだけで、実際には自らの偽善と期待外れの人生への絶望に苦しめられていたのである。

自責に苛まれたあげくに、Oはセックスを通じて夫と以前のような親密な関係を復活させようとしたが、もはや二人の絆を性で固めることはできなかった——顔をそむける心持ちにしかなれなかったのである。心から打ち込むことはできなかった。自己嫌悪は極限に達し、夫との関係も破綻し、息子の障がいへの失望が募るばかりだった人生のどん底で、彼女は妊娠してしまい、中絶を受けた。

Oがこの時の中絶に与えた意味から、曖昧で両義的ではあるものの彼女の苦悩の要素が見えてくる。彼女にとって、中絶は「私の正しさと信念」を破壊する失敗のしるしであるのと同時に、それは彼女自身の限界と息子の限界とを共に受け止める和解の象徴でもあったのである。おそらく中絶を経験したことで、Oはある感情を表出できるようになった。「男性の総体が憎らしかった」。それはだしぬけに表れたように思えるが、彼女と実の父親との関係や、彼女と夫との関係にその根があったことは間違いない。

＊　＊　＊

以上四編の手記のおかげで、比較的長期にわたる生殖歴の文脈に照らして、避妊や家族計画との関係も見ながら中絶を考えることができる（表11参照）。四人の女性は、全員が初めて性関係を持った男性と結婚しているが、そのうち二人は妊娠した段階ではまだ結婚していなかった。二人以上の男性と関係したのはY一人だが、それも最初の夫と死別した後のことだった。離婚した者は一人もいない。KとMが初めての妊娠を中絶したのは、勉強や仕事の都合で第一子の出産を遅らせるためだった。Oだけが二回目の妊娠を中絶しているが、それ以外の女性は第二子まで出産してから、その後の妊娠はすべて中絶するという産業社会で一般的に見られる傾向に従っている。(14) Oを除く三人は妊娠を相当な身体的負担と感じており、計画的に妊娠したこともなければ、もろ手を挙げて歓迎できるような妊娠も経験していない。

四人の女性はおおむね性に積極的で、少なくとも性関係を結んだ当初はそうだったようである。Yは「性道徳にひときわ厳しい」母から距離を置いていた。Mは性に対する自分の態度にはほとんど触れず、特に否定的なことも言っていない一方で、妊娠については嫌悪を示し、まるで病気のように扱っている。Kと若い頃のOはセックスを理想化していた。Kはセックスを「愛情の最高表現」と語っているし、Oは身構えや羞じらいを一切捨て去った人間と人間との親密さの極致であるかのように考えていた。ただし、Oの姿勢は障がいを持つ息子を産んでからは変わってしまった。なお、胎児中心主義的な内容を語った者は一人もいない。

この四人の女性が経験した妊娠件数は、全部で一六件であり、このうち計画的な妊娠は一件だけだった。この一六件の妊娠のうち九件（五六％）は中絶か流産に終わっている一方、出産に至ったのは七件（四四％）であり、出産を一とした場合の中絶および流産の比率は一・二九になる。用いられた避妊法は周期避妊法（オギノ式）、コンドーム、膣外射精、IUDだったが、いずれの方法も妊娠回避に失敗している。避妊失敗の要因としては、IUDの副作用としての大量出血、不確実な避妊、不注意、コンドームの品質上の欠陥や使い方がいいかげんだったことが挙げられた。

妊娠や中絶の経験を、性的パートナーや家族との関係の文脈に照らして捉えることは重要である。Y、K、Mの場合、最初に妊娠したのはストレスの多い人生の移行期であった。Yには、結婚を両親から反対されているという問題もあった。Kの場合、最初の妊娠は学生から社会人への移行期に重なっていた。Mが初めて妊娠したのは、過重労働とたび重なる夜勤、そして家計についての途切れない不安とがあいまって大きな身体的負担を感じていた頃だった。ただし、Yの場合は最初の妊娠によって周囲からの支援や結婚の承認、一人前の大人としての地位などが獲得されたのに対し、KとMにとって妊娠は忍耐の限度を超えるものであり、現在抱えているもので精一杯の彼女たちにそれ以上の責任を負うことはできなかった。

重要なことに、この一六件の妊娠のうち、女性の中絶決定権に強く反対した者は誰一人もいなかった。中絶することに決めた彼女たちを誰も思い留まらせなかったし、中絶以外の決定を女性に強制できるなどと考える者もいなかった。それどころか、恋人や夫、家族たちは、中絶に反対する場合より賛成する場合の方が多かった。何より重要なことに、宗教的観点から中絶に反対する者は誰もいなかったし、ましてや水子をめぐる胎児中心主義的レトリックを使う者もいなかった。

女性たちは中絶に対する後悔を口にすることもあるが、そんな感情は非現実的で実際的ではないと常に見直している。それよりずっと重要なこととして、物質的に満たされた環境のなかで人間らしい生活が保障されるだけの十分な社会的承認を受けながら、子どもを産み育てるのが望ましいのだと彼女たちは考えている。一方で、経済的および社会的な保障のない状況で子どもを産み育てるのは実際的でなく、往々にして不可能であるばかりか、むしろそれは母親のエゴだと見なされている。宗教的な不安は影も形もなく、むしろ重大な決定を行う場面では感傷は不適切なものだと見なされているようである。

第二節

この節では初めて経験した中絶について男性三人と女性一人がつづった四編の手記を取り上げる。手記の要約は表13にまとめた。〈手記5〉と〈手記6〉は実際の発言と編集者による地の文とで構成されており、第一節で検討した手記とは形式が異なる。この二つの手記は、妊娠と中絶に関するイン

表 13　第 2 節の手記概要

	手記 5		手記 6		手記 7		手記 8	
性別	男	女	男	女	男	女	男	女
名前	A	B	C	D	K・N	I子	名前のない彼	K・H
生年（およそ）	1957	1957	1954	1958	1948（？）	1951（？）	1951	1952
中絶時の年齢	22	22	27	23	22	19	29	28
中絶の年	1979		1981		1970		1980	
中絶時の関係	大学生（求職中）		C は仕事のために他の町から来た		求職中		予期された別れ	
中絶時の交際期間	3 年		2 年		約 4 か月		1 年半	
採用していた避妊方法	オギノ式とコンドーム		抜去法／膣外射精		オギノ式		コンドーム（？）	
避妊に対する責任の所在	責任は共有されていた（？）		男性		男性		男性	
避妊が失敗した理由	A が不注意だった。気まぐれなコンドーム使用		C が膣外射精に失敗した		N がコントロールを失い、いつもしている膣外射精をしなかった		彼が不注意だった。気まぐれなコンドーム使用（？）	
その後の交際関係	中絶した 1 年半後に別れた		C は結婚したが、D との秘密の性的関係を継続		不明。継続している（？）		不明	

タビュー記事をまとめた本から引用したものである。[15]〈手記 7〉と〈手記 8〉は、〈手記 1〉から〈手記 4〉までと同じ本からの引用である。この二つの情報源から得た手記を併記するのは少々体裁が悪いが、〈手記 5〉と〈手記 6〉で男性の側から見た初めての中絶経験という稀な情報が得られることで埋め合わせとさせていただきたい。第一節で示した生殖歴による分析を補うものとして、第二節の手記全体で次の二点を補うことにする。第一に、一つの中絶経験を最初から最後まで見届けるという方法を取り、第二に、第一節よりも若い世代の女性たちの中絶に焦点を当てることにする。さらに第一節と同様に、それぞれの手記の後で分

析を行い、最後に全体を通じての分析を示す。

〈手記5〉「二七歳・サラリーマン・独身のA男」（機械系商社に勤務。B子はすでに他の男性と結婚）

A男にとって五年前の中絶事件は、けっして過去のものではない。いまなお中絶前後のシーンは、別れた、いま二十七歳のB子の面影と重なり合いながら、脳裏に強く焼きついている。

「彼女にとって初めての妊娠で、初めての中絶でした。そのために、手術の前日に器具を入れたらしいんです。膣口が狭くて掻爬ができないと。そこで彼女は病院へ一晩、泊りましてね。ボクも病院へ行って、ベッドのそばに付き添っていたのですが、彼女は痛くて眠れないんです。ボクは看護婦さんにいって、痛み止めをもらいましてね。確か二錠でした。

彼女はその前に何も食べていなかったのですが、気持ち悪いといって吐くんです。でも唾液と胃液みたいなものが出るだけで、なんにも出ない。

そのとき、とっても可哀想だと思いましたね。自分がとっても悪いことをしているような気がしてね。印象的でした。

彼女は何もいわない。ボクも何もいえない。彼女はただ、痛いと。薬を飲んで、三十分後に眠りましたけどね。

そのときは学生でしたから、次の日、ボクは大学へ行って授業を受けてから、病院へ戻ってきました。全てが終わっていましてね。彼女はまっ青な顔をしていました。それを見るのがとってもつらくて……。いまでもそのときの光景をよくおぼえているんです」

A男がB子と出会ったのは一〇年前、都内にある私立大学の同じ英米文学科に入学した年の、夏休み前のことだった。クラスメートとして、ノートの貸し借りなどをするうちに、少しずつ心を許し合う仲になっていた。

A男は新潟県出身で、B子は宮城県の出身。ともに地方からきた者同士で、馴れぬ都会でのとまどいや淋しさが、二人を接近させる要因になったのかもしれない。いわばよくみられる出会いである。新宿御苑が初めてのデート場所だった。

そして夏休み。アルバイトをして小旅行を楽しむ計画だったA男は、三陸海岸を廻った後に、B子の郷里・仙台に立ち寄った。B子の実家は地元で呉服商を営んでいた。

八月七日の七夕祭りに、二人は待ち合わせた。大勢の人混みと祭りの興奮のなかで、二人はそっと手を握り合った。そして歩き疲れ、足を止めた公園の片隅で、ほてった思いをぶつけ合うようにして唇を重ねた。

肉体関係にまで進んだのは、夏休みが終わった直後である。先に東京へ戻っていたA男は、上野の駅までB子を迎えに出た。待ちこがれる思いで、心は高ぶっていた。

その翌日、B子は、自分のマンションでの食事に誘った。そして二人は体を重ね、肌の温もりを確かめ合った。二人とも初めての体験である。

それからというもの、情熱のおもむくままに互いの性をむさぼり合った。それが三年間続く。

その間、さながら国外脱出を図るヒーローとヒロインのドラマのように、イギリスの旅先で落ち合うということもあった。三年生のときの夏期休暇を利用して二人は別々に欧州へ旅行し、ロンドンで待ち合わせた。

「そのときに初めて彼女と一緒になってもいい、と思ったんです。向こうへ行くと知らない人間ばかりでとても淋しいし、そんなときの出会いはとても感激的でした。それに彼女がボクのプランに賛成してくれて、イギリスまで来てくれたという思いがありましてね。将来、寝食を共にしてもいいと……。それでボクはいったんです。〝ボクの嫁さんになってくれないか〟。彼女は〝ウン、いいわ〟とうなずいてくれましてね」

そして、その一年後にコトが起きた。A男が求職活動で忙しかった、四年生の秋のことである。東京にはB子の叔母が住んでいた。それまで二人の間を何くれとなく取り持ってくれた、いわばモノわかりのいい人物である。

ある日、A男はその叔母から呼び出され、B子の妊娠を告げられた。しかも彼女は中絶するつもりだと。

B子はからだがだるく、微熱の出る日が続いていた。その不安な状態を叔母に訴えた。叔母は妊娠であると思い、産婦人科に連れていった。尿検査をした。案の定、妊娠三ヵ月めだった。

過去三年間の性交渉での、初めての避妊の失敗だった。A男としては、危険日には避妊具を使っていたし、注意も怠っていなかったつもりである。しかしはずみで気を抜いたあの日、あのとき……。

Ａ男にとっても悪夢の初《（ママ）》まりである。それまで二人は漠然と、結婚への願望を語り合ったことはあるものの、具体的なプランとして確認し合ったことはない。ただ愛を性という形を通して、交わし合っただけである。

それなのに結婚の次にやってくるはずのモノが、先取りしてやってきてしまった。Ａ男はうろたえた。

折しもＡ男にとっても、またＢ子にとっても就職活動のまっ最中の大事な時期だった。新しい生命を迎える余裕は、二人にはない。

またＢ子にとって影響力の大きい父親は、社会的な評価を第一義とする保守的な観念の持ち主である。結婚前の子どもの誕生を許すはずもない。

つまり新しい生命は歓迎されざる存在でしかなかった。どのように処理されるかは自明だったといえる。だからＢ子はＡ男に、産むか産まないかと相談もしなかったし、その決断を迫り、相手に判断をゆだねることもなかった。自分で〝処理〟したのである。

「叔母から彼女（Ｂ子）のハラは決まっていると聞かされましてね。でもボクとしては決断を迫られたわけではないのに、卒業したらなんとかなるだろうという甘い考えもあったのでしょう。待ってくれと、答えを引き伸ばそうとしたフシはありましたね。

自分ではずるいと思いましたが、できるだけ待ってくれと……。しかし彼女は意を決しておろしたのです」。

中絶手術を終えたＢ子を見たとき、Ａ男の頭の中には、以前に彼女とみた同棲をテーマにした映画『神田川』のあるシーンが浮かんだ。

それは中絶の後、相手の男がドロッとした肉塊を医師から見せられるシーンである。A男はそれを見せられることはなかったものの、そのシーンを思い出すことによって一層、己れの存在のぶざまさに打ちのめされる。一個の生命をつくり出した一方の当事者でありながら、その命を葬り去る行為に暗黙の了解を与えたという複雑な思いにである。

「彼女自身、こうするよりほかはなかったのだと思うんです。とてもせっぱつまった気持ちになってね。でも彼女が中絶に耐えられたのは、やはり叔母さんがいてくれたからですね。ボクだけでは支えにならなかったような気がするんです。とても恥ずかしいことですがね、こんなことをいうのは……」。

ところでA男は、B子に子どもを産んで欲しかったのだろうか?

「なんとかなるんじゃないかと思って……」。

——それは産んでもいいということ?

「イヤ……。就職すれば、彼女と一緒になって子どもを養っていけるんじゃないかと。甘かったのでしょうが、そんな期待みたいなものが少しはあったんですが……」。

複雑な思いをかみしめながらA男はこうも語る。

「でも今から思うと、ずいぶん、逃げみたいなものをもありましたね。ハッキリいいまして、からだを痛めるのは彼女のほうで、ボクじゃない。男の場合には、妊娠させたときにあいまいな態度を示すことができる。しかし答えを伸ばしている間に、子どもはドンドン大きくなっていく。つまり女性は答えを迫られていくのです」。

――彼女は産みたかったのか？

「妊娠する前のことでしたが、何かの拍子に〝赤ちゃんが欲しい〟とポツリといったことはありましたね」。

――A男が承諾していれば、彼女は産んだろうか？

「それはなかったと思います。ボクがだらしなかったかもしれませんが、彼女の父親はとても厳しい人でしたからね。結婚前に子どもを産むなんて、許さなかったと思います。その点では、彼女自身、よくわかっていたと思いますよ」。

いずれにせよ、新しい生命は葬り去られ、二人はなにげない日常へと戻っていく。互いに就職先も決まり、無事卒業。A男は機械系の中堅商社マンに、そしてB子は銀行のOLに。

しかし二人の間には、なんともいえぬ気まずさが漂うようになる。

「学生から社会人へという、環境の変化もあったかもしれませんがね。ボクからみると、どうしても以前の彼女とは違う。そんな意識が強くなってきましてね。つい彼女に対して冷たく当ってしまうということもありました。それを彼女も敏感に感じて、結局は気まずくなってしまう。シックリいかないということはありましたね。

それに彼女としても、中絶という過去の傷を忘れたいという気持ちもあったと思います。職場の人とのつき合いも頻繁にあったようです。ボクとしてはそれをとがめるつもりはなくても、ついケンカをしてしまう。そんな関係になりましてね」。

そんな状態のまま卒業後、一年半ほど関係が続き、やがて二人は離れていく。そして一年前、B子はほかの男と結婚した。

「ボクとしては彼女と結婚したかった。でも中絶のことで自分の心に引っかかるものがあって、責任をとるから結婚してくれとは口に出せなかったのです……」。

A男のアパートの部屋には、いまでもB子がつけてくれた白のレースのカーテンがそのままになっている。そして机の引き出しのなかには束ねられたB子の手紙と、四年前にB子から贈られたバレンタイン・デーのチョコレートが、カチンカチンになったまま残っている。[16]

A男とB子の関係は、学生同士の恋愛として始まった。クラスメートとして知り合った一年目の七夕祭りの時にA男はB子の郷里を訪ね、そこで初めて恋人関係になった。七月七日に行われる七夕祭りは、ワシ座のアルタイルとコト座のヴェガが相対する天文学的な事象を牽牛と織女の出会いになぞらえた伝説で知られる。彼女の郷里でのロマンティックな逢瀬に後押しされて、夏休みを終えて東京で再会した二人はすぐに性関係を持つようになった。

二人が避妊の責任を共有していたのは明らかで、リズム法とコンドームを併用していた。A男はB子の排卵周期に気をつけていたし、二人は毎月のA子の排卵期前後ではいつもコンドームを使っていたようだ。この方法で、三年間にわたって二人は避妊に成功していた。A男によれば、一九七九年に妊娠してしまったのはB子の「危険日」に彼がコンドームを使うのを怠ったためである。

その妊娠が発覚したのは、二人にとって重要な移行期の最中だった。二人とも大学の単位の取得と就職活動に明け暮れていた時期である。こうした移行期に妊娠することは、第一節の三つの手記にも見られたし、後述の〈手記7〉と〈手記8〉にも出てくる。

　この話をしてくれたのはA男であるため、ここではあくまでも彼が再現してみせた二人の関係しか知りえないが、妊娠する頃までに彼はいつかB子と結婚したいと思うようになっていたという。彼がそのように思い始めたのは、もう一つの情熱的なランデヴーのためでもあった。二人は各々ひっそりヨーロッパへ旅立ち、ロンドンで落ち合ったのである。この逢瀬は英米文学を学んでいた二人にとって、文豪夏目漱石がロンドンで外国人に囲まれて経験した孤独をつづった旅行記を連想させたに違いない。外国文学を学ぶロマンチストだったA男は、エキゾティックな舞台に立ってB子への愛をいっそう深く感じただろうし、またA男は自分のロンドンへの冒険物語を日本の文豪たちのかつての足跡に重ね合わせたかもしれない。A男は異国で出合う様々な困難や文化の違いを通じて、人生の意味や日本人としてのアイデンティティに思いをはせるといった渡航した日本人に共通する強い心的体験に至ったが、B子と結婚すべきだという思いは漠然と感じただけだった。

　一連のドラマを経てA男がB子との結婚を望むようになったのは確かだとしても、その気持ちをB子に伝えたかどうかは定かではないし、もし妊娠したらどうしようとB子と話し合っていたようでもない。A男の意思がはっきりしなかったので、B子は妊娠が発覚した時に自分一人で対処しようという気持ちになったのかもしれない。

　B子はA男に比べて現実的な考え方をしていたようである。妊娠を疑ったB子は叔母に相談しに行き、中絶することに決めてきた。B子の父が激怒するに違いないと推測されたことも、この決定に大きな影響を与えたようである。B子が親族に助けを求めたのは、A男が役立たずで非現実的だと分かっていたためである。それが正しかったことを彼自身が証明した。

A男が望んでいたのは、この中絶事件で自分が感じたリアルな痛みを人に認めてもらうことだったように思われる。今の文化のなかには彼にとって頼りになるシナリオはなく、この状況で彼に割り振られる確かな役割もなかった。中絶にあたって男性が果たせる役割が欠如していることは、男性と中絶に関するアメリカの複数の研究でも指摘されている(17)。この欠如こそ、A男が病院に留まっていられず、中絶を受けているB子のそばについていられなかった理由だったのかもしれない。脳裏に浮かぶのは映画『神田川』の一シーンばかりで、彼はうちのめされたような思いになる。

A男の若さと世間知らずが、この状況で彼がうまく立ちまわれなかった一因であるのは間違いない。目の前で展開されている事態を把握する前に、彼は次々と起こるできごとに呑み込まれていくように感じた。B子と叔母は、A男に妊娠を知らせる前に中絶すると決めてしまった。彼に残された名誉ある道は、就職活動を中断して中絶に反対し、鬼のようなB子の父と向き合い、B子と結婚して子どもを育てるか、あるいは中絶するというB子の決断に同意して手術のあいだ彼女を支え、二人の関係を再構築する（そして今後はできるだけ良い避妊法を用いる）かしかなかった。ところが、彼は自分の立場を最後まではっきりさせられなかったので、結果的に、この状況下でまさに窮地に陥っていたB子にとって、A男は無責任で、臆病で、弱く、頼りにならないように見えるばかりだった。そうしたすべてをA男は恥じている。実際、彼はそうした観点（中絶で本当に苦しむのは女であり、男ではない——という見方）からインタビュアーに状況を語る以外になく、自分を棚上げにして（当人いわく

「逃げた」わけだが）、妊娠は——そして中絶に関する決定も——男性ではなく女性に属するものだと言う。このような理解をすることで、A男は授業に行かなくてはならないと言いわけして手術そのものに立ち会わなかったのと同じように、決断することからまんまと逃れている。さらにそう理解することで、彼はすべてが終わった後もぐずぐずとわだかまり続け、別れを必然的なものにしてしまうのである。

〈手記6〉「三〇歳・証券会社の営業マンC男・既婚、子ども一人」（D子は何歳か年下）

C男が二五歳のD子と知り合ったのは、今から五年前のことである。都内私立大学の文学サークルのOBと、在校生の間柄だった。

その頃、C男は忙しいサラリーマンの身でありながらも、文学への夢捨てがたく、悶々とした日々を過ごしていた。

そして時折、出身校の部室を訪れては、在校生相手に文学論議に興じていたのである。情熱家にしてロマンチストの彼は、在校生にとっても頼りがいのある魅力的な存在だった。鹿児島出身のD子は、そんな彼に恋した一人である。

やがてD子は、C男のアパートを訪ねるようになった。といってもそれまで二人は、手さえ握り合ったことはない。いわばD子の一方的な押しかけだ。本の類いが乱雑に置かれている部屋を片づけたり、汚れ物を洗濯したり、時には手料理をこしらえたりと、女房然としたふるまいをする。

C男には自分の郷里・大阪に、将来を約束した恋人がいた。その恋人とは月一、二回会う程度であり、D子はそれを知りながら、通い妻というより、通い女中といった感じで訪ねてきたのである。最初のうちC男はD子に特別の関心をもたなかった。後輩だからムゲに断るのもと、D子の好きなようにさせておくという状態である。その実、わずらわしさもあり、自分の心の世界の中にD子を入れることはなかった。はっきりいえば、無視していたのだ。

ところがそうはいいながらも、せっせと世話をしに通うD子に対して、少しずつ情がわくようになっていた。

そして彼女が通い始めてから二ヵ月めのある夜のこと、文学サークルのコンパで悪酔いをしたC男をD子がC男のアパートまで送ってきたことがある。二人が肉体交渉をもったのは、その日が初めてだった。

さらにその直後、二人で一泊二日の小旅行をした。それをキッカケにして、二人の関係は性を媒介とするようになった。

D子が妊娠し、中絶したのはその二年後である。C男が三ヵ月の地方出張で、D子との接触がないままに過ぎてからのことである。

東京へ舞い戻ったC男がD子の下宿先へ電話した。するとD子の母親が電話口へ出た。しかし初めて口をきく関係であるのに、母親はすこぶる機嫌が悪い、ツンケンした調子である。

つき合っている男だからという理由だけで、そんな態度をとるのは理解できない。何かある。D

子を呼び出して、その真意をたずねた。

妊娠していて、その一ヵ月前に中絶したというのだ。C男にとっては、まさに寝耳に水の話だった。

C男はそれまでに恋人や、その他、何人かの女性と性交渉をもっていたが、それまで避妊に失敗したことはない。

C男の避妊法というのは、コンドームを使わない膣外射精という方法である。挿入してから、射精寸前に抜き去って外へ出す。避妊法としてはもっとも危険な方法だが、過去にしくじったことがないことからC男は自信をもっていた。

しかし思い返してみると、D子との性行為で、しくじったかなという日があった。だから少しは不安に思ってはいたのだが、D子から連絡もないし、いつの間にか忘れ去っていた。

そのかすかな不安が現実となり、しかもすでにC男とは関わりがないところで〝処理〟されてしまっていたのだ。

実はD子は、C男との交際そのものを親に話していなかった。ましてや妊娠も知らせずにいた。しかしたまたま上京してきた母親に知られた。そして母親は強引に産婦人科へ連れていき、中絶手術を受けさせたのだ。

当時のショックを、抑制を利かせた表現ながらC男はこう語る。

「中絶の事実を知ったとき、ズシーンと痛みの手ごたえがありましたね。一人の生命を抹殺してしまったという実感がありました。正直のところ、彼女と一緒に水子地蔵へ行こうと思ったほどです。

それにしても生まれて初めて、人間としての本質的な罪を犯してしまったと思いました。それはモノを盗むとか、ケンカをするとか、そんなこととは全く違う、重い罪だという感じです」

ところでD子自身は、子どもをどうするつもりだったのか。C男の問いにD子はこう答えた。

「私は一人で産むつもりだった。そして大学をやめて働きながらアナタの子どもを育てたかった」と。さらになぜC男に打ち明けなかったのかと聞かれて、「教えたら、きっとおろせといったでしょう」と答えた。

C男に結婚を約束した恋人がいることを知りながら、押しかけの〝第二夫人〟を志願したD子。C男との結婚も、子どもの認知も望めないと、〝日かげの女〟のままでいようとしていたようだ。C男もD子の気持ちを知りながら、それ以上の関係を求めることはなかった。

――もし事前に、妊娠を知らされていたらどうしたか？

「やはりおろせというしか、仕方がなかったと思うんです。彼女と結婚する気は全くなかったしね。冷たい言い方ですが、恋人との子どもは欲しくても、彼女との子どもは欲しくなかったのです。それにセックスの持つ意味が、恋人と彼女との場合では違うんです。恋人とのセックスは、会っていない期間の、互いの空白を埋めるためのコミュニケーションです。でも彼女とのセックスは、互いに快楽を得るためのものでしかない。その点ではボク自身も彼女も納得しているのです。それは現在でもそうです」

C男は二年前に恋人と結婚し、すでに望み通り長男も生まれている。そしていまでも妻に知られないようにしながら、時折、D子と会っては、束の間の肉体的コミュニケーションにふける。[18]

C男とD子の関係は、D子の「一方的な押しかけ」で始まったとC男は認識している。D子より何歳か（三―四歳？）年上のC男は、東京のとある私立大学の文学サークルをOBとして訪れ、情熱的で大人の「年上の男」として振る舞っていた。文学サークルの現役の女子大生たちはハンサムな「先輩」にあこがれ、とりわけ地方から来たD子は彼に夢中になった。

C男は大阪に婚約者がいることをおおっぴらにしており、彼女とすでに性関係があることもおのずと知れたが、D子はC男が婚約していることを気にしなかった。彼女はただ一途に「押しかけ」てくるばかりで、この関係において自分がどんな役割であろうと気にかけなかった。D子は常に自分を性的に利用可能な状態にしておきながら、C男に対して愛情も見返りも恋人という立場も求めなかったばかりか、きちんと避妊することさえ求めなかった。

C男は何人もの女性と性関係をもってきたことを隠さなかった。D子は最初からこの関係におけるすべての力をC男に委ねていたので、事実上C男がすべてを支配していた。彼は年上で、より経験があり、しかも婚約しているということで、D子より優位な立場にあった。実際、D子は何も全く要求しないという条件で、すべてを犠牲にして、彼の人生に少しだけ居場所を得ることができていたのである。

C男は、膣外射精によってきちんと避妊できるという自分の能力を過信していた。自分のいないあいだにD子が妊娠に気づいて中絶したことを知って、C男は驚愕した。彼はその中絶を自分の罪でもあると受け取った（ただしC男も〈手記5〉のA男も、女性が下した中絶の決断を道徳的見地から批判してはいない）。彼は胎児中心主義的レトリックを受け容れており、ここで紹介した他のどの手記にも出てこない「水子」にも言及している。水子供養をしたいという思いも、一瞬、心をよぎったそうだが、どうやら実際には行かなかったようである。だが、実のところ彼にとってショックだったのは――仮にD子から相談されたとしても――中絶しろと言ったに違いない自分に気づいたことである。

C男はまさに「冷たい男」の典型だが、そんな自分に満足しているようにも見える。彼はD子と都合のよい性関係を続けられる以上のことを何も望んでおらず、結婚したことも子どもが生まれたことも、この関係の妨げになるとは明らかに思っていない。C男が言うには、彼とD子は互いに性的快楽を得ることだけを目的とした関係だと互いに合意しているので、彼女がセックスを拒まない限り密会を続けるつもりである。彼は自分の見方が「冷たい」ことを認めているが、彼女が何も要求せず、不倫であることを承知しており、何のしがらみもない限り、「据え膳」にありつくのは当然だと明らかに思っている。D子に対しても、自分が膣外射精に失敗したせいで彼女が身ごもった子どもに対しても、C男は何の感情も示さない。C男はD子にセックスをしてやっている立場であり、何ら返礼を要求されないこと自体に、自分の男としての価値の高さを感じて誇りにしているようである。

この物語の真の謎はD子である。大学教育を受け、文学サークルに参加するような女性が、どうしてC男のような冷たい男に身を委ねるのか？　C男の目を通じてD子を見ている限り、明快な答えにたどり着くことは期待できないが、彼女の献身的な態度と、忠誠を尽くすに値しない男に人生を捧げる女性たちに対して社会が示す態度を検討してみれば、理由の一端が知れるかもしれない。

最初の頃からD子はC男に対して妻がすることをすべて引き受けていた。ただで掃除や炊事や洗濯をし、性的に奉仕しながら、結婚という社会的および経済的な責任を求めもしなかった。それどころか、D子はC男との関係がなければ訪れたかもしれない自らの結婚の可能性を断念してまでも、ひたむきに彼に身を捧げたのである。D子はただひたすらC男との関係をこのまま続け、C男の子どもを産むことを望んでいる女として描かれている。D子が相手なら、C男は子どもの認知を要求される心配もないのである。

インタビュアーに対してD子のことをこのように語るC男が、自分の発言を額面通りに受け取ってもらえると期待していたのは明らかで、それはこのような女性が現実にいてもおかしくないと彼が心から信じていたためである。そこで示唆されることの一つは、C男が実に魅力的な男性だということであり、彼が自らを語る口ぶりからも、彼自身そのように自負していることがうかがえる。だが、C男のことは別にしても、彼の行う描写それ自体はいくつかの点で非常に興味深いものである。

その一つは、あまりにも一人の男性にのめりこんでいるために、当人は意識していないのかもしれないが、彼の欠点も自分に対する無関心も全く目に入っていない女性の表象である。代わりに、彼女は献身という衣をしっかり身にまとうことで、男性自身の姿も、彼の欠点も、自分の立場の危うさも投げ捨ててしまう。はた目には、そんな女の無私無欲は美しく純粋に見える。そのように無私無欲であることは、「女の美風」として称賛の的にされる。無数の男性至上主義者たちが、そうした献身を「女の幸せ」の本質であると言い立ててきたものである。

いずれにせよ、男性に対する女性の純粋な献身に焦点を合わせることにより、とりわけそれがC男のように冷たく非情で自己中心的な男に対する献身である場合には、そうした生き方は受け容れられるばかりか、むしろ美しいものだとするある種の相対主義的な見方が生まれる。そうした見方に立てば、女性が人生のすべて捧げている「対象」が誰であるかということは、彼女がその献身に満足している限り、もはやどうでもよくなる[19]。

男性には都合のいいことに、そうした女性像を描いてみせることで、男性たちのありようや女性に対する彼らの振る舞いから目が逸らされ、そんな生き方を選んだ女性（とその子どもたち）が現実世界で行きつく結末にも目が届かなくなる。女性の自己犠牲を聖なるものとして称えることに関心が向いている限り、そうした女性表象の影響が及ぶ範囲内では男性たちは陰に隠れていられる。C男が一瞬だけ胎児中心主義的レトリックを用いかけたことも、彼とD子との関係にはいささかの影響もなかったようである。

〈手記7〉「I子と私」（K・N、三五歳、高校教員。I子、彼の恋人）

『I子』という劇画がある。

一頁目。第一コマ、青年が頭をかかえ込み、うつむいて、「笑ってごらん」と言う。

第二コマ、ロイド眼鏡の少女が微笑する。

第三コマ、口ひげのある唇のアップ。太く大きい「ハイ」の字。小さく細い「堕しましょ」の吹き出し。

二頁目。第一コマ、少女の顔。「いや」という文字。

第二コマ、青年の顔、鼻から上。その上に、「だってさ」と台詞。
第三コマ、青年の顔、鼻から下。ロひげが見える。下に「金は?」の吹き出し。
第四コマ、腹部に手をあてた少女のシルエット。吹き出しは、「産む」(後略)
今、記憶ははっきりしないが、I子への思いを次々に創作したことがあった。『I子』もその一部。元よりフィクションであり屈折した表現であるが、真実がある。妊娠したらどうしようという不安と、妊娠したI子が「産みたい」と言うことに対する願望である。実際には、どうにもならないにいしろ「産みたい」と言ってほしかったのである。

I子とは八年前の九月の末に近所の喫茶店で知り合った。一〇月には肉体的な関係を持ち、一一月から、I子が自分のアパートに戻ることはほとんどなかった。私は中野、I子は板橋[20]に住み、たびたび往き来するには遠すぎたし、アパートの一人住まいに耐えられなかったのだろう。I子は予備校生だったが、段々と学校に通う日も少なくなり、もっぱら、炊事・洗濯を楽しんでいたようだった。私は大学の四年生。いなかから仕送りがあったが、それだけでは生活できず、I子が通う予備校の近くの別の予備校で講師のアルバイトをしていた。二人で待ち合わせて共に帰ることもあった。

劇画ではやせぎすの少女も、現実には、ふくよかで、肉付きがよかった。夜、ベッドで窓から差し込む光を浴びると、裸の身体が、白くまぶしく、横になって艶のある黒髪を腰のあたりまで乱れ敷くと、肉体の豊満さが強調され、私は頭の芯まで熱くなった。一日中湧き出て来る性欲が押さえられず、毎晩、私はI子を抱いていた。避妊は、私が、先輩の女性に教わった方法を使った。変形オギノ式と言うらしく、生理中の六日間、及び、その前後一週間が安全日というものだった。I子の生理は、周期が安定していて、この俗っぽい方法でも、無理はないはずだった。しかし、なにしろ、I子は、性に関して全然無知で、危険・安全の意識も薄く、前の月の生理日も私が記憶し、私だけでコントロールするというあぶなっかしいものだった。

初めての夜以来、私は一度もコンドームを使わなかった。コンドームは、いやらしいものだと子供の頃から思っていた。以前プロの女性と一度これを使って性交したことがあるが、この記憶もコンドームを使いたくない理由の一つであった。プロを軽蔑するわけではなく、逆に自分の後ろめたさのためである。I子はまだ一九だった。半年前までは女子高生だったのである——そんなI子に、ごそごそとコンドームをつけている自分を見せたくなかった。秋以来、いくつか就職試験を受験していた私の一番の希望は高校教師であり、東京を中心に関東近県をいくつか受験している途中であった。教師になるのだという自覚が、I子を生徒として扱う傾向を生んでいた。そしてそこに私なりの潔癖を養っていた。コンドームを使わないことに何の不安も抱かないI子は、可憐でさえあった。

冬休みになると、私とI子は全然別の県へ帰省した。私は両親に話そうと思ったが、どういうふうにまたどの程度話したらいいものか判断ができなかった。I子に求婚したわけではなかったし、I子の未来について、I子自身の口から希望を聞いたこともなかったし……。とうとう明日は上京という正月のある夜、母だけに「I子という好きな女性がいます。その名前を覚えてておくれますか」と頼んだ。「どんな人」と聞く母に「いい人」とだけ答え、私は翌日上京した。

Ｉ子はすぐにやって来た。二週間の禁欲の後だったから、危険日であるにもかかわらず私はＩ子を求めた。高まったら抜き取ればよいと考え、Ｉ子を強く抱いた。高まってきたとき、何故かふとＩ子が大人の女の顔をした。私は突然爆発してしまった。目まいがするようなショックを受け、私は狼狽した。泥縄式に事後の避妊法を考えてみた。週刊誌で読み知った方法が頭の中でぐるぐる回る。どんな方法も俗っぽすぎると悟り、効果の少なさを思って絶望し、そして——何もしなかった。今、射精したばかりじゃないか、まだ妊娠したわけではない——そう思いついたとき、少なくとも結論を先に伸ばせることがわかってほっとした。

高校の教員採用試験は余りうまくいかず、おかしいと思ったが、理由は謙虚に実力がないせいにした。最後に残ったある県の二次試験の面接で試験官に、「そんなんで教壇に立つの？」と聞かれ意味がわからず聞きかえすと、「赤いセーター着て授業やる気？」と面倒臭そうに私のセーターを指した。真面目に、そして自信を持って「はい」と答えた。この県も私は落ちた。少し遅かったが、私はやっと、教育界の体質というものに思い当った。そして卒業を伸ばし、大学生のまま次の年度また採用試験を受けることにした。

友人の紹介で三月から一年間小・中学生相手の学習塾で教えることになり、母から長距離電話があったとき、仕送りを断り、ついでにＩ子が妊娠したことを告げた。生理がないのは初めてであり、確かに妊娠したという実感があった。初めは狼狽したものの、私は自分に子供が出来るということがうれしかった。喜びつつ、どうしようと迷った。二〇歳前の娘だが、Ｉ子と結婚しようと決心した。その決心ができたから、一つの安心があった。どんなにでも責任はとれるという自信である。

しかし、生まれる子のことを思うと迷いは続いた。育てていけるか、という問題がまずやって来る。その育て方は、私の生き方にもかかわってくる。職業の問題とも直結する。学習塾の経営者は同情してくれるが、教育委員会の関係者が同情してくれるだろうか。採用試験の面接官は、赤いセーターを認めなかった。I子の両親は結婚や出産を認めるだろうか。もし認めてくれない場合、それは私達の子供を認めないということなのだ。存在が社会的に認められないのなら、生きていくことはできないではないか。学習塾は定年までの労働を認めないだろう。高等学校は学生結婚を認めないだろう。確認して回ったわけではないが、実感として私にはわかった。

産む訳にはいかない。I子には、産みたいと言ってほしいが——それが母性なのだから——言われてもどうすることもできない。私はI子が言い出す前に結論を出さなければならなかった。産婦人科の病院に行くように言うと、I子は素直に従った。診察してもらった上に中絶の同意書をもらって帰って来た。私は私の判をおした。

翌日、I子は一人で、病院に行った。母親の胎内にすがりつきたいのは私達の子供だけではなく、私自身もだったと私は気付き、恥ずかしくてたまらなかったのである。I子が出て行った後、二時間程、うつろな気持だったが、突然、はっとして、私はI子の後を追いかけた。(21)

K・N（以下N）とI子の年齢は三つしか違わなかったが、この年齢差と、彼の方が彼女よりも性経験が豊富だったという事実によって、彼がI子を生徒のように扱う傾向は強められた。二人は初めて出会ってからひと月もたたないうちに、性関係を持つようになった。二人とも当時は学生だったが、彼は大学受験用の予備校で講師のアルバイトをしていた。高校を出たばかりのI子は、彼が教えていたのと同じような予備校に通っていた。二人とも地方出身で、I子が彼のところに転がり込んでくるまでは、どちらも東京で独り暮らしをしていたのである。

Nは事実上、避妊の責任をすべて負っており、I子はすべてを彼に頼って生理周期の計算や「危険日」の禁欲についても彼に任せきりだった。どうやら彼はリズム法とコンドームを併用すれば効果が上がると知っていたようだが、二つの理由でコンドームを嫌がった。一つ目はプロの女性と経験した時のことが思い出されてしまうためであり、二つ目は「ごそごそと」自分の性器にコンドームをつけている姿を見られたくないという美意識の問題であった。I子が自己主張しなかったために彼の男性性は補強され、彼はI子に対して責任があると感じて教師のような態度で「私なりの潔癖を養っていた」のと同時に、彼女への燃え上がるような欲望も感じていた[22]。

二人が冬休みの二週間離れていたあいだにNはI子との結婚を意識し始めたのだが、東京に戻る前にそのことを両親にきちんと伝えはしなかった。いずれにせよ、彼はまだI子と未来について話し合ったことはなかったのである。二週間の禁欲の後でもあり、彼の欲望が激しく高まったその瞬間、彼は初めてI子に大人の女の顔を見た。彼は自己コントロールが効かなくなり、いつもしている膣外射精に失敗し、危険日に犯したこの失敗が妊娠につながりうることを意識する。

この時のセックスをきっかけにして、Nには新たな感覚が生まれた。I子はもはや子どもではなくれっきとした大人であり、自分の生徒ではないという感覚である。彼はそれまでI子をまだ子どもだとイメージすることで自分なりの潔癖を保ってきたのだが、そのイメージが突如としてくつがえされた瞬間に、Nの自己コントロールは失われた。このできごとはNが自らの子どもっぽさや幼さ、未熟さを見直すことにもつながり、彼は教員採用試験に赤いセーターを着ていった間違いを恥じることになる。

赤という色は日本では数多くの文化的連想をもたらすが、Nが赤い服を着ていったことを試験官が非難したのは不適切だと感じたためにほかならない。赤は幼い子どもや少女にふさわしい色であり、大人の男性に、とりわけ働く男性にはふさわしくない。日本で仕事を探している若い男性は、いかにも着慣れていないグレーや紺のスーツ姿で履歴書を入れた封筒を抱え、こざっぱりとした髪形をしているので一目で見分けがつく。面接時のNの第一の間違いは、そうした規範から逸脱していたことであった。しかも彼はあえて慣習に反抗していたわけではなく、あまりにも自分自身や恋人に入れ込んでいたために、試験官にそんな恰好で教えるつもりかと皮肉を言われても、最初は何のことか気づかないほどだったのである。

このできごととI子の妊娠を経てNは賢くなり、教育界の体質では自分のような風変りなスタイルが許されることはなさそうだと思い至ることができた。さらに彼は、今の自分では職業生活を始める準備さえ整っていないことに気づいて、もう一年卒業を先送りしてもう一度採用試験を受けることにする。こうした遅まきながらの気づきと、I子はもはや子どもではないという洞察との関係ははっきりしないが、一つの可能性として、彼はI子の持つ大人としての資質を自分に融合させることを求め、新たな立場を得てみなぎった力のために親密性がいちだんと高まって、今の自分にできる唯一の可能性の発現としてI子を孕ませてしまったのではないだろうか。

初めて自己コントロールを失った結果、子どもができたことをNは一瞬喜んでおり、彼は心の片隅でI子にこの子を産みたいと言ってほしいと願う気持ちがあった。それでも、自分たちの状況を現実的に考えると、I子と結婚して子どもを育てることにすれば教職に就く可能性も失われてしまう。いずれにしてもI子は未成年だったので、彼女の両親が二人の結婚を許してくれるかどうかも彼には自信がなかった。そんな状況で、NはI子一人で中絶を受けに行かせたのである。

物語の最後は割愛されている。最終的にNがI子の中絶を止めに行ったのかどうか、あるいは送り出してから二時間も経っていることを思えば、仮に止めに行ったとして間に合ったのかどうかも定かではない。もしかしたら、単にI子の支えになろうとしただけなのかもしれない。この物語ではどちらの解釈も成り立つが、ここまで見てきた話の流れと、後にNが中絶の経済条項を支持するために自分の物語を提供したことを考えれば、彼女を支えようとしたと考えるのが妥当であろう。

なお、この物語に出てくるI子については、その肉体美と性的魅力以外のことは何も語られない。NにとってI子はエロスを体現した存在でしかなかったのだろうか。何かI子の行動や言葉が影響して、彼は彼女に――ほんの束の間でも――大人の顔を見たのだろうか。この話は最後までずっと彼の物語で、I子は彼の成長を助けた美しい謎の人物に留まっていることを思えば、彼女がどんな人間かということはNにとって究極的には無意味だったのである。

〈手記8〉「サンフランシスコのクリニックで」（K・H、三一歳、団体職員）

ほとんど三〇日位の周期で毎月正確にやってくる私の月経が、予定日を一週間程過ぎてもまだやってこない。まさかまさかと思いつつ不安になってきたのは、今から三年前の春、私が二八歳の時、サンフランシスコに住んでいる時のことだった。

三年半ばかり勤めた保育園をやめ、異国での彼との新しい生活を求めてやってきて一年半余、言葉や生活環境に慣れ、日系コミュニティーで、学校で、外に向かって何かをしていきたい、アメリカ生活の意義を自分なりにつくりだしていこうと思っている頃だった。避妊していたのに、今まで大丈夫だったのにといいわけしてみてもしかたない。まずは事実を確かめようと、重い受話器をとり、市内のヘルスセンターのダイヤルを回す。胸をドキドキさせながら、妊娠反応テストを受けたいことを伝え、費用、時間、予約の必要等について尋ねる。検査は外国人でも無料、予約の必要はなく、朝八時から九時の間にくるようにとのことだった。早速、翌日そこを訪ねることにする。

ヘルスセンターはダウンタウンの中華街に隣接した小じんまりしたビルの中にあった。三階へ上がると、食生活、病気の予防などの健康相談、避妊・妊娠・出産指導等家族計画の相談などいろんなコーナーがある。男性のための性の相談コーナーまであるのが目をひいた。英語と中国語でかかれたビラやパンフレットがたくさん置いてある。

すでに朝早くからたくさん人がつめかけているのは、人口の密集する中華街が近いからであろうか。中国語を話す人はたくさんいるが、日本人は私一人みたいだった。職員はほとんど女性だ。妊娠反応テストコーナーへ案内され、住所氏名、最後の生理日等を用紙に記入し、すぐ尿検査を受ける。数十分ジリジリと待った後、まだ早すぎてわからないので一週間後に又来て下さいとの返答をもらう。宣告まで一週間の猶予期間だ。もしもの場合を考えてそれまでにはハッキリ答えを出しておかねばならない。家に戻り、彼と相談する。

予期していたとおり、彼の意志ははっきりしていた。今、子供はほしくないと。大学の一年上級生の彼は卒業後、誰も知らないアメリカへ一人きた。一から自分の生活を築き、働きながら学校へ行き、日系マイノリティー・コミュニティー運動に没頭し在米五年余になっていた。しかし、このへんでアメリカ生活に区切りをつけ、秋にはヨーロッパ・アフリカ・アジアを回って日本へ戻る最後の総決算の長い一人旅へ出かけようとしていた。その長旅は彼にとって重要な旅であることは長いつきあいから私にもよくわかっていた。

私自身はというと、彼ほどはっきりしているわけではないが子供をもつなら、自分なりになにかを成し遂げ、「やった」という充実感、生きている感動をもった時に産むというのが夢だった。できたから、もう年だから、といって受身的に産みたくはないのだ。子供を産み育てることに自分を集中させるよりも、自分自身の興味、関心をもっと追及し、人とのつながりや生活をどんどん広げていきたかった。ここでの人との出会いはずっと楽しかったし、学校を続け、日系コミュニティーの運動、女の運動にもっとかかわっていきたかった。それに口に出していわなかったが、産むなら彼と一緒に子育てをしたいし、二人が長く離れてしまうことへの不安があった。二人とも、今子供をほしくないことを確認した。

再びヘルスセンターへ行った。妊娠の可能性が濃いことは予想していても、もしやという望みもあったが、尿検査の結果、カウンセリングを受けるように言われる。妊娠反応があったからこそカウンセリングが必要なのだろう。いよいよという追いつめられたような気持で、順番を待つ。ふとかたわらに目をやると、自分と同じような目をした人間がいるのに気づく。私と同い年くらいの白人の女性だった。一人はふさぎこみ、もう一人は用紙に書き入れながら、これから仕事があるので長くは待っていられないこと、中絶を受けるのにも仕事はなかなか休めないのだと、困惑の表情をうかべながら係員に訴えていた。この社会のマジョリティーの白人でもあり、中絶もお金がないなら保険で受けられる社会に住みながら意外な生活の厳しさがあること、わりきれずに同じように悩み苦しんでいることがわかった。

スラリとしたキャリアウーマン風の白人女性が私の名を呼び個室に案内した。妊娠反応があったことを告げられる。予想していたとはいえ、ガーンと一瞬目の前が真っ暗になった。産みたいのか産みたくないのか、迷っているのかと静かに尋ねられる。動揺しながらも、準備してきたとおり、産みたくないことを告げ、医者の紹介を依頼する。彼女はテキパキと何件かの医院名を紙にかきこみ、プランド・ペアレントフッド（家族計画協会）という所に印をつけてくれた。私の家から距離的に近いし、信頼がおけ、かつ費用も安いところだという。そしてどんな避妊方法を用いているのかを聞き、避妊の指導を受けることを私にすすめ、ここでは無料の避妊指導、避妊用品の配布を受けられること、自然受胎調節（自分の排卵期を知る）講習会を開いていることなどを教えてくれた。

「妊娠したんだ」という事実が重くのしかかり、ヘルスセンターを出ても、とても学校に行く気がせず、近くの港町、観光名所街をさまよう。生まれて初めての妊娠、自分のお腹の中に生命の芽が育っているのかと思うと不思議でいとおしい。さっきは産みたくないといったけど、本当に産みたくないのか、産みたいという気持はないのかと自問する。イエスとノーしか選択はないのだけど、一〇〇％ノーとはいえない自分がある。産める状態だろうかと自分の生活をふり返れば、日本レストランのウェイトレス、ベビーシッターをしてやっと自分一人が暮らしていける生活だった。彼と家賃・生活費を半々にしているからこそどうにかやっているが、一人でアパートを借り生計をたてていくのは子供がいなくても困難だった。私は外国人でおおっぴらには働けない身分である。仕事場は当然限られているし、低賃金だ。仕事をしていても移民局にばれてつかまりはしないかと、いつもビクビクしていなければならない。そんな中で子供を一人で産み育てていく自信はなかった。

中絶しなければならないなら、できるだけ早いほうがいい。家に戻り、早速紹介されたプランド・ペアレントフッドに電話をかける。たどたどしい英語で検査の結果、妊娠反応があったこと、中絶手術を受けたいことを一生懸命伝える。やっと予約をとりつけた後、電話の主に、当日は「通訳をつけてきなさい」と言われた。ふさぎこんでいる私はこんな言葉にも傷ついた。自分はまだこの社会では言葉もままならない異邦人、移民なのだ。一人で子供を産めない上に医者にいくことすら自由でない。人に頼らねば何もできない。そんな自分の有り様がみじめでくやし涙がこみあげてきた。

中絶までの一〇日間は、いつものように学校やアルバイトへ行き、忙しい日常に気を紛らわしていたが、苦しい毎日だった。自分自身へのいらだちからわめきだしたいような行動にかられたり、重苦しさに沈んだり、思いがこみ上げて、涙があふれてとまらなかったりした。お祭りの食物屋台の手伝いをしたり、日帰り日本人移民史蹟見学にいったり、何気なくふるまっていたが、それがまたいやだったし孤独だった。そんな私の気持をわかってなぐさめてもらいたかった時だけに、彼に対する期待の裏切りは怒りや不信となってつのっていった。中絶することは私の頭から一時も離れないのに、こんなに苦しんでいるのに、なんであいつは忘れたように快活に振舞っていられるのだろうか。やさしくいたわってくれないのだろうか。寝たいなんて思えるのだろうか。こんな風になったのは、あの時、あいつがゴリ押しして避妊をちゃんとしなかったのが原因だ。私のことは棚におき、彼へ責任を押し付け、非難せずにはいられないようなトゲトゲしい毎日だった。

その日はよく晴れていた。私は授業を休み、彼は仕事を半日休み、いつもより早めに起き、プランド・ペアレントフッドへ向かう。朝の市電は通勤客で混みあっていた。乗りかえの途中、吐き気に襲われる。多分、つわりだ。順調に育てば、友人のところみたいに赤ん坊になるのであろうか。もう考えるのはよそう。決めたことじゃないかと自分にいいきかす。診療所が近づくにつれ、不安と恐怖で心臓がドキドキする。

プランド・ペアレントフッドは、私達がよくいく日本町のすぐ近くにあった。青・白・ピンクと色とりどりの保育園を思わせる入口の壁絵が、私をいく分ホッとさせてくれた。応接間を広くしたような待合室に入る。用紙に病歴、アレルギーの有無などの質問事項に対する答えを彼と辞書に助けられながら書き入れる。手術の前にカウンセリング、血液検査、血圧測定、子宮ガンの検査を受けるとのこと。しばらく待たされた後、カウンセリングで、中絶の意志の確認、中絶の手順の説明、麻酔の程度の選択、万が一の事故についての説明と本人了承の署名を行う。カウンセラーに心配には及ばないと言われながらも不安がよぎる。血液検査、血液測定はすぐに完了。すこしして向こうの部屋へ行くように促される。いよいよ手術だ。こわい。身を切り刻まれる恐ろしさ，人間になるかもしれないものを抹殺するという恐さ，暗く冷たい説明できない漠然とした恐怖が目前に広がる。とり乱したらどうしようか。彼が手術にたちあうというので少しホット《（ママ）》する。それでも身構えてこわごわドアーをあける。

そこはハウスプラントが下がり，窓から陽光がそそぐ明るい小さな部屋だった。ものものしい医療機械や、鈍く光る器具は見当たらなかった。クレゾールのいやな臭いもなかった。診察台に腰かけ、すみにボックスとみかんの小箱くらいの大きさの機械があるだけだった。若い女性が親しげに声をかけてくる。雑談しているうち不安がだんだん沈まっていく。私の係の先生は経験のある女の先生だと聞き、大分安心する。日本の産婦人科に行ったことのある私の予想とは大分違っていた。

少したつと先輩の感じのいい女性が現われ、親しげに話しかけてきた。「仕事は？ 学生なの？」。雑談しながらも手を動かす前に、逐一、これから何をするのか説明してくれる。スペキュラムは温かかった。子宮ガンは心配ないとのこと。そして子宮の入り口を少し広げるため、わずかな局部麻酔をする。意識は全くハッキリしているので一部始終、何が行われているのかが、確認でき、安心感がある。細いチューブが子宮の入り口とミカン箱位の機械につながれる。スイッチを入れるとガーという機械音があたりに鳴り響く。医師のいうとおり下腹部が収縮する鈍い痛みがおこる。私の中のものがとりだされた証だ。ごめんなさい。もう二度とこんなことはしないからと祈るような気持だ。

すんだ。手術はあっけない位に簡単に終わってしまった。わずか数分位の出来事だった。自分が何をしたのか、この目で全部確認しておきたい。思いきって私の体内からとりだされたものをみせてもらう。小さな器に入れられた、赤い少しドロッとしたものを目をこらしてみる。肉眼では何も確認できなかった。そして確認できなかったことが私をホッとさせた。今後の諸注意を受け、もしもの場合の出血止めの薬をもらい、何かあったらいつでも連絡するように言われる。二週間後に経過をみるためにチェックアップを行い、その時ペッサリーの使用法を教えてくれるとのことだった。

休養室へ案内されると、そこもハウスプラントが下がる家庭の居間という趣の明るく気持よい部屋で、すでに二人の女性がからだを休めていた。彼が側についていてくれるのがうれしかった。そしてすぐに、暖かいお茶にクッキーが運ばれてきた。うれしかった。細かい心づかいのひとつひとつが胸に響いた。中絶自体はいやな経験だが、私はそれをとてもいい環境で受けられたと思う。一言なんか言われたらくずれそうな私を無言で女たちがささえてくれていた。その過程全体を通じて常にやさしく励ましてくれたことを、肌でひしひしと感じた。私はそこに our bodies ourselves（私たちのからだ、私たちのもの）* という女の思いの体現、運動の成果をみたように思う。[23]

＊日本語にも訳された『からだ・私たち自身』（ボストン女の健康の本集団著　松香堂書店　一九八八年）で広められた女性運動の標語

K・H（以下H）は大学を卒業して働き、やがて結婚するという日本女性に期待された道を外れることにした。日本に残って多くの女性がたどる道を歩んでいくのではなく、第二次世界大戦中の強制収容の補償を求める日系アメリカ人の運動に参加しているある男性（名前は語られない）の後を追って渡米したのである。Hが恋人のもとへ行ったのは、彼の渡米が一年半になった頃だった。この恋人が前の手記に出てきた男性が不完全な形で示していたような生き方をしていたのは、「道を外れた」人生を突き進もうとしたためか、あるいは海外で暮らすあいだに日本民族としてのアイデンティティを抱くようになったためかもしれない。

Hの恋人はヨーロッパとアフリカを経由して日本に帰国することを計画していたが、その計画に彼女のことは含まれていなかった。二人は結婚するつもりはないようである。恋人は一人で旅立つ予定で、Hは長期間離れることが二人の関係にどう影響するのかと心配していた。その問題で悩んでいる最中に、彼女は妊娠したのである。

恋人が日本社会に復帰する何らかの計画を立てていたのは明らかだが、大卒の日本人男性の大半が進む卒業後に就職するという道から外れてきた彼にとって、帰国後の未来が順風満帆だとはとても思われない。日系アメリカ人の運動に関与してきたことから、彼が一九七〇年代末―八〇年代初頭の平均的な日本人大学生とは異なる政治意識の持ち主であることも示唆される。彼はいかにも志の高い男性であり、Hはそんな彼に惹かれている。

中絶に至るまでのHの人生は、恋人と比べて意志や計画性に欠けていた。彼女は大学を卒業して保育所に勤めたが、やがて渡米した。妊娠した時、彼女は学校に通っていたということから、おそらく学生ビザで入国し、移民局の取り締まりを心配しつつ、ベビーシッターやウェイトレスの仕事をしてぎりぎりの線で自活していたことがうかがわれる。彼女には、アメリカに残って女の運動や日系アメリカ人の運動にかかわり続けるという以外、明確な将来計画はない。妊娠した時点で、彼女がいずれかの運動にどれほど肩入れしていたのかは分からないが、どうやら彼女は恋人の進む道を追いかけただけで、自分自身の道をはっきり見出してはいないように思われる。

二人は避妊を実行していたが、Hが今回の妊娠は恋人が避妊をきちんとしなかったせいだと見なしていることから、おそらくコンドームに頼っていたのであろう。二人の関係では、彼の方が主に避妊の責任を負っていた。妊娠した時のセックスは彼のゴリ押しだと言っているように、レイプとまでは言わなくとも彼が欲望に駆られた末のことだったので、彼女の側に利用されて悔しいという感覚を残している。

この妊娠は、Hにとって恋人がどれだけ二人の関係を真剣に考えているかを試す機会になった。彼が一人旅の計画を手放さなかったことに彼女は失望し、自分の苦悩を分かち合ってくれないことを残念に思った。彼の現実的な態度に、彼女は裏切られ見捨てられたように感じた。彼女自身の感情はあふれ、困惑したり混乱したりもしたのだが、彼女は彼に迫ったりはせず、自分との関係も含めた長期的な展望を示してほしいと訴えもしなかった。彼は胎児中心主義などみじんも感じておらず、ただ子どもはいらないと言ったが、それとは別に、中絶手術の日だけは彼女の心を支えるつもりでいてくれた。Hの側も、そんな彼をとがめだてするつもりはなかった。

Hは中絶を残念に思っていたが、手術後に赤ん坊とは似ても似つかない胚を見せてもらったことで安心した。その時点から、彼女は恋人のことを考えるよりも、診療所での女性の連帯感に意識が移っている。医師や看護婦、中絶仲間の患者たちなど、Hが出会った女たちがつくり出した支援的な共同体は恋人の自己中心性の対極にあり、そのことは彼女の心に長い影響を残した。

＊　＊　＊

以上四件の中絶の背景には、日本社会における婚外子の出産に対する不寛容が横たわっている。四人の女性のうち二人（B子とD子）は、親族の女性と相談して中絶することを決めた。B子はどのみち中絶しただろうと推測されるが、D子は当初、子どもを産もうと決めていた。B子は未婚で妊娠したことに父親がどう反応するかと恐れ、父に刃向う気もなかった。その気持ちを彼女の叔母は後押ししてくれた。D子の場合は、未婚で妊娠したことを母に咎められ、ほとんど強制的に中絶させられた。どちらの女性も妊娠が発覚して中絶した時には大学生という立場だったので、経済的に親に依存していたと思われるし、婚外子を産むことで両親の社会的地位に傷をつけたくないという気持ちも働いたのだろう。

これらの手記に出てくる女性親族は、結婚前の娘は実家に「属している」と見ていたようである。実家の親は娘の妊娠について決定権があり、その決定権は娘自身の意見より優先される。特に娘が未熟で、婚外子を産むことで降りかかる厄介事に無知であると思われる場合はなおのことである。家族の体面に傷がつくことも大きな懸念事項である。もう一つ考えておくべきなのは、母子家庭の子どもが置かれる弱い立場と、シングルマザーの稼ぎで家族を養おうとする場合の経済的困難である。未婚の娘が妊娠した時に家族が中絶を選ぶ理由の一つは、非嫡出子というスティグマである。結婚前に子どもを産むだなんて、何とわがままで、無益で、的外れなことかと両親が妊娠した娘に諭すこともよくある。

B子とD子の双方とも、予期せぬ妊娠を知って、すぐに相手の男性に助けや援助を求めようとはしなかったし、このまま出産してよいかどうか男性の意見を聞こうともしなかった。女性の側も男性の側も、この問題を解決するために男性の見方も考慮すべきだとか、決断する前に男性の意見をちゃんと聞くべきだとは思っていなかった。A男とB子のあいだの妊娠を見てみると、A男は自分が「ずるく」て「曖昧」であることを認め、B子を精神的に支えきれないと感じていた。C男とD子のケースでは、D子はきっと中絶しろと言われるだろうと分かっていたので、C男の精神的な支えを求めなかった。どちらのケースでも、中絶費用は重大な問題として提示されていないし、誰が費用を払うかという話し合いもない。女性が一人で行動しているところから、どうやら女性自身（とおそらくは女性親族）が費用を払い、男性には何も要求しなかったようである。

対照的に、I子とHは相手の男性に相談し、中絶するようにと言われている。NはI子が母親になりたいと言い出す前に主導権を握ろうと、慌てて中絶を決定した。一方のHと恋人は二人で話し合って決定を下してはいるが、Hには自分の生き方の方向を決めるという感覚がもともと希薄なので、決定にあたって彼女が果たした役割は、自分自身の人生の目標と同じくらいに漠然とした彼との関係をどうにか続けたいという気持ちに影響されていた。Hが彼の決定に同意したのは、もっぱら彼に逆らいたくなかったためである。もし彼が予想に反して結婚して子どもを育てようと言っていたならば、おそらく彼女はその言葉に従っただろう。

〈手記6〉のC男とD子ならびに〈手記7〉のNとI子の年齢差が男性の影響力を増大させていることは、どちらの場合にも明らかである。この年齢差は、どちらのケースでも避妊をするか否かがほぼ全面的に男性側に委ねられていることにも関連している。さらにそれは、圧倒的な男性の力に対して女性が受動的な態度を取ることによって、ますます男性性が強調されるようなあり方にもつながっていく。それに対応する女性性のあり方として強調されるのは、自らを犠牲にし、自己決定権を放棄し、影響力と交渉力を手放して、男性の側にすべてを委ねることを良しとすることである。

この種の女性性を美化する風潮は（ここで取り上げた手記には明示されていないが）、宗教的なあり方にも結びついているのかもしれない。

まとめ

ここで性文化の一環として中絶を捉え、中絶をめぐる様々な現象を理解するという課題に立ち返ることにして、手始めに本章で取り上げた八編の手記のなかでセックス、避妊、妊娠、そして中絶にどのような意味が与えられていたのかを検討しよう。まず、セックスと避妊は八編の手記のすべてにおいて、主導権をめぐる駆け引きの重要なポイントになっていた。ここに描かれる女性たちはほとんど全くと言っていいほど交渉力や主導権を発揮しておらず（〈手記2〉のみ一部例外が見られるが）、むしろ〈手記6〉と〈手記7〉に顕著であるように、主導権を男性に委ねることで自分の地位を認めさせようとしていた。女性たちは男性主導の性行為に対して、条件を出したり、交渉したり、批判したり、従順でなかったりすれば、かえって二人の関係のなかでの支配力を失うことになると恐れているように見える。男性がずっと年上だったり、女性よりはるかに性的な経験を積んでいたりする場合は、セックスについて主導権を握るのは常に男性であり、そのように男性が主導権を握ることは女性の側の受動性と対をなしている。

性行為における男性の快楽は、女性が避妊の全責任を男性に委ね、次のように性行為がある種の侵犯行為となるような状況で行われる場合に高められる。すなわち、（一）強制の要素が含まれている場合、（二）女性が未成年である場合、（三）男性が既婚者である場合、（四）妊娠するかもしれない時期だと分かっている場合である。一般的に、侵犯性、攻撃性、リスクなどは男性にとってはエロスを高める要素になる。女性たちはセックスでは男性との親密感が大切だと一様に言うが、リスクや侵犯性、攻撃性などにエロスを感じるなどとは言わない。中絶の経験は、女性にとってはセックスによる快楽を引き下げることにつながるが、男性にとってはそうだとは限らないのである。

カップルのあいだで最終的に女性側が責任を負う避妊法を採用するようになる場合でも、関係の初期に用いられる避妊法は男性側が責任を負うコンドームか膣外射精である。日本の男女は避妊について時々あるいは常に「曖昧な」態度をとっており、理屈の上では避妊せずにセックスすれば妊娠すると分かっていながら、様々な理由によって有効な避妊法を実行できずにいる。〈手記2〉に見られるように、一度避妊に失敗したことで女性側が落胆し、その脱力感から全く避妊しなくなる場合もある。また、男性側にコンドームを用意しておいて使ってほしいと要求したり、逆にセックスを避けて男性にも禁欲を要求したりするようなエネルギーは彼女たちにはない。〈手記2〉や〈手記5〉のように慣れのために避妊がずさんになってしまうこともあれば、〈手記6〉のように飲酒が失敗の言い訳にされることもあるし、〈手記7〉や〈手記8〉のように男性側の性欲の強さが避妊をおろそかにした原因だとされることもある。

既婚カップルの生殖歴を見ていくと、徐々に避妊は女性の側の責任にされていくようだが、そうした傾向は男性が性行為の主導権を取るという規範には反する。女性側が責任を負う避妊法〔IUDやピル〕は〔コンドームに比べて〕簡単に入手できないという事実も、女性が避妊の責任を果たすことを難しくしている。三〇―三五歳くらいを過ぎれば性交回数そのものが減少することを思えば、女性としては常にセックスの準備をしておく気にはなかなかなれない。仮にコンドームが女性の手元にあったとしても、男性にリードされることを理想としている限り、女性の方からコンドームを使うことを性交の条件にするのは気が引ける。性交回数が少なくなればなるほど、女性の側は親密感が生まれたり、高まったり、あるいは復活したりすることを期待して、男性側の欲求に従わずにはいられなくなる。たとえ男性が強引だったり、酔っぱらっていたり、避妊がずさんであったりしても、受け容れてしまうのである。

性的パートナーと結婚していない女性は、男性よりもずっと年下であったり、性的な経験が乏しかったりする場合、実家から遠く離れて住んでいる場合、あるいは無職だったり正規雇用でなかったりする場合に、男性側に避妊の全責任を委ねがちになる。一方、女性の年齢が男性と近い場合や実家と密な交流がある場合、専門職または正規雇用に就いている場合は、積極的に避妊にかかわる可能性が高まる。

妊娠が計画的に行われることはめったになく、二人の関係がうまくいかなくなっている時や人生の移行期の最中に妊娠してしまうこともよくある。そうしたタイミングで妊娠するのは、二人の関係のなかで一方が他方を支配しようとしている兆しであったり、あるいは相手の気持ちや真剣さを知りたい、確かめたいといった欲求に基づいていたりする。一方で〈手記1〉〈手記2〉〈手記3〉の女性たちが妊娠したのは、経済的な困難や仕事のストレスに加えて、パートナーからほとんど支援を受けられないまま家事と仕事を両立しようとすることで身体的および情緒的な負担が募って忍耐が限界に達した時であるか、男性との関係がぎくしゃくし始めた時である。こうした要因は、すべて優生保護法の「経済的理由」にあたると彼女たちは解釈している。

妊娠は、一人前の女性としての資格を与えられ、女性性を確かなものにするものだと解されているが、もろ手を挙げて歓迎されることはまずない。妊娠は相当な身体的負担をもたらすし、場合によっては、特に女性が出産時まで働き続ける場合には、いまいましいものと受け止められることもあり、妊娠の意味は絶えざる葛藤にさらされていることが示唆される。カップルのどちらかが妊娠を利用して関係性を試したり、支援や同情を引き出したり、力関係を変えたりすることもあり、妊娠の持つ意味は可変的で両義的である。

結婚生活において中絶が最も頻繁に行われるのは、結婚初期（二人の関係が不安定だったり移行しつつあったりするため、女性が収入を確保するために働き続けることを選ぶ時期）と、望んでいた家族規模（通常、子ども二人）を達成した後である。中絶の有無を決める時、主に考慮されるのは夫婦の社会経済的状況であり、その指標になるのは親としての自覚と自分たちの収入である。中絶は現実的な対応だと説明されるが、それに比べれば子どもの誕生は漠然としており、非実際的で、非現実的なものだとされる。中絶を選択する女性の決定に異議を唱える者はいない一方で、女性の側が妊娠を継続して出産することを願っていても、彼女が未成年で、未婚で、適切な経済的および社会的な支援を受けられないと思われる場合は出産に反対されることがある。宗教的な配慮が有意義で適切だと見なされることもあるが、それは社会経済的な現実を十分に考慮した上でのことである。中絶に際して宗教的な不安が語られることはめったにない。胎児が人間であるという観念は見られず、稀にそれを思い浮かべる人がいたとしても、中絶の決定にあたって考慮されることはほとんどない。

〈手記5〉〈手記6〉〈手記7〉は、中絶に対する男性の反応を知る手掛かりとなる。〈手記5〉に登場する男は、中絶を悲しむばかりか、恋人が中絶するという状況で男性の出番がないことに困惑している。対照的に〈手記6〉のC男は、中絶が済んだ後になって（もし彼女に相談されていたら）中絶してほしいと言っていただろうと気づき、彼女から何かしらの責任をとってほしいと求められなかったことに安堵している。〈手記6〉と〈手記7〉の男性はどちらも、自分のオーガズムをコントロールできなかったことにいささか当惑し狼狽もしたが、女性が避妊の主導権を放棄したことや、妊娠によって男性としての能力が確認されたことで男性性の感覚が高まり、慰められている。特に〈手記7〉の語り手は、妊娠によって自分の生殖能力が確認されたことに大きな喜びを感じている。なお、ここに登場する男性たちには、中絶や自分の感情について語り合えるような相談相手が一人もいないようである。胎児中心主義的な言葉が飛び出すこともあったが、それが男性たちの決断や恋人との関係のあり方に影響したかどうかは知りようがない。

男性たちばかりではなく女性たちも中絶を悲しんでいるが、男女のどちらも、そうした悲しみが中絶を決断するに至った経済的理由やその他の理由をしのぐほど大きいとは考えていない。〈手記8〉は中絶の決断に至るまでの困難と、その決断を維持し続ける難しさを能弁に語ってはいるが、自らの働きで一家の暮らしを支えているような女性がその種の感情を語ることはない。後者の女性たちの場合は、〈手記3〉に見られるように、妊娠に対する嫌悪やそれに伴うネガティヴな胎児観の方がはるかに強い。手記に出てくる女性たち全員が、望まないままに妊娠させられたことへの憤りを示している。胎児中心主義的レトリックに基づいて何らかの決断を下した者は一人もいない。

これらの手記の中に、戦後日本における中絶に関する「常識」や水子供養の影響を感じ取ることができるだろうか。ここで取り上げた二〇件の妊娠のうち一五件が水子供養の流行していた時期のものなので、水子供養が真の影響力を持っていたのだとすれば、何がしかの痕跡が見出されてもおかしくはない。「水子」に言及しているのは〈手記6〉のみで、〈手記3〉は胎児を「つきもの」と表現している。だが、〈手記6〉以外のすべての手記は、「冷たい男と馬鹿な女」による中絶というステレオタイプ化されたシナリオには当てはまらない。もっとも、〈手記7〉と〈手記8〉の女性はこのパターンに近いし、〈手記5〉の男性は自分のことを「ずるい」と感じている。対照的に、〈手記1〉から〈手記4〉までの四編はこのステレオタイプを拒否している。この四編に出てくる女性たちは、セックスは自分にとって「冷たい男と馬鹿な女」でくり広げられる支配と従属という陳腐なテーマ以上の「高尚な」意味があるのだと主張している。全体的には、水子供養の影響は全く見られず、それを拒否している証拠も受容している証拠も見当たらない。より強く作用しているのは、「経済的困難」という大義に包み込まれる多種多様な困難のために行う中絶はやむをえないという「常識」である。水子供養が内包する女性嫌悪はどこにも見当たらず、〈手記6〉に「冷たい男」の女性嫌悪が見られるのみである。水子供養は一見すると中絶の経験と共存しうるようだが、中絶の現状は潜在的に水子供養の根拠を否定し、普遍的な影響力を持たないマイナーな現象にしているのである。第四章では、水子供養を商品として提供する霊能者や宗教法人が実際に行っている儀式の中身を検討していくことにしよう。

第三章　注

（1）Richard G. Parker, Gilbert Herdt, and M. Carballo, "Sexual Cuture, HIV Transmission, and AIDS Research," *Journal of Sex Research* 28 1991, 79. 下記も参照。Richard Parker, *Bodies, Pleasure, and Passions: Sexual Culture in Contemporary Brazil* (New York: Beacon, 1993).

（2）Gilbert Herdt and Robert J. Stoller, *Intimate Communications: Erotics and the Study of Culture* (New York: Colombia University Press, 1990), 53.

（3）Lock, *Encounters with Aging*; Melvin Konner and Marjorie Shostak, "Timing and Management of Birth among the !Kung: Biocultural Interaction in Reproductive Adaptation," *Cultural Anthropology* 2, 1987, 11-28; Timothy Buckley and A. Gottlieb, eds., *Blood Magic: The Anthropology of Menstruation* (Berkeley and Los Angeles: University of California Press, 1988); K. Dettwyler, "More Than Nutrition: Breastfeeding in Urban Mali," *Medical Anthropology Quarterly* 2, 1988, 172-83; A. Millard, "The Place of the Clock in Pediatric Advice; Rationales, Cultural Themes, and Impediments to Breastfeeding," *Social Science and Medicine* 31, 1991, 211-21.

（4） 下記参照。 Elizabeth Grosz, *Volatile Bodies* (Bloomington: Indiana University Press, 1994); idem, “Contemporary Theories of Power and Subjectivity,” in: *Feminist Knowledge*, ed. Sneja Gunew (London: Routeledge, 1990), 59-120; idem, “Notes towards a Corporeal Feminism,” *Australian Feminist Studies* 5, 1987, 1-16.

（5） Christine Gilmartin et al., eds., *Engendering China: Woman, Culture, and the State* (Cambridge: Harvard University Press, 1994); Jeffrey Weeks, *Sex, Politics and Society: The Regulation of Sexuality Since 1800* (London: Longman, 1981); Robert Padgug, “Sexual Matters: On Conceptualising Sexuality in History,” *Radical History Review* 20, 1979, 3-23; Lilian Faderman, *Odd Girls and Twilight Lovers: A History of Lesbian Life in Twentieth-Century America* (New York: Columbia University Press, 1991); D. L. Davis and R. G. Whitten, “The Cross-Cultural Study of Human Sexuality,” *Annual Review of Anthropology* 16, 1987, 69-98; R. Parker, *Bodies, Pleasures, and Passions*; Gilbert Herdt, *Guardians of Flute* (New York: McGraw-Hill, 1981); Andrea Sankar, “Sisters and Brothers, Lowers and Enemies: Marriage Resistance in Southern Kwangtung [Hong Kong, 1865-1935],” *Journal of Homosexuality* 11, 1985, 69-81; John D’Emillio and Estelle Freedman, *Intimate Matters: A History of Sexuality in America* (New York: Harper and Row, 1988).

（6） Nancy Cott, *The Bonds of Womanhood: ‘Woman’s Sphere’ in New England, 1780-1835* (New Haven: Yale University Press, 1977); Carol Smith-Rosenberg, *Disorderly Conduct: Visions of Gender in Victorian America* (New York: Oxford University Press, 1985); Brett Harvey, *The Fifties: A Woman’s Oral History* (New York: Harper Perennial, 1993); J. A. Mangen and James Walvin, eds., *Manliness and Morality: Middle-Class Masculinity in Britain and America, 1800-1940* (New York: St. Martin’s, 1987); Peter Middleton, *The Inward Gaze: Masculinity and Subjectivity in Modern Culture* (London: Routledge, 1992); David Gilmore, *Manhood in the Making: Cultural Concepts of Masculinity* (New Haven: Yale University Press, 1990); Anthony Rotundo, *American Manhood: Transformations from the Revolution to the Modern Era* (New York: Basic Book, 1993); Michael Kimmel, “Invisible Masculinity,” *Society* 30, 1993, 28-35.

(7) Petchesky, *Abortion and Woman's Choice*; Luker, *Taking Chances*; Caroline Bledsoe, "The Politics of AIDS, Condoms, and Heterosexual Relations," in: *Births and Power: Social Change and the Politics of Reproduction*, ed. A. Handwerker (Bounder, Colo.: Westview, 1990), 197-223; Ronald Wetherington, "Culture and Reproduction: An Anthropological Critique of Demographic Transition Theory," *American Anthropologist* 89, 1987, 5-6; Barbara Leigh, "Reasons for Having and Avoiding Sex: Gender, Sexual Orientation and Relationship to Sexual Behavior," *The Journal of Sex Research* 26, 1989, 199-209; Nancy Netting, "Sexuality in Youth Culture: Identity and Change," *Adolescence* 27, 1992, 961-76.

(8) 『悲しみを裁けますか　中絶禁止への反問』日本家族計画連盟編、人間の科学社、一九八三年。

(9) 下記を参照。Petchesky, *Abortion and Woman's Choice*; Luker, *Taking Chances*; Arthur Shostak and Gary McLouth, *Men and Abortion: Lessons, Losses, and Love* (New York: Praeger, 1994).

(10) 『悲しみを裁けますか』二八―三一頁。

(11) 同七五―八頁。

(12) 同二一―四頁。

(13) 同四五―九頁。

(14) Mary S. Calderone, ed., *Abortion in the United States* (New York: Hoeber-Harper, 1958), 62; Gebhard et al., *Pregnancy, Birth, and Abortion*, 213.

(15) 石堂徹生「独身男性と中絶」『女・妊娠中絶』ユック舎、一九八四年、一一四―一二二頁。

(16) 同。

(17) 下記参照。Shostak and McLouth, *Men and Abortion*, passim.

(18) 石堂、前掲一一八―一二二頁。

(19) ろくでもない男に対して女性が自己犠牲的に献身するというテーマは、多くの近代小説で取り上げられている。たとえば太宰治『斜陽』、遠藤周作『わたしが棄てた女』などがある。このモチーフとは逆に、悪女に身を捧げる男の物語は稀である。谷崎潤一郎『春琴抄』は火傷によって美貌を失い、人と会うのを嫌がる師匠に献身し続けるために、自らの両目を針で突いて失明し、身の回りの世話を続けた弟子を描いた古典的なマゾヒズムの物語である。

(20) 中野と板橋はどちらも東京都内である。

(21) 『悲しみを裁けますか』四〇―五頁。

(22) このように両性とも避妊を嫌がることが望まない妊娠の原因となることは、くり返し言及されている。このことは、以下のインタビューでの女性とのやり取りでも明らかにされている（Luker, *Taking Chance*, 50）。

インタビュアー「避妊ムース〔性交時に膣内に充填する泡状の殺精子剤〕を使うのはどう思いますか」

回答者「うーん、ムースは最悪で使いたくない。特に彼氏とは、そこらへんじゅう泡だらけになるばかりだし……」

インタビュアー「どうしてペッサリーを使わないことにしたのですか」

回答者「ああ、前に使っていた時、自分で中に入れているうちにしらけちゃったので、夫婦用マニュアルなんかでよく言うように彼に手伝ってもらおうとしたのだけど、今度は二人してしらけちゃったから」

(23) 『悲しみを裁けますか』三二―四〇頁。

第四章

水子供養の担い手

一九五五年あたりから始まった高度経済成長は、一九七〇年代のオイルショックにより終止符が打たれた〔オイルショックとは、一九七三年に石油輸出諸国機構（OPEC）が採用した価格政策の転換で中東の原油価格が急騰し、日本をはじめとする発展諸国の経済が大打撃を受けたことを指す。オイルショックの結果、日本は不況となり、その衝撃は何年も続いた〕。一九八〇年代には、主に株式市場や膨れ上がった不動産市場への投機に起因する金融「ブーム」で一部の者に巨万の富がもたらされる一方で、著しい経済的不平等が目立つようになった。一九七〇年代の半ばか後半までに、宗教界には悲観論が目立つようになり、その風潮は今でも続いている。実際、いくつかの巨大な新宗教（創価学会、霊友会、立正佼成会など）の信徒増加率は、日本の経済的成長の軌跡と並行してピークを迎え、低下し始めた。これに対して、より霊能的な性質を持つ新新宗教が注目を浴びるようになった。たとえば、真《ま》光《ひかり》系教団や阿含宗、その他一群の独立した起業家的宗教家たちなどである。前世代の新宗教に見られる結束の固い組織と共同体主義は、極小の個別対応的な組織形態に取って代わられた。さらに、一九七〇年代半ばには水子供養も広く知られるようになり、大々的に宣伝されるようになった。

一九七〇年代までに、戦後第一期に興隆した新宗教を特徴づけていた「人間の無限の可能性」という楽観主義的な世界観は、より悲観主義的な気分の影におおわれた。熱心に修行に励んだ個人は最終的にいかなる霊的《スピリチュアル》な高みにも到達しうるといった見方に代わって台頭したのは、予測不能な霊魂への執着と占いへの関心であり、そうした関心は、多くの物事は人間の影響を完全に超えた力によってコントロールされているという見方に基づいていた。「占い師」と総称されるあらゆる種類の易者、運命鑑定士、予言者などが跋扈《ばっこ》し、それと並んで癒しやスピリチュアルな助言など、あらゆる種類の霊的な影響力を取り扱う儀式を提供する新たな起業家的宗教家たちが数多く登場した。このようにいくつかの形で見られたスピリチュアリズムの高まりは、現代日本の宗教的エートスの重大な変化を示している。

本章では、水子供養を人々に広めた霊能者の実践と、全体的にあまり熱心ではなかった檀那寺の住職たちの実践について検証する。第一節では、一連の起業家的な宗教家たちを取り上げる。彼らの実践は、活動のほとんどを九州に限定している庄崎良清のように、仏教寺院から独立し、非常に地域限定的に行われている。後の項では、地域の水子供養の中心地として機能している津山の天台系寺院の慈恩寺と、その寺の僧侶として働いている森田愚幼を取り上げる。こうした事例には、仏教の内外で水子供養の原理を説明している女性の宗教家たちも含まれる。彼女たちの説明には、日本における中絶という一般的な現象の分析やジェンダー構造の特徴、現代史の鋭い解釈が含まれている。たとえば、第一節では水子という概念を経典のなかにつなぎ留める「錨」がないために、浮遊霊とほとんど区別がつかないほど概念が押し広げられている現状が示される。そうすることで、水子と中絶との関連は薄まり、直系家族の「家」に水子を結びつけることで、この儀式は慣習化される。家と水子の結びつきは、男性の参加と水子供養の正統化を促進する。

第二節では、仏教僧のあいだでの水子供養に対する態度の多様性について検討する。一般的に、僧侶たちは霊能者たちよりも水子供養に対する立場を決めるのに時間がかかり、受動的かつ応答的になる傾向がある。完全に水子供養を否定している浄土真宗を例外として、仏教各派は政治的な問題に巻き込まれたり、多様な考え方を持つ檀家とのあいだで問題が生じたりするのを避けるために、水子供養について明確な方針を示していない。このことは、仏教各派が明確な方針を定められずにいるうちに、宗教家や大衆のあふれ出る宗教的感情が先走りしてしまったことを意味している。この問題に関する宗派を超えた対話はほとんど行われていないため、たいていの宗派はこの問題に対する見方を公表する機会がなかったし、他の宗教家の実践について体系的に情報を得る機会もなかったのである。

第一節　霊能者の水子供養実践

次のやり取りは、たとえ依頼者が水子供養を行うつもりでなかったとしても、霊能者が水子という主題をやすやすと導入できることを示している例である。このやり取りの詳細は、ある調査者によって最近出版された記録から得たものである。この霊能者は船越富起子といい、東京の上野地区にある日本霊交学研究会の代表である。富起子が五〇歳代後半の匿名女性に初めて会った時、二人は、低いテーブルに差し向いに座って対話を始めた(1)。

「家の中がゴチャゴチャなんです。家族もバラバラ。あたしも八年も膠原病の病人でね。胆石もあるんです。お腹も冷たくて風が抜けるみたい。何の災いか。何の障りかと思って……」

富起子がのっけからズバリといった。

「子ども堕ろしてるでしょ。受胎して魂が入ったのに、突然ぬけば風穴あけたみたいになるの。ホルモン切れるから、子宮バランスが崩れてエネルギーも切れてしまうから冷えてくるの」

初めから堕ろしただろといわれて、客が肯定しかねていると、富起子がとどめを刺す。

「年輩になって堕ろしたやつよ」
「エヘヘ、そう、四十代」

この霊能者がこの依頼者に会ったのは初めてだったにもかかわらず、この女性の漠然とした訴えに即座に反応して「子ども堕ろしてるでしょ」と言っている。この指摘が当たる可能性は少なくとも五分五分だった。依頼者が否認しようとも、霊能者は告白を引き出すまで確信を持って主張した。このやり取りは、中絶に関する未解決の感情が突然暴露された時、年配の女性たちがいかに弱い立場にあるのかを鮮やかに描いている。「闇から闇へ」さすらう魂という感傷的な描写は、女性たち自身の葛藤を映し出す。供養すれば解決がもたらされると仄《ほの》めかすだけで、相手は進んで耳を傾けるようになる。

庄崎良清は福岡県を本拠とする女性霊能者であり、その実践は九州全域に（第五章で詳述する行橋市の人々にも）知られているが、一九九〇年代初めにはマスコミの報道によって日本全国でもある程度知られるようになった。庄崎は拝み屋と称される霊能者の一人で、病気の治癒や物質的豊かさ、人間関係の改善などを求める依頼者のために「礼拝する人」である。庄崎のような拝み屋は、その個人的なカリスマ性で常連客を惹きつけている独立した宗教家でもある(2)。さらに成功した者は「寺」や「神社」を開き、崇拝対象の彫像や自分に癒しや助言の力を与えてくれる神々の像を建立したりする。収入を安定させるために、拝み屋が依頼者の会員制度をつくったり、共同体での儀式を年中行事に盛り込んだりすることもある。ただし、最も発達した形式を取っている場合でも、拝み屋の寺が仏式の葬儀やその後の追悼儀式を執り行うことは稀であるため、依頼者はたいてい既成仏教の檀家という立場を捨ててはいない。

霊能者は既成仏教宗派の傘下に帰属する形を取ることが多く、なかでも信者が修行を積めば改宗できる真言宗系や天台宗系の傘下であることが多い。お告げや病を治癒する力を得たばかりの霊能者は、自分の力を説明するために既成仏教での修行や資格を必要としているのかもしれない。既成仏教の教えを受けた霊能者は、宗派への帰属を主張することができる。なかには、既成仏教で出家していて、後々霊能信仰と僧職とを結びつけて活動している場合もあった。ただし、その霊能者が寺院の後継ぎで、たとえば父の死や引退などで寺の後継ぎになるのでもない限り、ある宗派の恒常的な檀那寺の管理が霊能者に任されることはめったにない。一般に、檀那寺は一定の地域ごとに個々の「家」の葬儀や先祖祭祀を行う伝統的な檀家集団を管理しており、総本山に収入の一部を納める役目を担っている。

対照的に、檀家制度の外で活動している霊能者はたいてい安定した檀家集団を持っていないが、その代わりに依頼者の求めに応じて実施する儀式から主な収入を得ている。かつての人々は、主に病気の治癒や物質的豊かさ、人間関係の改善などを求めて霊能者に近づいていったものである。だが、日本全体が健康で豊かになったことにより、病気や貧困が悩みの種になることは減ってきた。檀那寺の住職のような恒常的な収入源に恵まれない霊能者たちは、必然的に依頼者が表明するうつろいやすい霊的《スピリチュアル》な不安に対応せざるをえなくなった。中絶に関して未解決の感情があることは広く報告されており、特に一九二〇―四〇年に生まれ、大半が中絶を経験している五〇歳以上の女性には顕著である。霊能者たちは中絶に対する二律背反的な感情に焦点を当て、女性たちに水子供養をさせるように動機づける霊的な不安を生み出すことに重要な役割を果たした。

以下に示す庄崎の依頼者の告白から、水子供養を行いたいという当人の従来からの欲求に霊能者がどのように対応したのかが分かる。以下の霊能者と依頼者の初めてのやり取りでは、霊能者が水子供養の必要性という観念をどのように唱道するかが見てとれる。[3]

> 私は三人目の子を流産したため、その子の供養をしてあげたいという気持ちをずっと抱いていました。寺に頼むと檀家にならねばならないような気がして足が向かず、かといってどうしていいかわからないでいました。ある時、隣の人が「宗派は関係ないから」と、庄崎先生のところへ連れてきてくれました。十年ほど前のことですから、一九八二年頃でしょうか。
>
> 流産児の供養をお願いしますと、オミクジ（お告げ（を意味する庄崎独特の言葉））に水子が出て「冷たい井戸のなかにいる。冷たいよ」と訴えてきました。その声を聞いた時、言葉づかいからなにから水子の声そのものと思いました。「ごめんなさい、供養しなくて」。そうした気持ちがあふれ出ました。先生は今度くる折にミルクや七色菓子を水子に持ってきなさいと教えてくれましたので、あらためてそれらを持参して再びお参りにきました。水子供養のお経や地蔵和讃が心の中に滲みてきて、涙が出てたまりませんでした。オミクジで「供養してくれてありがとう。上に引き上げてくれてありがとう。」と水子にお礼をいわれ、ようやく自分の気持ちはおさまりました。
>
> しかし、これで終わりという気にはならず、庄崎先生のところへくれば供養ができるという思い

がわき、さらに水子からも先祖供養の大切さをオミクジでさとされました。

ある時庄崎先生が、私のところに「なにかあろうが、探してごらん。掛け軸みたいなの」といい出したことがあります。そういわれて、掛け軸をしまい忘れていたのを思い出しました。その掛け軸は文殊菩薩を描いたものでした。以前、仕事で片づけを頼まれた際、すべて捨ててくれということでしたが、その掛け軸だけは捨てたくない気持ちになり、残しておいたものでした。掛け軸を前にして先生に拝んでもらうと、オミクジはこうでした。

「(世に) 出たかった。祀ってくれ。そうしたら、代々、家族を守ってやる」。

ボロボロになっていた軸を表装し直し、家の宝物として祀ることにしました。

この文殊菩薩に守られた話があります。うちは自営業ですが、月末近くの日、送金のために銀行へいった時のことです。メモを家に忘れたのであわてて取りに戻った際、私は小切手帖から預金通帳、印鑑までいっさい銀行に置きっぱなしにしてしまいました。今でも思い出すと震えがくるほど、気づいた時にはまっ青になりました。銀行へ取って返すと、なんと小切手帖などはそのままで、出金もされていませんでした。財産を失くさないで済んだ。帰宅して泣きながら文殊菩薩を拝んだものです。その足で夢中で庄崎先生のもとへやってきて、思わず「助けられました」と叫んでしまいました。

オミクジに文殊菩薩が出られ、河童に龍神を連れて銀行にいかせた、お前がそうすることをわかっていたから、と告げられました。

さらに、龍神はこの女性に井戸をきれいに掃除してくれと告げた。彼女は井戸のある実家に戻り、それをきれいにしたところ、龍神は美しい夢を見せてくれたという。それから彼女は夢でたびたびお告げを受けるようになり、一つひとつ庄崎に相談した。相談をするたびに、彼女はどのお告げについても自分が正しい行動を取っているという安心感を得ることができた。今や彼女は神、仏、そして先祖によって守られていることを確信している。

この告白は、拝み屋の霊能信仰における依頼者と水子の位置づけをよく説明している。この事例では、依頼者自身の水子への関心が庄崎に助言を求めるきっかけになったが、やがて彼女の関心はご先祖様や文殊菩薩、龍神、河童など他の霊的存在へと移っていった。最初の依頼以降、この女性が水子というテーマに戻ってくることは二度となかった。彼女にとって水子はある種の汎神論的な霊性に至る道を開いたようであり、あらゆる種類の神格が予測不可能な形で現れてきたことに彼女は魅了されている。

最初の水子供養で水子はもう安らいだというメッセージを（拝み屋を通じて）受けたために、依頼者にはもはや水子のことを気にかける必要はない。彼女が水子に関する相談を通じて学んだのは先祖祭祀の重要性であり、庄崎の供養によって水子が鎮められてからは、先祖祭祀によって水子は適切な供養を受けたのだと思えるようになっている。そうであるなら、水子供養の機能の一つは水子を先祖というカテゴリーに高めることになる。このことは、霊魂からのメッセージのなかで使われる「引き上げる」という表現とも一致する。そうした変化は、水子はもはや浮遊霊でもなければ、適切な儀式を行うべきであった人々を罰したり目覚めさせたりするために災いをもたらすような霊魂でもなくなったことを意味している。それどころか、水子は穏やかになり、依頼者を見守る守護者的な存在になったのである。

慈恩寺——独立した仏教霊能者と水子供養

仏教の宗派に所属する宗教者のなかにも、その実践が霊能者と非常に近い人々がいる。それは特にその寺院が檀家を持たない場合（たとえば、後に論ずる圓満院の事例）や慈恩寺のように僧侶が儀式ごとに料金を請求するなど起業家的な特徴が目立つ場合、霊能者としての経歴を持っている場合、さらにその宗教家が女性である場合に顕著である。

第五章で取り上げる四地域のうちの一つ、津山にある天台寺院慈恩寺の森田愚幼は、いくつもの霊能者の特徴を備えた仏教僧侶の典型的な例である。社会福祉の仕事で成功した後に剃髪した彼女は、天台宗系の緩い系列に連なる寺を開いたが、その宗派の直接的な配下にはならなかった。慈恩寺は檀家を持たず、墓地の維持や葬儀の取り扱いや定期的な先祖祭祀の儀式も行わない。その代わり、森田は依頼者に日々向き合い、どんな問題でも相談を受け付けている。彼女は非常に独創的な形で慈恩寺での水子供養を確立し、この寺は現在、地域の水子供養の中心として機能している。

水子供養に関する民間の知識のうち重要で頻繁に示される見解は、供養の主な提供者が仏教寺院であっても、儀式を要求する人々が水子供養の存在を知ったのは仏教僧からではなく、宗教団体に属さない霊能者や占い師を通してだったということである。祈禱師や占い師のなかには、自分の依頼者に水子供養を行ってくれる寺を紹介する者もいるし、慈恩寺の森田のように自分自身で水子供養を行う施設を備えている者もいる。

津山での水子供養の実践を全体的にみると、水子供養を提供している仏教寺院の大部分が受動的に供養を行っているだけで、たとえ水子供養に必要な彫像を建てたり、水子供養の看板を出したり、水子供養を先祖祭祀と一緒に行えるようにしたりしていても、水子供養に関する教義上の正統性を公表してはいないことが分かる。当然ながら、仏教寺院は水子という考え方を経典のなかに見出せないため、教義上の正統性を保証することは不可能だからである。水子供養を絶対、必ず行うべきだと、仏教寺院側がわざわざ教導することはない。言い換えれば、仏教寺院では水子供養に関して布教的な立場は取らないのである。この点において、津山の森田の態度は他の霊能者と根本的に異なる。慈恩寺の水子供養の依頼者は西日本全域からやって来るが、地元でもこの寺が住職である森田の言葉に従って水子供養の施主となる数多くの人々に儀式を施し、相談に乗っていることはよく知られている。

慈恩寺の調査は別々の機会に三回行ったが、うち一回は森田との四時間に及ぶインタビューに費やした。一回目の調査では、水子供養のために慈恩寺に奉納されている七二体の地蔵像を観察した。これらの像は、寺の建物の背面にある険しい丘を登っていく曲がりくねった小道沿いに置かれている。地蔵像の高さは八〇センチメートルほどで、土台に奉納者の名前が記されている（図10を参照）。この寺ではこの像一体を奉納するための費用を明らかにしていないが、それが相当な額に上ることは、個人によって奉納されたものがわずか一五体しかないことからうかがわれる。像の大半は複数人のグループで建立されている。既婚カップルによって奉納されたものが二七体あり、残りは親族ではない人々のグループによって奉納されている。[4] 建立を望んだのがどんな人々で、どの程度の布施を出せる

図 10　集団で奉納された慈恩寺の地蔵像（津山市）

かによって、寺の側が奉納者にグループを組ませたのである。表14に、像の奉納者の概要を示す。

三人以上の奉納者グループでは、七人の組み合わせが好まれているようで七件あった。他に目立つ組み合わせでは、母と娘のペア、名字が同じ男性二人と女性一人の組み合わせがある他、男性五人と女性三人、女性七人と男性一人など様々な個人名を連ねたものが見られた。

こうしたグループ編成で特異的なのは、奉納者全員が水子を気にかけ、おそらく何かしら水子による影響を受けたと考えていたとしても、必ずしも一緒に像を建立した人々と性関係にあったわけではないと思われる点である。

水子地蔵の奉納が寺と信者のあいだに、ときおり僧侶に相談するだけではない確固たる結びつきを形成する手段になっていることは間違いない。寺とのあいだに継続的な関係を確立し、それを維持するつもりがなければ、地蔵像を奉納することはないと思われるためである。またその代価は、ある程度の年齢になり、相当な資産を獲得した人々でなければ手の届かない金額と推測される。ここで重要なのは、特定の「家」集団が像の奉納者になってはいないことである。慈恩寺は本質的に檀家を持たないが、その代わり全国から信奉者が集まってきている。

森田は一九三二年、津山の真西にあたる岡山県北部の農村地帯である久米郡に生まれた。女学校を卒業した後、現在の夫である仏像彫刻家と二二歳で結婚した。夫婦には二人の息子がおり、二人とも森田の夫と同様に天台宗で得度を受けている(5)。息子のうちの一人は、兵庫県で天台宗の寺院の住職をしている。

森田は二〇代から三〇代にかけて、津山地域で更生保護関係の仕事をしていた。当時の地域社会は、志が高く信念の強い個人を選び出し、刑務所から出所したばかりの人々を更生させる仕事を任せていたのである。このような仕事に就くことは名誉なことで、地域社会で高く評価されている印でもある。森田は岡山県の非行少年・少女指導組織と協力して、軽い窃盗から詐欺、売買春まであらゆる種類の前科者を更生させるために働いた。

表 14　像を奉納した人々の属性

奉納者の氏名が明記された像	72
奉納者の氏名が記されていない、または不明な像 *	7
氏名が明記された奉納者	
男性	68（35%）
女性	126（65%）
一体の像に対する奉納者の人数と属性	
一個人	15
親戚ではない二人組	5
夫婦	27
3 人以上の集団	18
不明	7

* 奉納者が不明、または明記されてない像が 7 体あったが、これは奉納者集団の名前が「一同」とのみ書かれていたためである。この属性には、おそらく森田によって授けられた性別がはっきりしない宗教名を用いている人々も含まれている

森田は四〇歳の時、比叡山で天台宗僧侶として得度した。引き続き、森田は比叡山のなかでも特に厳しい節制によって歴史的にその名を知られる横川で苦行を行った。一九七二年には、森田は自ら開いた慈恩寺を宗教法人として岡山県に登録した。[6] 三年後に森田は剃髪し、それ以来、慈恩寺で暮らしながら天台宗の儀式や教理に基づいた実践を行っているが、寺の運営は天台宗本山から独立して行ってきた。慈恩寺に初の水子地蔵像が奉納されたのは一九八〇年である。

水子供養の実践に関する森田の信念は、若い頃に経験してきた社会福祉の仕事に通じている。森田は一日に平均五〇人の依頼者と会っており、そのうちの七―八人が水子に関する相談で来るという。彼女は水子や中絶を深刻な社会的・宗教的問題と受け止め、地蔵信仰の歴史や日本における中絶や間引きの持つ意味と変遷を正しく理解した上で取り扱おうとしている。森田に会いたいと寺に申し込んだ私に対しても、彼女は歴史をきちんと理解した上で水子供養の問題を取り扱うことを求めてきた。彼女は比叡山の亡き師匠の息子に手紙を書いて、地蔵に関する最も詳細で学問的な仏教学の文献を送るように依頼してくれた。さらに、受け取った文献の複写を私にも送ってきて、自分と会う前に文献に目を通しておくように求めるのと同時に、自分の側でもよく読んでおくと言ってきた。彼女は手紙のなかで、今のように地蔵像をいくつも奉るのは、古典的な地蔵信仰からの逸脱だと自分は見ていると明言していた。森田は私に、幻想に惑わされないことを求めた。

私たちが会った時、森田は地蔵と水子がそもそも結びついたのは、青森県にある恐山だったと説明した。一九八八年、恐山について調べるために森田は夫と共にそこを訪れた。この世への強い執念に満ち安らぐことができない無数の魂が恐山に集まっていることを森田は感知し、深い感銘を受けた。

そこには、子堕ろし、間引き、姥捨てなど前近代の慣行によるありとあらゆる霊魂があったという。

そうした前近代の慣行について、森田は次のように理解している。東北はずっと貧しかったので、大家族が過酷な経済的困難に陥るのは必至であり、時には一家全員が飢え死にすることもあった。一二人目か一三人目の子どもを妊娠するはめになった女は、子どもが生まれる前に産婆に次のような話を持ちかけたことだろう。「おばあさん、分かってると思うけど。だんなも私も貧しくてね。今でもちゃんと育てられないくらい子どもがいるんだよ。もう一人育てるとなればどうなるか分からない。可哀想だけど、これを死産だったことにしてくれまいか」。もう一人生まれたら家族全体の窮状が悪化するばかりだと承知している産婆は、心を痛めながらもこの要求に応える。赤ん坊が産み落とされるやいなや、産婆はその子が息を吸えないように水で濡らした小さな紙片で鼻と口を覆い、産声を上げさせずに死に至らしめたのである。

その後、母親は恐山の砂利を浅く掘った墓穴に子どもを埋め、その上に石を積み重ねながら罪の許しを請い、子どもをお守りくださいと地蔵に祈り、母を許しておくれと子どもに祈り、子どもがすぐに生まれ変われるようにと祈ったことだろう。しかし、これで終わりではなく、「女の業」ゆえに母親の乳房には母乳があふれだす。母親は何度も何度も恐山を訪ねて、そのつど自分の母乳でぬれた小さな赤い布のよだれ掛けを持ってきては地蔵像の首に巻き、子どもの許しと生まれ変わりを願って再び祈る。森田によれば、このようにして前近代の間引き（や子堕ろしなど）は純然たる――絶望的な――経済的困難によって引き起こされ、祈りと後悔の風土に取り囲まれて余すところなく儀式化されていったのである。この状況で仏教僧侶が果たすべき役割の模範になると森田が見ているのは、円仁《えんにん》

（七九四―八六四年。天台宗三代目座主、死後の称号である慈覚大師としても知られている）の事例である。円仁は東北に数多くの天台宗の寺を建造していったときに、恐山に残されていた多量の人骨を集めて適切な儀式を施し、そこに菩提寺の本堂を建立した人物である。

森田は現代の中絶と子殺しの状況に対する自分の理解と仏教僧侶の取るべき役割について、次の二つの談話で明らかにした。

〈談話1〉

数年前、二〇歳くらいの若い娘が慈恩寺に電話してきて、助けを求めた。「赤ん坊が生まれたのですが、困っています。こちらはお寺さんですよね？　助けてください」。その娘が森田に語ったところによれば、彼女は大学に通うために九州から津山に出てきて、母親が彼女のためにアパートを手配してくれたそうである。家から初めて離れ、一人暮らしをするうちに、彼女はある若い男性と恋におち、間もなく妊娠に気づいたという。その娘の妊娠は他の誰にも気づかれなかったので、彼女はアパートで一人で子どもを産み、その場で子どもを殺したか、ただ放っておいて死ぬのに任せたかした。ともかく、彼女は自分の冷蔵庫の冷凍室に赤ん坊の亡き骸を入れておいたのだが、異臭が漂いはじめたので、どうしたものか途方にくれてしまった。娘は慈恩寺にその死体を処分してほしかったのだ。

森田はその娘の母親に連絡し、ただちに津山へ来るように言った。母親は一連のできごとに衝撃を受けた。森田は母子に、正式な死亡診断書なしに死体を処分することは違法であり、娘に代わって死亡証明書を調達しようものなら、事実がすべて明るみに出て、女性にとってもその家族にとっても取り返しのつかない恥になることを説明した。森田は赤ん坊の死体を故郷の檀那寺で埋葬してもらうよう諭した。運のよいことに、故郷ではこのことは表沙汰になっていなかったためである。その母親は大学を辞めさせて娘を家に連れ帰り、このことを内密にするように檀那寺に頼みこんだようである。

森田は、この話から二つの結論を引き出している。一つ目は、森田が前に恐山について説明したような前近代に行われた子堕ろしや間引きとは異なり、今日では若い未婚の娘が楽しみや遊びの一種として性を捉え、単に自分たちの都合で中絶や子殺しをしているということである。若い娘の目に映る子どもは厄介者にほかならず、単に処分したい存在にすぎない。くだんの娘にこのような評価を下す森田には、娘への共感は全くない。第二に、森田はその娘が自分の薄汚れた小さな問題を解決するために寺を利用すればよいと考えていたことに非常に憤慨していた。娘がそんな考えを抱いたのは、実際に幾人もの恥知らずな自称宗教家が自ら寺と名乗っている場所で、まさにこの娘の抱えているような問題を水子供養と称して受け容れているためであり、だからこそ、この娘は慈恩寺が商売として自分の問題を受け容れてくれるだろうと考えたのだと森田は見ている。中絶されたり、死産であったり、嬰児殺しの犠牲者であったりする魂のために行う儀式が商業化されていることは、誠実で純粋な後悔の表明という本来あるべき姿からの卑俗で皮肉な逸脱に他ならない。これは森田にとって許しがたいことであり、慈恩寺はセックスを単なる余暇活動の一つと考える人に突然降りかかる中絶という小さな「トラブル」の安っぽい解決策として、金と引き換えに儀式を行うような寺ではないことを強調する。水子が永続的に慰められるためには、誠実な後悔と回心が必要なのである。それがなければ、水子にとって儀式は空疎なものになる。

森田は、次の談話を通じてさらに自分の考えを詳しく述べている。

〈談話2〉

夫が国会議員で妻が医者、三人の子どものうち男の子二人は東京大学と早稲田大学、女の子は青山学院大学という国内の一流大学に通っている五人家族があった。三人の子どもたちは、両親の社会的な名声や貢献に見合うような期待を受けて当然であった。唯一の汚点は、次男の性格の弱さであった(早稲田大学に通っている息子である)。

次男はほかの二人の子どもとは違い、自分の両親に取り入る手段として自分に近づいてくる恥知らずな人間たちを見分けるべきだと考える判断能力と決意に欠けていた。彼は涙をさそうような話に弱く、ひどく理不尽で明らかに搾取的な要求に対してさえも、性格的に嫌とは言えなかった。そのため、後になって詐欺師だったことが判明した人物が次男に近づいてきた時、彼は世間知らずにもその人の借金の保証人として書類にサインしてしまったのである。いうまでもなく、そのペテン師は、次男に責任を負わせて、金を持って行方をくらました。高利貸しは真っ直ぐこの息子の両親のもとを訪れ、ローンの支払いを現金で要求した。両親は金のこと以上にこの息子の性格の弱さに動揺し、答えを求めて森田のもとに来たのである。

森田はその両親に、三人の子どものうち一人だけ問題児がいることについて説明がつけられるとしたら、それは水子のしわざだと告げた。その水子は、先の話の九州から来た娘のような全く無関係な人物のせいで生じたものだが、突然どこからともなく現れて、他の輝かしい将来のある誰かの希望を打ち砕くこともあるというのである。

水子とは誰か、そして彼らは何を望んでいるのか

森田は上記二つの談話を結びつけ、現代の日本で水子や中絶の意味が変わったことについて一般的な解釈を示した。彼女の見解では、今や女性たちが遊びの一種としてセックスを捉えていることは非難されるべきである。結果的に彼女たちは自分自身の人生を堕落させ、同時に他人の人生をも荒廃させている。水子は彼女たちの誤った行動の結果を体現している。それらが出合った時、本来は無実で明るい未来へ向かっていた人々の人生を水子は滅茶苦茶にしてしまう。森田によれば、無責任に行われた中絶は社会全体におぞましい結果をもたらしている。この問題を引き起こしている女性たちは、

生命への尊敬に欠けた憎むべき人々であり、社会全体の生活の質についてもあまりに無関心だというのである。

前近代社会で行われていた子堕ろしと間引きは、過酷な経済的困難という状況下で避けられないものだった。だが、単なる不注意のためだったり、人間の性を安っぽいものと見なしたりした結果の中絶にまでその許容範囲を拡大するのは誤っている。森田の見解では、性は遊び道具でもなければ単なる満足を得るための道具でもない。九州から来た若い娘が行ったような中絶・嬰児殺しは、性に関する大間違いで卑俗な理解の縮図である。この二つの談話に出てくる親たちの苦境は、より広い社会のなかで生じている諸問題の縮図である。水子供養はこうした状況に対処する唯一の手段なのだというのである。

このように水子を理解すると、水子の激しい執念と、水子を生み出すことになる誤った性関係とは無縁の人々にまで祟る水子の邪悪な力に焦点が絞られる。この見方に立つと、社会に影響を及ぼす無縁仏すなわち適切な供養をされていない霊魂と水子は本質的に区別できなくなる。無縁仏は何らかの方法で適切に供養され、鎮魂されるまで、手当たり次第に祟りをなしながら、人間世界をさまようものである。

中絶（とその結果としての水子）は、今日の日本では無数に存在しているため、水子の激しい執念は誰にでもどこにでも祟りを引き起こしうることになる。水子の祟りとしておけば、あらゆる不可解な災難でも簡単に説明がつく。嘆く水子と犠牲者を癒すために慈恩寺が果たせる役割は、犠牲者が水子を鎮めることで祟りがなくなるように供養の儀式を行うことである。このように水子を概念化することで、森田は依頼者に対して中絶したことがあるかどうかを尋ねることなく、どんな相談にも乗れるようになる。仮に慈恩寺の水子供養の実践によって誰かの苦脳がやわらぐのであれば、それは社会のために良いことをしているわけであり、恐山で円仁が行ったのと同じ類の正統化された一種の儀式だということになる。

森田は、中絶と子殺しを取り巻く法的および道徳的問題について複雑な見解を持っている。中絶することは今や合法だとしても、それは道徳的に許されているわけではない。同様に、前近代には子殺しがいくら非難されていたとしても、その必然性が弱まることはなかった。法律を意識している森田は、死亡証明書なしで死体を埋めるような違法なことを自分の寺で行おうとはしなかった。かといって、彼女が〈談話1〉の娘の行いを嬰児殺しや殺人として法に訴えることにも関心がないのは、そんなことをしても助かる人は誰もいないからである。その代わり、森田は重々反省して、回心するよう勧めるのである。

森田は中絶とは人間の生命であったはずのものを破壊することに等しいと信じているが、まだ生まれていない者の権利という胎児中心主義に基づいて中絶に反対しているわけではないし、中絶という行為を可能にしている法制度の全廃に賛成しているわけでもない。彼女は抽象的に中絶の是非を問うことにはそもそも関心がないのである。中絶を避けられないような状況は現にあるが、中絶は常に後悔を伴うものなので、魂に対する尊敬と真摯な悔悛の念を示すために適切な儀式が行われるべきなのだという。儀式を行っても悔やむ気持ちを伴わなければ空疎で無意味だし、反省や後悔の念から逃れるために寺に寄ってくる女性たちは間違っており、悔やむべきであることを依頼者に教えることなく金と引き換えに水子供養を提供する寺もまた間違っているというのである。

この見解を読んだ人は、おそらく私と同様に、どの段階でも男性たちのことが何も語られないことに衝撃を受けるのではないだろうか。森田は自ら二人の子を持つ大人の既婚女性であり、生物学的な生殖について知らないわけではあるまい。それでは、なぜ彼女の見解のなかに男性の姿が現れないのだろうか。中絶と水子供養に対するこうした見方は明らかに事実に反するばかりか直観にも反しているのに、どうして彼女にとってこの見方が理路整然とした宗教的回答になりうるのだろうか。そこで先の事例を個別に再検討してみよう。まず、森田が語ったそれぞれの物語は、純粋で誠実な（物質的に困窮していた）過去と、堕落して穢れた現在とを全体的に対比させる枠組みを持っている。この修辞法は、仏陀が人間界で説教していた純粋な時代から、時代を重ねるごとに次第に悪化の一途をたどるという汎仏教的な時間の観念に一致している。ここでいう悪化とは、ますます劣悪な状況に陥っていくことで霊的に退化していき、しまいには末法に至ることを意味しており、まさに私たちはそうした時代を生きているというのである。

森田の語る前近代日本における子堕ろしや間引きには、間引きを計画し実行していた妊婦と産婆のやり取りしか描かれない。過去も現在も、子堕ろしや間引きの決定を下したのは多くの場合男性で、また手を下したのも男性だったことがあるはずなのに、森田の話に男性は一切登場しないのである。私と別の話をしている途中で、森田は江戸期の女性が出産中に死ぬ場合に備えて髪の毛を切らなかったという逸話を持ち出した。出産時に死んだ女は血の池地獄で責められるという民間の仏教教説がある。この責め苦から救われる唯一の望みは、地蔵が血の池に差し出した杖に女の髪を絡ませ、池から引き上げてくれることだという。死んだ女の夫たちがそのような責め苦を受けることはない。森田が再構築してみせる過去の物語のなかにも、男性の姿は全く見当たらない。避けられない状況で子堕ろしや間引きや産婦の死が起こりうることを認めながらも、森田はすべての罪と報いを女性側の性と生殖に結びつける。これこそ男より重い負担を抱えて救済が困難な「女の業」であり、子殺しの後にしたたる母乳のように実りがなく、悲惨で身体的な痛みを伴い、逃れられないものだとされるのである。

森田が語る現代の物語にも、男性は不可解なほど登場しない。九州から来た娘の恋人は単なる精子提供者として言及されるのみで、その妊娠についても、子殺しについても、何の罪も責任も報いも着せられることなく物語から姿を消す。〈談話2〉の判断力に欠けていたために両親を悲しませた青年も、やはり自らの行動の責任を全く問われない。その代わりに、九州から来た娘が自分の問題ばかりか〈談話2〉の青年のトラブルまで引き起こしたかのように語られる。つまり、男性の姿が見えないのは奇妙だという思いをぐっと抑え込まねばならないような場面でさえ、森田は断固として自分のやり方を貫くのである。これは江戸期の性文化から伝統的に受け継がれてきた中絶に関する「常識」から逸脱しており、「冷たい男」にも応分の責任があるとされる現代の新聞の相談欄からも逸脱している。この霊能者の話では「馬鹿な女」のみにスポットが当てられている。

ある見方をするなら、明らかに森田はそうしたアプローチを取ることで、相談にくる女性依頼者を力づけようとしているのである。つまり、水子を作る結果になった誤った性の捉え方は自分に責任があるのだと気づくことは、何よりも女性たち自身に、これ以上遊びとしての性関係にはかかわらないと拒否できる力をつけるのだと、森田は言う。このやり方で女性たちは男性の欲望を拒絶できるようになるし、そうすべきなのである。こうした立場を取ることで、女性たちには自分を守るという視点が提供される。それは、真剣で自尊心と目的意識を備えた女性の霊的な状態に男性を割り込ませないことにもなる。おそらく森田が女性たちに奨励しているのは、あらゆる日本の宗教で言われているのと同様に、他者を責めるのをやめて自省と後悔に意識を集中させることなのである。

森田の戦略が限定的ながら女性たちを力づけるものだったとしても、女性たちが冷酷な「女の業」から逃れられるかどうかは定かではない。その根底にはしばしば指摘される仏教における女性嫌悪があり、女性たちを過酷に縛り付けているようにも見える。「女の業」（言い方はともかく）を乗り越えることは日本の新宗教でしばしば希望をもって語られるが、ここではそうした希望は語られない。男性を不可視化し、女の性にまつわる道徳的責任をすべて女性に帰することは、水子供養を取り巻く性に関する言説に広く見られる標準的な特徴である。この問題については、次節で改めて論じることにする。

最後に、津山という地域における森田の実践の重要性について考えてみよう。第五章では水子供養を実践している他の地域の寺院に見られる受動的な態度を紹介する。それとは対照的に、森田は水子供養を積極的に支持しており、その支持は水子というものは中絶経験の有無に関係なく誰にでも祟ることのある浮遊霊だという理解に基づいている。そうした理解に基づけば、どんな人でも水子供養を行わねばならない立場になりうる。森田は依頼者の問題を水子霊の祟りと判断して供養するように働きかけ、そのための手段を提供している。森田は僧侶や寺の社会的責任について、前職の社会福祉の仕事と同様に見ている。僧侶には公益に資する責任があり、寺は人々が反省し、自己点検し、後悔し、人格形成する場所であるべきなのだ。僧侶はただ建物や祭壇や墓を管理する存在ではない。僧侶は依頼者として訪れた人々を教育し、「更生」させる義務がある——だから彼らの考えのどこが間違っていたのかをはっきり告げるべきであり、それでも依頼者が僧侶の言うことを聞きたがらなければ、勝手によそへ行けばいいのである。

森田の霊能信仰と慈恩寺における水子供養の実践によって、この寺は大型の像がいくつも建ち並び大勢の人々を惹きつけているという意味でも、より積極的に供養に関する合理的説明を提供しているという意味でも、まさに地域の水子供養の中心地となっている。森田は水子に関して非常に幅広い解釈をすることで、その応用の幅を広げ、どんな人でも水子に祟られることがありうると見なしている。森田のように霊能信仰と僧職であることを結合したスタイルは、国内の水子供養の中核とも言うべき圓満院の事例で、さらに大規模に行われているのを観察できる。

大規模な水子供養——圓満院

圓満院は九八七年に〔現在の滋賀県大津市に〕建立された。村上天皇（在位九四六—九六七年）の息子が開創した門跡として、建立以来、皇室関係者が代々受け継いできた寺院であり、現在は天台宗に属している。二〇を超える建造物から成り、広大な庭や敷地を持つ大寺院である。なかには重要文化財に指定されている建物もあり、数多くの美術品が展示されている。民俗的でユーモラスなものも多い大津絵のコレクションは特に知られている。(7)

一九九四年八月に行った圓満院の副門跡とのインタビューでは、この寺が水子供養を実施するに至った具体的な事情が明らかになった。一九四五年まで、圓満院は皇室とのつながりや建造物や美術品の保護という重要な職務が認められ、かなりの額の助成金を国から受けていた。だが現在では、わずかばかりの支援を除いてかつてのような助成は望めなくなってしまった。門跡寺院である圓満院は檀家を持っていない。つまり新たな収入源を見つけるか、あるいは圓満院を閉鎖するかという事態になったのである。(8)

寺の第五六代管主にあたる現門跡三浦道明〔調査当時〕は、圓満院を支える新たな資源を開拓する仕事を引き受けた。三浦が水子供養に乗り出したのは一九七五年のことで、それまで天台仏教やこの寺院で水子供養が行われたことはなかったが、ある女性から中絶した胎児の供養を行ってほしいと依頼されたのがきっかけになった。以前のこの寺は皇室との関係に泥を塗ることのないよう、一般大衆向けの儀式はあまり提供してこなかった。だが、これ以降、三浦はたゆみなく水子供養の宣伝を行い、マスコミの関心を広く惹きつけるようになった。彼は水子供養に関する本を何冊か書き、そのうちの一冊は *The Forgotten Child*〔「忘れられた子ども」の意〕として英語にも翻訳された。(9)

圓満院を訪れる多くの人々のうちどれだけが三浦の著書を買い、きちんと読んでいるのかは分からない。目を通しているものがあるとすれば、全四二頁の『諸供養の仕方』と題されたパンフレットの方だろう。そのなかで三浦は、水子供養に関する理論的根拠や供養のおかげで御利益を得られた人々の証言を連ね、料金表と申込書も添えている。料金は、水子一霊につき三万円、一霊増えるごとに一万円が加算される〔現在の圓満院は三浦道明一家とは関係が切れており、料金も変更されている〕。

三浦は水子を流産胎児、死産児、中絶された胎児の魂と定義しており、人間生命を体内にいる五期間と体外に出てからの五期間の通算一〇期間に分ける仏教経典の説明と結びつけている。どんな理由による胎児の死であろうとも、命を奪うことを禁止する仏教の教えにはそぐわない（五―六頁）。三浦は伝統的な仏教図像にそのようなものは未だかつてなかったことを理由に水子地蔵や水子観音を否定する。誤って水子地蔵や水子観音を信じて建立してしまった人々がその話を聞いたら、さぞかしがっかりすることだろう。

水子は具体的な形を与えられないと功徳に浴することができない、と三浦は書く。一つひとつの魂のために、先祖祭祀の儀式と同様の戒名を書いた位牌を供える必要がある。水子に純然たる存在を与えるために名前は不可欠なものだとして、三浦は経典のなかから名前を選んで儀式を行う。そうしておけば、経典を朗誦することで水子の名前も呼ばれることになる（七―八頁）。

三浦は水子が祟るという観念を否定しており、依頼者の抱えている問題を水子のせいにして、壮大な儀式のために金を払わない者には、さらなる不幸が降りかかるだろうなどと脅す不心得の宗教家たちを軽蔑している（九―一一頁）。ところが、後の段落ではカップルが流産や死産、中絶の後に水子供養をしそこねた場合には、しばしば二〇の災厄が現れてくると断定している。その災厄とは、家族成員の慢性病、いくら努力しても幸運を取り逃してしまうこと、腰や肩の痛み（特に女性）、子どもにくり返される病気や事故、子どもや孫に現れる奇妙な行動、交通事故、夢で子どもの顔を見ること、無数の灯された蠟燭や、それに匹敵する数の水子が生まれてくる夢を見ること、幽霊を見ること、どこからか子どもの話し声や泣き声が聞こえてくることなどである（二三―四頁）。仮に水子供養を行わなかった結果の災厄が水子の祟りではないのだとしても、儀式を行うべしと言っていることには変わりがない。

このパンフレットで注目すべきなのは、水子供養の唱道者たちに特徴的な戦後日本史観と結びついた胎児中心主義である。パンフレットの中の「小さないのちを断つ恐ろしい考え方」という節には、次の話がある。

昭和五十六年〔一九八一年〕五月三日の新聞に、結婚式の直前に、別の男性との間に生まれた男の赤ちゃんを絞め殺して、その遺体をゴミ箱に捨て、殺人嬰児《えいじ》死体遺棄《いき》容疑で逮捕されたという女性のことが、各新聞に大きく報じられていました。

この女性は、大学卒ということです。

そして驚いたことに、五十五年の元日にも、その同じ男の女の赤ちゃんを殺してその始末に困り果て、その男に処分を任《まか》せていたそうです。まことに驚くべきことだと、言わざるを得ません。

テレビでは、その取材にあたった記者が、あまりのことに慄然《りつぜん》とし、その両人の無感覚さにあきれはてて、最初はまさかと思ったそうです。誰が考えてもこのようなことは、常識で計り知れることではありません。

犬でも、自分の子が生まれると、なんとか育てようと努力しますし、その子供を誰かが持ち去ると、二、三日は血相を変えて探すものです。ところが、最も知性ある人間という動物が、犬にも劣《おと》るような、まるで赤ちゃんをモノでも捨てるような感覚でいるということには、慄然とせざるをえません。

ところで、この事件をみて、私はこう考えました。この赤ちゃんが、生まれていたから事件になり、異常なこととして人目を集めたわけですが、もし、この赤ちゃんが生まれずに、人工中絶という方法で処分されていれば、実にあたりまえのこととして、一編の記事にもならなかったわけです。

確かに、生まれた子供を殺し捨てたということは、自分の手で持って殺人を犯したわけであり、どう考えても人間としてあるまじき行動ですが、中絶の場合でも、自らが手を下《くだ》さなくても、同じような意志《（ママ）》決定をし、子どもの命を断ったということには変わりはありません。

一方は異常事件としてとらえ、一方は日常茶飯事《にちじょうさはんじ》としてとらえる。いささか内容的に異なっていても、実はその考え方の中には、同じような恐ろしさが秘められているわけです。そして現代人は、この恐ろしさに気づいていないわけです。

赤ちゃんというものは、卵子と精子が受胎《じゅたい》をし、生命の端を発した瞬間から、赤ちゃんであり、命であるわけです。その命が、十か月未満で大きく成長し、そして呱呱《ここ》の声を挙げて、生まれるわけです。

母親の胎内にいようと、胎外へ出ようと、また、その大きさが変わろうと、成長の月日に差があろうと、まったく変わりはないわけです。

戦後、性の解放がなされ、性の知識も深まりました。以前は性というものを、隠れたもの、淫靡《いんび》なものとして捉える傾向にありましたが、最近では、性というものは、人間本来の本能であり、人間の営みであり、時には人間の快楽の一つとして、おもしろおかしく話題とされています。

この風潮をとやかく言うものではありませんが、しかし、その人間男女の愛の結末たる、またその結晶たる赤ちゃんというものを考える時に、まさに性の快楽の産物として物のように考えるということは、まことに恐るべき思想と言わなければなりません。

もし、百歩も千歩も譲《ゆず》って、性というものが単に快楽として捉えられるとしても、無責任に赤ちゃんをつくらないことです。避妊という方法も、あるはずです。

物が豊かになり、人間は衣食住が足りると、「礼節を知る」と言う言葉が昔からありますが、戦前戦中のことを考えれば、当時からして考えることができないほど、日本人は物質的には豊かになりました。

その諺《ことわざ》からすると、もっと日本人は礼節を知り、物事を弁《わきま》え、人間としての道を踏み外すことなく歩むべきですが、現実は、これらの物が豊かになることによって、むしろ心の荒廃《こうはい》が、急速に進んだように思えてなりません。

男女の愛の結晶としての赤ちゃんであれば、親としても、また子供としても、産《う》むべきですし、生まれようと願っているはずです。


〔三浦道明『愛――もし生まれていたら――幸せをつかむ水子供養の実践』文化創作出版、一九八一年、三一―五頁〕

この一節は、水子供養のレトリックの水面下で、女性嫌悪と胎児中心主義とナショナリズムが結びつくという特徴を備えている。この種の戦略は実に頻繁にくり返されるので、少し詳しく分析しておこう。第一に、子殺しと殺人、中絶を同列に扱って、そうした行為を行う人を人間以下、いや犬以下のレベルに位置づける。第二に、新聞やテレビ報道の語りは女性の行動にのみスポットライトを当てて男性の責任は問わない。明らかに彼より彼女が悪いのだと非難される理由は、彼女が前の恋人の子を妊娠していながら次の男性と婚約したことであり、さらにもっと許せないこととして、彼女が――女性としては――稀な高等教育を受けるという特権に恵まれた立場であることである〔二〇一七年現在はもはや大学教育は女性にとって稀な特権ではないが〕。このように中絶を見ることで、女性ばかりが殺人行為の主犯格に仕立て上げられることになる。第二章で検証した中絶を支配している「常識」とは異なり、ここには冷たい男の姿は見当たらず、その代わり、馬鹿な女一人がすべての批判を浴びているのである。第三に、人間生命は受精の瞬間から完全に存在しているという直観的な主張が喚起されている。さらに、なぜ人々がこれほど明白なことに気づけないのかという問いに答えて、一九四五年以降の時代の変化、とりわけ「性解放」や性的快楽が承認されるようになったことこそ問題だと主張する。「戦後」という限定を付けるのは、それ以降の日本人が外国の――つまりアメリカの――影響によって「礼節を知る」という伝統的美徳を失ったことを意味している。物質的に豊かになったが精神的には貧しくなった人々、とりわけ女性たちは、一種の娯楽としてセックスを扱い、胎児をイボか虫歯のように取り除くべき厄介な「副産物」として扱っているというのである。

水子供養大法要

上述のような現代社会における中絶事情と水子の苦難を前提として、圓満院の水子供養は行われている。すでに述べた通り、まず水子一霊につき位牌を一基造立する。代金と引き換えに、幅三センチメートル、高さ一二センチメートルほどの金色に塗られた平板に、門跡につけてもらった戒名が刻まれる。その位牌は、浄めの儀式を行った後でお堂の四面の壁沿いに立ち並んでいる何千もの位牌と共に安置される。一方の壁に祭壇が設けられており、その前で水子のために般若心経が唱えられる。水子供養の依頼者は、毎年八月二三日に行われる「水子供養大法要」に参加するよう促される。毎月二三日に、より小規模の同様の儀式も開催されている〔圓満院のホームページによれば、現在は毎年一月と八月に大法要が行われ、それ以外の月には月法要が行われている〕。

　私は一九九四年八月に開かれた通算八年目の水子供養大法要に参加した。この法要は四日間にわたってくり広げられるもので、全く同じ儀式が一日に二回ずつ全部で八回行われる。一回の参加者はおよそ二〇〇人で、そのうち一五〇人ほどが自らの水子を供養するために金を出した施主であり、その名前は儀式の式次第のなかで読み上げられる（参加者の内訳は表15参照）。供養参加者に尋ねたところ、供養に対する布施の額は平均五〇〇〇円程度、最高は四万円であった（当時は供養料金があらかじめ設定されていなかった）。一回の儀式に平均一五〇人が参加するので、各々が平均額を払ったとして四日間全八回の法要で圓満院が得る布施は六〇〇万円にも上ることになる。

　寺の敷地内は大法要のために飾られ、水子に供えるのにふさわしい衣類や食べ物や子ども向けの駄菓子を売る無数の出店が開かれていた。水子供養大法要全体の雰囲気は葬儀というよりまさに祭りなのだが、法要がまだ始まらないうちに、見るからに水子のために深い祈りを捧げている人も多かった。印《いん》を結び〔祈りを捧げる際に手を決まった形に組むこと〕、声を出さずに唇を動かしながら祈っている三〇歳代の女性もいれば、産んであげられなくてごめんなさいねと声を上げて水子に詫びている六〇歳代くらいの女性もいた。多くの女性がグループか二人組で来ていた。男性の参加者には常に女性が同伴しており、一人で来ている男性は見当たらなかった。すぐ近くにいた参加者の会話から、自宅で水子のために般若心経を唱えている人々もいることが判明したが、それ以外、家庭で特別なお勤めをするよう圓満院から求められてはいないようだった。おそらくほとんどの参加者は、圓満院に位牌を供えるために基本料金三万円〔現在は三万五〇〇〇円〕を支払った時に名簿に住所が登録されたことで、大法要開催の通知が届き、参加したものと思われる。このようにいったん水子供養を受けると、圓満院と依頼者のあいだにゆるく継続的なつながりが築かれ、それがある意味で寺院と檀家のつながりにも似た役割を果たしているのである。

儀式そのものの進行を務めるのは門跡と袈裟を着た一四人の僧侶であり、後者のなかには門跡の妻をはじめとする四人の女性が含まれていた。男性のうち五人は剃髪していたが残りはしておらず、剃髪していない人々はフルタイムの僧侶ではないことを意味している。実際、圓満院は宗派に属さない僧侶を養成するために、宗派とは別にこの寺独自の修行プログラムを実施している。この修行は女性も受け容れており（これまでに女性の入門生は七〇名）、入門しても在家の仕事や結婚を断念する必要はない。このプログラムのパンフレット『在宅のままの僧入門』には、仏教儀礼に関する指導や仏教教理についての学習会など毎月の修行セッションから成るコースの説明がある。修行を三年間続けると圓満院の大乗会に入ることが許され、このコースで可能な最も高位の得度を受けることができる。水子供養大法要開催にあたって、

表15　1994年の水子供養大法要への参加者数

	男性	女性	全体
20～29歳	3	15	18　(9%)
30～50歳	10	50	60（39%）
51歳～	37	85	122（61%）
合計	50 (25%)	150 (75%)	200

門跡以外の式典を担当する僧侶は大乗会の会員であることが告げられた。

水子を供養する儀式は伝統的な仏教的象徴を凝縮した形で行われ、それと同時に、門跡をはじめとする僧侶たちの役割が強調され、一般参加者はまるで寺の檀家でもあるように平信者の役割が与えられる。全体的にそのような効果をもたらしているのは、見事な儀式空間の配置によるところが大きい（配置図1参照）。奥行一五メートル、幅八メートルほどの長方形の部屋には、僧侶が儀式を行う五メートル弱の区域と、聴衆のための残り一〇メートルほどの区域がある。二つの区域の境は、布施や供物を置く二つの低くて長いテーブルと、後に聴衆のあいだに回される香箱で区切られている。集まってきた聴衆は、まず自分の名前と住所を記帳して布施を払うのだが、その住所氏名が儀式の最中に読み上げられることで、その人の水子が供養されたことになる。ほとんどの参加者は、儀式を行う広間に入る時に子ども用の菓子や飴などを入れた袋を供物台の上に捧げてから座していた。

会場の中心に置かれた「水子総霊」の位牌の側面には、左手に金剛界曼荼羅、右手に胎蔵界曼荼羅の大きな絵が描かれている。水子総霊の位牌は、漆塗りの飾り戸棚（濃い色の木でできており家庭用の仏壇に似ている）を埋めている菊の花の中心に地蔵像と共に据えられている。曼荼羅と水子総霊の位牌の前には、八体の仏像が並んでいる。左から右へ、阿弥陀如来、不動明王、大日如来、勢至菩薩、文殊菩薩、普賢菩薩、虚空蔵菩薩、そして千手観音菩薩である。これらの仏像が水子を導き守るために配置されているのは明らかである。参加者に手渡されるパンフレットには、金箔で覆われた木製の各種仏像のレプリカを各々一九万八〇〇〇円で頒布するとの宣伝がある。各仏像の前には、石の台に置かれた大きな灯明沿いに果物や野菜の供物が捧げられている。

配置図１　圓満院の水子供養大法要の配置図

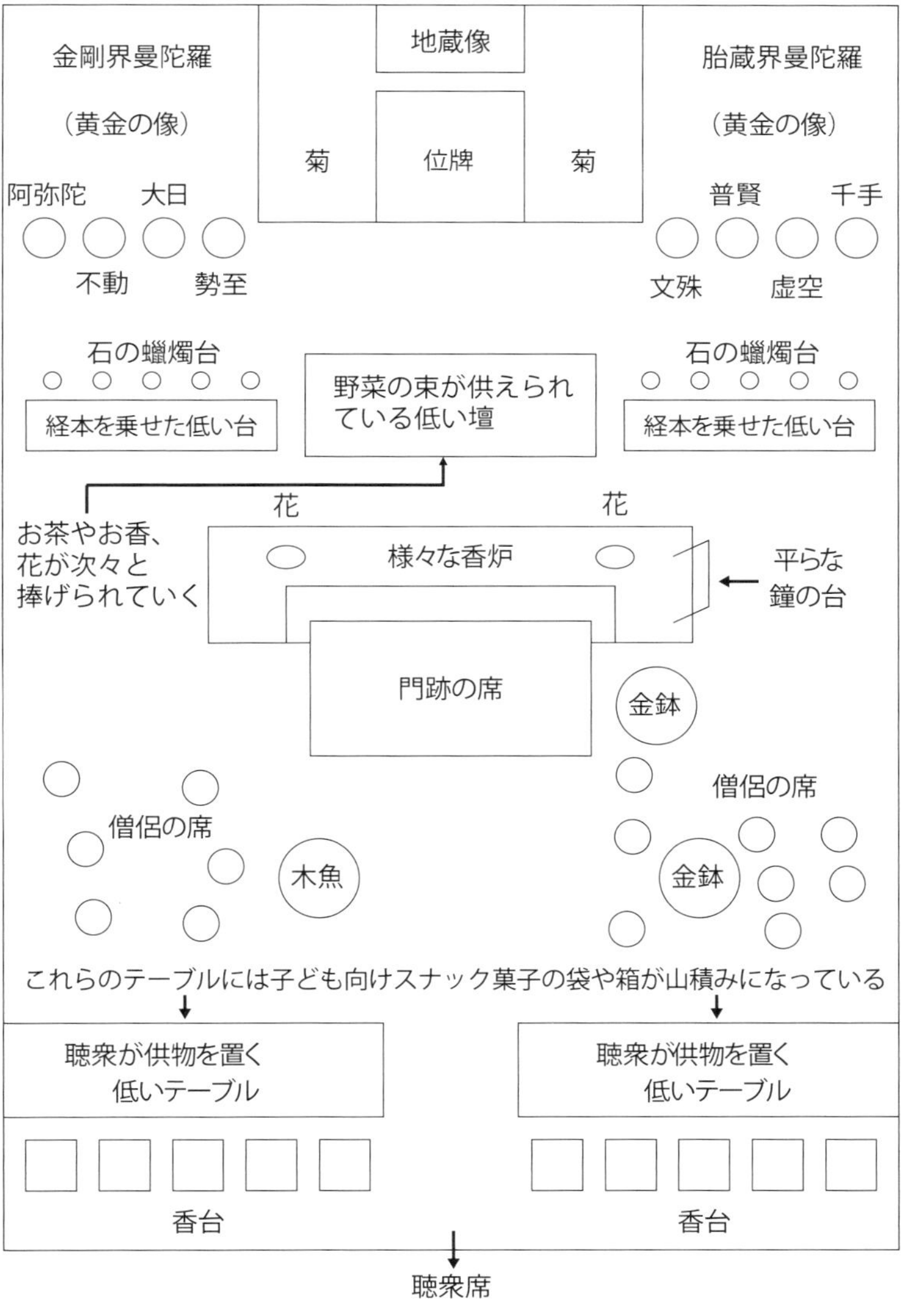

経本を乗せた二つの低い台が、仏像や水子総霊の位牌、曼荼羅のある空間と僧侶たちが儀式を行うところの境に置かれている。台と台のあいだには、儀式の一部としてお茶やお香、花などの供物が次々と捧げられていく低い壇がある。

僧侶が儀式を行う空間も二つに分かれている。一つは門跡のための区画で、その後ろに門跡が供養を行っていない時に経典を唱える他の僧侶たちが座る区画がある。門跡が座るところは一段と高く正方形の台座がしつらえてあるため、小ぶりの座布団に座っている他の僧侶たちや（さらに低いところで）畳の上にじかに正座している聴衆との高低差ができる。門跡が高座に位置することは、言うまでもなくこの儀式における上下関係を示している。門跡が座る前には、三面が覆われた漆塗りの机がある。机には花が飾られ、門跡が飲む茶が置かれ、香炉などの儀式的道具が配置されている。机の右側には、一段と高いところに赤い漆の枠につるされた平たい鐘があり、それを門跡は儀式の様々な節目で打ち鳴らす。他の僧侶たちが座る空間には、左側に六つ、右側に八つの座布団が敷かれ、蓮の葉の形に切り取られた色紙を入れた複数の小皿と、左側に木魚、右側に金鉢が配置されている。

ここで行われる儀式は、二つの伝統的な儀式から様々な要素を借用して組み立てられている。その一つは毎年八月二三日と二四日に関西地方で行われている地蔵盆で、もう一つは通常八月のお盆の先祖供養と組み合わせて行われる施餓鬼会である。地蔵盆はもともと悪業を転じ、積みかさねられた罪を打ち消すことを意図していた。古くから京都のあちこちで、地蔵像のまわりに幔幕を張り、像の前に大量の供物を捧げる祭りが見られた〔地蔵盆が始まったのは江戸期であり、当時は「地蔵祭」と呼ばれていたが、明治期以降に「地蔵盆」という名が定着した〕。集まった人々は飲み食いしながら夜を明かす。大阪でも京都でも子どもたちが供物を捧げ、子どもの守護者としての地蔵の役目を讃える。[10] 施餓鬼会も盆の頃に行われ、餓鬼のためだけではなく、すべての死者の魂のため、とりわけこの一年間に亡くなった人の霊魂のために行われるものと考えられている。そうしたつながりを意識して、初盆を迎える人々の位牌を餓鬼に捧げた供物のそばに並べるのは、死者の生まれ変わりと最終的な悟りの境地に向かうあゆみを餓鬼たちに邪魔されないことを願うためである。[11] 地蔵盆と施餓鬼会のどちらも複数の仏教宗派で実践されており、普遍的な儀式の一部になっている。この二つを一緒に行うことで、伝統的な仏教儀礼にはない地蔵と位牌の組み合わせが成立する。

式典を担当する僧侶たち全員が厳粛に入場すると、拡声器によってそれが伝えられ、次の四部から成る儀式が始まる。

一　献灯、献花、献香、献茶。

二　水子のために作った祈りの言葉を門跡が読誦する。

三　供養の儀式。門跡が施主一人ひとりの名前と出身地を読み上げ、そのあいだに他の僧侶たちは読経を続ける。その間に香炉が聴衆のあいだに回され、一人ひとり焼香する。粉状の香をつまんで額の高さに掲げ、漆塗りの箱のなかで燃えている小さな木炭片の上に散らすと、香に火がつき芳香が広がる。

四　聴衆全員で、読誦の際に配布された紙を見ながら般若心経を二回朗誦する。

門跡の読誦（前記の二）は儀式の場に並ぶすべての菩薩像に言及し、さらに地獄の番人である閻魔王も水子を見守る者として引き合いに出される。門跡は伝統的に経典で使われる文語体に準ずる口調で、人としての発達の十段階を経ることなく子宮から引きずり出された水子の哀れな運命をありありと描き出す。しかしながら、儀式の力によって水子は自らの運命を切り開き、「発心」に目覚める第一歩を踏み出すのだとされる。この祈禱と両親の献身を通じて水子の魂は鎮められ、すべての菩薩の加護を得られるようになる。祈りは通じ、菩薩たちの偉大なる慈悲と加護によって病や不幸は回避されることになる。

　門跡が供養の施主の名前を読み上げることで、水子は直系家族として「家」に統合される。門跡は各々の水子について「何々家の水子《すいし》」〔「みずこ」というのは非公式な読み方〕と呼ぶ。そうすることで水子の魂をそれぞれの「家」に帰属させ、今後は「家」がその水子への責任を果たすことが宣言されるのである。この儀式の文脈では、布施を出し、食物を供え、般若心経を唱えることがその責任を果たすことになる。

　門跡は法話を終えて聴衆相手に非公式に語るなかで、この儀式全体が一種の追善供養になるのだと説明した。水子を作ることは業を作ることであり、償うには祈るしかない。だから水子の月法要や圓満院で開かれている様々な行事にできるだけ参加しなさいと門跡は聴衆に勧めた。

　実のところ、門跡は法話のなかでは水子には言及せず、上述の通り非公式な語りで言及しただけだった。その代わり門跡が主に話題にしたのは、最近行ってきた中国やニュージーランドの話や水子とは無縁の寺の様々な行事の話だった。言い換えれば、聴衆がすでに圓満院と檀家のような継続的な関係にあり、この寺のできごとに関心をもっており、今後も引き続き様々な儀式を受けるつもりだということを門跡は前提していたのである。

門跡の話ぶりも、まるで聴衆がそれぞれの檀那寺をはじめ、他のどの寺とも強く結びついてはいないことを前提としているようだった。水子供養大法要の機会に門跡が宣伝したサービスの数々のなかには、火葬後の遺骨を置いておくための特殊な納骨御仏壇の販売や圓満院の「生前戒名普及会」への勧誘も含まれていた。どこかの寺の檀家である人は、このようなサービスは全く不要であるか、利用できない。どこかの寺の檀家なら骨壺が納められている家族墓を使えるし、先祖の位牌が納められた仏壇も持っている。一般の仏教徒の慣行では墓と仏壇は別々の場所にあるものだが、圓満院はこの二つを結びつけ、人々に特殊な納骨御仏壇を購入させて、水子のための位牌が祀られたお堂と引き戸越しにつながっている圓満院の納骨堂〔「室内型墓地」〕に置いていくことを勧めている。この特殊な仏壇の広告で強調されているのは、(室内なので)天候にかかわりなく常に「お墓参り」ができるし、永代供養が保障されるので、独身者や子孫のいない人々(永久に供養を行ってくれる誰かがいなければ浮遊霊になってしまう可能性がある人々)には理想的だといったことである。

同様に「生前戒名普及会」は、生前に戒名を作っておけば、遺族は相当な金額を節約することができるし(相場としては最も単純な戒名でさえ一文字当たり一万円)、長くて威厳のある戒名が(遺族の気前良さに頼ることなく)保証されると言って入会を勧める。戒名を付けるのは門跡である。入会金は三万円、年会費は三〇〇〇円であり、会員の特権として仏教講話に出席できる他、各会員の誕生日には健康と幸福を祈る特別な祈禱が行われる〔二〇一七年現在は称号のランクによって戒名料として一律二万円または四万円を一回払うのみで、会費制は敷かれておらず、圓満院以外の寺も選べる〕。仏教の檀家なら檀那寺の僧侶が戒名を付けるが、それは檀家の者が死んだ後のことである。各仏教宗派によって戒名に用いる文字や表現法は違うが、戒名をつけるサービスは寺にとっては重要な経済的基盤である。

水子供養と生前戒名の二つを結びつけることで、圓満院は檀家組織や墓所も持たないまま葬儀も行えるし、仏壇の販売や死にまつわる儀式（納骨と戒名の作成）も提供できるようになる。おまけに、水子供養によって寺の名が知られているために、そうしたサービスを必要とする顧客や潜在的な顧客と出会える可能性も高くなる。このように、水子供養は施主たちを継続的に結ぶ疑似檀家制度的なネットワークの鍵になっている。伝統的な寺の檀家制度から切り離され、仏教との強い結びつきに欠けていた人々を安定した信者集団に作り変えることこそ、明らかに門跡の売り口上の核心であり、戦後に公的な経済的支援が失われる事態に直面した圓満院にとって絶対的な要件であった。そこで、水子供養が中心的役割を果たすことになったのである。

水子供養に始まる圓満院の儀式の商品化は、主に経済的必要性に突き動かされたものである。現在、この寺は天台宗にも他の仏教宗派にも属しておらず、また正式な檀家も持っていないため、権力階層の上からも下からも何も言われる筋合いがない。どんな手段を使って資金提供者を惹きつけようと自由なのである。霊能者の枠組みで用いられる胎児中心主義に訴えようとも、門跡が霊能者そっくりの儀式を行おうとも構わない。慈恩寺の森田愚幼と同様に、三浦道明は僧服を着た一種の拝み屋である。三浦の客たちはれっきとした檀家とは言えないが、水子の供養や自らの死後の供養を求めている。その圧倒的多数を五〇歳以上の女性たち（と、相当数の男性たち）が占めている。彼女たちがはるか昔の中絶の経験を厳粛かつ貴いものとして取り扱う方法を長らく探し求めていたのは明らかで、供養のおかげで水子の魂は「家」の枠組みの中に統合され、穏やかで守護的な性質のものに変わったのである。

圓満院の信者の体験談

圓満院で水子供養を行った人々は、実に多様な御利益を受けたと報告している。次の三つの体験談は代表的なものである。(12)

北海道から来たある女性――水子供養をしてから、事業は奇跡的に成功するし、健康状態も回復しました。圓満院にお礼を言いに行きたいのですが、あまりにも遠いので、北海道にも支院を作ってもらえませんか？〔原著より和訳〕

京都から来たある女性――水子供養、どうも有難う御座居ました。長い長い年月、胸のしこりとなり、誰にも語ることもできず、とても苦しんでまいりました。十五日にはご供養いただき、今日ではとても清々《すがすが》しくてすっきりとした気持ちで一杯です。

幾度となく、真黒い物体が体の上にのしかかり、息ができないくらい締め付けられたことも度々、また、この十五日にはお地蔵様の腰あたりに、薄暗い煙のようなものが流れている夢を見ました。何か変わったことがあるのではないかと不安でなりませんでした。

五、六年前より坐骨神経痛を患《わずら》い、仕事も辞めなくてはならない状態、現在は腕の関節炎、リューマチで再び職に就けなくなり、まったく嫌なことばかりの連続でしたが、不思議とこの二、三日前から、あんなに腰が痛んでおりましたのに、とても楽な気持ちで仕事に精を出しております。これも偏《ひとえ》に御供養の御蔭と、有難くお受けしております（後略）

〔三浦道明『愛——もし生まれていたら——幸せをつかむ水子供養の実証』前掲、一四二—三頁〕

（もう一人の）北海道から来たある女性——此の度、善導に導かれ、水子供養をお願い致しましてから、三か月が過ぎました。また、（原註　水子のために）身に余る立派な戒名をお授け下さり、誠に有難う御座居ました。最近、肩、首の凝《こ》り、腰痛もすっかり消え、不思議な体験の数々に、御供養の功徳と深く感謝いたします。

結婚以来二十年間、家庭のトラブルに振り回され、息子の難病、自閉症、主人の非行と半ば諦めての生活で御座居ましたところ、次第に家の中に吹き荒れていたものも収まり、二十年目にして此の上ない喜びと、深い懺悔と、感謝の心で日々を送らせていただいております。

我が身の業とはいえ、余りにも深く大きなことに気がつきました。ただ若さと勝っ手気儘《きまま》さで突っ張りすぎてきた自分の過去を見る時、何故もっと早く気がつかなかったものかと、今更《いまさら》ながら悔やまれます。息子の自閉症も目に見えて良くなり、必ず全快するものと確信しております。

母親として妻としての理想に遠くも、毎日仏壇に向かいお供養させていただいておりますうちに、何かを分からせて頂くような日々に、有難くて、有難くて、涙の絶え間が御座居ません。生きることの尊さを感謝し、修行して参りたいと心に問いかけております。子どもの難病ばかりではなく、主人も最近ヤル気を起こし、朝早くから頑張っております。今迄では考えられないことなので、年のためかなとも思っておったのですが、それればかりではなく、何かが主人の心の後押しをしているように思えてなりません。感謝の気持ちで毎日を過ごすうちに、家の中がすっかり明るくなり、安堵《あんど》の毎日となりました。拙《つたな》いことを書きましたけれど、心からお礼を申し上げます。〔同一〇九―一一〇頁〕

これらの体験談で目を引くのは、三人のうち二人が北海道から来ているように、はるばる遠方から圓満院を訪れる人々がいることである。三つの体験談のうち最初のものは、水子供養のおかげで事業が「奇跡的」に成功したと証言している。二番目の体験談は、明らかにはるか昔に中絶か流産を経験した女性のものである。この女性が経験した胸の上に何か重いものが乗っているというのは幽霊譚で典型的に報告される金縛りであり、先に見てきた通り、そうした経験は水子の祟りにかかわる典型的な症状として週刊誌で喧伝されていた。供養の当日、この女性は不吉な地蔵の夢を見て、更年期の日本人女性がしばしば訴えるリウマチ、腕や腰回りの神経痛を報告しているが、こうした症状も週刊誌のなかで水子の仕業として紹介されていたものである。煙が地蔵の腰周りに見えたというのも、更年期の女性の腰痛との関連や、さらには腰と生殖器官との関連を示唆しているように思われる。ただし、後にこれらの痛みは消え去り、清々しさを経験した彼女は、それを水子供養のおかげだとする。この体験談と三番目の体験談に出てくる女性たちは、多種多様な更年期に典型的な痛みから解放され、水子供養のおかげで（それが魂にどのような効果をもたらすかは別として）永遠に身体と魂が浄められたと感じている。

三番目の体験談は最も徹底しており、世俗的成功や身体的不調からの解放、気持ちの高揚ばかりではなく、生活全般が心機一転したと報告している。この信者の中絶または流産の経験は、彼女が結婚してから二〇年のあいだに起きたわけだが（つまり彼女は現在四〇―五〇歳くらいだろう）、その二〇年間は彼女自身の利己心や目的意識の欠如、息子の自閉症、夫のふがいなさのために不運で不幸だったという。水子供養がこの女性に「我が身の業」を認識させる機会を提供したのは明らかである。「我が身の業」という謎の言葉は、彼女が今や後悔しており、おそらく過去の中絶／流産をかつての自分の勝手気儘や突っ張りに結びつけている。[13] おそらくこれこそ森田愚幼のいう「女の業」にあたるのだろう。三番目の女性はそれまでの自分の態度や、その結果として生じた悪しき業を悔い改め、現在は家庭内の仏壇の前で日々の供養を実践することで自分の生活を律している（圓満院の信者たちは般若心経を朗唱することで供養を行う）。そのように新たに生活を律した結果、まずは痛みと不満が消え、感謝の気持ちに変わっていった。彼女の新たな態度は夫の仕事への意欲を掻き立て、息子の状態も良くなり、家庭生活は明るくなった。今やこの女性は、再び圓満院に赴いて自分の生活をさらに律することを願っている。結果的に、この女性は自分の生活全体をより肯定的に捉え直すことを経験し、その変化を水子供養のおかげと考えて圓満院との継続的な関係を約束しているのである。

これら三つの体験談は、様々な御利益を水子供養のおかげとしており、書き手が供養の結果としてどれほど生活の変化を経験したかを証言している。ここに採録された証言の様式は日本の新宗教で見られる証言にそっくりで、単純な成功物語から全面的な生活の一新まで多種多様である点も似ている。更年期にまつわるはっきりしない身体的不調に注目しているあたりは、水子供養にまつわる体験談ではとりわけ特徴的に見られる。三つの体験談のいずれも、水子供養は単に水子霊にとって利益があるばかりではなく、供養の施主に対しても具体的な利益をもたらしていることを明示しており、この点は第二章で紹介した水子供養の調査で私たちが見出したテーマにも通じている。

新宗教・辯天宗の水子供養

一九八一年に辯天宗で開始された水子供養は、宗祖の死後に失われた信者数を回復するための試みであった[14]。辯天宗は一九五二年、大阪西部の生駒地域にある真言宗寺院の僧侶の妻であった大森清子（後の大森智辯、一九〇九―六七年）によって創立された。原因不明の慢性的な肩の痛みに襲われた大森が霊能者に相談してみると、仏教の女神である弁財天を祀りなさいと言われた。夫の寺を探してみると、腕が一本欠けた弁財天の像が見つかった。彼女がこの像を祀ったところ、自分の身体の痛みが消えたばかりか、女神からのお告げを受けるようになり、一九三三年からは病気の治癒や霊的助言全般を行えるようになった[15]。彼女の周りに続々と人が押し寄せ、一九四八年には夫の寺に辯天講と呼ばれる信者組織が作られた。一九五二年にこの組織は公に真言宗から独立し、二年後には大森の夫の寺のそばに辯天宗の寺を建立した。

一九五五年、この新しい宗教は大阪府茨木市に二つ目の本部を設置して、そこで事務作業のすべてが行われるようになったが、もともと本部のあった場所は儀式のために使われている。創始者が亡くなった一九六七年までに、弁財天信仰と癒しと創始者個人のカリスマ性を頼りにしていた辯天宗は小さいながらも活発な教団になっていた。

日本の新宗教では創始者の死後に信者集団の結束が失われ、全般的に勢いが弱まる例がしばしば見られる。辯天宗も例外ではなく、一九七五年には六〇万人近くいた教団の信者が一九八〇年には一五万人にまで減り、急激に信者の四分の三が失われることになった。この間に明らかな分裂があったわけでもなければ、スキャンダルが教団を震撼させたわけでもない。ただ、辯天宗の創始者のカリスマに惹きつけられていた信者たちが、創始者の死を機に離れていったのである。

この流れをくいとめる手段として水子供養が用いられた。創始者の教えは水子に言及していなかったし、大森が弁財天から受け取ったお告げの中にも、信者に与えていた助言の中にも水子は一切現れていなかった。[16]実のところ、教団の継続に必死になっていた教祖の後継者は、それまでの辯天宗の教理と実践には何の基盤も見当らないのに、当時、祈禱師やマスコミ、多様な宗教家たちの活躍で人気を博していた水子供養を手掛けることにしたのである。

辯天宗は一九五一年以来、月刊誌『妙音』を発行しており、創始者の説教やお告げや体験談、組織活動のニュース、辯天宗で最も重要な支援者である笹川良一（一八九九―一九九五年）の活動報告などが書かれている。笹川は日本の右翼に関係しており、A級戦犯として三年間収監されていたこともある人物である。『妙音』に水子供養に関する記述が初めて登場したのは一九七九年のことで、水子供養用施設としての巨大な塔を作るための募金キャンペーンの開始を告げる記事だった。[17]

一九八一年に茨木市の本部は、およそ一二億円をかけて水子供養のための高さ七三メートルのモダンな水子供養塔を建造した。この塔には、水子の守護者として八本の手を持つ弁財天が安置されており、この像の七つの掌の上には子どもの小さな像が乗っている（図11参照）。加えて、教団は五〇〇基の墓のための土地を購入し、これらの墓所には通常の墓石だけでなく、水子地蔵像をはじめとする水子供養に関連する彫像も設置された。そのように配したのは、水子が辯天宗の儀式を受けることで先祖のカテゴリーに統合されることを意味している。

図11　辯天宗の茨木市本部にある弁財天像（原著では高槻市）

一九八二年から八六年にかけて辯天宗は拡大し、表16に示す通り、信者数は二倍以上に増えた。このように急増したのは主に一九八五年から八六年にかけてのようである。一九八四年頃から『妙音』におびただしい数の水子供養に関する記事が載るようになったことは、決して偶然ではない。それらの記事は水子供養の実践に根拠を与え、それを辯天宗の本来の教えに統合する役割を果たした。そこでは、水子供養を行うことで水子と共に衆生がみな救われるということや、この救済の恵みと重要性を体験することで人類が幸福の道を歩めるようになることが理論化されている。水子供養と救済に関する理解を結びつけたばかりか、水子供養から得られる具体的な恩恵として病気の治癒などの証言も盛り込んでいるあたりは、辯天宗ですでに定着していた現世利益の追求とも符合していた。信仰告白的な証言としては、水子供養の結果として病気が治った、妊娠できた、交通事故を回避できた、子どもたちの行動が改善したなどの例が見られ

水子供養のおかげで辯天宗の元信者の家族や友人たちが戻ってきたのは明らかであり、信者集団はいったん膨らんだ。だがそれ以降、信者数は減少していき、水子供養がもはやさほど強烈な魅力を有していないことがうかがわれる。[19]

表16　辯天宗信者数 1982-92 年

年	人数
1982	148,555
1983	149,502
1984	150,114
1985	149,312
1986	322,980
1987	318,155
1988	307,155
1989	307,027
1990	304,669
1991	302,407
1992	301,793

『宗教年鑑』1981-1992 年版

る。[18]

辯天宗は中絶されたり、死産したり、流産したりした胎児の魂を水子と見なし、既婚カップルの水子、自分の子どもや友人の水子、施主の先祖の水子などを分けて複数の形式の儀式を行っている。可能な限り、水子は一霊ずつ個別に儀式を受けるべきだとされる。水子一霊ごとに金色の位牌が作られ、祈る子どもの顔が刻まれた約二万五〇〇〇枚の陶製のレリーフタイルで囲まれた塔の中に奉納される。この水子供養塔は茨木市の本部にあり、塔に安置された慈母辯才天女像の下に隠れた奉祀室には五万柱ほどの位牌が祀られているという（図12参照）。水子供養に参加するために辯天宗の信者になる必要はない。水子一霊の儀式の料金は三万円で、料金には位牌と水子のための一日三回の読経の他、見事な花火の打ち上げも行われる八月八日の年忌法要の料金も含まれている。水子に関して活発な布教活動を控える大方の寺や神社とは異なり、辯天宗は水子の影響で様々な問題が生じることがあるとの教えを広めており、儀式を行う必要性についてパンフレットでは次のように説明している。

子どもたちは常に両親と戦っており、両親を心配させ、常に弱々しく頻繁に病気になり、よい結婚相手を見つけることができず、正しい答えにたどり着くことがない。子どもたちは宝であり、愛されている子どもは何にもまさる。あなたの子どもたちはこのような問題をもっているだろうか。その場合、水子の霊障が原因であることがしばしばある。

流産、死産、中絶では——いずれも水子を生み出し——哀れな小さき不幸な命が闇から闇へと葬られる。彼らは母の胎内で命のともしびを保たれていた小さな命である。彼らのただひとつの願いは、両親の愛を信頼し、この世に生まれてくることである。だがある日突然、命のともしびは消え、暗闇の中に投げ込まれる。彼らのことを思う人は誰もいない。

図 12　弁財天像の下部空間にある水子のための辯天宗の位牌

両親にはそうするだけの理由があるのは間違いないが、水子にはそれが分からない。水子は中絶を犯した自分勝手な両親を特に憎み、様々な形で両親や他の家族に対する悲しみを激しく訴えつづける。その訴えは水子の兄弟姉妹にとりわけ強く現れてくる。

これは当然予測されることである。兄弟姉妹は同じ両親を持ち、愛されて育っているが、同じ両親を共有しながら水子は両親から同じように思ってもらえず、なにもしてもらえない。彼らが悲しみ怒るのは当然のことである。

では何をすればよいのか。真摯に懺悔し、真摯に供養するほかはない。心から謝り、後悔を示し、生きている子どもたちへの愛と同じ愛を水子にそそぐために供養を行うのである。これこそ行わねばならないことである。哀れな小さき魂の怒りを鎮めるには他に手はない。水子たちを思い、供養をするのでなければ、水子たちの魂は決して成仏せず、常にこの世にとどまって、永遠にこの世で暮らす私たちに供養と慰めを求め続けることになる(20)（原著より和訳。なお、パンフレットの内容は原著執筆当時のものであり、現在の辯天宗の水子に対する見解とは異なっている部分がある）。

辯天宗には水子のための歌も存する。

安らなれ　水子の霊
作詞　西川祥如
作曲　団　伊玖磨

涙ながらに送られし
涙なくして捨てられし
小さき霊の泣く声が
風ひようひようと吹き渡る

救世の御宗祖教の宗祖
智辯尊女も泣き給う
吾子らの霊の安らぎを
祈り給うてひたすらに

宗祖の御心うけつぎて
今ぞ建ちたり供養塔
清らな泉に影うつし
桔梗花咲く供養塔

朝に夕べに永遠に
吾子らの
聞かざりし楽の音送らん
食まざりし糧を供えん
知らざりし花を捧げん
受けざりし宗祖の御胸の
ぬくもり与えん

ねむれ霊よ雲の上
今ぞ来れり救いの日
やさしき御手に抱かれて
ねむれ水子よ安らかに

昭和五十六年十一月一日
第一世管長　智祥書〔現地の銘板より〕

辯天宗の信者数の減少は、水子供養の導入によって止まった（表16参照）。結果的に、辯天宗の創始者の後継者世代は、教団が衰退し消えていくのを救った。中核的な信者は年老いつつあり（五〇代半ばから後半以上〔当時の年齢〕）、圧倒的に女性が多いとはいえ、効能の高い儀式という解釈を示したことで、当初の予想を超えて広範な人々の心を捕らえることができたのである。中核的な信者は自らの生殖年齢を超えているかもしれないが、自分たちの水子のための儀式は終わりにした夫婦でも、信心深ければ他人の水子も救うべきだという感情的な訴えに応じずにいられない。辯天宗の解釈によれば、誰かの子どもや友人や先祖たちの水子は、そうした霊魂をまさに作り出した当事者だけが対応すればよいものではない（実際、作り出した当事者が死亡している場合もある）。もし、自分の子どもや友人が「自分たちの」水子の運命に関心がないようなら、辯天宗の信者はそうした人々が自らの責任に気づくように促すか、あるいは彼らに代わって適切な儀式を行わねばならないとされる。当の水子と儀式のために布施を出す人とのあいだに血縁関係がなかったとしても、辯天宗で実践され解釈されている水子供養の効果には何の妨げにならない。さらに、辯天宗では教団の信者にならなくても水子供養を行えるので、この宗教と継続的な関係を持つつもりがない人々も供養の施主になれる。このように様々な形で、水子供養は辯天宗が創始者の死後に失われた収入と活気を取り戻すための重要な資源になったのである。

第二節　仏教僧侶と水子供養

西欧で宗教団体が担っている重要な役割は、安楽死や中絶、臓器移植、体外受精等々の数多くの医療倫理的な問題にかかわる社会政策に影響を与えることだが、日本の宗教各派はそうした議論に加わることを好まないという信じがたい事実がある。第一に、中絶は今日の日本で「倫理的問題」のテーマとして掲げられていない。それは法的に規制されたなかでの中絶の実践が、非常に強く支持されているためである。対照的に、仮に過去二〇年間の日本で医療問題について湧きおこった倫理的な議論があったとすれば、それは臓器移植と脳死をどう考えるかという問題をめぐるものだった。日本の宗教はこうした問題を議論し始めたばかりで、しかも驚くほど消極的な態度で議論しているにすぎない。この一般論が当てはまらないのは、仏教に起源を持つ新宗教の創価学会と阿含宗くらいである(21)。

仏教の各宗派は、本質的に政治性を帯びた活動や、不和や対立を引き起こすような活動にかかわりたがらない。いざという時に臆病風に吹かれるのを隠そうとしているのかもしれないが、仏教全体の伝統として、分派や分裂を扇動することは大いなる罪と見られているのも確かである。何かしら矛盾を引き起こす恐れがある限り、僧侶は中絶や他の医療問題に関して軽々しく個人的な見解を示そうとはしない。また、優生保護法の経済条項の廃止を求めた生長の家の運動は、宗教法人にとって政治的な活動にかかわるのは政教分離に違反しており不適切だということを知らしめる結果にもなり、仏教各派はそうした告発の対象にされるのを当然ながら好まなかった。宗派同士が意見交換したり考えたりする機会はめったになかったし、医療問題に関しては、自分たちは複雑な科学的データを扱う準備ができていないという認識もあったようである。それだけではなく、二〇世紀に日本の人口政策が大転換した歴史を考慮すると、仏教各宗派は自分たちの立場を明確にしてしまって、後々立場を逆転したり、信者たちに弁明したりするはめになることを望まなかった。このようにいくつかの理由から、仏教各派は水子供養に対してははっきりした態度を示すことには慎重だったのである。

日本仏教の主な宗派のうち、浄土真宗だけは水子供養に関する明確な方針を示している。絶対禁止という方針である。他の宗派は（今のところ）いかなる立場も明確にしておらず、その結果、各宗派の本部が決めた方針に従うというのではなく、それぞれの地元の状況に合わせて地域の寺が自分たちで判断している。こうして、水子供養の実践は、浄土真宗の水子供養禁止を例外として、中央管理が行われていない状態にある。

水子供養を行っている寺は、地域の要求に応じて行うことにしたと表明しなければならないような雰囲気がある。水子供養についても、そもそも水子という概念についても、経典に根拠が見当たらないためである。経典に何も書いてなくても、経典のなかですでに命じられている何かを実現するものとして水子供養を行う可能性はある。この問題について僧侶をはじめとする人々から何度も聞かされたのは、拝み屋や婦人雑誌で見聞きした水子の祟りを恐れた檀家たちが寺に供養を求めて来たといった話だった。つまり、寺は単に檀家の要求に応じて儀式を提供しただけだということになる。言い換えれば、僧侶たちは水子の存在やその祟りに対する疑問に答えず、その儀式の有効性（あるいは捏造された儀式という性格をもつものであること）について自ら考えることもしないまま、檀家が示した霊的な必要性に応えているのである。

水子供養に関して仏教各宗派の一致した見解がない現状で、唯一の例外は特定の宗派に属さない仏教者の電話相談サービス（仏教テレフォン相談）である。このサービスは東京の事務所であらゆる宗派の僧侶によって運営されている。相談の大半は墓や先祖供養などの仏事に関するものだが、三つ目に多いのが水子供養に関する質問である。このサービスは宗派を特定しないため、これらの質問については全宗派で一致した答え方を考案しなければならなかったのだが、一つの宗派のみ水子供養に全面反対という明確な立場を示しているので、その扱いが難しかったことは間違いない。採用されたアプローチは、水子の祟りという考え方は否定し、その代わりに人間の命の尊厳を主張して、罪業の認識を深めさせるというものだった。電話サービスでは、電話をかけてきた相手に檀那寺の僧侶を訪ねて正しい儀式の行い方について相談するよう勧めることで、当事者の檀那寺が望ましい「水子の専門家」であることを暗示するようにした。この穏やかな宗派間協力は、倫理的な問題として中絶の問題に真正面から取り組んだというよりも、最低限の共通した基盤を探し求めた結果であろう[22]。

浄土真宗の水子供養への反対は、教学本部によって僧侶や信者向けの教理教育のためのシリーズの一つとして出版された『女人往生』(「女性の救済」の意)と題されたテキストの中に示されている。[23]以下の議論は、このテキストと浄土真宗教学研究所の副所長である梯《かけはし》實圓《じつえん》教授へのインタビューに基づいている。[24]浄土真宗が中絶に反対する理由は複雑だが、二つの主要な部分から構成されている。第一の部分は、宗祖である親鸞の教えに従って、あらゆる形態の追善供養に反対していることである。水子供養は追善供養の一種と見なされているため、他の形式の追善供養と同様の理由で認められないわけである。第二の部分は、水子供養の行われ方を批判するもので、そこで水子供養は人工的で搾取的で道徳的に腐敗したものとして描写される。なお追善供養は、浄土真宗以外の宗派では仏式の葬儀や先祖供養において最も重要な位置を占めている。

他の宗派では追善供養の重要性が説かれるのに対し、浄土真宗では自分たちが崇める阿弥陀仏を称える念仏と阿弥陀の慈悲によって人間の救済はもたらされるとする。つまり、浄土真宗において救済はすでに保証されているため、救済を求めて儀式を行う必要性はないのである。この理解を超越した儀式を行う権限は僧侶にはなく、そうした能力があるように振る舞うことは魔術を行う約束をしていることになる。つまり、どんな人間の死も追善供養する必要はないし、それは他の宗派で水子として扱われている存在の死についても同じだと考えられているのである。

乳幼児の死や死産、流産、中絶は、浄土真宗では普通の人間の死と同様の方法で扱われる。胎児は受胎の瞬間から完全な人間である(つまり、中絶は悪いことである)と認識され、状況がどうであろうと胎児が死んだ場合には、大人の死よりも小規模ながら同じ形式の儀式が行われる。そのため、特殊な扱いを必要とする特別な死というカテゴリーを作る必要もなければ理由もないことになる。

浄土真宗が水子供養に反対する第二の理由は、人を罰するために、あるいは儀式をすべき人々に自らの苦境を知らせるために、浮遊霊が悪意をもって生者を襲うことがあるという昔からの民間宗教的な言い伝えを利用した賤しく呪術的な実践だと見ているためである。生者を襲う「祟り」は様々な形をとり、病気や争い事、経済的逆境などが最も頻繁に挙げられる。祟りを信じることは浄土真宗の見解では全く根拠のないことであるし、宗教家の真の仕事は祟りという不安につけ込むことではなく、迷信に惑わされた人々を教育し、阿弥陀の教えに基づいて人の命を捉えるように導くことだとされる。

水子供養を求めるという誤った方向へ導かれた施主たちの動機は、祟りに関する民間伝承に由来するとも考えられるが、浄土真宗は宗教的関心として水子供養は新しいものだと指摘する。浄土真宗が特に強調するのは、この儀式が人為的に作られたものだということで、その証拠として、現在の商業化された水子供養の形式は紫雲山地蔵寺を創始した僧侶で右翼活動家でもあった橋本徹馬によって、一九七〇年代に発明されたことが挙げられる（『女人往生』七四頁）。水子供養は、中絶を経験した人々の不安や後悔を食い物にする狡猾な搾取であって、そもそも全面的に搾取的であるばかりか、女性ばかりに中絶の罪や責任をすべて押しつける不公平なものでもある。水子供養は通俗的で商品化された寄生の一形態であり、宗教的な無知につけ込んでいる。その実践者は道徳的に腐敗しており、その理由は彼らが中絶を取り巻く混乱した感情につけ込んで、中絶は悪いことだと感じている女性たちの不安から利益を搾り取りながら、彼ら自身は、決して女性たちを不安から救おうとはしないためである。

このように浄土真宗の指導者たちが水子供養に対する一貫性のある教理的な回答を洗練させてきたにもかかわらず、この宗派の檀家たちは水子供養を要求してくるので、あいだに立った檀那寺の僧侶たちは当然ながら対処法を求めている。明らかに僧侶たちは、真摯な儀式を求める檀家の気持ちを否定したくはないし、冷たく拒否したくもなかったのである。真宗大谷派の機関誌『真宗』は、そうした要求に対処する手本を僧侶向けに示している。たとえば檀家が水子のために読経してほしいと言ってきたらそれに応じても構わないが、その前に僧侶との面談を行うようにと指導している。この面談において僧侶は、相談に来た女性（女性が主な依頼者だと考えられている）に二つの罪を犯していることを指摘する。第一の罪はその女性が子どもを殺したことであり、第二の罪は子どもが自分に祟りをなしていると考えることで、子どもを悪魔的な存在に変えてしまったことである。金をつぎ込んで儀式を行えば謝罪したことになるといった考えでは、罪を消し去ることはできない。そうではなく、真摯に悔やむことによってのみ、水子は救われるのだと教えるのである[25]。

他の宗派では水子供養に関する立場を公にしてはいないが、折に触れて自らの個人的な意見を述べたり、檀家からの水子供養の要請にどのように対応しているかを説明したりする僧侶もいる。多くの場合、彼らの見解は週刊誌における水子供養の卑俗な扱い方から強い影響を受けている。たとえば、ある日蓮宗の僧侶は、水子をクラゲのような浮遊物で、色は白か灰色であり、腐臭を放ちながらあてどなく深い暗闇をさまよっているのだと表現した。水子には意思がない、と霊的な祟りをなす能力を否定するような記述もある。ここで分かることは、経典のなかに水子に関する記述が全くないために、週刊誌の読者同様、僧侶たちも想像をたくましくすることが可能になったのであり、クラゲだとか、水中に漂う何物かだといった描写は、胎児写真によって与えられたイメージからじかに影響を受けているということである。別の日蓮宗僧侶は、水子は寒さに震えながら両親の周りに常に漂っているものだと説明した。ある真言宗の僧侶は、水子とはこの世とあの世のあいだにいる不純な存在であり、親たちを目覚めさせ、自分たちのために儀式を行ってもらおうとして霊障を引き起こしているのだと述べた[26]。

同じ僧侶たちに水子供養の方式を尋ねると、日蓮宗の僧侶たちは自分の檀那寺に行くのではなく、僧侶でも霊能者でも構わないから水子供養の専門家のところに行きなさいと勧めていた。その場合も、檀那寺も訪れて無縁仏のために建立した像に祈り、水子を仲間として受け容れてくれるようお願いしておくべきだというのである。このように定式化していることから、水子を「無縁」仏の一種として解釈している一方で、住職や檀那寺が水子供養などをするのはとんでもないといった意識もあることがうかがわれる。依頼者は少なくとも供養を三回しなければならないとされる。真言宗では供養の仕方に特に決まりはないので、依頼者は家の仏壇の前で祈り、仏壇と寺院に供物を捧げ、折に触れて水子のために僧侶にお経をあげてもらい、お墓に定期的にお参りし、先祖供養の儀式に参加し、水子供養に参加して祈るべきだと言うだけである。最後の一つを除けば、この当たり障りのない説明は全く宗派色を感じさせず、「仏教徒の檀家としての義務は何か[27]」という質問に対する理にかなった回答になりそうである。このような定式化は場当たり的なものにすぎず、水子供養を要求してくる檀家に対応しようと僧侶がたった一人で苦慮していることや、僧侶たちが週刊誌から得られる知識と変わらない程度の指導しか自らの宗派の本山から受けていないことがうかがわれる。

そのような状態なので、各宗派がそれぞれ全会一致の答えを持っていると考えるべきではなく、前述の二人の日蓮宗僧侶の反応が異なっていたように、一つの宗派の中にも幅広い多様性がある可能性があり、同じ町にいる同じ宗派の僧侶のあいだでさえもほとんどコミュニケーションが図られていないことが推測される。第五章で詳述する行橋市在住の二人の曹洞宗僧侶の例は、この点を明らかにしてくれる。同様に、森田愚幼と三浦道明に共通する天台宗という源流は、それぞれの水子供養の実践にほとんど影響を与えていなかったようだと結論してもよいだろう。

宗派による多様性の話のしめくくりとして、禅宗の一派である臨済宗の事例を挙げよう。一九八九年に、臨済宗妙心寺派は業に関する臨済宗の僧侶たちの見解についての調査結果を公表しており、その結果には、この宗派の僧侶たちの水子供養実践についての有益な情報が含まれている。第一に、妙心寺派の回答者四四三人のうち水子供養を行っていない僧侶の方が多く、水子供養を実践している僧侶は三三%に留まっていた。これは第二章で論じた全国調査の実施率よりも低いし、本研究の四つの現地調査で得られた実施率と比べても低い。一部の僧侶は自らの考えを披露しており、水子供養を行うのは要求された時だけだ（つまり、専門的に行ってはいないし、宣伝してもいない）とか、水子供養に関心を持つ信者たちは僧侶に構わずよそで儀式を受けてくれればよい、あるいは水子の魂は元来純粋無垢であるから水子が祟ることはありえないなど様々であった。対照的に、水子を作った両親は自らの悪業について悔い改めなければならないという意見もあった。[28] こうした反応はあちこちで矛盾しており、この宗派では、水子供養によって浮上した多様な問題のうち、どれが最重要課題であるのかさえ、明確になっていないように思われる。そうした矛盾が見られるのは決して例外的なことではなく、むしろ標準的なことと言えるだろう。

まとめ

本章では、霊能者が女性嫌悪を伴う胎児中心主義的イデオロギーをしばしば採用し、五〇代以上の人々を対象にするなど、水子供養の普及をどのように推進してきたかを示した。依頼者の側は、一回限りで自分たちの後ろめたい感情から解放される手段を儀式に求めているようである。対照的に、霊能者の側は一回限りの現金取引ではなく、自分の寺と依頼者のあいだに長期にわたる多面的な関係が築かれるような形で水子供養を行うことを求めている。霊能者の側が成功した場合は、信者が定期的に供養に訪れたり、水子供養をきっかけにその他の儀式も行うようになることで恒常的な収入が得られるようになることもある。次章では、四つの地域の檀那寺における水子供養の様子を検証することで、霊能者によって盛んに広められたイデオロギーが、日本宗教の中に制度化されていく様子を明らかにする。

すでに見てきたいくつかのテーマが、ここでもくり返される。たとえば、日本の前近代における子堕ろしと間引きの歴史が、森田愚幼のような現代の霊能者の思想のなかで神話化されていることは明らかである。前近代を道徳的純粋性と物質的欠乏で特徴づけることによって、中絶を「経済的困難」により正当化することの土台が作られるが、その場合には必ず後悔と懺悔が伴わなければならないとされる。前近代から続いている経済的困難という認識とは対照的に、現代日本の中絶に関する「常識」には「冷たい男」の姿が見えない。その代わりに描かれるのは女性の性であり、とりわけ若い女性の性を悪魔的なものとして描くことで、女性たちの抱える問題をすべて自業自得だとして徹底的に非難しようとする。そればかりか、他人の責任まで彼女たちに押しつけようともしており、しかもそれを描くために、週刊誌に登場して以来おなじみの更年期だとか心霊現象といったレトリックが使われている。あげくのはてに、辯天宗の背後にファシストの象徴である笹川良一の姿が見え隠れするあたりに、中絶反対派と水子供養が女性嫌悪と執拗に結びついていることや、日本の右翼に見られる相も変らぬ時代遅れの数々の要素とも固く結びついていることが見てとれる。

霊能者とは対照的に、浄土真宗以外の仏教僧侶は皆、各宗派の本山からの指示もなく、受動的かつ応答的になっており、結果的に霊能者や週刊誌を頼みの綱にしていた。浄土宗だけは、祐天上人の登場以来、前近代から伝わる確固たる水子供養の慣習を持っているが、もちろん宗派として教理的な正統性があるわけではない。そのために、住職たちは水子供養を要求してくる檀家の取り扱いについて、それぞれが持つ資源に頼ることになっているため、全くまちまちの対応になっており、知的な洗練さに欠けているのも不思議ではない。それは「さわらぬ神に祟りなし」とばかりに倫理的な論争を遠ざけてきたことの代償なのかもしれないが、その間に、より積極的な起業家的霊能者たちに先を越されてしまったようにも思われる。

第四章　注

(1) 藤田『拝み屋さん』一九六―二〇〇頁。

(2) 拝み屋は謝礼を受けとって儀式を行うので、病気の治癒のためや何らかの祈禱を成就させるために長期的な関係の基礎になることもあるが、依頼者とのあいだに必ずしも継続的な関係が形成されるわけではない。

(3) 庄崎良清／藤田庄市『おみくじ』かど創房、一九九三年、一二六―八頁。

(4) この集団を親族ではない人々のグループと推測したのは、様々な名字の人々で構成されていたからである。そうはいっても、名字が異なる集団には別の可能性も存在している。たとえば、既婚女性と結婚して姓の変わった娘が一緒に像を奉納している場合である。

(5) 森田の夫ともう一人の息子は第一段階の得度を受けている。

(6) この寺は天台宗系列の寺院としてではなく、独立系の寺院として登録されている。森田によると、この地域の他の天台宗寺院は慈恩寺の正統性を認めていない。

(7) 「圓満院」圭室文雄編『日本名刹大事典』雄山閣、一九九二年、六八―九頁。

(8) 副門跡三浦光道へのインタビュー、一九九四年七月。

(9) Miura Domyo, *The Forgotten Child: An Ancient Eastern Answer to a Modern Problem* (Henley-on-Thames: Aiden Ellis, 1983).

(10) 藤井正雄編『仏教儀礼辞典』東京堂出版、一九七七年、八二―四頁。

(11) 同一一二―四頁。

(12) 三浦道明『諸供養の仕方』圓満院、出版年不明、三七頁。

(13) 業に関するこの表現は、先の森田愚幼が詳述していた「女の業」という考えにおそらく関連している。この観念は、女性の身体が本来的に不浄であり、それゆえに女性は霊的な進化を永久に遂げられず、男性には見られないような形で身体的に苦しめられるというものである。

(14) 辯天宗の創始者・歴史・実践についての説明は『新宗教事典』三七五―六、四一八―九、四四〇―一、七七三頁、八三九頁から引用した。

(15) 大森は真言宗の「布教使」の資格を一九四〇年に受けている。

(16) 大森は先祖供養を適切に行うことの重要性を語っていたが、これは彼女の思想とその死後に採用された水子供養のつながりを示す唯一のものである。

(17) 弓山達也「弁天宗における救済論の展開――特に水子供養に関連させて」『宗教学年報』二四号、一九九四年、九五頁。

(18) 同九五―六頁。

(19) 同九八頁。

(20) 辯天宗「水子の霊に安らぎを」発行年なし(西川祥如作詞・團伊玖磨作曲)。

(21) Helen Hardacre, "Response of Buddhism and Shinto to the Issue of Brain Death and Organ Transport," *Cambridge Quarterly of Healthcare Ethics* 3, 1994, 585-601.

(22) 『仏教タイムズ』一五号、一九八五年四月。

(23) 『女人往生　教学シリーズ1』教学本部編、本願寺出版、一九八八年。

(24) このインタビューは一九九四年八月一二日に行われた。

(25) 池田勇諦「水子供養をめぐって――真偽決判に生きる」『真宗』一九八二年四月、二〇―四頁。

(26) 北塔光昇『真宗と水子供養』永田文昌堂、一九八三年、三〇―四頁。

(27) 同三四―四五頁。

(28) 『業の説』臨済宗妙心寺派教化センター、五五―一一五頁。

第五章　四つの地域における水子供養

本章の目的は、日本の四つの異なる地域における水子供養の実践を調査、検討することで、相当な地域差があるのを明らかにすることである。仏教寺院で行われる水子供養の実践が宗派によって異なることについては、巻末の補遺で論じる。本章で主に注目するのは地域に檀家を持つ仏教寺院（檀那寺）だが、神社や修験道寺院の水子供養にも言及する（修験道寺院は一般に真言宗または天台宗に属しているが、その実践内容は所属宗派と同じではない）。本章では、年忌法要や先祖供養、それぞれの宗派の祖師の命日に行われる法要などの年中行事に加えて、最近水子供養を行うようになった檀那寺を検討する。そうした寺や同様に水子供養を行っている神社や修験道の寺院や道場においても、経典による裏づけもないままに、週刊誌の広告や中絶とのつながりから物好きで破廉恥だといった連想も働く水子供養という新しい事業に乗り出した裏には、それぞれの地域ごとに内実の異なる意思決定過程の積み重ねがあった。そうした宗教法人の事情を個別に見ていくと、週刊誌のターゲットとされており、霊能者たちへの依頼者のなかで目立っている若い女性たちに比べて、はるか昔に中絶を経験した年配の男女が水子供養にかかわっていることが分かる。檀那寺に水子供養を受けに来る若い女性がいないわけではないが、若い女性は、通常、よそ者として水子供養を受けに来る。対照的に、年配の女性（や男性）は、自分の檀那寺にやって来て、一回限りの水子供養ではなく、寺で日常的に行われている年中行事の一環として定期的に供養するように働きかける傾向がある。その結果、水子供養が寺の年中行事に組み込まれることになれば、自ら中絶を経験したかどうかにかかわらず、すべての檀家が水子供養のための仏像や施設を作る費用の負担を求められることになる。

本来、日本の宗教団体が保守的であることを思えば、一九七五年頃から一般の檀那寺や神社や修験道寺院が水子供養を始めるようになったのは特筆すべきことである。これから見ていくように、水子供養の実践は、実際、相当な抵抗と反発に遭うことになったし、特に日本仏教の最大宗派である浄土真宗からの反発は激しかった。どうやら水子供養が簡単に何の問題もなく受け容れられたところはほとんどなかったようであり、それを思えば、たとえいったん受け容れた場合でも今後もずっと行われ続けると仮定することはできないように思われる。後述する通り、水子供養をめぐって非常に不快な事態が生じたために地域の人々がすっかり手を引いてしまったところもある。そうした場合、それなりの費用をかけて長い議論と困難な決定の末に建立されたに違いない彫像が、ほどなく他の目的に転用されてしまうかもしれない。現地調査を行った四つの地域の事例では、最初は女性たちの宗教的関心で始まったものが組織的に広く行われるようになった様子が観察されたが、今後の世代では男女が一緒になって、必ずしも水子霊の祟りの恐怖に駆られてではなく、別の形で性と生殖にまつわる経験を儀式化していく可能性もあるし、同様に、現在、宗教法人で行われている水子供養が、今から二〇年後には別の名前を付与されている可能性もあるだろう。

現地調査の概要・目的・方法

私は以下の方法で、現地調査を行った。最初に、複数の寺院名鑑〔『大日本寺院総覧』や『全国寺院名鑑』などがある〕から各地域の寺をリストアップした。このリストを電話帳で照らし合わせた。(1) 各寺院に電話をかけ、水子供養を行っているか、その寺がどの宗派に属しているかを確認した。たいていの場合、電話口に出たのは住職の妻か母であった。電話口の女性は、檀家以外の水子供養も行うのか、どの程度の頻度で行われているのかといった質問にも、通常、進んで答えてくれた。その寺が水子供養を行っていない場合には、たいてい電話口の女性の方から水子供養を行っている地域の寺の情報を提供してくれた。各地域のすべての寺に電話をかけることで、私はその地域で水子供養を行っている寺の比率や宗派別の実施率を集計することができた。このデータと電話による聞き取りに応じてくれたか否かということを元にして、私は実地観察のために各地域から六つか七つの寺を選び出した。私は調査補助者一名と共に選び出した寺を一つずつ訪問し、そこで行われている水子供養の内容を記録した。水子供養に用いられる具体的な施設の記録には、スケッチと写真を用いた。多くの場合、住職や信者、水子供養の依頼者がその場にいたので、彼らと接触することで関係者の動機や意図を知ることができた。四つの地域を一つひとつ観察した後、各々の地域の住民にとって他にどのような水子供養の可能性がありうるのかを知るために、各地域から電車で二時間圏内に位置するより規模の大きい都市の寺社も回った。

多くの寺において、具体的な水子供養の霊場を見れば、どのような性質の宗教活動がどの程度行われているのかが分かる。たとえば一般的な供養では、施主は水子のために住職に塔婆（または卒塔婆）を書いてもらう。卒塔婆はインドの仏塔《ストゥーパ》に由来し、日本人の宗教生活の他の場面では先祖供養のために使われるものである。人々は薄い木の板状の塔婆（サイズと価格はまちまち）を春や秋の彼岸と夏のお盆の時期に一家の墓所に供える。この現地調査に行ったのはお盆の時期だったので、水子供養の霊場には数多くの新しい塔婆が供えられていた。塔婆に書く言葉は宗派によって異なるが、水子が救済されることへの希望が表現されている。塔婆を立てた人の名も記されているため、そこから水子供養の施主の男女比を知ることができた。時には個人ではなく、たとえば「田中家之水子」のように家によって立てられた塔婆もあったし、企業などもともと無関係な人々の集まりや、寺の女人講によって立てられたものもあった。

一般的に、塔婆は地蔵像や観音像の周囲に立てられる。その場合、たいてい仏像のそばに閼伽水《あかみず》〔供養の水のこと〕と塔婆立てが配置され、時に供養用蠟燭の棚や香炉が置かれることもあるが、供物台はたいてい備わっている。仏像や閼伽水や棚に、寄進した日付や建立・設置のために布施を払った人の名前を記した銘文が見られることもある。そうしたものに記された名前から、水子供養の施主の性別や家族構成の内訳などの詳しい情報を得ることができる。本研究で観察した多くの寺において、水子地蔵像や水子観音像に供えられていた塔婆の数は一〇〇本近くに達し、塔婆供養の詳細を記録することができた。一方で、塔婆の数が数百本に上る寺や塔婆の置かれた場所に近づけない場合もあったため、正確なデータが得られないこともあった。

別のタイプの水子供養の施設としては、奉納者の名前が刻まれた石造または鋳造の地蔵像か観音像が先に記した備品と共に建てられていることもある。この場合も水子供養の施主の性別や集団が分かる。大規模な水子供養堂になると一〇〇〇体以上もの像が安置されていることもあるが、本研究の資金と時間の限界のために正確なデータは得られなかった。しかし、せいぜい一〇〇体ほどの像がひとかたまりになっている方がはるかに一般的である。その場合には、予定通り奉納者のデータを得ることができたが、前列もしくは後列の像に邪魔されて像に刻まれた名前が読めない場合もあった。

訪問した寺の各々で水子供養の霊場が境内のなかでどのように配置されているかは、本堂に祀られている仏や菩薩などと水子との関係を反映しており、また墓地にいるとされる先祖と水子との関係も反映していた。すべての寺で、本堂と墓地は明らかに空間的に離れたところに配置されていた。ただし、抽象的に考えれば水子は死者の一種のようであるにもかかわらず、水子供養の霊場は常に墓地から離れたところに配置されていることから、水子が先祖とは別のものとして概念化されていることが分かる。同様に、水子供養の霊場が空間的に仏や菩薩から離れたところに配置されているのも、また別の概念化が行われているためだと考えられる。配置図2から配置図7で示すように、結果的に多種多様な空間的配置が観察された。

調査地の選定

先行研究では、水子供養の地域的な多様性に目を向けてこなかったし、水子供養を特定地域の歴史や社会関係から生じたものとして扱ってもこなかった。対照的に、本研究では水子供養の地域差を調査のテーマに掲げ、地域レベルとマクロなレベルの両面から水子供養を解釈する。

各地の水子供養は、その開始時期をはじめ、地域の全寺院数に対する水子供養実施寺院の比率や宗派の分布、男性や家の関与の度合い、施主の年齢、施主と檀家組織や地域共同体との関係などについて相当な違いが見られる。一九七〇年代に水子供養を始めた地域もあれば、一九八〇年代中期または後期になって初めて行われた地域もある。水子供養を行う寺の宗派に偏りがある地域もあれば、そうでない地域もある。一部の地域の一部の寺ではもっぱら個人を施主とする水子供養が行われていた

配置図２　滝元寺（遠野）

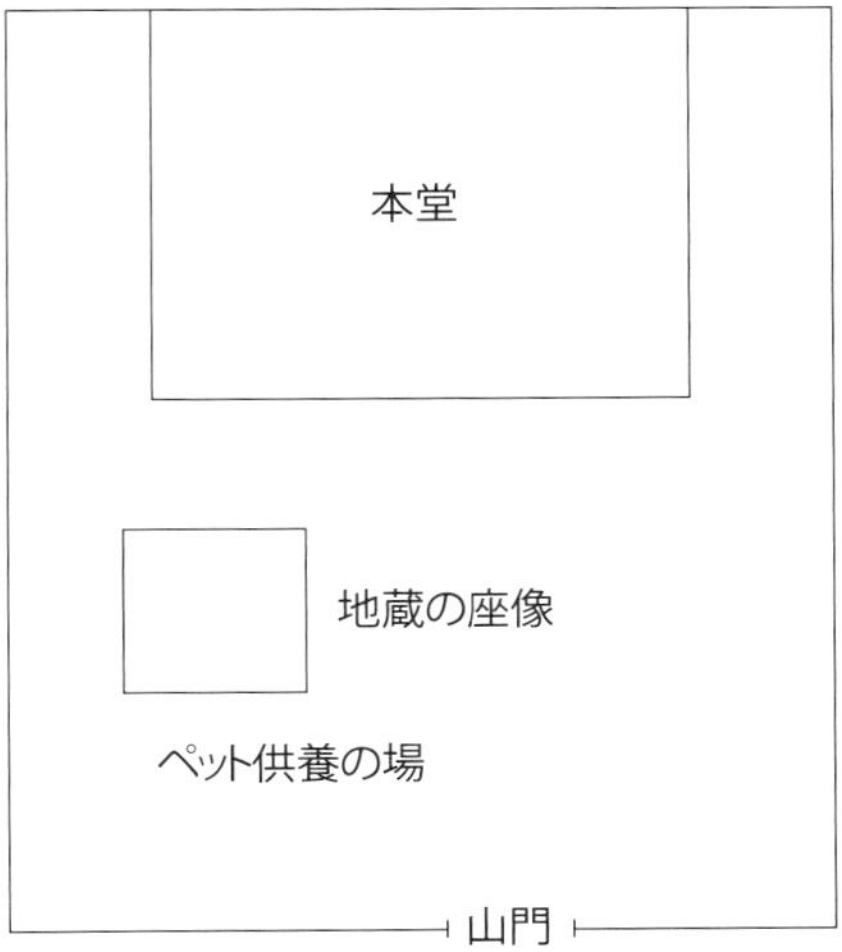

配置図３　長安寺（津山）

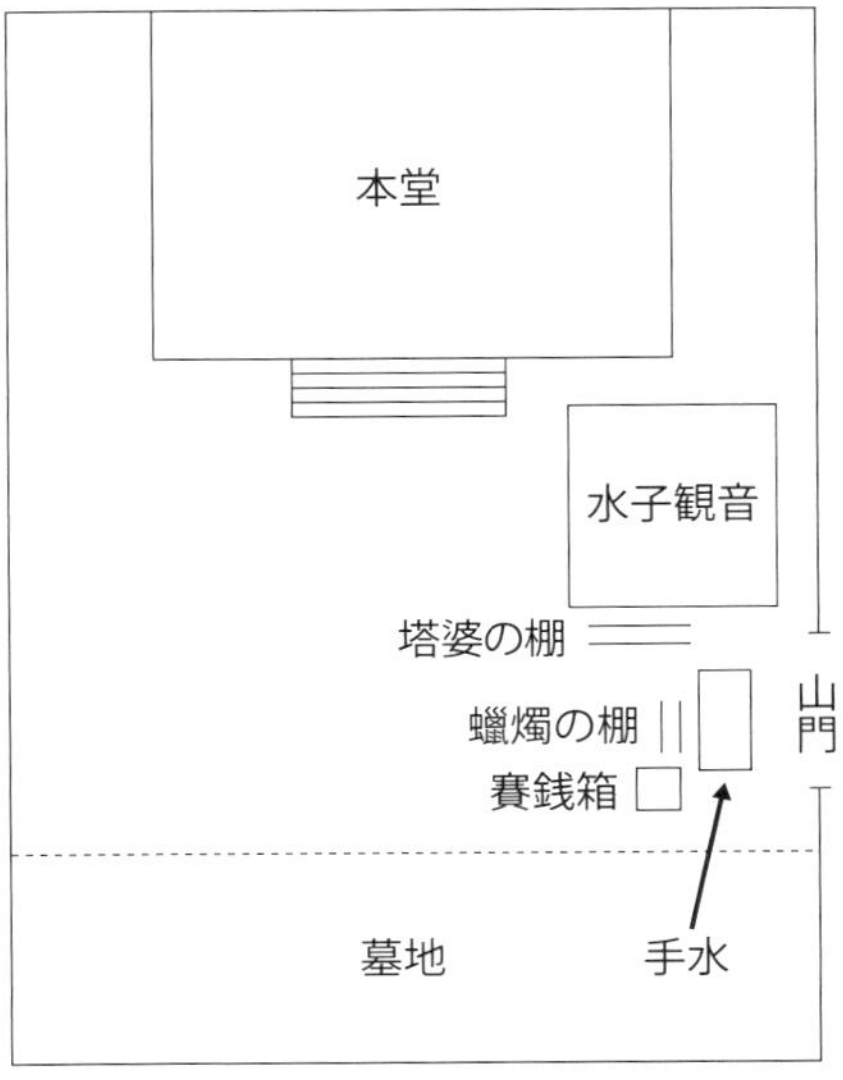

配置図４　法泉寺（行橋）

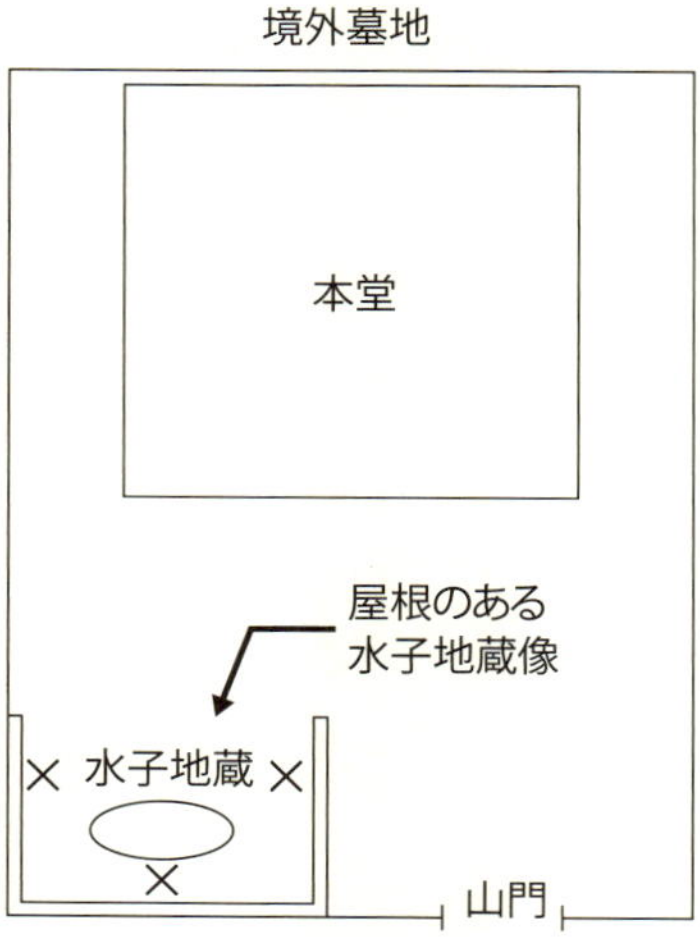

×は三方を壁に囲まれた 1000 本余りの塔婆棚。

配置図５　西福寺（行橋）

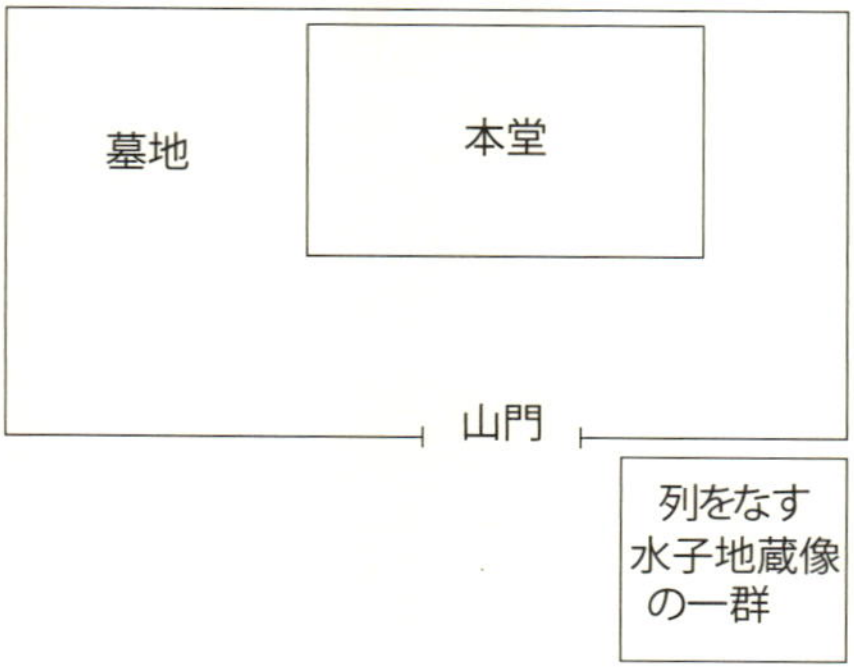

配置図６　妙音寺（三浦）

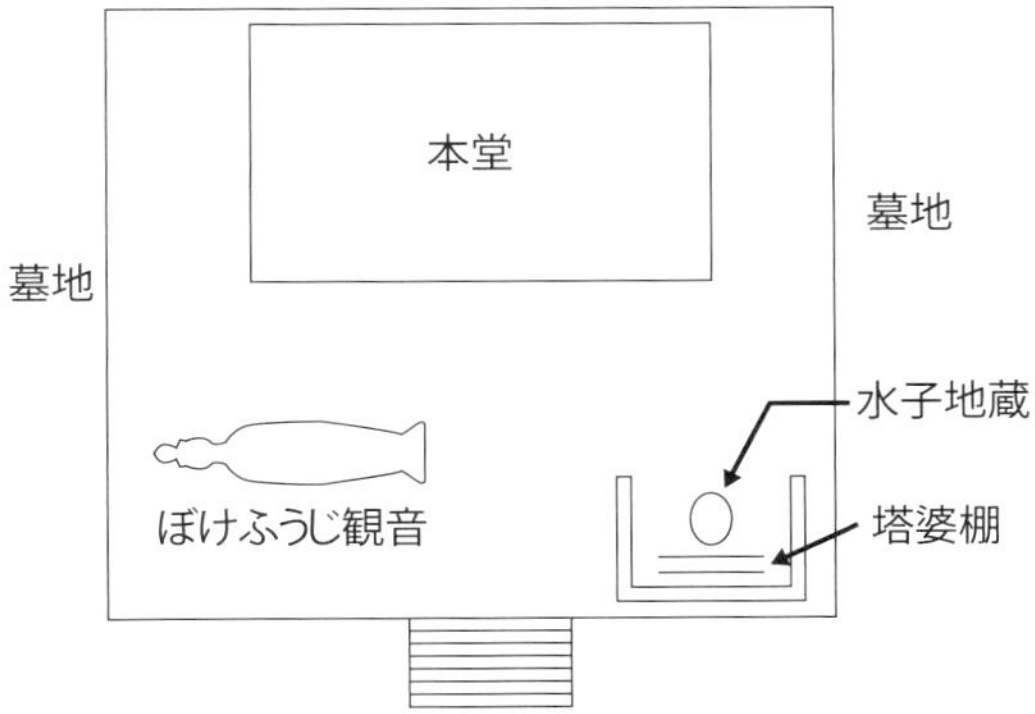

配置図７　本瑞寺（三浦）

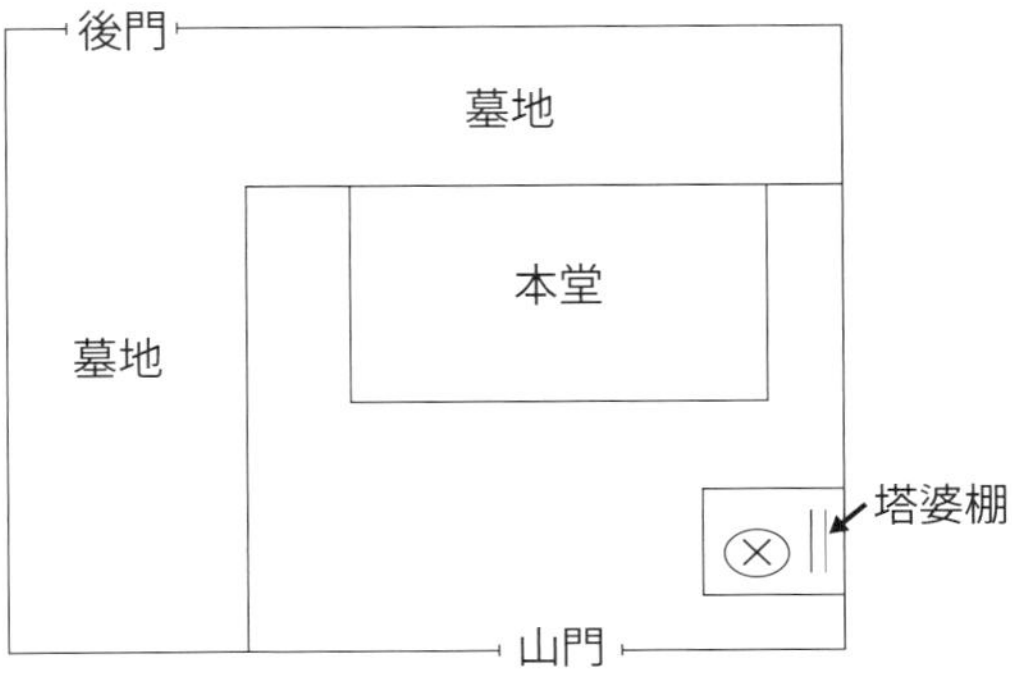

が、他の地域では家単位で行う方が一般的であった。主に中高年層が施主となっており、若い人が個人で行うケースをはるかにしのいでいる地域もあった。男性の施主が全く見当たらない地域がある一方で、女性より男性の施主の方がはるかに多い地域もある。時には水子供養をきっかけに寺とその依頼者とのあいだに継続的な関係が生まれることもあるが、施主が二度と姿を見せないこともある。最近中絶を経験した人が施主になることもあれば、施主または施主の集団が個人的に中絶を経験していない場合もあったし、流産や死産、中絶、子どもの死などを経験して数十年も経ってから水子供養が行われることもあった。

本研究では以下に示す二点に考慮して、四つの調査地を選定した。第一に、最近発表されたほとんどの民族誌学的な水子供養研究は、主に東京圏の単一寺院での観察に基づいている。もっと多様な事例を観察するために、私は文化的に全く異なる四地域――北（福島県いわき市遠野町）、南（福岡県行橋市）、東（神奈川県三浦市）、西（岡山県津山市）――の山間部の地区一か所と小都市三か所を調査対象とすることにした。これらの地域はそれぞれ比較的大きい地方都市から日帰りできるようなところにある。自分が通常生活しているところから離れた場所で水子供養を受けようとする人が多いことを考えると、そうした位置関係は重要である（四つの調査地は地図1参照）。第二に考慮したのは、水子供養がいかにその地域の伝統的な宗教実践と関連しているかを理解し、それぞれの地域への影響度を評価する必要があることである。伝統的な宗教的実践に水子供養の基盤があるかどうかを判断するには、水子供養の開始によって何が変化したのかを評価するためにも、各地域の宗教史が明らかであることは重要である。上記四つの調査地は、すべてこれまでに研究対象にされてきた地域であり、遠野町（福島県いわき市。柳田國男の古典的作品『遠野物語』が対象とする岩手県遠野市ではない）という地区と津山市は、私自身が研究対象にしてきた土地である。三浦市と行橋市の宗教史は詳細に調べられているとは言えないが、信頼のおける資料は存在する。全体的に、これら四つの調査地は現在の水子供養の地域的多様性を代表しており、同時にこれまでの宗教史のパターンも様々である。

地理的に離れていることの他にこれら四か所を調査地に選んだ理由は、地域発展のパターンがそれぞれ異なっていたためでもある。遠野はかなり奥まった山間部にあり、農業と石材業、林業が主な産業である。行橋は二〇世紀に工業化し、近隣には大きな化学工場や石油精製工場、製鉄工場があり、隣接する小倉市はこれらの工業の全国的中心地である。そうした重工業は、小規模な農業や沿岸漁業と併存している。大きな港を持ち工業の中心地でもある小倉は行橋から急行電車で二〇分の距離にあり、行橋から問題なく通勤できる。行橋と同じように、三浦は横浜市や横須賀市という二つの大都市へ通勤可能な距離にある。ただし、三浦から通勤している人々は、村落地帯から都市へと流入した人々ではなく、むしろ首都圏から住宅購入のために流出してきた人々である。三浦に古くから住んでいる人々

地図1

は、農業（稲作よりも野菜栽培）や沿岸漁業に携わってきたが、最近ではそこに観光業も加わった。

津山はかつての城下町で、江戸期には津山城に住む大名が領地を支配していた。典型的な城下町は各仏教宗派の寺を建立することが求められていたので、多くの寺が集中して建ち並ぶ寺町が形成された。他の三つの調査地ではそれぞれ特定の宗教に偏りが見られたのに対し、城下町としての歴史を持つ津山では諸宗が幅広く分布している。現在、津山市の経済基盤を支えているのは稲作とサービス業、タイル製造業である。

これら四つの調査地は、水子供養の地域による多様性を見るのに十分な特徴を備えているが、これによってすべてが解明されるわけではない。今回は資金上の都合により四地域の調査しか行えなかったが、どの地域も全く新しい様態の儀式を生み出していたし、宗派のかかわり方も様々であったことから、もっと多くの地域を調査すればさらなる多様性が明らかになるはずである。本研究にできることは、水子供養をより包括的に調査していくための道しるべとなることであり、理想的には今後一群の調査チームによって水子供養のあり方をもっと包括的に調べることが望まれる。

地域的なレベルでの解釈とマクロなレベルでの解釈

水子供養は一九七〇年代まで制度化・商業化された形では存在していなかったという事実は、水子供養の導入が伝統的な寺院の宗教実践とは断絶していることを意味しており、その断絶は寺院ごとに――地域レベルで――克服されねばならなかった。宗教法人が本質的に保守的であることを考慮するなら、相当な出費を伴う新しい宗教実践を始めるには、その変化を導く強い動機と檀家たちを納得させるだけの理由が必要だったに違いない。多くの場合、水子供養の開始を最初に提案したのは住職や檀家ではなかったし、地元の石材店や仏像販売業者が寺に水子供養の霊場を作らないかと持ち掛けてきたケースも見られる。そうしたケースで、特に檀家から要望も出ていないのに寺が水子供養の霊場を作ることに決めたのは、ひとえに寺の収入源になることを期待したためである。住職か檀家総代のどちらかが中心になって新しい儀式を始めることもある。一部の寺院は、産婦人科医院や病院から中絶胎児や実験動物の霊魂を鎮める供養の儀式を定期的に行うよう依頼されたことで、水子供養を手掛けるようになった。他に、当初は中絶胎児の遺体の埋葬のみを行っていた寺が、元の遺体処理サービスから発展して水子供養を行うようになった例もある。より単刀直入に、寺の住職が祈禱や供養による増収を期待してあらゆる種類の供養を手掛けるようになり、寺が提供するサービスの一つとして水子供養も導入したような場合には、電話帳の広告やダイレクトメールなどの宣伝媒体を通じて水子供養は広められた。ただし、どんな場合でも水子供養と中絶の結びつきが語られることはなかったし、水子に関する檀家の宗教的信念がしっかり固まるのを待つことなく水子供養が始められることもあった。

どうして何千年もの宗教史を有する地域で、一九七〇年代から八〇年代にかけて突如として、それまで知られていなかった宗教行為が——宗派の境を越えて——行われるようになったのだろうか。この疑問に対しては、戦後の中絶増加とか、仏教寺院の財源が全般に減っていることなど、部分的な答えしか得られない。そうしたマクロレベルの要因は、特定の宗教法人が資産の相当分をつぎ込んで高価な施設を建設する決断に至って初めて作用するものだと論じることも可能である。だが、この国の仏教寺院のおそらく過半数が水子供養を行っていないのであり、多くの場合、多額の資金をかけて専用施設を建てたりもしていない。本研究で示す通り、大半の寺は以下に示すような理由で水子供養から距離を置いている。

一、日本最大の仏教宗派である浄土真宗が、宗派として水子供養への反対を表明している。
二、次に示す信念のいずれかに基づいて、僧も檀家も水子供養を嫌悪している。
a　水子はでっち上げられた迷信であり、実際には存在しない。
b　水子供養は搾取的行為であり、真の宗教者が行うのは不適切である。
c　水子供養は仏教の実践を安っぽく卑俗化したものであり、正統性に欠ける。
d　深い意味を考えることなく中絶した人々に、安っぽい感情的な慰めを与えるために寺が利用されてはならない。
三、施設を作るための資金を投ずる意志もなければ余裕もない。
四、単刀直入に水子供養を推進すると、地域の人々が寺をその実践のみと結びつけるようになり、結果的に共同体のなかでの寺の品格が落ち、安っぽく拝金主義的だと見られ、重要性の低い不名誉な実践を進んで行っていると「まっとうな」他の寺院からの非難を招く恐れがある。

表17　調査地ごとの水子供養実施施設数と実施率（寺、神社、新宗教、修験道含む）

	津山	行橋	三浦	遠野	総計
調査施設数	57	52	37	11	157
水子供養を行う	25（44%）	22（42%）	15（40%）	7（64%）	69（44%）
水子供養を行わない	26（46%）	27（52%）	18（49%）	1（9%）	72（46%）
方針不明	6（10%）	3（6%）	4（11%）	3（27%）	16（10%）

水子供養における地域性

本研究において調査した一五七の宗教法人（仏教寺院は一四八）のうち、水子供養を行っていたのは六九（全体の四四%）、明らかに水子供養を行っていないのが七二（四六%）、残り一六（一〇%）は明確な方針を持っていなかった（表17参照）。この調査結果は、第二章で紹介した日本の寺院のうち四三%で水子供養が行われているという全国調査の結果とほぼ一致する。この全国的な平均実施率は、宗派分布がまちまちな津山、行橋、三浦における水子供養実施率とも統計学的に非常に近接している。一方、この表から遠野の実施率がとびぬけて高いことが分かる。これらの数値より、宗派の違いを超えて働いている要因もある一方で、個々の地域に特有の事情を説明する必要もあることがうかがわれる。そこで、全体の平均から外れていた遠野の事例から見ていくことにしよう。

○　遠野

一九九四年夏の時点での遠野町〔福島県いわき市〕の人口は七三二六人であった。現在、いわき市遠野町で運営されている寺院は一一あり、そのうち七寺で水子供養が行われている(2)（地図2参照）。この七つの寺のうち三つの寺では、

地図2　いわき市遠野町の寺院

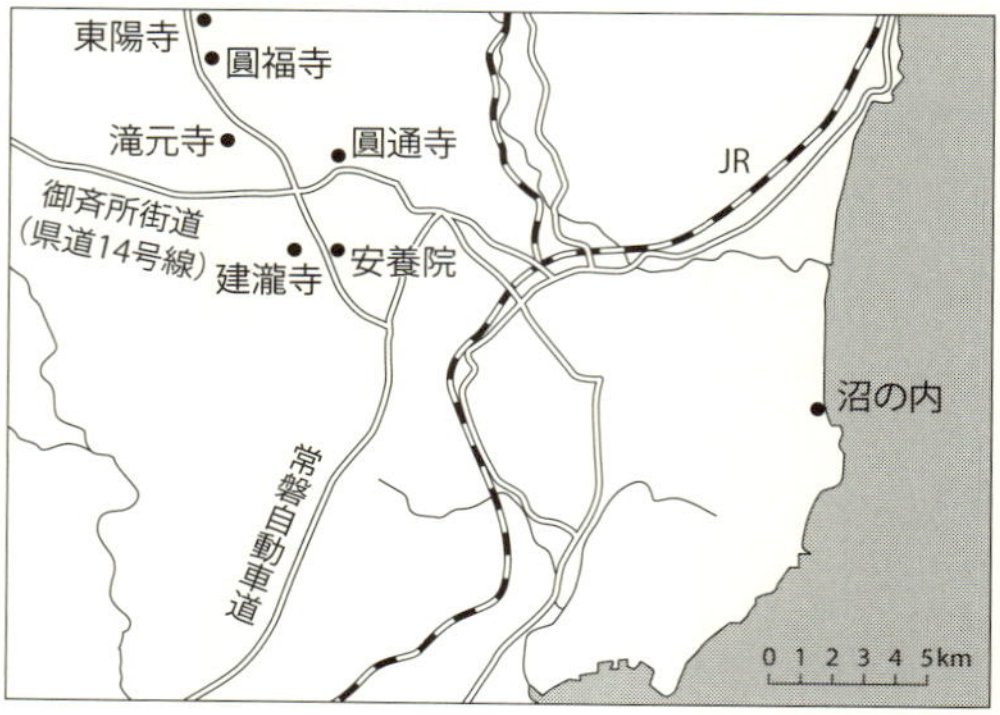

水子供養を積極的に行っている様子は全く見られない。この三寺はすべて真言宗に属しており、そのうち安養院と滝元寺の二つは、いかにも水子供養にふさわしい地蔵像を安置した施設を有している。三番目の東陽寺も水子供養を行うと答えたが、境内にそれらしい施設は見当たらなかった。

最近、水子供養が行われた形跡が全く見られない寺は二つあり、そのうち像に刻まれた最も古い碑文は安養院の一九七六年のもので、奉納者として並ぶ二〇人の氏名のうち四人が女性名だった。碑文にはそれぞれの奉納額が記されている。この二〇人は各々の檀家を代表する人々で、像を納めるお堂を建てる際に家単位で寄付したのだと考えれば理にかなう。女性名もあるのは、おそらく夫に先立たれて戸主となった者であり、彼女たちは男性の奉納者たち同様に自ら中絶を経験しているわけではないだろう。安養院でも一九七六—九四年は水子供養が行われていた可能性があるが、一九九四年末までにはすっかり消えてしまったようである。

滝元寺の様子から、たとえ水子供養が行われていたとしても非常に支持層が薄かったことが分かる（配置図2〔三二三頁〕参照）。滝元寺の地蔵像は、ペット供養の碑が並ぶ一角の隣にぽつねんと置かれている（図13参照）。碑文に並ぶ奉納者名は、男性の石工と石材店の名前のみである。滝元寺を訪

図13　滝元寺の水子供養地蔵のある一角（遠野）

れた人の心には、「誰もお参りしないのに、どうしてこの寺はこの像を立てたのだろう？」という疑問が自然とわき起こることだろう。私たちが滝元寺を訪れたのは、一年のなかでも供物や塔婆が像の前に捧げられることが最も多い盆の終わりだった。供物や塔婆が全く見当たらなかったことから、滝元寺の水子供養は名ばかりであることが分かった。積極的に水子供養が行われたことがもともとなかったか、二〇年もしないうちに廃れたかのどちらかである。

遠野において、石材工場と地域の寺院で水子供養の霊場が設置されたことのあいだには密接な関係がある。この地域には、建設用石材の他、庭石や水子供養に使われる地蔵像や観音像をはじめとする様々な宗教的な彫像のために石を供給している小企業が点在している。石材業はこの地域の主要産業であり、おそらく遠野の寺院の檀家のなかにはそうした企業に雇われている人々が含まれている。そうなると、石材工場とかかわる檀家から水子供養像を作ろうと言われたら寺としては断りにくいし、特に滝元寺のように石工たちや石材店から像そのものを寄進すると言われたら断りきれないだろう。それとは逆に、石材業の檀家にとって住職からそうした像の建立を請け負ってほしいと言われることは何より歓迎すべきことであっただろうし、檀家が家単位で像の建立に寄付した安養院の場合はまさにそのケースだったように思われる。住職が言い出したにせよ、石材業の檀家が言い出したにせよ、そのような事態が進展したことで、双方の関係者の宗教生活が一気に変化した可能性もあるが、何も変わらなかった可能性もある。現在、そうした施設が荒廃しているのを見ると、どうやら特に変化は起こらなかったようである。

今日の遠野に見られるように、地元の石材店が水子供養の開始に大きな影響を及ぼしていたという仮説は、遠野から車で二〇分の海岸にある沼の内地区の賽の河原で立証される。沼の内は沿岸漁業船のための小さな港である。港の南側には浜辺に面して二つの洞穴がある。その一つはもともと宗教儀式を行う場所だったが、今は使われていない。その洞穴は丘に向かって二〇メートルの奥行きがあり、開口部は海側の一つだけである。この洞穴は江戸期を通じて、死んだ子どもや流産、中絶、死産した子どもたちの霊魂が地蔵に守られながら暮らしているあの世の一部を象徴的に模した賽の河原として使われていた。そうした「子どもたち」の母や母になるはずだった女性たちは、この洞穴に赴いて五輪塔の形に石を積んだという。この私的な信仰に伴う行為は、僧侶とは何の関係もないもので、「子ども」の魂が潮で海に運ばれてあの世へ行き、後にこの世に生まれ変わることへの希望の表れである。一時期はここに地蔵像が建てられていたこともあるが、それがいつだったのかは誰も知らず、この洞穴がいつから使われなくなったのかも誰も知らない。この場所の宗教的象徴性は、最近、洞穴と海のあいだに海岸の浸食を防ぐコンクリートブロックの防波堤が作られたことで完全に消滅した。

二つ目の洞穴は新たに水子供養の霊場として整えられたものである（図14参照）。この洞穴は、海側にしか開口部がなかった前の洞穴とは違って、陸の方にも出入り口がある。潮によって霊が海へ運ばれ「去って」いくという観念に宗教的象徴性が依存していた前近代であれば、ここは儀式を行う場として失格だったはずである。陸側にも出入り口があることで、子どもたちの霊が生者に交じってさまよい続ける可能性が生まれてしまい、以前の洞穴で行われていた非公式の儀式で望まれていたのとは正反対の効果を持つためである。

石碑には、第二の洞穴がどうやって水子供養の霊場に変えられたのかが記録されている。それによると、数百年前、水子と幼児の魂を鎮め慰める聖なる場所としてこの地に賽の河原が作られたという。一九八五年、地元の石材店の社長がやってきて、ここに水子供養のための偉大な聖なる場所を新たに作りたいと申し出て、自らの資金と資源を費やして、この霊場を築いたことが記されている。

沼の内の現地調査でインタビューしたところ、地域の人々は水子供養の霊場として新しい洞穴が開かれることになった

図14　新しい洞穴にある水子供養の霊場（沼の内賽の河原）

いきさつについて、上記とは異なる見解を持っていた。一九八〇年頃、沼の内の区長と地元の石材店の社長とのあいだに結ばれた取引によって、地蔵像はもとの洞穴から新しい洞穴に移され、地域の人々は昔と同じように石を五層に積み上げることを奨励された。洞穴の陸側の出入り口に隣接した一角は駐車場にするために舗装され、地域の旅行会社は沼の内をこの近辺の観光ルートに組み込むよう勧められた。当時の区長は沼の内地区のすべての世帯に、古い洞穴の大きな地蔵像に付き添う小さな地蔵像群をつくるために三万円ずつ寄付するようにと説き伏せた。区長はこの説得にあたって、次のようにささやいた――寄付しなかったら、この家は「けち」だと言われ続けるよ――それで最終的には、ほぼすべての家族がしぶしぶ金を払ったというのである。これだけでもひどい話だが、洞穴に建てる像はその石材店が作った像に限られるという条件がさらに課せられた。つまり、石材店の社長が払ったとされる金は、いくらなのかは分からないにせよ、古い像を新しい洞穴に移し、駐車場（約一〇〇平方メートル）を舗装する費用だけだった。新しい洞穴を作る残りの費用は、すべて地域の人々が負担した――ある初老の漁師によれば強要された――のである。

同じ漁師の話によると、こうしたいきさつのために地域の人々は水子供養そのものに腹を立ててしまい、もはや誰もお参りしようとはしなくなった。おまけに地域の人々は、古い洞穴を壊して新しい洞穴を作ったことで、古い洞穴にいた霊から祟られるかもしれないと恐れている。事実、石材店の社長が亡くなった時、その死は水子の祟りによるものと広く信じられた。それだけでは祟りが足りなかったかのように、新しい水子供養の霊場ができても沼の内の観光事業はほとんど伸びず、実質的にはこの地区に何の利益ももたらさなかった。駐車場は無料だし、近隣で買い物できる唯一の場所は釣りえさ屋しかない。この事業で利益を得たのは、亡くなった社長の他には、小型の地蔵像のおかげで相当なリベートを受け取ったとされる区長だけだと広く信じられている。

この実例で明らかになったのは、水子供養の霊場を建設するのに、その費用と支援全般を要求された人々の宗教心を考慮することもなく、単に私腹を肥やす仕組みとしてそのような計画を立案し、実行することも可能だということである。しかも、霊場だけは残ったものの、立案者たちが商取引を終えてしまってからは、地元の人々の宗教生活とはいずれにせよ無縁なのである。沼の内でインタビューした一人の言葉によれば、あの霊場がどうにか続いているのは、バス会社によってどこから運び込まれてくる感傷的な中年の主婦たちが関心を寄せているためである。

これに対して、バスツアーで運び込まれてきた女性の一人が口を出した。この場所がでっちあげられたものだという男性の話を漏れ聞いて、こう言ったのである。「歴史は作るもんだから」。この発言の含意は、たとえこの場所が人為的なものだとしても自分の信心の妨げには全くならないということである。そう言い捨てた彼女は、地域の人々の相当な出費と嫌悪の果てに建てられた像の一つひとつの前に線香を供えるために洞穴に消えていった。言い換えれば、彼女は水子に対する自分の信心に由来する感情や行動それ自体を高く評価しており、この場所ができたいきさつによってその価値が損なわれるとは思っていないのである。

このエピソードは、水子供養の本質について何かを端的に物語っている。水子供養にかかわった多くの人々は、好きこのんでそうしたわけではない。寺や地域が水子供養を推進している時に、その構成員の一人として協力を求められただけで、宗教的な信念に基づいて行動したわけではないのである。多くの人々にとってこの儀式が目新しく、いかにもでっち上げられた、いかがわしいもののように見えていたとしても、彼らはいったん建立されてしまった像を解体できる立場にはない。だからこそ、数多くの場所で実質的に地元の支持が皆無であろうとも水子供養は存続している。その代わり、日本には高速道路や電車、バス、タクシー、マイカーといった便利な交通システムがあるので、沼の内や遠野の寺といった遠隔地にまでよそ者たちが運ばれてくる。そうしたよそ者の巡礼者たちがその地で水子供養を行おうとするのは、まさにそこが遠く離れた土地だからであり、水子供養に参加したことを家族や地元の人々に知られるのを避けるためである。いかなる水子供養の施設であろうとも、その起源を無視してしまうことで、よそ者の巡礼者たちは自らの信仰と水子への感情に没頭できるし、自分の宗教的献身を純粋で真摯なものだと思っていられるのである。

○ 津山

津山では、水子供養は仏教寺院、神社、修験道寺院で行われている。また、第四章で詳しく述べた僧侶兼霊能者の森田愚幼が率いる慈恩寺もある。そのため、津山では他の調査地に比べて、水子供養の実践方式にバリエーションが見られる。なお、津山市の人口は一九九四年時点で八万九五七二人であった。

一九七〇年代まで津山の人々の生活に水子供養が簡単に移入されるような余地はほとんどなかった。町自体が狭い盆地の水田の中にある。この盆地を取り囲む山々には、西日本の修験道を代表する鳥取県の伯耆《ほうき》大山《だいせん》や東岡山の後山《うしろやま》などがある。修験道の比較的小規模の宗派である小島五流修験の本部は南岡山にある。そのため修験道と山岳信仰は津山に強い影響を与えている。この地域の民間信仰で特徴的なのは、有名な狐憑きと「当廟《とうびょう》」と呼ばれる足のある蛇に似た想像上の憑物《つきもの》信仰の二つである。この地域の仏教宗派で最も勢力が強いのは天台宗と真言宗である。新宗教のなかでは、神道の系譜にある黒住教（一八一四年創立）がこの地の山間深くに根を下ろしており、一九世紀の初めには創始者黒住宗忠の重要な門弟たちが育っていった。だが黒住教は例外的で、他の新宗教はこの地に大きな影響を及ぼさなかったし、明治初期には重要な社会運動の一つであったキリスト教さえ広まることはなかった。[3]

地図３　津山周辺

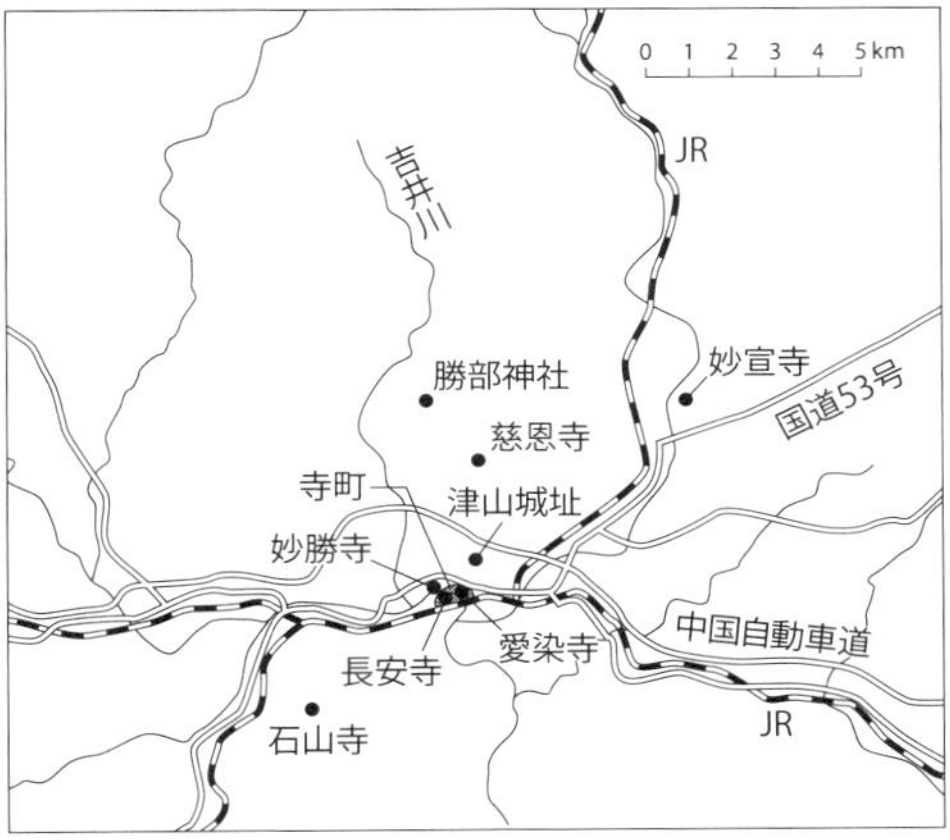

津山における水子供養の実践は、立地に直接的な影響を受けているように思われる（地図3参照）。寺町の外に位置する神社や寺院は、革新的な形で大々的に水子供養を行えるだけの「自由」がある。対照的に、寺町のなかの寺院には様々な共通点が見られ、水子供養用彫像の配置（宗派にかかわらず、本堂入り口の右側で墓所から離れている）や儀式の様式（常に塔婆が設置されている）が一致している。寺町の中に寺院が密集しているため、寺がまばらなところにはない相互監視的な雰囲気が生まれているのである。

寺町のなかにある寺院に電話調査を行った際に、水子供養は檀家にしか行わないと答えた寺が九つあった。別の九つの寺は、檀家であってもなくとも依頼があれば水子供養を行うとした。寺町にある寺の一つは、檀家にも檀家でない人にも水子供養を行っているが、依頼者の大半は津山の外からやって来ると答えた。別の寺は、中絶や死産の遺骸のために水子供養を行うことを地域の病院と契約していた。

電話調査における数々の応答から、複数の寺が水子供養に批判的であることが示唆された。回答者のうち四人は、自分の寺は住職が水子供養を嫌っているので行わないと答えた。別の回答者は水子供養を行っていることを認めながらも、「でも、うちは水子供養専門ではない」と述べた。同様にある回答者は「でも、うちは金儲けでやっているわけではない」と素早く付け加えた。いくつかの寺院は水子供養はやっていないと言いながら、依頼があれば供養をしている寺町の二つの寺――長安寺（曹洞宗）と愛染寺（真言宗）――のいずれかに紹介すると答えた（図15参照）。

寺町で水子供養を行っているのは長安寺と愛染寺だけではないが、この二つはどちらも水子供養の看板を掲げているという重要な共通点がある。他の寺院の電話回答者たちの一部はそうした看板に否定的で、「そもそも看板を出すだなんて」と言わんばかりだった。看板自体は小さい木板で表門の近くにあり、決して目障りではない。見た目の問題ではなく、看板を出すこと自体が宣伝していることになるため、地域の人々は「まとも」な寺院にはふさわしくないと見ているのである。そうした態度は、伝統も信望もある法律事務所がテレビ広告を打つ弁護士を「悪徳弁護士」とののしる態度にも似ていなくはない。津山の「まともな寺」は、水子供養と聞けば「金儲け」と言いたがる。このように、津山において水子供養への批判が強いのは、寺町に寺院がひしめきあっているために、結果的に寺同士が相互監視しているような雰囲気が生まれているためである。

だが実のところ、水子供養は寺町にある寺院の主な収入源にはなっていないようである。五つの寺は水子供養の依頼を受けたことは一度もないと証言し、別の五つの寺は年に五件にも満たないと言う。上述の長安寺や愛染寺、そして妙宣寺（日蓮宗）は寺町のなかでは最も手広く水子供養を行っているが、私が現地調査した時にはこれら三つの寺の水子供養霊場のすべてを合わせても塔婆は一五本しか見当たらず、そのうち少なくとも数本は一年以上前に立てられたようであり、ほとんどが安い小型のものだった。愛染寺には約一五〇体の小型の地蔵像の一群があったが、その背丈は十数センチメートル程度なので、供養の料金と合わせても、こうした像の販売で寺が莫大な利益を得ているとはとても思われない。

津山での寺院の観察で判明したのは、実際、本研究で調査した四地域のすべてに当てはまるのだが、相当な比率で男性が関与していることである。これは地方における水子供養の特徴の一つでありながら、既存研究では指摘されてこなかった点である。ただし、水子供養は会員制組織のようなもので制度化されてはいないので、男性が施主となっている割合を正確に計ることは難しい。唯一可能な方法は、各寺院の水子供養関連施設に見られる像や塔婆に記された男性名と女性名を集計することである。今回の調査でもこの方法に替わ

図 15　水子供養観音像（津山市、長安寺）

る現実的な選択肢はなかったが、対象とした人数があまりにも少ない場合が大半なので、この結果をもとにして、たとえば日本全国の水子供養の特徴として一般化することは難しい。しかし、たとえ対象人数は少なくとも、特定地域における水子供養の影響力や男女別の関与の度合いを表す重要な指標にはなる。

津山の寺町にある複数の寺院で観察された一五本の塔婆を調べたところ、塔婆を立てたのは次のような人々であった。

女性個人	六（四〇％）
男性個人	四（二七％）
家	二（一三％）
親族でない女性集団	二（一三％）
匿名	一（　七％）

この通り、水子供養の施主として最も多いのは「女性個人」だったが、「男性個人」の数は「親族でない女性集団」の数より多かった。この「親族でない女性集団」というのは妙勝寺（日蓮宗）のみに見られる現象で、女人講によって塔婆が建立されている。妙勝寺は、この地域で水子のための塔婆を家単位で立てている唯一の寺院でもある。[4]「男性個人」は全体の二七％を占めており、家単位で立てた中にも施主が男性である場合が含まれていると考えられるため、結果的に男性の関与は三割を超

えると結論してよいだろう。

寺町の寺院に加えて、津山地域で水子供養を行っているいくつかの寺社を合わせて分析することで、この地域全体のパターンが浮かび上がってくる。ただし勝部神社については神社の水子供養のところで、石山寺（天台宗）については修験道寺院の水子供養のところで後述することにする。大きな国道に面している妙宣寺（日蓮宗）は、水子供養で多大な収入を得ているようであり、寺の立地条件の重要性を例証している。

妙宣寺は大阪と広島を結ぶ中国自動車道の近くにある。大阪から津山ＩＣの出口までは約二時間なので、大阪から十分日帰りできる距離である。妙宣寺は寺町から最も遠く離れた地域に位置している。この寺は檀家を有してはいるが、いくつかの事実によって檀家以外からの収入の方がはるかに大きいことがうかがわれる。農村部の丘の上に位置している妙宣寺は、他の近隣の寺には例のないことだが、近年、その広い駐車場だけでなく、いくつもの建物に続く長い屋根付きの回廊に至るまで全面的な改築を行った。

妙宣寺には檀家用の墓地もあるが、車で訪れる人々のために様々なタイプの先祖供養や水子供養も行っている。住職によると、これらの供養の施主の大部分は何らかの事情によって自分の檀那寺に頼れないため、妙宣寺の僧に塔婆を書いてもらい、寺を去る時に駐車場のはずれにある石柱の背後に塔婆を置いていけるのは都合がいいのだという。私が現地を訪れた時には、一五〇本から二〇〇本もの最近立てられたばかりの大型の塔婆がそこに並んでいた。これは、先祖のための塔婆と水子のための塔婆が一緒に立てられていた唯一の事例であった。

妙宣寺の最近の繁栄は、エネルギッシュな住職の起業家精神の賜物のようである。彼は現在四〇歳前後だが、父親から寺を引き継いだ当初は、ごく少数の檀家を相手とする休眠状態に近い辺鄙な寺だったという。この住職によれば、亡くなった父母や近親者や水子のための供養を希望していても、実家の檀那寺とそれまであまりつきあってこなかったため頼みにくくて困っている人は大勢いる。檀那寺との絆の喪失は様々な形で現れる。檀那寺のある地域から引っ越すこともあるし、そもそもその寺の近くに一度も住んだことがなく、檀那寺と個人的に関係したことが全くない人もいる。家庭内不和も寺との結びつきが脆くなる原因である。同様に、離婚した女性は育った家の寺にも前夫の寺にも居場所がないかもしれない。そうした状態の人々が亡くなった親族や水子の供養を望む場合には、檀家であることを条件としていない寺を探さねばならない。そこで、妙宣寺の出番である。進んで世話をしてくれる寺があるということは、おそらくたいていは口コミで広がるし、高速道路に近いことから大阪や岡山、広島、島根といった遠方からも依頼者たちはやって来るため、妙宣寺は寺町にある寺院よりもずっと広い範囲の人々を対象にすることになった。

妙宣寺の水子供養は、もう一つ重要な点で寺町にある寺院とは違っている。寺町の寺は檀家への水子供養と檀家でない人への水子供養の違いを意識しているが、寺町のどの寺であろうと檀家でない人の先祖供養を行うことはまずありえない。寺が檀家の先祖供養を行うのは、その寺がその家の墓を管理しており、その結果行われる葬儀を通じて檀家と寺が結びついていることと密接に関係しているためである。寺側の立場としては、どの儀式の提供についても、檀家が世代を超えて寺を支援するという継続的な関係を前提としている。檀家側の立場としては、常に寺を支援していれば、葬式や先祖供養の必要が生じた際にいつでも檀那寺を頼ることができる。寺と檀家の関係は、継続する相互関係だけではなく、部外者の排除にも基づいている。種々雑多な通りすがりの人々を儀式の対象にすることは、地域社会における寺の地位を高めることにならないばかりか、本来はあってはならない商業化や商品化が示唆されることにもなり、寺の品位を傷つけることになる。

上述の慣習に従って、妙宣寺でも檀家に葬式や先祖供養を提供している。それに加えて、妙宣寺は一度限りの水子供養を現金払いで行うのと全く同じ形で、先祖の魂のために塔婆を書くことで先祖供養まで提供している。妙宣寺はどちらの儀式の依頼者についても寺との長期的な関係を条件とはしていない。とはいえ、かつて妙宣寺と接触したことのある人々が再びやって来る可能性は開かれている。駐車場のはずれにある石柱には先祖供養用とも水子供養用とも書かれていないので、結果的に両方の塔婆が置かれていく。

妙宣寺における水子供養は、津山の外から来る檀家以外の人の依頼で行うことがほとんどだと住職は言う。つまり、ここ一〇年間に大々的に水子供養が行われるようになったのは、この寺の檀家の人々の信仰心が自然に高まった結果ではない。それよりも可能性が高いのは、水子供養と先祖供養の両方をよそ者に提供することにした住職の決断が、津山の市街地から遠く離れた農業地域にあり、前途有望とは言いがたかった寺の命綱になったということである。檀家以外に頼れるものがなかったら、寺を閉じることになっていたかもしれない。水子供養の存在と、特に都会の大勢の人々が檀家制度から離脱したおかげで、商業化の機会がもたらされ、明らかにそれが成果を上げたのである。

○　行橋

行橋にある五二の寺院のうち、四二％の寺が水子供養を行っている。一九九四年時点での行橋市の人口は六万八一一三人であった。この地の民俗的資料と宗教史を調べても、過去に現代の水子供養に類するようなものの痕跡は全く見られない。現在、この地域で水子供養にかかわっている寺院のうち、（依頼者が多いという意味で）最も大々的にこの儀式を行っているのは浄土宗の寺院である。浄土真宗の寺でも、ある曹洞宗の寺と同様に境内にそれと分かる専門の施設は見られないのに水子供養を行っているところがあり、このパターンは三浦とも共通している。一方、別の曹洞宗寺院の住職は水子供養に断固反対しており、そんな儀式にうつつを抜かしていては、仏教の部落民差別への加担など、より深刻な問題への注意がそれてしまうと批判する。後の節で説明する二つの修験道の霊場でも水子供養が行われているが、その一つにかかわる僧侶は、以前は水子供養への関心がもっと高かったのに、ここ五年間は水子供養の依頼を受けていないと語った。

行橋ではこのように多様な宗派が混在していることに加えて、水子供養の方式も地域によって二つに分かれている。海岸沿いにある法泉寺は、内陸にある他の寺に比べて大々的に水子供養を手掛けており、儀式の方法も異なる（地図4参照）。本節では、所属宗派と地理的な位置という二つの要素に注目すると共に、曹洞宗の水子供養批判についても触れる。

浄土真宗は、すでに第四章で述べた通り水子供養に反対している。ところが行橋と三浦では、それと分かるような像を立てたり、専用施設を設けたりはしてはいないが、二割近くの浄土真宗の寺が水子供養を行っていると報告している。このことから示唆されるのは、浄土真宗の一部の寺院は宗派として水子供養が禁じられていることを重々意識しながら、本山の注意を引かないように水子供養をおおっぴらに宣伝しないことに細心の注意を払っているということである。ただし依頼さえあれば、これらの寺院は進んで水子供養を行うことだろう。

水子供養を行っている浄土宗寺院は、地理的に内陸部と海岸沿いの二つに分かれている（地図4参照）。法泉寺の水子供養の方式は、行橋の海岸沿い特有のものである。この寺のある簑島は、かつては離れ小島だったが、埋め立て地の拡大で今や九州本土とつながった。簑島には小漁村らしき昔の名残があるが、背後の小高い山には木が植えられて公園に変わり、海水浴場が作られた。公園と浜辺は地元の人々が遊びに来る場所になったとはいえ、遠くからはるばる人が訪れるような場所には思われないのだが、実際には季節によって九州の近場から交通機関を使ってやって来る人々がいるという。法泉寺で水子供養が盛んに行われているのだとすれば、地元の人だけが相手だとは考えにくいので、少なくとも、水子供養の依頼者の一部は行橋の外から来る人々だと思われる。法泉寺は行橋では最も大々的に水子供養を行ってい

地図4　行橋周辺

図16　法泉寺にある水子供養像（行橋市）

る寺で、一か月に約三〇件の依頼があるという。寺の門を入ってすぐ左側に地蔵像の立つ水子供養のお堂があり、明らかに本堂や墓地から離れたところに位置づけられている（図16参照）。水子供養の依頼者は住職に塔婆を書いてもらい、お堂の壁三面を占めている棚に奉納する。薄い木片から丈夫な板まで、大小様々な塔婆の数は一〇〇〇本を超える。

行橋の内陸にある浄土宗寺院は法泉寺とは違う形で水子供養を行っており、たとえば西福寺と曼陀羅寺では水子供養専用の施設を境内の外に置いている。西福寺の水子供養地蔵群は表門の外の右側に配置されており、階段状になったところに八八体の地蔵の座像が並んでいる（図17参照）。最前列の地蔵のみ奉納者の名前が読めるが、上の段の像の奉納者名は下の段の像によって隠れている。最前列の像の奉納者の名前を見ていくと、一人の女性が三体の像を奉納していることが分かり、水子一霊につき一体の像を奉納する慣例であることがうかがわれる。だが、すべての像が個人によって奉納されたものではなく、家単位で奉納された像もあった。この水子供養の霊場は西福寺のうち最も新しい建造物のように見えたが、これ以外に商品化された儀式もなければ大規模に造成された新しい墓地などもない。

図17　西福寺にある水子供養地蔵群（行橋市）

曼陀羅寺は行橋の内陸にあるもう一つの浄土宗〔西山浄土宗〕の寺院であり、水子供養の霊場が境内の外にある点は西福寺と似ている。実際、それは境内の裏にある墓地の上の丘に位置している（図18参照）。そこに並ぶ四六体の地蔵像は真新しく、おそらくここ一〇年以内に建てられたものだろう。銘板には次の和讃が記されている。

石ころばかり果てしなく
賽の河原は歩けない
石の痛みに涙ぐみ
途方にくれる子等をいだき
お地蔵様の子守歌
はかない水は冷たくて
賽の河原は深い暗
右も左も分からずに
さまよう子等の手を引いて
お地蔵様のじゅずがなる

図18　曼荼羅寺にある水子供養地蔵群（行橋市）

こだまもみんな消すように
賽の河原は雨あられ
なきじゃくる子等のうしろから
お地蔵様がなぐさめる
〔現地の銘板より〕

ここでは地蔵像の奉納者名が記されており、その名前がすべて読めるように像が配置されている。像を奉納したのは女性個人が三六件、男性個人が六件、家単位が三件、夫婦が一件であった（図19参照）。奉納者が個人だったり集団だったりと様々なのは、水子供養に対する態度も様々であることをおそらく反映している。

明らかな特徴の一つは、男性の関与率が高いことである。三軒の家による奉納で何人の男性が関与したかは分からないが、仮に家ごとに少なくとも一人男性がいると仮定すると、男性個人の奉納者六人と夫婦で奉納した夫一人と合わせて男性の奉納者は計一〇人になり、当寺へ像を奉納した人の約二二％が男性ということになる。

西福寺（や法泉寺）とは違って、曼陀羅寺には近年になって鐘楼が建立され、新たに大規模な墓地も造成された。水子供養が曼陀羅寺の収入源になったことで、同じ宗派の近隣の他の寺では太刀打ちできないほどの大規模な建設が実現した可能性がある。

行橋の二つの曹洞宗の寺は、同じ宗派でありながら水子供養に関して両極端な態度を示しており、水子供養にまつわる経済的事情の違いも明白である。大儀寺はもともと天聖寺の末寺として建立されたものだが、大儀寺は水子供養を行わず、天聖寺は行う。

大儀寺の高井隆一住職は、現在七〇歳前後であり、父親からこの寺を引き継いでいる。彼が最も長く寺を離れたのは第二次世界大戦直後、曹洞宗に縁の深い駒澤大学の学生だった時である。その時の経験を通じて、彼は社会における曹洞宗の立場について歴史的に正しい理解を得ようと努めるようになり、彼いわく、仏教全体に対しても同様のアプローチを取るようになった。

図 19　曼陀羅寺にある法人によって奉納された水子供養像（行橋市）

高井が言うには、自分が水子供養を行わないのは自らの根本思想に反しているためである。彼が具体的な理由を言わなかったのは、そこで自分の所見を述べれば、水子供養を行っている寺への暗黙の批判と受け止められかねないと懸念したためだろう。彼は質問に直接的に答えるのを避け、長く続いてきた「部落民」差別に対して仏教が何をしてきたかについて語り始めた。この場合の「部落民」とは、屠殺業、皮なめし工、革職人などの子孫であり、江戸期を通じて「賤民」と見なされていた人々である。彼は普段は金庫に保管されている大儀寺の過去帳を取り出して、自分がそれぞれに「閲覧禁止」の印を捺したものを指さした。このような過去帳を調べれば、今でも誰が部落民の子孫か分かるのだと彼は説明した。そうした事実が知られると、彼らは結婚や就職の時に差別される恐れがある。こうしたものを使って個人の背景を調べる習慣があるため、そのような目的で記録が使われることを許している仏教寺院は、不公平で醜い差別を永続化させていることになる。住職の話は熱を帯びた。私はふと、入口に仏教徒の良心に照らして自らの心を振り返り、差別意識を根絶するよう訴える大阪のポスターが貼られていることに気づいた。彼が言わんとすることは、人々が生きている社会にこのような問題がちりばめられており、しかも、仏教が歴史的に部落民への階級差別に加担してきたと思われるのだから、そうした社会問題こそ取り組むべき問題であり、経典上全く根拠のない水子霊などに構ってはいられないということである。

天聖寺は水子供養について、大儀寺とは全く違う対応を示した。当初、電話で接触した時、住職は寺がどの宗派に属しているかをなかなか明らかにしたがらなかった。こんな単純な質問の答えを得るのに調査補助者が手こずっていることに気づいた私は、部屋の片すみから「祈禱師でしょう」と声をかけた。電話の相手に聞こえるとは思っていなかったのだが、聞こえてしまったのは間違いなく、住職ははっきり「そういうこと」と、水子供養を行っていることを明かして電話を切った。天聖寺に行くかどうか決めかねて、私たち二人はまずは大儀寺に向かった。水子供養について話すだけではなく、私たちには調査補助者の先祖に関する寺の記録を調べるという目的もあった。先祖の一人は末本松次郎という者で、行橋にある曹洞宗寺院の寺男だったというが、どの寺なのかが分からなかったためである。大儀寺の住職は、自分が若い頃、大儀寺の寺男には末本姓の者はいなかったが、天聖寺にはいたかもしれない、と言った。これが、天聖寺が曹洞宗であることを確認する最初の手掛かりとなった。大儀寺の住職は天聖寺に電話して、檀家の中に末本姓の者がいるかと聞いてくれた。電話の最中、天聖寺の過去帳はずっと前に火事で焼失してしまったそうだと、彼は受話器を外して私たちに言った。

滝のような激しい豪雨を縫いながら長く車を走らせて、着いたところは大儀寺とは全く違う様子の寺であった。大儀寺は小さな檀家集団とささやかな墓地、小さい境内に新しい建物は見られなかったが、天聖寺は主要な建物の一つを最近改築したばかりで、畳もすべて新しいものに敷き直し、本堂祭壇の調度品と金ぴかの施設の多くは新しく、まばゆいほどに輝いている。

住職は作務衣を着ていたが、剃髪はしていなかった。大儀寺の住職は天聖寺の過去帳は火事で消えたと言っていたが、住職は過去帳を収めた行李を取り出して末本姓を探しながら一緒に目を通し、ついに一八九〇年頃、松次郎が天聖寺の寺男であった形跡を発見した。やがて明らかになったのは、住職が閲覧料をもらえるものと期待していたことだった。そのことと、先に大儀寺の住職が言っていた記録の不正使用が差別を永続化させるという話を合わせると、天聖寺の住職は、もはや天聖寺に過去帳はないので不正な使用はできないのだと大儀寺の住職に思い込ませようとしたのだという仮説が浮かび上がった。過去帳はないどころではなく、天聖寺では金さえ払えば誰でも閲覧できるのである。

先祖調査に話を戻すと、私たちは末本松次郎が天聖寺の檀家の出身だったに違いないと結論づけたので、この寺に彼の先祖が埋葬されている一族の墓があるのかと住職に尋ねてみた。すると住職は、天聖寺は墓地を持ったことがなく、檀家の人々はすべてそれぞれの村の墓地に埋葬されていることを明かした。そうだとすれば、天聖寺には葬式や法要や墓地の販売などで「自動的に入ってくる収入」がないことになる。この寺でも時には葬儀や供養を行うことがあるのかもしれないが、墓地を持つ大儀寺のように檀家の儀式を支配する立場ではないのである。

このように様々なヒントを得て、私たちは天聖寺における水子供養の構図を組み立てることができた。電話口で自分は祈禱師だと名乗るような曹洞宗の住職は、大儀寺の住職のように供養の商品化などには無関心で高潔な仏教の実践を再構築するような僧職としてのあり方を求めている人とは全く異なる生活を送っている。大儀寺のような檀家とのつながりを持たない天聖寺の住職には、高潔な生き方を追求できるほどの余裕がなかったのかもしれない。彼が我が身と寺を使って金と引き換えに様々な儀式を行ってきたのは明らかであり、その長大な儀式の一覧表のなかでは、水子供養は一つの品目にすぎないのかもしれない。髪を伸ばし、他の寺の住職を欺き、自らを祈禱師と呼ぶことは、彼が僧としてのあるべき道を踏み外していることを示唆している。経済的必要性によってそんな逸脱が進み、やむをえなくなったのかもしれない。天聖寺と大儀寺を隔てる十数キロメートルの距離のおかげで彼は衝突を回避できているのであって、おそらく大儀寺は天聖寺の変貌ぶりや水子供養を行っていることをほとんど知らないのであろう。これら二つの寺の対照的な様子が示しているのは、一方の寺はその性格や意義に関して疑問の残る儀式を行うつもりはなく、もう一方の寺は経済戦略に則って、対価と引き換えに行う祈禱や供養の一つとして水子供養を行っているという事実である。

〇 三浦

一九九四年時点での三浦市の人口は五万三二八〇人であった。三浦の三七の寺院のうち四割は、現在、水子供養を行っているが、この地域の宗教史にはその種の行為の根拠は見当たらない。ただし、この数字が示唆するものに反して、この地域での水子供養は人目につかずに行われる傾向がある。つまり、水子供養を行っていると宣伝もしていなければ、境内やその近辺に供養専用の施設を建てることもしないままに密かに行われているのである。行橋の浄土真宗の寺で行われる水子供養にも、そうした傾向が見られたことはすでに述べた。状況は浄土真宗の寺とそっくりなのだが、それが曹洞宗や日蓮宗の寺で見られるのである。ここでの水子供養は依頼者との個人的な対話によって行われ、寺の境内に何の痕跡も残さない。そこから示唆されるのは、慣例通りに供養用施設を建てる気がなかったり、建てたくても資金がなかったりする状況や、あるいは水子供養は正しくないとか、中絶を連想させるので嫌だといった感覚が今でも残っている可能性である。

それとは正反対に、三浦の一部の寺院では水子供養はすでに受け容れられ、儀式のなかで確固たる地位を占めており、水子供養に男性が参与する度合いが高く、遠野で見たように家単位で水子供養を行う方向に進んでいる傾向が見られる。本節では、男性が水子供養の依頼者の圧倒的多数を占めている寺院に注目することにする。

最初に取り上げるのは、妙音寺（真言宗）である（地図5参照）。この寺の正面には、色鮮やかなイ

地図5　三浦周辺

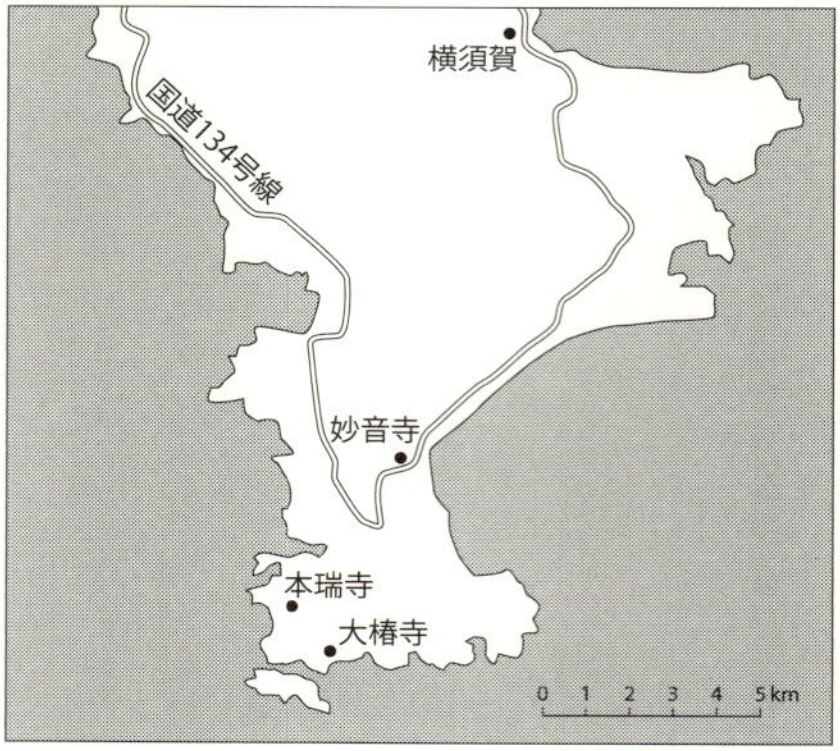

ラストを使った大きな広告板があり、寺の魅力や提供するサービスが宣伝されている。事実、建物の後ろの庭は、春になれば美しい花が咲き誇る魅力的な場所である。先祖供養の儀式をはじめ、ここでは様々な祈禱や供養を受けることができる。墓地も売られている。境内の祈禱所のなかで最も目立っているのは、水子供養ではなく「ぼけ封じ」の宣伝である。本堂に向かう階段のすぐ左側は、観音とその二体の脇士の像が広い空間を占めている。それに比べると水子供養の施設ははるかに小さいもので、正門を入ってすぐの右側にある。そこに立てられた一〇本の塔婆は、いずれも男性が奉納したものだった。もしかしたらそれは、多くの女には手に届かない値段がつけられているためかもしれない。祈禱も供養も一霊ごとに一〇万円である。つまり、一〇本の塔婆で妙音寺に計一〇〇万円の収入があったことになる。

本瑞寺（曹洞宗）の事例から、男性の関与にも様々な意味があることが示唆される。この寺で水子供養が行われるのは地蔵像と塔婆立ての周辺である（図20参照）。全部で一二〇本の塔婆が立てられていたが、そのうち一六本が一九九四年に奉納されており、その一六本のうち七本（四四％）は女性が、九本（五六％）は男性が奉納したものだった。つまり、妙音寺同様に本瑞寺でも水子供養の依頼者は男性が多数を占めている。

図 20　本瑞寺にある水子供養地蔵（三浦市）

本瑞寺の調査中、盆の墓参りに訪れた一人の檀家の男性の様子を観察できた。その行動は、この寺で男性が水子供養の施主になっていることと関連していると思われる特徴を帯びていた。その五〇代くらいの男性は、寺の正門から境内に入ってくると、門のそばの石像群の前で立ち止まり、頭を下げた。続いて彼は水子供養地蔵の前で焼香をして、軽く頭を下げた。さらに本堂へ向かう階段に続く道へ進み、そこで頭を下げてから墓所に入り、水桶とたわしを取り出して墓の汚れを落とし始めたのである。言い換えると、墓参りの前に、水子地蔵を含み、聖なる場所と見なされるいくつかの場所で彼はお辞儀したのである。この信者は水子地蔵に対して、寺の門の近くにある摩耗した石像だという以上の関心を払ってはいないのかもしれない。ましてや、この男性が中絶と何らかのかかわりを持っていると結論づけることは全くできそうにない。だが、彼が水子に何らかの個人的関心を持っていると想定しなくても、そ

図21　大椿寺の水子供養堂。遺骨を納めた金襴の箱が見られる

の行動は完璧に理解可能である。

三浦においても、行橋同様に水子供養の方式は海岸沿いと内陸で二つに分かれている。観光地近くにある海沿いの寺は、水子供養を大々的に行っているようである。大椿寺《だいちんじ》（臨済宗）は、かつては沿岸漁業に従事する地域の人々が働いていた半島の先端に近い港のそばにある。ここは漁村としての性格を保持しながらも、鉄道や道路という交通手段に支えられ、東京や横浜、横須賀などから日帰りできるちょっとした観光地にもなっている。

大椿寺は、この地域の経済が変化していくなか、生き残りのために様々な手を打ったようである。この寺は境内のすぐ隣に大きな保育所を運営し、水子供養を行える場所も二つある。その一つは正門から入って左側にある屋根のついた小さなお堂で、もう一つは観音像があるところである。お堂には八体の地蔵像がある。像の背後の壁にある棚には、簡素な戒名が記された水子の小さな位牌が四柱置かれていた。また、棚の上の金襴《きんらん》に覆われた小箱には、おそらく日本の法律で火葬して埋葬することが義務づけられている妊娠四か月以降に中絶された胎児の遺骨が納められている（図21参照）。観音像のところには三二本の塔婆があり、そのうち二七本（八四％）は家単位で奉納されたものであり、四本（一三％）は男性個人が奉納したもの、一本（三％）は女性個人が奉納したものだった。家単位での奉納は檀家が行い、個人による奉納は寺と継続的な関係を持たない人が行ったのだと推測するのが妥当であろう。

男性の関与

三浦の寺院では、水子供養への男性の関与率が高かった。本瑞寺と大椿寺の塔婆の奉納者は男性が多数を占め、妙音寺では男性が奉納したものしか見当たらなかった。家単位で水子供養が行われていることから示唆されるのは、水子供養が徐々に日本人の宗教生活の確固たる一部を占めるようになりつつあるということで、少なくともこの三浦では、水子供養は徐々に「秘匿性」を失い、ごく当たり前の宗教行事になりつつある。本瑞寺で墓参りしていた男性の行動は、こうした見方が正しいことを強く示唆している。家単位で水子供養を行うことによって、その実践はまさに公の顔を持つようになり、その行動は正当化される。水子という言葉は好きなように定義できるため、中絶への連想は希薄になっている。水子供養が普通の檀家がいる普通の寺で確固たる位置づけを獲得すればするほど、罪悪感や秘密との結びつきはどんどん薄れていく。

男性が単独で、一個人として中絶の経験を追悼することを望み、寺とのあいだに継続的な関係を持つことなく水子供養を行うために三浦の寺を探しあてるということも、今やまさにありうるシナリオなのである。そのような単独行動は、他の三つの調査地でも観察されたパターンではあるが、女性の方が圧倒的多数を占めていた。東京や横須賀、横浜から近い三浦は、この地で暮らす男性のみならず、近隣の都会の男性に対しても、上記のようなシナリオが現実になる可能性を秘めている。ところが、大椿寺を唯一の例外として、私が訪れた三浦の寺では、檀家でない施主が大きな比率を占めているところは見当たらなかった。また、女性を伴う場合を除いて、男性が水子供養の施主となっている事例も見られなかった。もちろん、男性たちが自主的に単独で行動する可能性はあるのだが、観察した限り、そのようなパターンは至極稀である。おそらく、男性の単独行動は寺と継続的な関係を作らずに一回限りの簡素な儀式を行ったり小型の塔婆を購入したりするのに限られるように思われる。

三浦の寺院において——特に妙音寺のように多額の出費が求められるようなところで——男性が水子供養に参加していたという事実は、その男性が檀家の家長として行動していたと考えれば説明がつく。さらにその場合、施主になる男性の両親はすでに亡くなっていると思われるため、当人は五〇代かそれ以上である可能性が高い。そうであれば、その男性は寺に対して家の代表として行動していることになり、もしかしたら寺の年寄りが個々の家に水子供養を課しているため、家長は個人的に中絶にかかわりあいがなくても、中絶を気にかけていなくても、あるいは中絶を経験していなくても、単に檀家として寺を支える義務として布施を払っているのかもしれない。実際、分別ある檀家の男性は、珍妙な行事に家名をかかわらせようとはしないだろうが、その代わり、自分と同じ立場にある他の男たちが自分と同じように振る舞っていることを確かめれば、個人的信念よりも集合的な決定に従って行動するに違いない。

家長と呼ばれる男性が水子供養に参加するということは、自分の家の年上の女性たちや妻、親戚の女たちが水子供養に関心を持っている場合には、代理人の役目を果たすことになる。もしかしたら寺の僧侶や年寄りたちや男性の檀家たちに圧力をかけて、三浦の檀那寺に水子供養を始めさせたのは、女性たちが困難に満ちたはるか昔の経験について供養を行うことを強く望んだためなのかもしれない。

神社における水子供養

水子供養は、当初、仏教の形を借りて始まった。神社で神道式の水子供養が始まったのはつい最近のことである。神社での水子供養は仏教式とは全く異なっており、他の神社と相談することなく、各神社で独自に発案されたように思われる。仏教の場合とは違って神社は墓地を持っておらず、一般的に清浄さに多大な価値が置かれているため、死や血と結びついた式典を避けようとする。そのために、喪に服している人々や妊娠している女性（伝統的には岩田帯をする時期から出産後約一か月の産褥期が終わるまで）は、神社参りを控えることになっていた。ごくわずかの例外的な神社を除いて、いかなる種類の肉も神の祭壇に捧げられることはない。神主も決められたお浄めと禁欲を経てから神の祭壇に赴く。清浄さこそ重要であるため、仮に婉曲的な名称を用いてでも、水子供養を行うことが認められるのは非常に珍しいし、予期されてもいない。道徳的および物理的な穢れを体現している水子の趣旨を清らかさの追求と調和させるには相当な労力が必要になるし、神道にはそのような試みの源泉になりそうなものはほとんどない。私が観察した神社は、岡山にある吉備津神社と津山にある勝部神社、もう一つは京都にある市比賣《いちひめ》神社の三か所である。言うまでもなく、三社のうち市比賣神社は女性にかかわる儀式を専門としており、看板や旗でも「女人厄除け」を宣伝している。市比賣神社は京都の中央に位置しているが、吉備津神社や勝部神社はそれぞれの市の郊外にある。三社ともすべて公共交通で訪れることができるが、間違いなく吉備津神社を訪れる人は他の二社よりはるかに多い。

○　吉備津神社

吉備津神社〔岡山県岡山市〕は、壮大で歴史があり誉れ高い神社である。同社は一九一四年から国家神道解体の一九四五年まで、官幣中社という神社の格として高位に位置づけられていた。神々がこの国を支配していたとされる神代――おそらく崇神天皇の時代――に建立されており、『古事記』（七一二年）や『延喜式』（九二七年）のような古代の史料にも言及されている。かつては広大な領地を有し、備前、備中、備後から成る吉備国を支配した。吉備津神社の神職は、西日本の地域社会に大きな影響力を有していた。神職は六〇を超える世帯からなり、そのうち賀陽氏と藤井氏の家系が最も傑出していた。明治期まで、通常八〇人の神職が同社に仕えていた。吉備津神社は伝統を伝える基本として、特に陰陽道すなわち陰と陽とに基づく哲学や占いとつながりがあった。当社に特徴的な儀式の一つは大鍋を使った占いである。新年になると、二人の巫女によって火にかけられた大鍋は、依頼者の質問に答えて牛がうなるような音を発し、それが神託の一種として解釈される。現在では、吉備津神社は神を楽しませるために仮面をかぶって聖なる踊りを舞う舞楽を継承している数少ない神社の一つになっている。神社だからといって必ずしも変化を受け付けないわけではないが、吉備津神社は次々と新しい儀式に手を染めるような神社ではなかった。二〇世紀を通じて、新たに作られたのは祖霊社〔氏神の境内に氏子の祖霊を合祀した社殿〕のみであり、その隣に稚児社と呼ばれる補助的な稚児のための神社が添えられた。ここで言われる稚児とは中絶や流産、死産で亡くなった子どもの魂のことである。言い換えれば、他では水子として祀られる子どもの霊魂が、ここでは稚児と呼ばれて先祖と同じ場所に祀られているのである(5)。

「神聖な子（divine child）」と訳されることもある稚児は、もともとは祭りのあいだ神の依り代となるか、あるいは神の存在を体現すると言われていた。稚児という言葉は年齢や性別を限定していないので、神社によって思春期前の少年か少女のどちらかを雇っている。稚児は氏子や施主の子どもから選ばれ、祭りの前の一定期間浄められる。稚児は中世の様式にならって、絹の礼服を幾重にもきらびやかに着せられ、顔には白粉が、頬には紅が塗られる。通常、稚児は祭列で馬に乗っており、稚児が馬にまたがっているあいだは神が稚児に憑依していると理解されている。神社の敷地の周囲を神がめぐった後に、稚児は大人の神主の助けを借りて神託を下すこともある(6)。

吉備津神社は水子を表現するために稚児という言葉を婉曲的に用いた。そうすることで、すべての関係者に対して中絶との関連を脇に置き、その代わりに稚児という言葉に由来する清らかさと神性の含意と結びつけることが可能になる。そうした結合は、祖霊社のすぐそばに稚児社を設置することによって強められる。これら二つの社《やしろ》が配置された周辺は、駆動装置を持つ小さな水車を据えることで完璧になる。この水車の水は水子を連想させるし、神社の文脈では水で洗われることによって何であろうと浄められるというさらなる含意ももたらされる。吉備津神社の本社で働く人の話では、稚児社を訪れているのは主に男女のカップルだが、神主は特に立ち会わない。そうした礼拝は、花や子どもの食べ物、おもちゃを供えてそれぞれに祈る形で行われる。

個人的に行われる礼拝だけではなく、神社でも春分と秋分に稚児のために特別な祈禱が行われている。自分の稚児のために特別な祈禱を希望するなら、数センチメートル大の小さなこけしを神社で購入する。こけしはもともと北日本によくみられる民具で、通常、その体は一片の木材を削って作られるが、頭部が別の木でできているものもある。動く手足はなく、一般に着物を着た子どもの姿をしている。たいてい頭はアンバランスなほど大きく、広い顔の部分は墨やカラフルな塗料で装飾される。こけしは通常、女児用の玩具と見なされ、ほとんどは女児を表象しているのだが、男児を表象するこけしもある。吉備津神社で依頼者が受け取るのは全く何も描かれていない素のこけしで、依頼者はそれに好きなように顔や衣類を描く。神主は装飾されたこけしに祈禱を捧げてから、稚児社の床下の地面より高くなっている特別な部屋に置く。稚児祈禱を行った人はすべて神社に登録され、以後、彼岸が来るたびに儀式の通知が郵便で届くようになる。

この儀式の象徴的な意味は神社の歴史と結びついている。この神社はもともと吉備一族が儀式を行う霊場として建てられたもので、ここで祀られている一族の先祖は吉備地域の守護神として崇められた[7]。氏社〔氏神を祀る神社〕として建立し、神格化された先祖を祀ったことで、死んで先祖の仲間入りをする一族の者は純粋で恵み深い守護神を想起させる存在になる。この先祖と守護神の結びつきによって稚児／水子も氏社と結びつけられるようになり、その一方で中絶が連想されることはなくなる。稚児社を祖霊社のすぐそばに置き、さらに流れる水と結びつけた配置は、次のような互いに重なりあう見方を示唆している。

一、稚児／水子の魂は水によって浄化され、先祖によって守られていく。
二、稚児／水子は、社が行う祈禱によって純粋で恵み深い守護的な先祖になる。
三、先祖の守護の機能を引き受けることによって、稚児／水子は祈禱を行う者たちを守ることになる。

○　市比賣神社

七九五年、古い町の市場の神社として建てられた小さい町なかの市比賣神社〔京都府京都市〕は、付近の主要道路に大きな看板で宣伝している「女人厄除け」の現代版の一環として水子供養も提供している。もはやこの地はかつてのように中央市場のある市の中心地ではなくなったため、この神社はおそらく生き残りのために二次的な存在意義を受け容れねばならなくなり、女性たち、なかでも特に若い女性たちを惹きつけるために、長々とした新しい供養一覧表の一項目として水子供養を並べている。

この神社と女性を結びつけるものとして、仏教の女神であり、女性の守護者である弁財天と五柱の女神が祀られている。(8)この五柱の女神たちは、実は太陽神である天照大神の直系の子孫なのだが、そのことはあまり知られておらず、広く大衆の信仰を集めているわけでもない。(9)市場の守り神でもあるこの神社は、商売繁盛の御利益があると言われている。もっぱら女性に向けられた儀式のなかには、子授けや安産祈願の他、初潮の祝いなどもあり、さらに出産や水子供養で使われる水も供給している。他の御利益としては、健康増進、厄除け、良縁、結婚の他、「ラッキーチャンス」と呼ばれる新奇なものも含まれる。

針供養のように日用品への幅広い供養の例にならって、市比賣神社は大きなステンレス製のカード塚を立て、参拝者に使い古しのプラスチックのカードを持ってきて境内の井戸水で浄めるよう勧めている。このお浄めと毎年九月九日に行われるカード感謝祭は密接に結びついており、この日には神社からプラスチックカード型のお守り（「ハッピーカード」と呼ばれる）が配られる。

この神社での水子供養は、境内にいくつかある分社の一つでもっぱら当人の祈りによって行われる。市比賣神社で行われる数多くの式典の一つでしかない水子供養は、特に目立つものでもなければ、格別な収入源にもなってもいないが、主に女性に関心を寄せているこの神社において「自然に」慣例化した形で存在している。

○　勝部神社

津山の北方一・五キロメートルほど離れたところに位置する勝部神社は、瞬く間に通り過ぎてしまいそうなたたずまいである。勝部神社が水子供養を行っているかもしれないと思ったのは、〔神社でありながら〕電話帳の「寺」の一覧表に広告を出しているのを見つけたためで、そうした広告を出す神社は時に水子供養を行っていることを経験から学んでいたためである。勝部神社は正式な神道の神社として登録されてはおらず、おそらく勝部村の鎮守社に起源を持つ。この神社には若干傾いだ石鳥居があり、一

○メートルほどの参道の終端に、支柱に乗った横幅三メートルの小さな本社がある。参道の右側にあるセメントの台座に乗った五つの脇社は、横幅約五〇センチ、高さ一メートルほどである。鳥居に最も近い脇社は蛭子《ひるこ》の社だと明記されている（この配置は、津山の寺における水子のための施設が、正門を入って右側に位置しているのと一致する。図22参照）。

蛭子は『古事記』の上巻第三章に由来し、〔血を吸う環形動物の〕ヒルの子どもを意味する。この神話ではイザナギとイザナミが日本の国土と他の神々を生み出す使命を果たすために「婚姻」の儀を執り行う。二神は天の御柱をそれぞれ反対側から廻ることで天と人間世界とを結びつけた。柱を半分廻ったところで二神は出会い、互いに言葉を交わし、天命である性行為を行った。ところが最初の試みは失敗に終わり、イザナミの産んだ蛭子は海に流され捨てられた。あとで失敗の原因は女神イザナミが先に言葉をかけたためだと分かったので、再び試みて今度はイザナギから先に言葉をかけたところ、無事に子孫が誕生した。勝部神社の神主が仏教との関連を逃れるために水子に与えた名前は「蛭子」である。蛭子という言葉を用いることで、男性支配と水子の持つ水のイメージも明らかに連想される。

図22　勝部神社での蛭子と呼ばれる中絶胎児のための儀礼（津山市）

　高齢でひどく腰の曲がった神主によれば、年に五、六件ほど蛭子払いの依頼を受けるという。依頼者は持続的に神社とかかわりを持つ人々ではなく、よそ者であることが多い。この神主が考案した儀式の中身は、お祓いの祝詞と自作の短い祈禱の言葉から成る。神主は、一霊ごとに文字を記した紙に小さい木札を包んで社に祀るのだと説明した。境内に複数ある社のうち、蛭子社の前にだけトマトやしおれたグラジオラスなどの供物が置かれていた。この神社が水子供養で大した収益を得ていないのは明らかである。

神社ではどんな水子供養の形式もありうると気づいた当初は驚いたものだが、本章で取り上げる三社のうち二社までもが稚児や蛭子といった神道の用語を使っていた。一つ目の吉備津神社では稚児という言葉が拡大解釈して使われていたが、二つ目の勝部神社では広く知られているとは思えない神話に由来する蛭子という言葉が使われていた。一方、市比賣神社はもともと女性を対象としているので、水子供養という言葉がそのまま使われている。

修験道の寺および場所における水子供養

修験道とつながりのある数多くの地方の寺院には、境内の中に信者が山修行で巡る山を模したミニチュアの山が見られる。そうしたミニチュアの山は、自然にできたものもあれば、人工的に作られたものもある。不動や蔵王権現のような修験道に関連する仏教の守護神の像がミニチュアの山に置かれているのは、神々の住処としての山という修験の観念を現わしている。本研究で観察した修験道と関連の深い二つの寺では、ミニチュアの山にいる守護神の列に地蔵像と観音像とが加えられていた。

津山の外れの石山寺（天台宗系修験道寺院）のミニチュアの山は、露出した大きな岩である（図23参照）。これ以外に、独立した水子供養のための施設は存在しない。水子供養を望む人々は、自らの水子の名前をつけた小さな観音像を家に持ち帰り、仏壇に供える。事情があってそうできない場合には、寺が代わって像の世話をする。

　行橋の真言宗派に連なる修験道寺院の正覚院〔現在は真言宗〕のミニチュアの山の脇には、清らかさと厳粛な雰囲気を生み出す滝が配置されている（図24参照）。不動および無数の山の神々の像の隣には、この山と継続的な関係を持たない個人が置いていったと思われる小型の地蔵の座像がいくつも並んでいる。これらの地蔵に奉納者名は見当たらず、粗野なコンクリート製のものなので、おそらくきわめて廉価なものと推測される。

図23　石山寺にある水子供養を行うことができる小山（津山市）

　石山寺と正覚院のどちらの水子供養も、各々の寺が提供している数多くの儀式や実践の一つにすぎず、特に目立つところはなく重要性が低いことも明らかである。どちらの寺についても、水子供養が大きな収入源になっているようには思われない。

　松山子安観音は行橋南部のはずれにある。簡易なお堂しかないため寺とは呼ばれていないが、それでも二キロメートル弱の

図24　正覚院の水子供養霊場（行橋市）

ところにある浄土宗の正伝寺がここを祈禱所に指定している。水田や森を通って一五分ほど歩けば着くその場所は、さほど高くはないが急な丘の上にあり、頂上までたどりやすいようにぬかるみ道に階段状に木の板が敷かれていた。

　この場所が祈禱所に指名されたのは、おそらく近隣のうちで最も高い地点であるためで、どうやらここは時代によって様々な役目を果たしてきたようである。今は浄土宗寺院の祈禱所とされているが、小さなお堂の中には天狗の面や修験道の法具が見られるし、大師講の開催場所であることを知らせる看板もある。そのどれもが浄土宗とはかかわりがない。水子供養が行われたとおぼしき場所は、個々人によって奉納されたに違いない七五体のとても小さい地蔵像群がひしめき合っている鍵の掛けられていないお堂である。どの像にも奉納者の名は見られない。最近、誰かが訪れた形跡もない。電話で正伝寺の僧侶にうかがった話では、五、六年前に水子供養に関心を示す人々が急に増えたが、今ではほとんど目につかなくなったそうである。一九八〇年代後半に水子供養を求めてきたのは、主に地域の年配の女性たちだったという。

　戦後まで禁欲を強調し、女性を排除する男性的な傾向が顕著だった修験道で水子供養の儀式が行われたのは、驚くべきことだったに違いない。現代の宗教界にも若干ながら伝統的な修験道の信者はいるが、その中心は五〇代以上の男性たちである。日本の仏教や神道と同様に、修験道は組織や構成員を維持することが難しくなっている。戦後になって女性を入信させるようになったことで信者の減少が緩和されたのは間違いなく、そうした女性たちが修験道の内部で水子供養の開始を呼びかける重要な役割を果たしたのかもしれない。だからといって、男性が水子供養の費用を出さないとは限らない。具体的な数値はないが、他の地域の宗教法人と同じくらいの割合で男性がこの儀式にかかわっていたとすれば、男性は二、三割程度だったと考えられるだろう。ただし、水子供養を行っている修験道寺院はどれ一つとして水子供養の依頼者の性別を明らかにしていないので、この比率はただの推測にすぎない。

まとめ

本章では、水子供養の実践に影響を与え、特徴づけている主な要因を明らかにするために四つの地域を調査した結果を示した。何よりはっきり立ち現れた要因は、次の通りである。まず、空間的に区別することの重要性が二つのレベルにおいて観察された。どの寺でも（常に）水子供養の霊場は空間的に仏像や先祖を祀る場所から遠ざけられていた。共同体の内部では水子供養の方式は地理的に二つに分かれていた。津山では寺町の中にある寺と外にある寺のあいだに、行橋、三浦、遠野の三か所では海岸の寺と内陸の寺のあいだに違いが見られた。

どの地域でも、水子供養に対する批判的言説によって水子供養の実践は抑制されていた。状況は様々だが、少なくとも批判の根拠として次の四つがある。(一) 水子供養を支援するよう圧力をかけられた地域の人々が水子供養を信じていないため(遠野の寺と沼の内の賽の河原)、(二) 中絶との結びつきを快く思わないため(すべての地域)、(三) 仏教にとってより重要な課題から注意をそらすものと見なされているため(行橋の大儀寺)、(四) 浄土真宗が様々に反対しているため(津山、行橋、三浦)。

一部の宗教法人は、水子供養を経済戦略として用いようとしてきた。通常、この試みは、その寺が料金と引き換えに行う他の様々な儀式と組み合わされている。その事例として、(一) 津山の妙宣寺、(二) 行橋の天聖寺、(三) 三浦の妙音寺、(四) 遠野の沼の内賽の河原がある。それでも、水子供養は常に大きな収入をもたらすわけではない。津山の寺町にある寺院がその事例である。それ以上に、ペット供養(言及しなかったが三浦の延壽寺の例)やぼけ封じ(三浦の妙音寺)など、他の商品化された儀式のために水子供養の影は薄くなっている。ペット供養やぼけ封じは仏教寺院で近年流行しており、そうしたサービスで世間に知られるようになった寺院は、水子供養でも同様に客を集めることができるかもしれない。

第四章で取り上げたように、水子供養の存在理由を最も力強く主張しているのは津山の慈恩寺の森田愚幼のような独立した起業家精神あふれる宗教家である。対照的に、一般の檀那寺は水子供養で収益を得られることは歓迎したとしても、その実施については受動的に要求に応じるような態度を取る。水子供養を行っている寺院は、たいてい以下の特徴を一つ以上備えている。(一) 通常の檀家を持っていない（津山の慈恩寺）、（二）浄土真宗ではない、（三）次のような立地条件を持つ――ⓐ海岸沿い、ⓑ他の寺と相互監視しているような地域の外にある、ⓒ本山から離れている、ⓓ近隣地域に在住していないよそ者が依頼者として訪れやすい主要な交通手段が近くにある。水子供養を行う寺の僧侶たちは、以下の特徴を一つ以上備えている。（一）若い（今日の僧職の標準に照らせば六〇歳未満）、（二）祈禱を専門としている（津山の慈恩寺、行橋の天聖寺）、（三）起業家精神を有する（津山の妙宣寺、行橋の天聖寺）。

水子供養は依頼者と寺のあいだに継続的な関係になるかもしれない基盤を提供するが、必然的に継続的な関係が結ばれるわけではない。供養の儀式は一回限りの即金での取引として終わることもあれば、既存の寺と檀家のような関係が結ばれたり、かつてなかった新たな関係が生まれることもある。最後のケースでは、依頼者は他の寺の檀家であり続けるかもしれない。寺と継続的な関係になるかどうかは、依頼者がそこの宗教家と個人的な絆を結ぶかどうかによるし、その場合、おそらく供養提供者は全般的な霊的助言を与える祈禱者の役割を果たしている。

水子供養は、檀那寺を持つ人々の宗教生活とは切り離されたところに存在しうる。これが当てはまるのは、遠野の石工業者が影響していた寺院や、津山における妙宣寺の檀家たち、水子供養が慣習化していた三浦の本瑞寺である。一定の共同体の内部でも水子供養が住民の宗教生活とは別に行われる傾向があることは、水子供養を密かに、可能なら匿名で行うことを求める依頼者が共同体の外からやって来ることと強く結びついている。これが当てはまるのは、遠野の沼の内賽の河原、津山の妙宣寺、行橋の法泉寺、三浦の大椿寺の事例である。

水子供養に男性や家集団がかかわることは、この儀式が徐々に容認され、正統化され、慣例化していることを示している。男性や家の関与はどこでも見られるが、その度合いはまちまちである。水子供養が徐々に受け容れられていく現象は、水子供養に対する宗派を超えた強い批判と並行している。本研究では水子供養を行う寺が全体の四四％であったが、第二章で紹介した全国調査でも四三％であり、水子供養に対する抵抗の強さと実施者たちの決意のほどがうかがわれる。

本研究の結果によって、既存の水子供養研究の限界が示された。既存研究では、水子供養に男性や家が相当な比率で参与していることや、水子供養に対して強い批判があること、また水子供養が徐々に慣例化していることを記録、分析してこなかった。それ以上に、既存研究では、水子供養は天台宗や真言宗の寺で集中的に行われていることが示唆されてきたが、本研究は、日蓮宗や曹洞宗、浄土宗においても高い比率で行われていることを明らかにした。

日本の地方で行われている水子供養を包括的に記述することは、決して簡単なことではない。考慮すべき現象に驚くほど甚だしい矛盾が見られるためである。一種のカルト的現象だと言ってもよい。なにしろ、ある一つの儀式が二〇年間というわずかな期間に仏教、神道、修験道、新宗教、祈禱師といった日本の代表的な宗教のすべてに登場したのである。日本宗教史の大半にわたって宗教同士の境界線は固く守られてきたし、「クロスオーバー」することもなかったのに、これまでほとんどの宗教団体で指導的立場から組織的に排除されてきた女性たちが施主となる儀式によって、その境界が打ち破られたのである。水子供養の普及は迅速で広範だったため、相当な影響力を持つ現象になると予測したくなるが、水子供養の他の特徴を考慮するとまた別の評価に至りそうである。

表 18　1920 - 1940 年に生まれた女性の出産に対する妊娠中絶と避妊の割合

	1945 年	1950 年	1955 年	1960 年	1965 年	1970 年	1975 年	1990 年
避妊法の実施率 *		19.5%	33.6%	42.3%（1961）	55.5%	52.6%	60.5%	57.9%
出生に対する妊娠中絶の割合 **		20.9%	67.6%	66.2%	46.2%	37.8%	35.3%	37.4%（1989）
1920 年生まれの年齢	25	30	35	40	45			
1925 年生まれの年齢	20	25	30	35	40	45		
1930 年生まれの年齢		20	25	30	35	40	45	
1935 年生まれの年齢			20	25	30	35	40	
1940 年生まれの年齢				20	25	30	35	

* 毎日新聞社人口問題調査会編『記録――日本の人口　少産への軌跡』毎日新聞社　1992 年、54 頁、表 1 。** 同 337 頁、表 24

水子供養のために高価な仏像を建立することは日本中に瞬く間に広まったし、そうした仏像の建立は一部の寺や檀家に相当な出費を強いることになった。各々の寺院で、目新しい（これまで見たこともなく不快な中絶への連想をもたらす）儀式を導入しようとする人々は、抵抗する人々を自分たちの寺の名誉が汚されるようなことにはならないと説得しなければならなかった。導入派の僧侶たちは、水子供養には宗教的に扱うべき重要性を備えているし、たとえ経典の中に根拠が見当たらなくとも、これまで日本仏教で行われてこなかったことだとしても行うべきなのだと、檀家や時には仲間の僧侶まで説得しなければならなかった。それにもかかわらず、結果的に多くの地域において、相当な費用をかけ、内在する抵抗を押し切ってまで建立された水子供養の霊場が、二〇年もしないうちに使われなくなっている。そればかりか、沼の内賽の河原のようなところでは、水子供養を利用して金を稼ごうとした計画は、明らかにあっけなく頓挫しており、共同体全体が水子供養に反発することにもなった。

地方における水子供養の施主は、主に五〇代後半以上の人々で、女性が圧倒的多数を占めていたが、男性も平均三割を占めており決して少なくはない。一九九五年の時点で五五—七五歳の人々は、一九二〇—四〇年に生まれている(表18参照)。この集団が生殖年齢にあったのは一九四〇—七五年くらいであり、日本で中絶率が最も高かった時代とまさに重なる。当時の中絶率は、総妊娠件数の四割から最大で六七・六%を占めていた。この時代は、日本人の出産パターンが西洋社会の典型的パターンに移行していった時期でもある。言い換えると、この年齢層は檀那寺で水子供養の施主となることが最も多かった世代であり、日本における歴史的な人口変動をもたらした集団でもある。地方の女性たちが都市部の女性たちより一貫して高い中絶率を示してきたのは、避妊の利用可能性が地域によって差があることを反映している一方で、おそらく地方の方が男性の性に関する特権がより強固に守られているために、結果的に、地方の女性たちは避妊について男性と交渉する際に比較的不利な立場に置かれていたためでもある。

現在〔執筆時〕、日本の地方で水子供養の施主になっている男女の中絶経験率は群を抜いている。この人々は自らの生殖可能な期間を通してずっと中絶を合法的に受けることができた世代だが、ほとんどのカップルに避妊が普及するまでには相当な時間がかかった。敗戦直後の避妊具は、人々が手頃に買えるような値段ではなかったためである。一九二〇—四〇年に生まれた女性たちは避妊の代わりに中絶を受けた世代だが、彼女たちに選択肢があったわけではなく、子どもを育てられない状態で妊娠に直面したので、中絶するしかなかっただけである。

一九七〇年代に入るまで宗教団体が生殖にまつわる問題にほとんど沈黙してきた日本社会のなかで、中絶胎児の鎮まらない怒りという観念を用いたことで、身体的な痛みと、スピリチュアルな問いと、何年も昔のできごとなのに未だ癒されない中絶にまつわる非常に矛盾した感情とが結合し、突如としてデリケートな一大市場が形成されることになった。水子供養を実践し、その観念を出版物や放送媒体を通じて宣伝する拝み屋をはじめとする多様な霊能者たちは、年配の女性たちの古傷を広げた。一九二〇―四〇年に生まれた世代は、その頃までに共同体の成熟した構成員になっていたし、すでに寺や神社の忠実な支援者にもなっていたので、彼女たちは自分の属する寺や神社に適切で荘厳な儀式を行うことを求めた。これまで見てきた通り、数多くの宗教法人はそれぞれに葛藤や批判を抱えながらも、そうした求めに応じたのである。

ただし、彼女たちの抱えていた不安や未達成感は水子供養を行うことでやわらぐし、それで施主も満足する。通常の寺や神社との関係は続いていくかもしれないが、ほとばしるような感情の問題はもう消えた。そうなると、水子供養の施設は使われなくなるか、慣例化された年中行事に組み込まれるようになる。男性や家集団がかかわるようになれば、水子供養の正統性はさらに強まるし、例外的で一時的な性格や性的意味合いはますます薄れていく。地域社会では、これからも水子供養のために建てられた像や建物はある世代の人々が未解決の経験を儀式化することを望んだことの記念碑として残されていくのかもしれない。それらの建造物が、後の世代の宗教熱によって再び神聖化される可能性も低くはない。

第五章　注

（1）寺院事典は電話帳のように頻繁に更新されるものではないので、古いものには必然的に休業中の寺が含まれる。

現代日本では、電話のない寺はもはや機能していないと見なしてよいだろう。

(2) 本研究は遠野町のなかに位置する寺のみを対象とする。

(3) 津山の宗教史・民間伝承に関しては、和歌森太郎『美作の民俗』吉川弘文館、一九六三年を参照。

(4) 妙宣寺の僧は、私が地域の寺に水子供養を行っているか否か電話で聞いたなかで「当然でしょ!」と最もきっぱり肯定する返事をした。

(5) 吉備津神社は、創始者である吉備氏が朝廷から譲渡された当地域を半自立的に治めていた古代のあいだ隆盛をきわめた。後白河法皇は吉備津神社の本所を神祇官の座としたが、鎌倉時代にその所有地は仁和寺に移された。そのため、しばし社僧寺が神社の境内に置かれ、数多くの仏教的要素が導入された。その所有地は徳川時代を通じて縮小したが、朱印状によって一六〇石を保証された。その門前町には大市が立ち、茶屋や旅籠が軒を並べていた。境内には芝居小屋もあり遊女もいた。明治維新まで、山陽道に沿って知らぬ人がいないほど繁栄していた。『国史大辞典』(同編集委員会編、吉川弘文館)第四巻一九六頁および『神道大辞典』(下中弥三郎編、平凡社)第一巻四二七—八頁の吉備津神社の項参照。

(6) 稚児に関しては『国史大辞典』第九巻、三九九頁参照。中世を通じて、稚児は神社におけるすべての奉仕に使われるようになった。この用語は、さらに武家や寺の手伝いの少年にまで拡大して使われるようになった。この用語のもう一つの用法としては、寺院や武士社会の男色の相手をする少年を指すことがある。

(7) この神社では、大吉備津彦命、千々速比売命、倭迹迹日百襲姫命、日子刺肩命、倭迹迹稚屋媛命、日子寤間命、若日子建吉備津日子命、御友別命、足仲彦命の神々が祀られている。

(8) この五柱の女神たちとは、多紀理毘賣命、市寸嶋比賣命、多岐都比賣命、下光比賣命、神大市賣命である。

(9) これらの女神たちは、天照大神と弟である素戔嗚尊とが互いの象徴〔勾玉と剣〕を噛み、唾を吐いて子を産むという「誓《うけ》い」の儀式を経て生まれた。

結論

日本は生殖にまつわる人々の活動を儀式化することにかけては長い歴史を持ち、その過程で堕胎／中絶についても独特の様式を発展させてきた。そうした大枠の歴史の流れから、水子供養は大きく逸脱している。水子供養は明らかに現代的な現象である。水子供養が出現したのは一九七〇年代だったが、中絶に関する人々の感情の直接的な現れというよりも、むしろ商業主義的な霊能者たちによって盛んに行われた水子供養キャンペーンの産物であった。胎児イメージの物神化に頼った水子に関する報道は、胎児写真などの新しい技術によって初めて可能になった。女性の身体から切り離され、大写しにされたしかめ面の臨月の胎児が、頭を上にもたげて怒りに燃えているショッキングなイメージは、胎児中心主義的なレトリックを用いた解釈のレンズを通して生み出されたものであり、そこではすべての中絶は女性による人殺しとされ、そのために女性は胎児の「霊障」で罰せられるのだと決めつけられた。水子供養は、その儀式を提供する人々がでっち上げた「問題」への「回答」として差し出されたのである。

マスコミの水子供養キャンペーンはたちまち激しい議論を巻き起こし、水子供養は当初から幅広い批判と嘲笑の的にされてきた。ただし水子供養に惹きつけられたのは、マスコミの宣伝が最も盛んだった頃でも中絶を受けた人の一五―二〇％にすぎなかった。これまでに行われた宗教団体や宗教法人の調査によれば、過半数が水子供養を否定している。日本仏教で最大の宗派である浄土真宗をはじめ、あらゆる宗派が様々な理由で水子供養を否定しているのである。実際、水子という概念は仏教経典には存在せず、その種の霊魂を対象にした儀式も経典に裏づけがないのだから、水子供養が広く拒絶されているのも驚きではない。仏教の指導者たちのあいだでは水子供養への批判が広く共有されており、第一章で検討した祐天上人が喧伝した胎児のための回向の儀式は、事実上、近代以前の浄土宗で唯一の水子供養の前例である。祐天上人の逸話が奇譚と呼ばれていること自体、この「前例」がいかに脆くて浅いものであるかを示している。

それでも祐天上人の伝説は、江戸期の堕胎に関する「常識」の宝庫でもある。この時代に特徴的な堕胎のタイプは二つに分かれる。第一のタイプは堕胎と間引きが合わさったもので、極貧に見舞われた農民たちの最後の頼みの綱として行われる。堕胎と間引きは、悲しく哀れであると同時に、不可避でもあった。こうした慣行や子捨てについては時折禁令が発せられたものの、江戸期の宗教各派は一般に人々の生殖にかかわろうとはしなかった。当然ながら、商業化され、宗派を超えた儀式が登場することはなかったし、一方の性のみに全面的にスティグマを押しつけるために胎児中心主義的な言説を持ち出すこともなかった。江戸期の堕胎の第二のタイプは、不義の関係に性的快楽を求めた場合であり、そこから「冷たい男と馬鹿な女」という後々長く生き延びることになるシナリオが生まれた。このシナリオに当てはまる関係で生じた妊娠を終わらせるための堕胎は非難を浴びたし、そこでは、冷たい男が馬鹿な女に致命的な堕胎薬を飲ませて胎児もろとも女が死ぬという典型的なパターンが想定されていた。だがその場合でも、商業化された儀式は全く登場しなかったし、胎児中心主義的なレトリックを根拠にした批判もなかった。冷たい男への批判と馬鹿な女への批判は、おおむね拮抗していた。この時代には、どんな場合でも、堕胎に至った諸般の事情から離れて、堕胎に対する単一の絶対的な道徳的見解を求めようとすることはなかった。一般的に、堕胎は誰であろうと完全に制御はできない性的かつ社会的な関係に根ざして生じるもので、誰か一人にすべての罪をなすりつけることは間違いだと見られていたのである。

水子供養の実態を検討すると、一九七〇年代以降の中絶の特徴は江戸期の堕胎とは異なり、冷たい男の姿が驚くほど目につかなくなっていることが分かる。水子供養の女性差別性は、主に胎児中心主義的なレトリックを用いることで出産に至らない性行動の責任を女性のみになすりつけ、相手の男には何ら責任を負わせないことに基づく。

江戸期において妊娠や堕胎を概念化する場合には、どちらも胎児と母胎との一体性を基盤にしていた。宗教各派は人々の生殖に口出ししなかったが、その一方で、妊娠と初産は民間の宗教生活のなかで徹底的に儀式化されていた。産婆がその中心的な役割を担い、魂が母体を通過して共同体の社会的生活に入っていくのを導いた。そのように概念化する場合、女性と胎児の一体性は非常に強力なモチーフであって、両者が何らかの形で切り離されること、つまり胎児の存在が母親の存在とは別物だということは——ましてや胎児が母親に敵対するなどということは——決して考えられないことであった。水子供養に特徴的な怨みに満ちた胎児といった観念は、まず存在しえなかったのである。出生に至るまで胎児は母体の一部であるという見解は、優生保護法〔現在は母体保護法〕の現代的な法解釈にも反映されている。胎児は法的には人格ではなく、それゆえに胎児は人権の対象になりえないという理解は、中絶の経済条項を覆そうとした生長の家の試みが法務省の拒否によって頓挫した事実の底流にある。

胎児と母体との一体性というこの基本的な観念は、近代を通じて進行した妊娠と出産の脱儀式化を超えて生き永らえてきたし、現代の水子供養が胎児中心主義を広めようと努力したことは、この母子一体性の観念の強さを雄弁に物語っている。妊娠と出産の医療化とそれに伴う脱儀式化は、かつての魂の転生と仏教的な再生の理念にまつわる民間信仰的な理解を生物学に基づく子宮内での胎児成長の物語に置き換えた。明治初期の刑法は、人々の心のなかで堕胎と嬰児殺しを結びつけ、嬰児殺しと人殺しの境界線を曖昧にすることで、胎児と母体の結びつきを断ち切った。堕胎は犯罪化され、行いにくくはなったが、人殺しや嬰児殺しとは違うものであり続けた。戦前の数十年間を通じて国家からお墨付きを与えられた母性イデオロギーは、堕胎の犯罪化と後に続いた産児制限の犯罪化を間接的に支持した。堕胎と産児制限を犯罪とすることは、どちらも第二次世界大戦が終わるまで多産を奨励する社会政策に寄与し続けた。

戦後の優生保護法で経済的困難を理由にした中絶が合法化されてからは、数多くの日本女性が中絶を経験することになった。公式には出生数に対する中絶の比率は四〇％から六七％のあいだだと推計されているが、入手可能な統計は完全とはほど遠く、戦後間もない頃の実際の中絶率はこれよりはるかに高かったと識者の誰もが言う。新聞の人生相談欄（「人生案内」）に見られる大衆的な中絶の解釈を分析すると、江戸期の堕胎に関する二つの見方が現代風を装いながら生き延びていたことが分かる。特に終戦直後の食糧難と軍人や海外入植者の大量帰還の時代、避妊具が広く普及する以前の時代には、中絶は産児制限の主な手段になった。中絶が必然的で不可避なものだという認識は、広くこれを許容する態度に反映されていた。「人生案内」は困難にある女性たちに現実的な意見として同情的な助言を与えた。避妊と中絶、不妊手術を結びつける言説が登場し、女性たちは夫の承認を待つことなく、自分の権利として可能な手段で自らの生殖能力をコントロールするよう勧められた。同時に、その妊娠が「冷たい男と馬鹿な女」のあいだで起きたことだと解釈された場合には、「人生案内」の回答者たちは女性たちに対して、男性や妊娠に対する幻想をすべて捨て、関係を断ち切ることを促した。「愛の証の子」と捉えて、非嫡出子を育てることで男性への無私の愛を示したいという女性の願望は否定された。中絶は、非嫡出のスティグマを負った子を抱えていくよりずっと望ましいこととして描かれた。馬鹿な女たちは、「しっかりしなさい」と激励された。さらに回答者たちは、彼女たちを妊娠させた冷たい男たちに軽蔑と侮辱の言葉を浴びせ、自己中心的で身勝手で女性の敵だと罵った。こうした大衆的な中絶理解は、一九七〇年代になるまで（唯一、生長の家を例外に）宗教側から批判されることはなかったのである。

一九四五年から一九七〇年代までの宗教界のエートスは、拡大主義的で楽観的だった。戦前の国家が宗教に押しつけてきた数々の制約から解き放たれて、終戦直後には新宗教が爆発的に成長し、以前からの宗教団体も徐々に復興を遂げていった。一般的に新宗教は、聖職者の支配が強い古くからの宗教の伝統を嫌い、代わりに普通の人々が数多くの重要な役割を担うような組織を打ち立てた。女性たちは、新宗教の組織の多くで創始者や草の根のリーダーとして頭角を現していった。新宗教は、個人が自らの努力を通じて現世的な幸福や霊的な完全さに至りうるとの見解を共有していた。教えを忠実に守るための道は広く異なっていたが、人類に恩恵をもたらすような自我と身体、他者、自然、超自然との調和を求める一般的な傾向があった。人々が思い描く超自然的な世界の住人は様々だったが、保護や精神力を与えてくれる先祖の霊に特別な場所を残しておくこともよくあった。日常生活における儀式では、他界から一連の功徳を受け続けるためにしばしば祈禱や供物を通じて信仰や誠意を表す形を取った。新宗教のなかには、儀式を怠ると先祖からの加護が失われてしまうと見なすものもあった。副次的なテーマとしては、子孫が儀礼を守り、儀式が象徴している態度（感謝、誠実、孝心、勤勉など）に改めて身を捧げるようにするために、先祖の霊が子孫に災厄をもたらすこともあるという考え方が登場した。だが全体的には自己決定が主要なテーマであり、人生が偶然や運命、悪霊によって決定されるという観念は、戦後から一九七〇年代までの数十年間の宗教的エートスとは無縁のものだった。つまり、祟る胎児霊という着想に直結している水子供養はかなり場違いなものだったはずで、実際、ずっと時代が下るまで登場しなかったのである。

一九七〇年代半ばのオイルショックと、一九五五年に始まった高度経済成長の終焉を経て、日本の宗教界のエートスは変化した。各種の新新宗教が登場し、人々に恩恵をもたらすとは限らない運命や偶然、霊魂などに次第に大きな役割が与えられるようになったのである。「オカルトブーム」がやってきて、超自然的な存在の意志や人類には到達できない力を予知することを目指した占星術など、数々の占いが流行した。自己決定はまだ重要なテーマではあったものの、個人の信念や努力を超えた力によって人生が決まることもあるという考えが台頭し始めた。一九七〇年代後期の宗教界では性別を問わず若者たちの姿が目立つようになり、以前の宗教団体で「常連」だった既婚の中年主婦たちの影は薄くなっていった。胎児の祟りを強調した水子供養は、終戦直後とは対照的に悲観的で運命論的な新しいエートスと完全に調和していた。水子供養とオカルトブームは、もう一つの新しい特徴を共有していた。終戦直後に開花した新宗教に広く見られたように布教活動を通じて改宗を迫るのではなく、大衆文化を広めるマスコミに依存していたのである。水子供養は罪悪感や恐怖、宿命論や悲観論を強調し、メディアに依存し、特に若者や独身女性を対象にした週刊誌等に依存することで、一九七〇年代後半の宗教界に居場所を確保した。

一九七〇年代後半の宗教生活は大衆文化の中にしっかり定着していたため、水子供養をはじめとする数多くの宗教的な活動はマスコミ経由で伝えられ、商業化はますます促進された。もっと前から宗教に関する本や雑誌があったのは確かだが、若く裕福な層に向けて宗教を売り込むチャンスは「オカルトブーム」によって新たにもたらされたものだった。出版社は新たな市場の到来を予想し、特に霊能者や拝み屋などのあらゆる種類の起業家的宗教家たちによる出版物と宗教的儀式の両方の「需要」が盛んに作り出された。そうした状況の最中に、水子供養は登場したのである。

一九七〇年代までに、中絶の実践に重大な変化が生じた。避妊具が人々の手の届くような価格でどこでも買えるようになり、すっかり普及したのである。中絶はもはや避妊の代替策ではなくなった。それ以上に、生活水準が一段と向上し、優生保護法の経済条項に影がさすようになった。生長の家は経済条項の撤廃を目指す運動に乗り出した時に、終戦直後の極度な経済的困難はもはや過去のものので、そんな理由で中絶している者などいないと主張できるようになった。霊能者たちは自らの主張を補強するために胎児中心主義的レトリックを持ち出し、水子供養の提供者たちもそれをそっくり採用したが、中絶が行われ続けることに依存していた後者が生長の家による中絶反対に与することはなかった。

第三章に示した八編の手記は、経済的困難の意味合いが変化したことや、女性と男性とではいかに中絶の意味が異なるかという点に洞察を与えてくれる。そもそも八編の手記のうち六編は、経済条項を不要とする生長の家の主張に反論するために書かれたものであるため、八編の手記のすべてが、合法的中絶が今後も必要であるということと、現代の性文化のなかでは中絶が多様な意味を持ちうることをドラマチックに描いている。一般の人々のあいだで生長の家の胎児中心主義が拒否されていることは、水子供養に対する批判を反映している。

水子供養は、何よりも起業家的宗教家たちの経済戦略を体現したものである。これまで見てきた通り、霊能者たちは、伝統的な檀家制度で支えられてきた仏教寺院の例にならって、水子供養を広めることで供養の施主と継続的な関係を結ぶことを狙っていた。施主は霊能者に定期的な儀式の費用を払うことを期待されていた。しかし、霊能者が継続的に水子供養を提供し続けるためには、水子の魂が最終的に癒されることは決してなく、施主の中絶の罪は到底償いきれるものではないと施主に信じ込ませる必要がある。水子供養では、永遠に消えない罪があることを施主に納得させるために、水子供養を怠ると更年期障害と関連づけられている様々な身体症状や情緒的な問題に苦しめられるだろうといった、おぞましいお告げが用いられた。つまり、その年代の女性たちは男性に対する性的魅力も失うことになる。

たいていの水子供養の依頼者は、霊能者との関係を継続することで自らの感情を慰めようとは思っていない。特に若い女性の場合は、匿名で申し込むことができる自宅から遠く離れた場所で一回限りの供養を依頼できる霊能者を求めている。そうなると、水子供養のみで生計を立てられる宗教家などまずいない。

年配の水子供養の依頼者たちは、自分の家が以前から関係している檀那寺で水子供養を行おうとすることが多い。仏教の僧侶たちは、起業家的な霊能者たちが水子供養を商業化したことに非常に批判的であり、一般の檀那寺で水子供養が行われる場合も、それはペットの葬儀やぼけの予防や治療と変わらない重要性の低い儀式だと見なされる。そうした寺にとって、水子供養の収益など、通常の葬儀や法事とは比べものにもならないほどわずかでしかない。水子供養がもっと大きな役割を果たしているのは、一般的に何らかの理由で伝統的な手段だけでは寺を維持していけなくなっているようなケースである。

檀那寺が水子供養を行うことにした場合でも、個々人の信仰心をあてにするのではなく、むしろ檀家に費用を分担させる形で始められることがある。つまり、水子供養はすべての人の支持を取りつけて行われるのではなく、むしろ経済的な見返りを期待して行われることがある。つまり、個人的に中絶の経験が全くない人々によって水子供養を檀那寺で行うことが決められ、実施されることもある。極端な場合には、強制的に水子供養を行うことにしてしまい、人々にそっぽを向かれることもある。そのような場合でも、寺と継続的な関係を持たないよそ者を相手に細々と水子供養が続けられることもある。

日本の非都市部では、水子供養の主な依頼者は一九二〇―四〇年に生まれ、日本の中絶率が最も高かった時期に生殖活動の盛んな年齢だった人々である。この年齢群の男性の水子供養参加率は二、三割である。地方の水子供養を支えているこれらの人々は、主に中絶を用いて日本の出生率を比類なきスピードで低下させた人口層にあたる。大規模な社会変革の矢面に立ったこの世代の人々は、遠い過去の経験のために儀式を求めた。ただし、地方の寺院を調査した結果から言えるのは、水子供養の

「ブーム」は終わり、供養のために建てられた石像などはもはや注目されなくなっており、関心も薄れつつあるということである。

現代の日本の水子供養の状況から示唆されるのは、胎児中心主義的レトリックは大多数の人々に拒絶されており、それは宗教界でも同様だということである。これは希望を与える結論であり、同時に示唆されているのは、水子供養が依存している運命論や女性差別も大多数の人々に拒絶されていること、脅しのために使われる胎児の呪術的イメージも嫌悪されていること、スティグマを与えたり非難したりするために宗教を利用するのも否定されていることである。この結論からさらに示唆されるのは、日本の宗教界における悲観主義や宿命論が、より発展的で楽観的な見方に置き換わる日が来る可能性もあるということである。

補遺1　日本仏教各宗派における水子供養の様式

仏教寺院が収入源として水子供養を提供するかどうかを決める場合、その寺が所属している宗派の役割が複雑に絡み合う。この問題にかかわる要因としては、僧侶や檀家が水子供養という観念そのものを受け容れることや、供養のための設備（仏像と儀式の用具一式）を備えるための費用を捻出する必要があること、また、それだけではなく当該地域の諸宗派との関係の問題や、それとはまた別のレベルで本山の水子供養観の問題もある。

本研究で取り上げた四つの調査地で見られた寺院の分布と、日本全国における主だった宗派の分布はどの程度違うだろうか。この問いは、全国でどれくらい水子供養が行われているのかを予測するために、本研究の結果をどの程度一般化できるか、本研究の結果がより大きな現象をどの程度代表しているといえるのかという問題に直結している。個別に分析した四つの調査地における寺社の宗派別割合はかなり偏っているように見えるが、集合的に見ると、全体像は全国的な宗派の分布とパターンが似ているとは言えるだろう（表A1）。

国内の寺院数の観点から見ると、浄土真宗（国内の寺院総数の二九％、以下同様）、曹洞宗（二〇％）、真言宗（一七％）が日本仏教三大宗派となる。宗派の寺院数に基づいて信者数は推定されている。実

表 A1　調査地と全国の宗派毎寺院の分布

	本調査地で対象とした宗派別寺院数	本調査地で対象とした宗派別寺院の比率（%）	全国の宗派別寺院の比率（%）（総数 74,659）
真言宗	21	14.2	17
天台宗	12	8.1	6
日蓮宗	18	12.2	9
曹洞宗	14	9.5	20
臨済宗	14	9.5	8
浄土宗	30	20.1	11
浄土真宗	39	26.4	29
計	148	100	100

※ 調査地4か所に見られない小規模な仏教宗派の寺院は省略した。『宗教年鑑』平成4年版、文化庁編、1993年

際、文化庁が発行する『宗教年鑑』に掲載されている宗教団体の公式の信者数は各団体の自己申告に基づいており、寺院数の統計の方が各宗派の自己申告に頼った信者数よりも指標としては信頼できそうである。信者数はしばしば「一〇万人」という具合に報告されており、「当て推量」にすぎないようである。[1] 表A1は、本研究で取り上げた寺院の宗派別の比率と、日本のすべての仏教寺院のなかで各宗派の寺が占めている比率を比較したものである。[2] こうしてみると、本研究では曹洞宗が若干少なく、浄土宗が若干多めになっている。日本の仏教界におけるその他の主な宗派に関しては、本研究での分布と全国的な分布の差異は四%未満である。つまり、本研究の宗派ごとの寺院の分布は、全体的に見れば全国的傾向とほぼ一致している。

ただし、調査地ごとの寺院の宗派別分布はそれほど均一ではない（表A2参照）。津山が最も均一なパターンを示しているのは、城下町として寺町に各宗派の寺が集められたためである。津山の特徴は、浄土真宗と曹洞宗の比率が低く、天台宗の比率が高いことである。天台宗寺院は、他

表Ａ２　調査地・宗派別――水子供養実施仏教寺院

調査地／宗派*		寺院数	水子供養実施寺院数	水子供養非実施寺院数	方針無、不明
全調査対象寺院計		148	64（43%）	72（49%）	12（8%）
全調査対象寺院	真言宗	21	17（81%）	3（14%）	1（ 5%）
	天台宗	12	5（42%）	6（50%）	1（ 8%）
	日蓮宗	18	13（72%）	5（28%）	0（ 0%）
	臨済宗	14	3（21%）	8（58%）	3（21%）
	曹洞宗	14	7（50%）	5（36%）	2（14%）
	浄土宗	30	14（47%）	12（40%）	4（13%）
	浄土真宗	39	5（13%）	33（85%）	1（ 2%）
津山	小計	52	22（42%）	26（50%）	4（ 8%）
	真言宗	13	9	3	1
	天台宗	12	5	6	1
	日蓮宗	9	5	4	0
	臨済宗	6	2	3	1
	曹洞宗	2	1	1	0
	浄土宗	3	0	2	1
	浄土真宗	7	0	7	0
行橋	小計	49	20（41%）	27（55%）	2（4%）
	真言宗	2	2	0	0
	天台宗	0	0	0	0
	日蓮宗	2	2	0	0
	臨済宗	0	0	0	0
	曹洞宗	4	2	2	0
	浄土宗	17	10	6	1
	浄土真宗	24	4	19	1
三浦	小計	36	15（42%）	18（50%）	3（8%）
	真言宗	1	1	0	0
	天台宗	0	0	0	0
	日蓮宗	6	5	1	0
	臨済宗	7	1	5	1
	曹洞宗	4	3	1	0
	浄土宗	10	4	4	2
	浄土真宗	8	1	7	0
遠野	小計	11	7（64%）	1（9%）	3（27%）
	真言宗	5	5	0	0
	天台宗	0	0	0	0
	日蓮宗	1	1	0	0
	臨済宗	1	0	0	1
	曹洞宗	4	1	1	2
	浄土宗	0	0	0	0
	浄土真宗	0	0	0	0

（* 新宗教、非仏教系宗教団体、調査地にあるが現在運営されていない仏教寺院は除く）

の三つの地域には見られなかった。対照的に、行橋には浄土宗や浄土真宗の寺院が集中している。三浦には浄土宗、浄土真宗、臨済宗、日蓮宗の寺院がかなり集中しており、曹洞宗と真言宗の寺院が少ない。そして、遠野では真言宗と曹洞宗の寺院の数が多く、浄土宗と浄土真宗の寺院は全く見られない。

各地域で宗派別の分布が異なるのは、城下町に寺町が作られたり、宗祖が積極的に活動した地域で門弟たちが熱心に改宗を呼びかけ続けたりしてきた歴史を反映しているためである。そうした要因のために、ある地域ではある宗派の比率が高くなったり、また別の歴史的要因によってある宗派の比率が低くなったりするようである。日蓮宗と浄土真宗、そして（上記二宗派ほど強くはないが）浄土宗はそれぞれに、他の宗派は誤っており、自分たちの道を進みさえすれば救われるという独特の布教活動を行っている。対照的に、真言宗や天台宗、禅宗に連なる各宗派は、より寛容な態度である。日蓮宗、浄土真宗、浄土宗は独特の排他的態度を取り、他宗派を排除して地域全体を檀家にしようとする布教活動が行われるが、この試みが成功することは稀だった。また、日本近世史の様々な時点において、日蓮宗の一派〔不受不施派〕と浄土宗の一派〔隠し念仏〕に対する宗教弾圧が行われた。江戸期を通じて、岡山や水戸、尾張の大名たちは、寺院の統廃合を試みる形で仏教を弾圧し、神道を推奨した。同様に、明治の初期には廃仏毀釈《はいぶつきしゃく》と呼ばれる運動によって多くの寺院が破壊されたが、廃仏毀釈運動の影響については地域差があり、宗派によってもかなり異なる。

まず津山について見てみよう（表A2）。寺町に寺院が密集していることは、独特の状況を生み出した。寺町のなかで一つの寺院が水子供養を開始すると、寺院同士の距離が非常に近いために、そのことはすぐに地域内の他の寺院の僧や檀家に知れ渡ることになる。つまり、像を建てて新しい商業化された儀式を始めることをある寺院が決断したとたんに、批評や批判がわき起こることになる。言い換えれば、寺院同士が近接していることで、おそらく宗教団体に内在する保守性は強まるし、改革の志向はすべて抑制され、水子供養を新たに始めたがらない寺院が増えることになるのは間違いない。

この傾向は、津山における真言宗の様子を他の三つの地域と比較することで明らかになる。水子供養を行っていない真言宗の寺があるのは津山だけである。他の三地域においては、どの真言宗の寺も水子供養を行っていた。津山の日蓮宗寺院でも似たようなことが起きている。津山では水子供養を行う日蓮宗寺院と行わない日蓮宗寺院の比率はほぼ半分に分かれるが、行橋や遠野の日蓮宗寺院はいずれも水子供養を行っており、三浦でも水子供養を行っていない日蓮宗寺院は一つだけだった。同様に、津山は浄土真宗の水子供養禁止が文書で定められている唯一の地域でもある〔他文献で確認できていない〕。

津山の寺町にある寺院とは対照的に、最大級の規模で画期的な水子供養を行っている二つの寺院は寺町からかなり離れたところに位置している。第四章で取り上げた慈恩寺（天台宗）と妙宣寺（日蓮宗）は、現在の津山で最も大々的に水子供養を行っており、これと比べると寺町の寺院の水子供養は規模の点において見劣りする。

行橋は宗派別の寺院分布がかなり偏っており、四九の寺のうち四一が浄土真宗と浄土宗で占められており、他の宗派を圧倒している。行橋では水子供養を行っている浄土真宗の寺の数が最も多かった。檀家でない人に施す儀式の領域で、行橋の浄土宗と浄土真宗は互いに競っている観があり、そのことが一部の浄土真宗の僧が水子供養の提供に積極的であることの一因だと考えられる。ただし、現地調査で見た限り、行橋の浄土真宗寺院には水子供養で典型的に使われるような特別な像や法具は見当たらなかった。おそらく宗派の方針に反しているとの批判を避けるために、行橋の浄土真宗寺院で行われる水子供養は、個人的な相談に応ずるという形を取っている。浄土真宗では、本山のある京都に近い津山のような地域よりも、行橋のように距離的に離れている地域の寺院の方が、比較的宗派の方針から逸脱しやすいのかもしれない。

三浦の日蓮宗や曹洞宗の寺院が水子供養を行っている比率は、全調査対象地で見た実施比率を上回っている（表A2）。臨済宗寺院が地域で最も盛んに水子供養を行っているのも、三浦の大椿寺のみである。三浦で水子供養を行っているある浄土真宗寺院は大椿寺の近くに位置しており、大椿寺と同様に沿岸漁業を行う漁村や観光地と隣接している。対照的に、三浦の日蓮宗寺院は、この宗派において常設の像など水子供養の形跡が見当たらなかった唯一の寺である。

遠野には、水子供養について宗派ごとの特徴が最も極端に表れており、ここにある真言宗と日蓮宗の寺院はすべて水子供養を行っている。全体として、遠野の寺院の六四％が何らかの形式の水子供養を行っており、これは他の調査対象地域より明らかに高い比率である。ただし、これは統計が真実を隠している事例である。

そもそも遠野を調査地として選んだのは、一見するところ、新奇なことを行いそうにない場所だと思っていたためである。遠野は非常に保守的な農業中心の土地柄で、大都市圏から離れており、宗教的な変化が受容されるとは思えなかった。ここならまず水子供養は行われていないだろうと思っていたのだが、その期待は外れ、遠野では寺院の六四％が水子供養を行っているのが分かった。これはどう説明すればいいのだろうか。

遠野には浄土真宗の寺がなく、それがこの地での水子供養の実施率が全体的に高くなった理由であろう。つまり、遠野には教義面から水子供養に反対する宗派の寺がなかったのである。

遠野で水子供養を行っている寺院を観察すると、一つの寺院のみを例外として、他はすべて水子供養専用に像を安置するお堂やそれに類する建造物があったが、祈禱などが行われた形跡は見られなかった。お堂には供物も塔婆もなく、堂内の花瓶も空っぽだった。像に刻まれた銘文から、遠野では一九七五年頃から水子供養が行われるようになったことが分かる。遠野にある五つの真言宗寺院はすべて水子供養を行うとしているが、そのうち三つの寺は実際に水子供養が行われた形跡が全く見られない。調査対象の真言宗寺院のうち、遠野の真言宗の寺には定番の像も水子供養のための法具も見当たらなかった。

補遺2　岩手県遠野市について

岩手県の遠野〔本研究で取り上げた福島県いわき市遠野（元東野町）と同じ名前の遠野市が岩手県にあり、柳田國男の研究で知られている〕では、すべての橋の下に河童がおり、すべての木に神が宿るとされ、そこで還暦を超えた者は誰でも最低一〇〇話の民話を語れるという。遠野といえば、日本民俗学の祖である柳田國男（一八七五―一九六二年）の研究が思い浮かぶ。柳田は一九〇八―九年に借りた馬に乗って木々の茂る丘や人力で耕される田を越えて旅をして、老いた語り部の話を聞きとることで四辻の妖怪談を詳細に記録したり、柳田にとって主たる情報提供者であった佐々木喜善[1]の口から語られた何百もの地域の民話を熱心に書き留めたりした。一九一〇年に初めて発行された『遠野物語』は〔岩手県遠野市の〕地域の話や歌や民間伝承を集めたものであり、産業化によって汚される以前の日本で伝統的に共有されてきた習俗、すなわち「現実世界」よりも神の仕業に関心の強い霊的世界を持つ日本の姿を凝縮させたものと広く見なされた。「遠野」と聞くと、琥珀の中に捕らえられた永遠の集落、すなわち今より単純な時間を持つ生きた博物館のような村の姿が浮かび上がる。あたかもそれは、くる病やペラグラ病も寄りつかないほど隔絶されていた一九一〇年代のアパラチアの小村の姿を今に残すケンタッキー州ベリアのようなもの、幸福な小村「スリーピー・ホロウ」〔頭を切り落とされたドイツ人騎士の幽霊譚で知られる米国ニューヨーク州山間の村の名〕のようなものとして夢想される。

柳田の著作において水子供養に比されるようなものは何もない。子どもの霊や水の精、子どもの守り神たちに若干触れているところもあるが、以下に引用する説話は、現代の水子にまつわる観念の受容に関連して、何かしらこの地域の考え方の基盤を示している唯一の事例のように思われる。「水子を憶ふ」と柳田は表題に水子という言葉を用いているが、説話ではこの言葉は使われておらず、柳田が各説話の内容を分類した『遠野物語拾遺』の見出しにも「水子」の姿は現れない。

これは佐々木君の友人某という人の妻が語った直話である。この人は初産の時に、産が重くて死にきれた。自分ではたいへん心持ちがさっぱりとしていて、どこかへ急いでいかねばならぬような気がした。よく憶えていないが、どこかの道をさっさと歩いて行くと、自分は広い明るい座敷の中にはいっていた。早く次の間に通ろうと思って、ふすまを開けにかかると、部屋の中には数え切れぬほど大勢の幼児が自分を取り巻いていて、行く手をふさいで通さない。しかし後に戻ろうとする時は、その児らもさっと両側に分かれて路を開けてくれる。こんなことを幾度か繰り返しているうちに、誰かが遠くから自分を呼んでいる声が微かに聞こえたので、いやいや後戻りをした。そうして気がついてみると、自分は近所の人に抱きかかえられており、皆は大騒ぎの最中であった。(2)

この説話は、一人の女性が死者の世界に通じる道で見たことを語ったものである。赤ん坊の霊は出産で母親が死ぬのを防いで生者の世界に連れ戻すために現れ、最終的に母親は出産する。この説話は赤ん坊の霊が煉獄にいることを前提としているようだが、中絶への連想は見られない。仮にこの説話が漠然とでも水子の観念を支持していたとしても、もう一つの遠野の伝承より別の方向へ導かれる。『遠野物語拾遺』二四五段の記録によれば、この地域では「生まれ変わり」について次のように説明されている。「生まれ変わるということもしばしばあることだという。去年、上郷村〔現在は岩手県遠野市上郷町〕の某家に生まれた子どもは、久しい間手を握ったまま開かなかった。家族がしいて開かせてみると、北上の田尻の太郎爺さんの生まれ変わりだという意味を書いた紙片を固く握っていた。このことを太郎爺さんの家族の者が聞くと、俺の家の爺様どは、死んでから一年も経たずに生まれ変わったじと言って、喜んだということである」(3)。現代の水子の観念は、熱烈に誕生することを願っている無数の胎児霊が存在していることを想定しているが、この古い説話では、死者はすみやかに生まれ変わるのだから生者の世界で心配することは何もないと示唆されている。仮にこうした観念を調和させることができたとしても、怨みに燃える胎児霊の先例は見当たらない。〔岩手県の〕遠野の古くからの民間伝統において、現代的な水子供養の根拠は乏しく、事実上、皆無であったと結論づけることができる。

補遺二　注

（1）佐々木喜善（一八八六―一九三三年）は彼自身、後に高名な民俗学者となり、民話集をいくつか出版した。「日本のグリム」とも呼ばれている。

（2）柳田國男『遠野物語〔拾遺〕』第一五九話。郷土研究社版、一五五―六頁（翻訳では以下の再録版より引用。柳田國男『新版　遠野物語　付・遠野物語拾遺』角川ソフィア文庫、二〇一五年、一四九―五〇頁）。

（3）柳田國男『遠野物語拾遺』郷土研究社版、三四四―五頁（引用は再録版『新版　遠野物語　付・遠野物語拾遺』一九三頁）。

本書の意義

清水邦彦

本書の著者ヘレン・ハーデカーさんは一九四九年生まれ、現在はハーバード大学ライシャワー日本研究所教授である。もともと、神道および黒住教の研究をしており、これが原著執筆に繋がる。周知の通り、黒住教に関しては *Kurozumikyo and the New Religions in Japan*, Princeton University Press, 1986（『黒住教と日本の新宗教』）という著書がある。原著公刊後の代表的著作として *Religion and Society in Nineteenth-century Japan*, Center for Japanese Studies, the University of Michigan, 2002（『一九世紀日本の宗教と社会』）、「戦後における日本宗教研究の進展」（「特集――アメリカの日本研究――現在・未来」『季刊日本思想史』六一号、二〇〇二年）、"State and Religion in Japan", in: *Nanzan Guide to Japanese Religions*, ed. Paul L. Swanson and Clark Chilson. University of Hawaii Press, 2006（「日本における国家と宗教」『日本宗教研究入門』）が挙げられる。

原著の公刊は一九九七年なので、本書の公刊まで二〇年かかっている。しかし、二〇年たったからといって、本書の意義が大きく下がったわけではない。このことを、水子供養の歴史および水子供養研究の歴史をたどることで確認したい。

原著公刊まで

今一度確認すると、原著のタイトルは*Marketing the Menacing Fetus in Japan*である。"the Menacing Fetus"は「祟る水子」と解釈される。「はしがき」に述べられているように、一九七〇年代から八〇年代の日本において、中絶胎児は供養しないと災厄をもたらす存在と認識されるようになった。こうした観念が一九七〇年代以前に皆無というわけではなかったが、一般的ではなかった。水子霊が祟るという観念およびその祟りを鎮めるための供養は一九七〇年代に急速に広まったのである(1)。

この新しい観念(およびこれに対応する儀礼)の急速な普及に対し、初期段階において、日本の学術界は研究論文にまとめることに熱心ではなかった。このことに関し、森栗茂一は以下のような推測をしている。

> この現象が新しい世相であり、日本の民俗文化として定着可能な新習俗なのか、単なるブームとして一過性のものなのか、見極めがつかなかったからであろう。
>
> (『不思議谷の子供たち』新人物往来社、一九九五年、一五頁)

新たな儀礼としての水子供養を概観した研究論文の第一号はAnne Page Brooks, *Mizuko-kuyo* and

Japanese Buddhism, Japanese Religious Studies 8-3/4, 1981（「水子供養と日本仏教」）という英文論文であった。(2)

無論、日本人研究者が水子供養の問題を等閑視していたわけではない。たとえば、米山俊直は「人の一生」（梅棹忠夫編『日本人の生活』研究社、一九七六年）のなかで「近年」の水子供養に言及している。そして、千葉徳爾・大津忠男が『間引きと水子』(3)（農山漁村文化協会、一九八三年）を公刊するに至る。ただし、同書はタイトルに水子が入っているものの、水子供養に言及したのは全二五六頁のうち四頁にすぎない。また、一九八〇年代も半ばになると、神原和子・岩本一夫・大西昇の共同研究(4)等、日本人研究者による研究論文もぼちぼち出てくる。

一九九二年、ウィリアム・ラフルーア William R. LaFleur, *Liquid Life: Abortion and Buddhism in Japan.* Princeton University Press が公刊される。同書は水子供養を本格的に論じた専門書第一号と位置づけられる（邦訳『水子――〈中絶〉をめぐる日本文化の底流』青木書店、二〇〇六年）。同書の意義は水子供養を日本宗教史（特に地蔵信仰史）の中に位置づけると共に、水子供養から現代日本社会の諸問題を考察した点にある。同書の公刊は、前述した日本人研究者による本格的研究書といえる森栗茂一『不思議谷の子供たち』（新人物往来社、一九九五年）よりも早い。*Liquid Life* は「アメリカでかなりの注目を浴びたし、ヨーロッパでも人々の関心を引いた(5)」という。洋書ながら日本でも書評等で取り上げられ(6)、日本における水子供養研究の発展を導いた(7)。

原著の意義——*Liquid Life* との比較を中心に

しかしながら、*Liquid Life* は、水子供養の癒しの面 a positive therapeutic function を中心に述べ、時に女性の傷につけ込んだ商売となるといった面は強調されなかった[8]。別な言い方をすれば、水子供養の歴史的面を中心とし、現代的特徴の指摘が希薄であった。これに対し、原著は、現代特有の、水子供養の商売的側面を論述した点で大きな意義がある。原題にも marketing という刺激的な言葉が入っている。この marketing は、to sell something with the help of advertising ＝広告の助けで売る[9]、の意であろう。水子供養が女性の傷につけ込んだ商売であり、雑誌記事によって水子供養が広まったことを分析するために、週刊誌を素材としたことも原著の価値を高めている。

また、*Liquid Life* は主に水子供養と仏教との関係を中心に論じたが、原著は、神道・修験道・新宗教の水子供養も積極的に取り上げている。*Liquid Life* はどちらかといえば、仏教と水子供養との関係を一括りに論じているが[10]、原著では、水子供養を行っている寺院の宗派に着目し、水子供養が行われるのは、真言宗・日蓮宗・曹洞宗・浄土宗の寺院が多いことなどを明らかにしている。合わせて第五章において水子供養の地域性も分析している。

一九七〇年代以降、水子供養が急速に普及した要因に、水子の祟りを恐れるという観念が基盤にあったことは先に述べた通りだが、その背景に胎児中心主義 feto-centrism があったことを指摘したのも原著の意義の一つである[11]。*Liquid Life* は水子供養に関与した人や人工妊娠中絶経験者に直接インタビューしていない。これに対し、原著は水子供養に関与した人に直接インダビューを行い、また、新聞の「人生案内」、手記等を用いて人工妊娠中絶経験者の生の声の分析を試みている。(12) 第二章において、一九七〇年代のオカルトブームの一環として水子供養を位置づけた点も高く評価される。この点について私なりに補足をすると、水子供養ブームを推進した中岡俊哉は心霊写真ブームの火付け役でもある。(13)

さらに第五章において、水子供養に男性の関与があった事例を報告していることも、先行研究でさほど指摘のなかったことであり、意義あることである。

原著の公刊は、欧米で大きな反響があり、「水子供養に関する議論が欧米研究者の間で沸騰し、『水子供養のアリーナ』と呼ばれる状況」(14) となった。原著は Marc Moskowitz, *Haunting Fetus: Abortion, Sexuality and the Spirit World in Taiwan*, University of Hawaii Press, 2001（マーク・マスコウィッツ『蘇る胎児――台湾における中絶・性・精神世界』未邦訳）や、Tiana Norgren, *Abortion Before Birth Control: The Politics of Reproduction in Postwar*, Princeton University Press, 2001（ティアナ・ノーグレン『中絶と避妊の政治学――戦後日本のリプロダクション政策』青木書店、二〇〇八年）、Jeff Wilson, *Mourning the Unborn Dead: A Buddhist Ritual Comes to America*, Oxford University Press, 2009（ジェフ・ウィルソン『未生の死を悼む――水子供養のアメリカ到来』未邦訳）、Fabian Drixler, *Mabiki: Infanticide and Population Growth in Eastern Japan, 1660-1950*, University of California Press, 2013（ファビアン・ドリクスラー『間引き――東日本一六六〇―一九五〇年における嬰児殺しと人口増加(15)』未邦訳）など数多くの研究書に言及されており、その意味で古典と言っても過言ではない。

原著公刊後

「はしがき」が指摘する通り、水子供養は一九九〇年代には下火になる。水子霊の祟りを強調する言説も、女性解放運動家(16)や曹洞宗僧侶からの異議(17)もあってか、現在では沈静化している。言説の沈静化は、あるいは一九九五年一〇月に水子霊の祟りを強調した明覚寺グループの僧が逮捕されたこと(18)が影響しているかもしれない。しかし、二〇一七年現在、水子供養が消滅してしまった訳ではない(19)。水子供養は一過性のものではなく、日本に定着してしまったのである。また、近年ではインターネット上で水子供養が行われることもある(20)。

そして、原著公刊以後、水子供養は日本に留まらず台湾・韓国(21)の他、タイ(22)で行われていることが報告された。台湾・韓国とも一九八〇年代中盤より始まったとされ、日本よりやや遅れる。台湾・韓国とも「水子」という言葉を必ずしも使用しているわけではないが(23)、供養の形式・心意は日本と共通点が見られ、日本からの影響が想定される(24)。

日本の水子供養がいわば世界の諸地域に「輸出」され、定着したという状況において、日本の水子供養草創期というべき一九七〇年代から八〇年代の水子供養を独自の視点で著述した原著は、未だ価値あるものである。にもかかわらず、CiNii Articles に頼る限り、日本語による書評は出ていない(25)。原著を総括的に紹介・批判している日本語研究論文は、管見の及ぶ限り、川橋範子の諸論考(26)のみである。日本語による言及が少ないのは翻訳がなされていないことが一因であろう。水子供養研究の古典とも位置づけられる原著を翻訳した本書は、そうした意味において意義あるものと考えられる。

最後にもう一点だけ本書の意義を提示したい。一九五〇年代以降、日本の人工妊娠中絶件数は減少の一途をたどっている。原著が公刊された一九九七年以降も同様である。減少傾向であった一九七〇年代に水子供養が一般化した要因に関しては、本書を読んでいただきたいが、二〇一七年の今日、人工妊娠中絶件数が増大する懸念がある。それは、二〇一三年四月に限定付きながら導入された、通称、新型出生前診断（正式名称——無侵襲的出生前遺伝学的検査 Non-Invasive Prenatal Testing）の普及によるものである。羊水検査等のこれまでの出生前診断と新型出生前診断との違いは、正式名称にある、「無侵襲」に現れている。これまでの出生前診断は母体・胎児に影響を与える可能性があったに対し、新型出生前診断は、影響がほとんどない。これまでの出生前診断は受けるにあたって、胎児への影響を鑑み、ためらいがあったが、新型出生前診断ではそのためらいが失われてしまったのである。二〇一三年四月導入以降、二〇一六年三月までに三万六一五人が新型出生前診断の検査を受けている。[27]新型出生前診断で、染色体異常の可能性[28]が出た場合は、妊婦の希望により羊水検査等を受け、染色体異常かどうかさらに検査する。検査の結果、染色体異常が確定した場合であるが、人数比でいうと確定者の約九割が人工妊娠中絶を受けている。[29]現在は限定付きで導入されている新型出生前診断であるが、限定が緩和される動きがある。[30]なお、念のための確認だが、母体保護法において、胎児の身体異常を理由とする人工妊娠中絶は厳密には違法である。[31]

医学の進歩が人工妊娠中絶を引き起こすという、ある意味、皮肉な状況となっている。この問題に対し、私は、倫理的にどうこういうことは控えたい。私はたとえば障害があっても幸せに生きることができる社会を理想とするが、現実はそうではなく、心身に重篤な障害を持つ子を育てている親は様々な困難を抱えていると聞く。そうした現実が、人工妊娠中絶という選択に向かわせる可能性は否定できない。

一九七〇―八〇年代に生きた人々がどのような状況で人工妊娠中絶を行ったのか、それをどのように感じていたのか、といった事柄をつぶさに記録している本書が現在の人工妊娠中絶の問題を考える端緒となることを期待したい。

＊本項執筆にあたり、参考にした英英辞典は Oxford Wordpower Dictionary 4th. 2012 である。

＊読者の便宜のため、英題には試みに邦訳を付した。

注

（1）この時期に、水子霊の祟りが顕在化したことに関し、石川純一郎は、動物霊の憑依の減少との関連を指摘する（『地蔵の世界』時事通信社、一九九五年、三六頁）。

（2）論文の要旨は、荻野美穂『中絶論争とアメリカ社会』岩波書店、二〇〇一年、二七四―五頁を参照。

（3）一九七九年、筑波大学に提出された大津忠男の卒業論文を基に単行本化された。

（4）神原和子／岩本一夫／大西昇「『日本人の宗教意識』に関する共同研究の報告」『東京工芸大学工学部紀要』一〇巻二号、一九八七年等。これ以前の研究に関しては、鳥井由紀子「水子供養研究の動向（1977-1994）」と「水子供養」関連文献目録」『東京大学宗教学年報』一二号、一九九四年、森栗茂一『不思議谷の子供たち』一九―二〇頁参照。

（5）ウィリアム・ラフルーア「日本の読者へ」『水子――〈中絶〉をめぐる日本文化の底流』森下直貴／遠藤幸英／

清水邦彦／塚原久美訳、青木書店、二〇〇六年（以下、『水子』）。

（6）清水邦彦「水子について」『比較民俗研究』九号、一九九四年、新田光子［LaFleur, William, R. *Liquid Life: Abortion and Buddhism in Japan*］『宗教と社会』一号、一九九五年、川崎範子「［書評］William LaFleur 著 Liquid Life: Abortion and Buddhism in Japan」『Cross culture』一三号、一九九五年。

（7）たとえば清水邦彦「水子」（『日本の仏教』六号、法藏館、一九九六年）は投稿論文ではなく、日本仏教研究会（現・日本仏教綜合研究学会）からの依頼論文である。なぜ、依頼が行われたかというと、*Liquid Life* 公刊により、水子供養研究の重要性が認識されるようになったからである。

（8）全く言及しなかったわけではない。『水子』一七九、二三〇、二六〇頁。このため、原著は *Liquid Life* に対し批判ではなく、補正の立場を取る（本書三二頁、四六頁参照）。

（9）advertise を英英辞典で引くと、to put information in a newspaper, on the internet, in a public place, on TV etc. in order to persuade people to buy sth [=something], to interest them in a new job, etc とあるので、この場合の「広告」は企業による有料広告のみならず、雑誌記事やテレビ番組を含む。

（10）浄土真宗が公式には水子供養を禁止していることには言及がある（『水子』一七九、二一〇頁）。ただし、浄土真宗の寺でも水子供養を行わざるをえないことを指摘している（同二一八頁）。ゆえにどちらかといえば、浄土真宗の独自性はさほど強調されず、日本の仏教をひとまとめにして論じている。

（11）ただし、「序章」には「中絶を経験した女性のうち、胎児中心主義的レトリックを心底から受け容れて供養を求めた女性はごく一部にすぎないことをあらゆる証拠が示している」ともあり、あくまで一因と想定している。

（12）川橋範子は手記では不十分であり、人工妊娠中絶経験者に対しても、フィールドワークによる聞き取りもすべきであったという批判を行っている。川橋範子「「他者」としての「日本女性」」『民族學研究』六八巻三号、二〇〇三年、同『妻帯仏教の民族誌』人文書院、二〇一二年、五六―八頁。

（13）板倉義之「〈霊〉は清かに見えねども」一柳廣孝編著『オカルトの帝国』青弓社、二〇〇六年。

（14）森栗茂一「水子供養研究のその後」『比較日本文化研究』八号、二〇〇四年。

(15) 邦題は、黒須清美「新刊短評　Fabian Drixier. *Mabiki: Infanticide and Population Growth in Eastern Janan, 1660–1950*」『人口学研究』五〇号、二〇一四年による。

(16) 溝口明代「水子供養と女性解放」グループ・母性解読講座編『母性を解読する』有斐閣、一九九一年。

(17) 『曹洞宗報』（平成七年二月号）、『宗学研究』三八号（一九九六年）等に掲載された諸論考を参照。曹洞宗公式見解ではない。

(18) 安斎育郎『霊はあるか』講談社、二〇〇二年、一四―二四頁に事件が手短に紹介されている。なお、首謀者とされる西川義俊は、オウム真理教弾圧に連鎖した宗教弾圧を主張している（『殉教の遺書』東宛社、二〇〇〇年）。同書は第一審の有罪判決（一九九九年七月二三日、名古屋地方裁判所）に反論する目的で書かれたものだが、第二審でも有罪となった（二〇〇二年四月八日、名古屋高等裁判所）。

(19) 高棹健太「『巫女』と水子」『宗教研究』八八巻別冊　二〇一四年、赤田達也「10年前は檀家ゼロ。水子供養やペット供養を通して、現代人のニーズに応え、人気のお寺に」『月刊　仏事』二〇一五年五月号、内藤理恵子「水子供養はいまお寺でいかに行われているか」『月刊住職』二〇一六年四月号等。

(20) 松浦由美子「電子水子」『多文化』七号、二〇〇七年、Hibino Yuri, "Postabortion spirituality in woman: insights from participants in the Japanese ritual of mizuko kuyo over the Internet."『女性心身医学』一三巻一・二号、二〇〇八年（邦題・日比野由利「中絶を経験した女性のスピリチュアリティ　インターネットの水子供養に参加した女性たちの記述から」）。

(21) 韓国に関しては、渕上恭子「韓国の〈水子供養〉――民衆仏教の生命観と仏典理解」『宗教研究』七六巻二号、二〇〇二年、台湾に関しては陳宣聿「台湾における嬰霊慰霊について」『東北宗教学』一〇号、二〇一四年参照。

(22) タイの水子供養に関してはPinit Ratanakul, "Socio-Medical Aspects of Abortion" in: Thailand, *Buddhism and Abortion*, ed. Damien Keown (University of Hawaii Press, 1999)（「タイにおける人口妊娠中絶の社会医療的側面」『仏教と中絶』）、前川健一「水子供養の論理を超えられるのか?」末木文美士編『現代と仏教』（佼成出版社、二〇〇六年）に若干の言及があるのみである。

(23) 渕上前掲論文によれば、韓国でも水子という言葉が使われることもある。陳前掲論文によれば、台湾では「嬰霊」という言葉が使われる。なお、この「嬰霊」という言葉は一九八〇年頃の造語である。陳宣聿「越境する「水子供養」」第七五回日本宗教学会口頭発表(二〇一六年)。

(24) 渕上恭子、前掲論文、陳、前掲論文。

(25) 例外として、清水邦彦「ハーデカー著『日本における水子供養』考」『宗教研究』七七巻四号、二〇〇四年が挙げられる。

(26) 注12に加えて、「他者としての日本女性像をめぐって」『比較日本文化研究』八号、二〇〇四年、“Gender Issues in Japanese Religions,” *Nanzan Guide to Japanese Religions.* (「日本宗教におけるジェンダーの諸問題」) 川橋の原著評価については、本書「監訳者あとがき」にも言及がある。

(27) 読売新聞二〇一六年一〇月二九日朝刊。

(28) ここで通常使われている、陽性という言葉を使わず、あえて染色体異常という言葉を使っているのは、新型出生前診断で胎児に異常がないことがすべて判明するという誤解が世の中にあるからである。

(29) 読売新聞、同記事(注27)。

(30) 同。

(31) 実際には、第一四条「妊娠の継続又は分娩が身体的又は経済的理由により母体の健康を著しく害するおそれのあるもの」を拡大解釈して行われている。水谷徹/今野義孝/星野常夫「障害児の出生前診断の現状と問題点」『文教大学教育学部紀要』三四集、二〇〇〇年。

監訳者あとがき

ヘレン・ハーデカー教授（以下、敬称略）の著書 *Marketing the Menacing Fetus in Japan*（直訳すると『日本における祟る胎児の商業化』）は、一九九七年に University of California Press から刊行されたものです。すでに初版から二〇年もの時を経ており、この間、ジェンダーの視点から水子供養を検討する論文は国内外でいくつも発表されてきました。しかし、本書のようにジェンダーの視点から学際的かつ徹底的に水子供養を論じた研究書は他に見当たらず、水子供養がいかに現代の私たちに影響を与えているかを知るためにも、本書の内容は今もなおたいへん興味深いものです。共訳者と一緒に遅ればせながらも翻訳刊行することを企画したのも、私たち自身がこの本から多くのことを学べたからに他なりません。また、一九九〇年代に著者が行った現地調査やインタビューの数々、集積された数多くのマスコミ報道は、当時の水子供養の実態の一部を生き生きと描き出しており、今になっては入手しにくい研究資料の宝庫としても、本書は貴重な一冊になるはずです。

公式プロフィールによると、著者はヴァンダービルト大学の学部生時代から日本の宗教研究を専攻しており、一九八〇年にシカゴ大学で博士号を取得、プリンストン大学などで教鞭をとった後に、一九九二年にハーヴァード大学に移り、現在は同大のライシャワー日本研究所の教授を務めています。

ハーデカーが宗教学のなかでも主に専攻してきたのは近現代の日本宗教史で、研究テーマは神道や仏教から、宗教団体、国家神道などの他、本書にまとめられた現代の水子供養までと幅広く手掛けています。

本書に先立つ重要な海外の水子供養研究書としては、仏教史の観点から綿密な議論を行った仏教学者ウィリアム・R・ラフルーアの『水子――〈中絶〉をめぐる日本文化の底流』が、すでに邦訳されています。ハーデカーはラフルーアと見解が一致する点も多いとしながらも、次の二点で大きく立場が異なることを明記しています。第一に、ラフルーアはあくまでも仏教思想の枠組みに依拠し、日本仏教を連綿と続く文化の伝統を背負った単一の現象として扱っていますが、ハーデカーは仏教内部の違いにも着目し、さらに仏教以外の新宗教や神道、修験道、さらには現代の起業家的な宗教家たちにも目を向けて、水子供養の多様性を示しています。第二に、ラフルーアは中絶問題のジレンマに対する解決策として日本の水子供養に注目し、そうした儀礼が個人や社会に対して積極的な治療機能をもつ可能性を展望しているのですが、ハーデカーは水子供養を女性差別的な胎児中心主義的な言説の上に成り立つものと見なして、ジェンダーの視点から批判的な分析を試みています。

本書のキーワードの一つは「胎児中心主義（feto-centrism）」で、著者はこれを水子供養と切り離せないものだと見ています。ハーデカーいわく、胎児中心主義的レトリックは、「胎児の視覚的イメージに基づいて、胎児は『赤ん坊』以外の何ものでもなく、母親とは独立した命をもっており、一般成人と同じ条件で保護されるべきだとする」ものであり、女性たちの権利を制限するためにしばしば用いられます。むしろ、女性たちが安全で合法的な中絶を受ける権利を獲得したことに対抗して、中絶に反対する人々が写真技術の向上で目に見える存在になった「胎児」の生命尊重という新たなレトリックを持ち出したのだと言った方がよいかもしれません。

　胎児中心主義的レトリックが登場したのは、一九六〇年代の終わりから七〇年代にかけて、世界中で女性解放運動《ウィミンズ・リバレーション》が活性化して、中絶が合法化された後のことです。世界では東欧を除くほとんどの国々で長らく中絶禁止が続き、闇堕胎で命を落とす女性も少なからずいたため、中絶合法化は海外の女性たちにとって差し迫った課題でした。戦後の人口政策として政府が避妊より先に中絶を合法化した特異な歴史を持つ日本とは異なり、海外の女性たちは女性の権利をめぐる壮絶な戦いの末に「権利としての中絶」を勝ち取ったのです。海外では、それと並行して中絶をより安全に行う技術も開発され、女性たちの監視の下で医療に導入されていきました。

　ところが、海外の――とりわけアメリカの――女性たちが安全で合法的な中絶を選べるようになったとたんに、女性たちを母性や従来の女らしさに縛りつけておこうとする保守勢力の反動が強まり、いわゆる「プロライフ」〔胎児生命の尊重を掲げて、女性の自己決定による中絶を否定する主義主張〕の運動が開始されます。これに抗するために「女性の権利」を称揚するプロチョイス派も立ちあがり、両者は中絶の是非をめぐって真っ向から対立するようになりました。ちょうどその頃、レナート・ニルソンというスウェーデン人の写真家が世界初の「胎児写真」を発表し、本書にも引用されているように、胎児の姿は「臍帯一つで宇宙船につながれたまま宇宙空間を自由に漂っている『人間』の象徴になった」のです。ニルソン自身が女性の権利をどう考えていたのかは不明ですが、中絶に反対するプロライフ派の人々は、さっそくその胎児イメージを用いて「胎児生命尊重」を掲げるようになり、現在に至っています。

なお「胎児中心主義」という言葉の初出は不明ですが、アメリカ人フェミニスト政治学者ロザリンド・ポラック・ペチェスキー（Rosalind Pollack Petchesky）は、著書 *Abortion and Woman's Choice: The State, Sexuality, & Reproductive Freedom*（『中絶と女性の選択――国家、性、リプロダクティヴ・フリーダム』未邦訳）の一九九〇年改訂版の前書きのなかで、プロライフ派が医学の発展によって実現された胎児イメージを利用して、胎児が女性から独立した生命であるかのように構築してみせる言説や運動を「胎児中心主義」と呼んで批判しています。

胎児中心主義的な見方は、胎児と女性を対立させ、被害者と加害者であるかのように描き出すことを可能にします。本書の第二章に出てくる「女性は勇敢な宇宙飛行士になぞらえられる胎児の『殺人者』にされてしまう」という一節は、胎児を勇敢で誉れ高き存在に高めることで相対的に女性の地位を貶めるのと同時に、胎児と女性を対立させた上で女性たちに胎児殺しの罪を着せる一方的な見方を批判したものです。「胎児殺し」という概念を掲げるためには、胎児を妊娠している女性とは別の独立した生命体として構築する必要があり、「胎児」を独立した生命体と見なすためには、主体としての女性を消去する必要があります。そのため、中絶に関して女性自身に選択権が与えられることを重視するプロチョイス派の人々は、プロライフ派が標榜する「胎児生命」とは女性の権利を狭めるために構築された概念であることを様々な形で暴き、批判してきました。本書もそうした批判の一つとして読むことができます。

なお、先に示した写真家のニルソンが胎児を「羊膜腔の中で漂う宇宙飛行士《スペースマン》」と形容したのに対して、バーバラ・カッツ・ロスマン（Barbara Katz Rothman）は一九八六年の著書 *Tentative Pregnancy:*

Prenatal Diagnosis and the Future of Motherhood（『仮の妊娠——胎児診断と母性の未来』未邦訳）のなかで、「胎児を宇宙空間《スペース》に漂う人（＝男《マン》）になぞらえることで女性は『何もない空間《スペース》』に還元される」と批判しています。胎児のみに強烈なスポットライトを浴びせることで、子宮ばかりか女性自身の存在もかき消され、深淵なる宇宙の暗闇に後退させられてしまうからです。

ここで考えるべきなのは、女性たちを殺人者に仕立てたり、何もない空間に還元したりするのはいったい誰なのかということです。「患者中心主義」であれば主体は患者であり、「自民族中心主義」であれば主体は当の民族の人ですが、「胎児中心主義」の胎児は主体にはなりえません。「胎児中心主義」は、「胎児」と「女性」のあり方をそのどちらでもない第三者が一義的に決めつけた見方なのです。「胎児中心主義」のレトリックを用いる人々は、自ら構築した「胎児」の像を隠れ蓑にしながら女性たちを「脱中心化」しようと試みています。胎児中心主義においては女性たち自身の自主性や多様な見方は捨て去られ、女性たちは「胎児の母」として一義的に決めつけられ、許しがたい「子殺し」を行ったと断罪されます。まさにそのような文脈に基づいて、女性搾取的な水子供養ビジネスが展開されたのです。

水子供養の登場からほぼ半世紀になろうとしている現在、かつてほどの勢いこそないにしても、一部の寺社で水子供養は続けられています。今でも水子供養からかなりの収入を得ていると推測されるところもありますが、ほとんど収益がないか、まったくの無料で提供している事例も散見されます。さらに最近は、インターネット空間を利用した水子供養も盛んに行われているようです。

インターネット上の水子供養にも詳しい松浦由美子は、「『たたり』と宗教ブーム——変容する宗教の中の水子供養」という二〇〇八年の論文で、ハーデカーや森栗茂一のような研究者たちが、「水子供養の本質は水子のたたりを用いた女性に対する脅しだと批判する」のは、一九九〇年代までの水子供養に関しては「全く正しい」としながらも、「まさにスピリチュアリティの時代」である現在は「癒し」が重要なテーマになっていると指摘しています。しかし「中絶は悪いこと」という絶対的な価値判断を前提に、女性ばかりが「産めなかった赤ちゃん」との感傷的な絆を持ち続けることについては、もっと議論が必要ではないでしょうか。そのためにも、水子供養とはいったい何であったのか、それが今の私たちにどのような影響を及ぼしているのかを今一度振り返ってみることは重要でしょう。

本書は、一義的に捉えられがちな「水子供養」の多様性を明らかにしたばかりか、水子供養の搾取性を暴き、経典に根ざしていない儀式の正統性に疑問を投げかけ、妊娠や出産、中絶などに関する時代的な変遷を検討するなど、様々な議論の土台を提供しています。ただし、本書で示した事例だけでは不十分あることは著者も認めており、ハーデカー自身が書いている通り、「今後の研究で仮説を立てるための材料」として、さらには「水子供養をより包括的に調査していくための道しるべ」として本書を活用していただくことは訳者としての願いでもあります。

なお、ハーデカーが日本の男女関係の典型として示した「冷たい男と馬鹿な女」のパターンについては、海外でも当初からいくつか批判が出ていました。二五年間にもわたって水子供養を研究してきたバードウェル・L・スミス（Bardwell L. Smith）が二〇一三年に刊行した *Narratives of Sorrow and Dignity*（『悲嘆と尊厳のナラティヴ』未邦訳）でも、「(性に積極的な男性と対比される）消極的な女性という典型にそぐわない（日本人）女性の例も目立つ」ことが指摘されています。また、フェミニズムとポストコロニアリズムの観点から現代宗教を論じている文化人類学者の川橋範子からは、ハーデカーの水子供養研究は「異質な他者」として日本女性のイメージを第三者の視点から構築するばかりで、自らが属する西洋社会のあり方への再帰的な視点に欠けているとの批判も出ています。

ただし、そうした批判があるからといって本書全体の価値が失われるわけではありません。また、川橋は上記の批判と同時に、「逸脱、侵犯、危険をエロス化しそれらに性的快楽を見出す無慈悲な抑圧者」として描かれる日本人男性の表象に対して、「当事者であるはずの日本の男性研究者はどのように反応するのだろうか」という問いも投げかけています。もちろん、男女関係のパターンをはじめとする性や生殖については、日本の男性たちだけではなく、女性たち自身も自らの言葉で語れるようになる必要があるはずです。ところが、少なくとも「中絶」に関しては、当事者の声がなかなか聞こえてこないのが日本の現状です。当事者が沈黙している一方で、「中絶は胎児殺しである」「中絶は罪である」などとプロライフ的な見解ばかりが声高に語られてきたのです。

でも、そのような中絶観が必ずしも「常識」ではないということは、ちょっと海外に目を向ければすぐに分かります。日本とは対照的に、海外では宗教的な信念に基づくプロライフ的な見方も確かにある一方で、「中絶は女性にとって不可欠な選択肢である」という認識が強く、「中絶のおかげで私の人生は救われた」といったプロチョイス的な意見も目立ちます。日本において女性中心主義的あるいはプロチョイス的な言説がほとんど見当たらない現状の裏には様々な要因が働いていますが、たとえば日本の中絶医療の遅れがその要因の一つであることについては拙著『中絶技術とリプロダクティヴ・ライツ――フェミニスト倫理の視点から』(二〇一四年)を参照していただければ幸いです。もう一方の大きな要因が、一九七〇年代以降の「水子供養」や「母性」をめぐる言説に影響された「中絶」に対する意識の変化ではないかと私は見ています。一九七三年を起点とした「母性」の構築と中絶との関係については、田間泰子著『母性愛という制度　子殺しと中絶のポリティクス』に詳しいのでご参照ください。また、水子供養の実践者による恫喝や反中絶派の国会議員による真っ向からの中絶批判は、日本社会に「中絶罪悪視」を広めることになり、その結果、中絶を受けた当事者たちは罪悪感や恥を抱え込み、沈黙してしまったのではないかと思われます。

ただし、このあとがきの原稿を読んだ共訳者の猪瀬優理から、「水子供養実践者は必ずしも『中絶』のみにこの儀礼を結びつけていない」という事実と、「研究者の方が過度に水子供養に中絶を結びつける言説を作ることに加担している側面もある」との的確な指摘をもらいました。その言葉の通り、流産や死産、夭折した子どものためにもしばしば水子供養が行われていることを忘れてはなりません。また、確かに私を含めこれまでの研究では水子供養というと中絶ばかりに結びつけて考えがちでしたが、最近では先に紹介したスミスの著書のように、流産や死産や中絶などをすべて「妊娠喪失(pregnancy loss)」と捉えて個人の反応に焦点を当てている研究もあることをご紹介しておきます。

最後に、重要な訳語の選定で留意した点を示しておきます。abortion の訳語としては、合法化された人工妊娠中絶を指す「中絶」という訳語を基本的に用いました。一方、非合法的中絶や優生保護法以前の中絶については明治刑法以来用いられている「堕胎」という訳語を当てました。日本では明治刑法以来、現在に至るまで、堕胎は法的な罪だとされています。第二次世界大戦後に人口爆発の恐れが生じたときに、日本政府は一定の条件に当てはまるabortionのみを合法化するために優生保護法を制定しながら、堕胎罪は温存されました。なお優生保護法は、障がい者に対して差別的だった優生条項を消去することで一九九六年に母体保護法に改正されましたが、中絶に関しては、優生的・差別的な理由によるもの以外の「身体的又は経済的理由」「暴行若しくは脅迫」という要件は全く変更されていません。

なお、「人工妊娠中絶」という言葉は、優生保護法のなかで違法の堕胎とは区別するために用いられたものでした。当初の新聞などでは「人中」と略されることもありましたが、次第に「中絶」という略称が定着し、今に至っています。そのように、元々は「堕胎」と峻別されていた「中絶」という言葉ですが、今ではすっかりスティグマにまみれてしまいました。「スティグマ（stigma）」とは社会学者アーヴィング・ゴフマン（Erving Goffman）が概念化し、「深く信用を傷つける特性で、個人のアイデンティティを汚れた価値の低いものへとネガティヴに変容させてしまうもの」と定義した言葉です。これを受けて、アヌラダ・クマーら（Anuradha Kumar et al.）は「中絶のスティグマ」を「妊娠を終わらせようとする女性たちに当然のものとして割り振られるネガティヴな特性であり、それによって彼女たちが女性としての理想に照らして劣っていると内的にまたは外的に思わせてしまうもの」と定義しています。その動詞形であるstigmatizeについて、スティグマを有する状態に変容することと捉えて、本書では「スティグマ化（する）」という訳語を用いました。なお、中絶という言葉にスティグマがつきまとうことを考えると、当事者の心に少しでも寄り添うためには、菅生聖子のように「人工流産」や「人工死産」と表現する方が適切かもしれません。今後、検討していきたいと思います。

他に、reproduction は基本的に「生殖」と訳しましたが、この言葉は必ずしも「産む」ことだけに限定されず、初経から閉経までに女性が経験しうること――生殖をコントロールするための避妊や中絶、あるいは流産や死産の経験――も含まれるため、そうした経験を時系列的に記録した reproductive history は「生殖歴」としました。(de-)ritualization of reproduction あるいは (de-)ritualizing reproductive life はおおむね「生殖の（脱）儀式化」と訳しましたが、文脈に応じて変えたところもあります。

訳出にあたっては、他にもプライバシー保護や日本語として自然な表現にするための工夫をいくつか施しております。原著者の誤認や勘違いなどについても事実に基づいて修正を施していますので、原著と異なる部分があることはご了解ください。

最後に、日本語版の出版をご快諾いただき、何かとご助力くださいましたハーデカー先生と、翻訳原稿のチェックとブラッシュアップにご協力いただいたステイシー・マツモトさん、ユカリ・スワンソンさん、訳文作りを手助けしてくださった牧由佳さんに心から御礼申し上げます。

また、地蔵信仰を主な研究テーマとし、宗教学や民俗学の知見を活かして今回は監修者を買って出てくれた清水邦彦さん、日本仏教思想史と生命倫理学が専門の前川健一さん、社会学者としてジェンダーと宗教にアプローチしている猪瀬優理さんという共訳者に恵まれたからこそ、日本について外国人研究者が英語で書いたものを日本語に訳し直すという難業を完遂することができました。清水さんには第一章を、前川さんには第三章を、猪瀬さんには第四章の翻訳を担当してもらい、現地調査や文献との照合など専門的な内容の事実確認等々も行ってもらいました。その他の章の翻訳は塚原が担当しましたが、折に触れて監修の清水さんをはじめとする共訳者の力を借りました。記して感謝いたします。

訳文はできる限り正確を期するとともに読みやすさを重視したつもりですが、最終的な訳文に間違いが残っていれば監訳者の私の責任です。誤訳その他にお気づきになった読者の皆様には、ぜひ教えを請いたく存じます。そして、私たちの念願だった本書の刊行をお引き受けいただき、より良い本にするために最後の最後まで忍耐強く励ましてくださった明石書店の編集者大野祐子さんに厚く御礼申し上げます。

二〇一七年木の葉舞う季節に

塚原久美

文献一覧

＊著者が参考とした（もしくは引用した）英語文献で日本語訳があるものは、英語文献表に記載の上、訳書を注記した。
＊もとは日本語文献だが原著者が英訳を参照したものは、原則として、もとの日本語文献を日本語文献表にのみ記載した。
＊原著において発行年代等に誤りがある場合は訂正した。この場合、特に注記はしていない。

〈日本語文献〉

青柳まちこ「忌避された性」『家と女性』坪井洋文他共著、小学館、一九八五年、四一六―五八頁
青山央『奇跡を呼ぶ評判の霊能者』リヨン社、一九八七年
秋津梨「水子供養の演出でボロ儲けの宗教家たち」『政界往来』一九八七年六月号、二三六―四五頁
朝日新聞社会部『現代の小さな神々』朝日新聞社、一九八四年
飯島吉晴「子どもの発見と児童遊戯」『家と女性』坪井洋文他共著、二二一―三二〇頁
池田勇諦「水子供養をめぐって――真偽決判に生きる」『真宗』一九八二年四月号、二〇―四頁
石川力山「切り紙伝承と近世曹洞宗」圭室文雄編『民衆宗教の構造と系譜』雄山閣、一九九五年、三一〇―八頁
石崎昇子「生殖の自由と産児調節運動」『歴史評論』五〇三号、一九九二年、九二―一〇七頁
石堂徹生「独身男性と中絶」『女・妊娠中絶』ユック舎、一九八四年、一一四―二二頁
一番ヶ瀬康子編『日本婦人問題資料集成　第六巻　保健・福祉』ドメス出版、一九七八年
井上順孝他編『新宗教事典』弘文堂、一九九〇年
井上順孝『新宗教の解読』筑摩書房、一九九二年
井原西鶴『好色一代女』岩波書店、一九六〇年

色川大吉『明治の文化』岩波書店、一九七〇年
岩本由輝『もう一つの遠野物語』刀水書房、一九八三年（追補版一九九四年）
上野輝将「出産をめぐる意識変化と女性の権利」『日本女性生活史』女性史総合研究会、東京大学出版会、一九九〇年、一〇一―三二頁
遠藤周作『わたしが棄てた女』講談社文庫、一九七二年
大石隆一『日本の霊能力者』日本文芸社、一九八三年
――『奇跡の霊能力者』日本文芸社、一九八四年
――『全国霊能・不思議マップ』鷹書房、一九八七年
大林道子『助産婦の戦後』勁草書房、一九八九年
荻生徂徠「徂徠先生答問書」『近世文学論集』中村幸彦校注、日本古典文学大系、岩波書店、一九六六年
落合恵美子「ある産婆の近代」『制度としての〈女〉』荻野美穂他共著、平凡社、一九九〇年、二五七―三二二頁
小野泰博「流れ灌頂から水子供養へ」『伝統と現代』七五号、一九八七年、一八―二五頁
加藤宏一『計画分娩』診断と治療社、一九八八年
鎌田久子「産婆――その巫女的性格について」『成城文芸』四二号、一九六六年、四七―六〇頁
菅野国春編『ドキュメント 神と霊の声を告げる人びと――運命に光をあてる奇跡の霊能者三〇名』出版科学総合研究所、一九八六年
菊池照雄『遠野物語をゆく』伝統と現代社、一九八三年
北塔光昇『真宗と水子供養』永田文昌堂、一九八三年
楠本加美野編著『流産児よやすらかに　親と子の運命を支配する流産児供養』日本教文社、一九八四年
郡司由紀子「祐天上人の一代記を中心とする累説話の研究」『お茶の水女子大学　国文』五二号、一九八〇年、三四―四四頁
厚生省五〇年史編集委員会『厚生省五〇年史』厚生問題研究会、一九九〇年
神原和子／岩本一夫／大西昇「「日本人の宗教意識」に関する報告、および論文」『東京工芸大学工学部紀要　人文・社会篇』六号、一九八六年、一―一四頁

――「「日本人の宗教意識」に関する共同研究の報告」『東京工芸大学工学部紀要　人文・社会篇』八号、一九八八年、二九―四二頁
小林経広「出産の習俗にみられる米飯等の呪術」『伊那路』二七号、一九八三年、五―八頁
佐藤憲昭「都市シャーマニズム」『論集――日本仏教史――大正　昭和』雄山閣、一九八八年、二六七―九二頁
差別とたたかう文化会議編『差別とたたかう文化――別冊　解放教育』一二号、明治図書出版、一九八四年
島一春『産小屋の女たち――産婆物語』健友館、一九八一年
島薗進「神がかりから救けまで」『駒澤大学仏教学部論集』八号、駒澤大学、一九七〇年、二〇九―二六頁
――『現在救済宗教論』青弓社、一九九二年
清水邦彦「昭和四五年以前からの水子供養」『西郊民俗』一四八号、一九九四年、二一―五頁
週刊現代編集部「前代未聞の水子地蔵ブームの拠点」一九八〇年九月一〇日号、一八六―七頁
――「風のように」『週刊現代』一九九三年一〇月一六日号、八六―八七頁
週刊女性編集部「房総台地の水子供養」『週刊女性』一九七六年八月一五日号、一二二―三頁
――「女ごころが救われる美しい水子寺」一九八一年六月一六日号、四〇―四五頁
週刊ポスト編集部「水子ブームに警告する」『週刊ポスト』一九八二年一二月一七日号、二〇七―九頁
宗教社会学の会編『生駒の神々――現代都市の民族宗教』創元社、一九八六年
庄崎良清／藤田庄市『おみくじ』かど創房、一九九三年
女性自身編集部「女子中・高生に大流行　水子のたたり話」『女性自身』一九八二年一一月四日号、一九三―五頁
女性セブン編集部「私は三〇万の水子の叫びを聞き、その母たちの涙を見てきた！」『女性セブン』一九七三年五月一六日号、一九一―三頁
白水寛子「変化エージェントとしての新宗教の霊能者――S教団の事例」『変動期の人間と宗教』森岡清美編、未来社、一九七八年、七一―九五頁
関山和夫『説教の歴史的研究』法藏館、一九七三年
曾野綾子『神の汚れた手』上・下巻、朝日新聞社、一九七九―八〇年
高木誠一「妊娠及出産に関する俗信」『民俗学』一号、一九二九年、四九―五三頁

高田衛『江戸の悪霊祓い師』筑摩書房、一九九四年（増補版、角川文庫、二〇一六年）
高橋三郎研究代表『「水子供養」に関する統計調査資料』平成三年度科学研究費補助金一般研究（B）研究成果報告書
　一九九二年（高橋三郎編『水子供養――現代社会の不安と癒し』行路社、一九九九年所収）
高橋由典「罪責感とその軽減　「水子供養」調査から」『ソシオロジ』三二巻一号、一九八七年
武見李子「日本における血盆経信仰について」『日本仏教』四一号、一九七七年、三七―四九頁
太宰治『斜陽』新潮文庫、一九五〇年
橘正一「妊娠・出産・育児に関する俗信」『民俗学』一号、一九二九年、三五一―三頁
谷口輝子「中絶児の幻影を見て」『白鳩』一九七八年九月号、八四―七頁
谷崎潤一郎『春琴抄』新潮文庫、一九五一年
田野登『大阪のお地蔵さん』渓水社、一九九四年
圭室文雄編『日本名刹大事典』雄山閣、一九九二年
千葉徳爾／大津忠男『間引きと水子』農山漁村文化協会、一九八三年
坪井洋文「村社会と通過儀礼」『村と村人』小学館、一九八四年、四五五―五〇六頁
天照皇大神宮教本部編『生書』全二巻、東京文化研究所出版部、一九五一年
伝道院特定課題研究会著・教学本部編『女人往生』本願寺出版社、一九八八年
天理教教会本部『天理教教祖伝』天理教道友社、一九五六年
――『稿本天理教教祖伝逸話篇』天理教道友社、一九七六年
同前峰雄『岡山むかしむかし赤子「まびき」の習俗』日本文教出版、一九八九年
刀根草代「民俗社会における出産空間認識の地域性」『女性と経験』七号、一九八二年、五七―六一頁
中川清「都市日常生活のなかの戦後」『都市と民衆』成田龍一編、吉川弘文館、一九九三年、二六三―九〇頁
永田典子「産神信仰における石」『女性と経験』八号、一九八三年、一九―二二頁
中村元『仏教語大辞典』東京書籍、一九七五年
西山茂「霊術的新宗教の台頭と二つの「近代化」」『近代化と宗教ブーム』国学院大学日本文化研究所、同朋出版、一九九〇
　年、六九―一一一頁

新田光子「「水子供養」に関する統計調査資料」『龍谷大学社会学部紀要』二号、一九九一年、四六―六〇頁
日本家族計画連盟編『悲しみを裁けますか　中絶禁止への反問』人間の科学社、一九八三年
沼田健哉『現代日本の新宗教』創元社、一九八八年
野村敬子「「お産の神様」覚え書き」『女性と経験』七号、一九八二年、九―一二頁
橋本満「不安の社会に求める宗教　水子供養」『現代社会学』二三号、一九八七年、四一―五七頁
――「水子供養と女性の癒し」『性のポリフォニー　その実像と歴史をたずねて』原田平作／溝口宏平編、世界思想社、一九九〇年
速水侑『菩薩　仏教学入門』東京美術、一九八二年
藤井正雄編『仏教儀礼辞典』東京堂出版、一九七七年
藤井正雄他編『仏教葬祭大事典』雄山閣、一九八〇年
藤田庄市「街の霊能力者と信者たち」『思想の科学』三七四号、一九八三年、五八―六四頁
――『拝み屋さん　霊能祈禱師の世界』弘文堂、一九九〇年
藤目ゆき「戦間期日本の産児調節運動とその思想」『歴史評論』四三〇号、一九八六年、七九―一〇〇頁
――「ある産婆の軌跡」『日本史研究』三六六号、一九九三年、九〇―一一二頁
文化庁『宗教年鑑』平成四年版、行政出版、一九九三年
「夏の御供養」『平凡パンチ』一九八五年八月八日号
辯天宗「水子の霊に安らぎを」パンフレット（発行年月日記載なし）
毎日新聞人口問題調査会編『記録　日本の人口――少産への軌跡』毎日新聞社、一九九二年
前田博『日本の霊能者』株式会社コア、一九八六年
松岡悦子『出産の文化人類学』海鳴社、一九八三年
――「文化と出産――日本の自然分娩運動を中心として」『民族学研究』四七号、一九八三年、三五六―八一頁
松田美智子「胎児を大切に」『白鳩』一九七八年八月号、六二―五頁
松村明他校注『新井白石』日本思想大系、岩波書店、一九七五年（本書では、浅野三平訳『鬼神論・鬼神新論』笠間書院、二〇一二年を使用）

真鍋広済『地蔵菩薩の研究』三密堂、一九六〇年、九八―一二二頁
三浦道明『愛――もし生まれていたら――幸せをつかむ水子供養の実証』文化創作出版、一九八一年（*The Forgotten Child*, Henley-on-Thames: Aidan Ellis, 1983 として英訳され、原著は英訳を参照している）
三浦道明『諸供養の仕方』大津・圓満院（出版年不明）
宮田登『「心なおし」はなぜ流行る――不安と幻想の民俗誌』小学館、一九九三年
村上重良「天理教の神話と民衆救済」『民衆と社会』春秋社、一九八八年
森栗茂一「水子供養の発生と現状」『国立歴史民俗博物館研究報告』五七号、一九九四年、一一―九五頁
――『不思議谷の子供たち』新人物往来社、一九九五年
柳田國男『遠野物語　増補版』郷土研究社、一九三五年（本書では『新版　遠野物語　付・遠野物語拾遺』二〇一五年、角川ソフィア文庫を使用）。
ヤングレディ編集部「心やすまる寺社めぐり」『ヤングレディ』一九八〇年一一月一一日号、一三二―五頁
――「突然、私を襲った水子霊の祟り」『ヤングレディ』一九八五年七月二三日号、一四五―八頁
――「許して赤ちゃん！　そして安らかに眠って……」『ヤングレディ』一九八五年八月三日号、一五五―六〇頁
――「もう、一人で苦しまなくていい――」『ヤングレディ』一九八五年八月二七日号、一六九―七一頁
弓山達也「弁天宗における救済論の展開――特に水子供養に関連させて」『宗教学年報』二四号、一九九四年、、八七―九九頁
吉村典子「女性の生活と出産慣行の変貌」『季刊人類学』一四号、一九八三年
読売新聞社婦人部『日本人の人生案内』平凡社、一九八八年
頼富本宏『庶民のほとけ――観音・地蔵・不動』ＮＨＫブックス、一九八四年
臨済宗妙心寺派教化センター『「業」の説に関する本派僧侶の意識とその実態（研究報告No.1）』臨済宗妙心寺派教化センター、一九八九年
和歌森太郎編『美作の民俗』吉川弘文館、一九六三年
渡辺雅子「新宗教集団の発生過程――浜松市の自成会における教祖誕生をめぐって」田丸徳善編『都市社会の宗教――浜松市における宗教変動の諸相――』東京大学宗教学研究室、一九八一年、一〇三―二七頁

〈英語文献〉

Allen, Judith A. *Sex and Secrets: Crimes Involving Australian Women Since 1880.* Oxford: Oxford University Press, 1990.

Amano, Fumiko. "Family Planning Movement in Japan." *Contemporary Japan* 23, 1955, 1-13.

Ang, Ien. *Watching "Dallas": Soap Opera and the Melodramatic Imagination.* London: Methuen, 1985.

Bird, Elizabeth. *For Enquiring Minds: A Cultural Study of Supermarket Tabloids.* Knoxville: University of Tennessee Press, 1992.

Bledsoe, Caroline. "The Politics of AIDS, Condoms, and Heterosexual Relations." *Births and Power: Social Change and the Politics of Reproduction.* ed. A. Handwerker. Boulder, Colo.: Westview, 1990, 197-223.

Bringreve, Christian. "On Modern Relationships: The Commandments of the New Freedom." *Netherlands Journal of Sociology* 18, 1982, 47-56.

Brooks, Anne P. "Mizuko kuyō and Japanese Buddhism." *Japanese Journal of Religious Studies* 8, 1981, 119-47.

Brown, Ray B., ed. *Objects of Special Devotion: Fetishes and Fetishism in Popular Culture.* Bowling Green, Ohio: Bowling Green University Popular Press, 1982.

Buckley, Timothy, and A. Gottlieb, eds. *Blood Magic: The Anthropology of Menstruation.* Berkeley: University of California Press, 1988.

Calderone, Mary S., ed. *Abortion in the United States.* New York: Hoeber-Harper, 1958.

Coleman, Samuel J. *Family Planning in Japanese Society: Traditional Birth Control in a Modern Urban Culture.* Princeton: Princeton University Press, 1983.

Cott, Nancy. *The Bonds of Womanhood: 'Woman's Sphere' in New England, 1780-1835.* New Haven: Yale University Press, 1977.

Davis, D. L., and R. G. Whitten. "The Cross-Culture Study of Human Sexuality." *Annual Review of Anthropology* 16, 1987, 69-98.

D'Emilio, John, and Estelle Freedman. *Intimate Matters: A History of Sexuality in America.* New York: Harper and Row, 1988.

Dettwyler, K. "More Than Nutrition: Breastfeeding in Urban Mali." *Medical Anthropology Quarterly* 2, 1988, 172-83.

Devereux, George. "A Topological Study of Abortion in 350 Primitive, Ancient, and Pre-Industrial Societies," *Abortion in America*, ed. Harold Rosen. Boston: Beacon Press, 1967.

Devos, George, ed. *Japan's Invisible Race; Caste in Culture and Personality*. Berkeley and Los Angeles: University of California Press, 1966.

Dore, Ronald P., ed. *Aspects of Social Change in Modern Japan. Studies in the Modernization of Japan*, no. 3. Princeton: Princeton University Press, 1967.

Dower, John W., ed. *Origins of the Modern Japanese State: Selected Wrings of E. H. Norman*. New York: Random House, 1975.

Dower, John W. *Japan in War and Peace: Selected Essays*. New York: New Press, 1993.（ジョン・ダワー『昭和——戦争と平和の日本』明田川融訳、みすず書房、二〇一〇年）

Elisonas, Jurgis. "Notorious Places: A Brief Excursion into the Narrative Topography of Early Edo." *Edo and Paris: Urban Life and the State in the Early Modern Era*, eds. James McClain and John M. Merriman. Ithaca: Cornell University Press, 1994, 253-91.（ユリギス・エリソナス「悪所——初期江戸の叙述的地誌への短い旅」唐澤達之訳、鵜川馨他編『江戸とパリ』岩田書院、一九九五年）

Faderman, Lilian. *Odd Girls and Twilight Lovers: A History of Lesbian Life in Twentieth-Century America*. New York: Columbia University Press, 1991.（リリアン・フェダーマン『レズビアンの歴史』富岡明美／原美奈子訳、筑摩書房、一九九六年）

Frank, Lisa, and Paul Smith, eds. *Madonnarama: Essays on Sex and Popular Culture*. Pittsburgh: Cleis, 1993.

Gamson, Joshua. "Rubber Wars: Struggle Over the Condom in the United States." *American Sexual Politics: Sex, Gender, and Race Since the Civil War*. eds. John C. Tout and Maura Shaw Tantillo. Chicago: University of Chicago Press, 1993, 322-31.

Gebhard, Paul H., Wardel B. Pomeroy, Clyde E. Martin, and Cornelia V. Christenson. *Pregnancy, Birth, and Abortion*. Westport, Conn.: Greenwood, 1958.

Gilmartin, Christine, et al., eds. *Engendering China: Women, Culture, and the State*. Cambridge: Harvard University Press, 1994.

Gilmore, David. *Manhood in the Making: Cultural Concepts of Masculinity*. New Haven: Yale University Press, 1990.（デヴィッド・ギルモア『「男らしさ」の人類学』前田俊子訳、春秋社、一九九四年）

Gordon, Andrew, ed. *Postwar Japan as History*. Berkeley and Los Angeles: University of California Press, 1993.（アンドルー・ゴードン編『歴史としての戦後日本』中村政則監訳、みすず書房、二〇〇一年）

Grosz, Elizabeth. "Notes Towards a Corporeal Feminism." *Australian Feminist Studies* 5, 1987, 1-16.

—— *Volatile Bodies*. Bloomington: Indiana University Press, 1994.

Hall, Stuart. "Encoding/Decodings." *Culture, Media, Language*, eds. Stuart Hall et al. Birmingham, England: Centre for Contemporary Cultural Studies, 1980, 128-38.

Hanley, Susan, and Kōzō Yamamura. *Economic and Demographic Change in Preindustrial Japan, 1600-1868*. Princeton: Princeton University Press, 1977.（S・B・ハンレー／K・ヤマムラ『前工業化期日本の経済と人口』速水融／穐本洋哉訳、ミネルヴァ書房、一九八二年）

Hardacre, Helen. *Kurozumikyō and the New Religions of Japan*. Princeton: Princeton University Press, 1986.

—— *Shintō and the State, 1868-1988*. Princeton: Princeton University Press, 1989.

—— "Response of Buddhism and Shinto to the Issue of Brain Death and Organ Transplant." *Cambridge Quarterly of Healthcare Ethics* 3, 1994, 585-601.

Harrigan, Sandra Oliver. "Marriage and Family: Myth, Media, Behavior." Ph.D. diss. Columbia University Teachers College, 1989.

Hartouni, Valerie. "Containing Women: Reproductive Discourse in the 1980s." *Technoculture*. eds. Constance Penley and Andrew Ross. Minneapolis: University of Minnesota Press, 1991, 27-56.

Harvey, Brett. *The Fifties: A Woman's Oral History*. New York: Harper Perennial, 1993.

Henshaw, Stanley K., and Jennifer Van Vort, eds. *Abortion Factbook: 1992 Edition*. New York: Alan Guttmacher Institute, 1992.

Herdt, Gilbert. *Guardians of the Flute.* New York: McGraw-Hill, 1981.
Herdt, Gilbert, and Robert J. Stoller. *Intimate Communications: Erotics and the Study of Culture.* New York: Columbia University Press, 1990.
Hobson, Dorothy. *"Crossroads": The Drama of a Soap Opera.* London: Methuen, 1982.
Hodge, Robert, and Ogawa Naohiro. *Fertility Change in Cotemporary Japan.* Chicago: University of Chicago Press, 1991.
Honda, Tatsuo. *Population Problems in Post War Japan.* Tokyo: The Institute of Population Problems. Welfare Ministry, 1957.
Hoshino Eiki and Takeda Dosho. "Mizuko kuyo and Abortion in Contemporary Japan." *Religion and Society in Modern Japan: Selected Readings.* eds. Mark Mullins, Shimazono Susumu, and Paul Swanson. Berkeley, Calif.: Asian Humanities Press, 1993, 171-90.（星野英紀／武田道生「負の精神性と安らぎ――現代水子供養の底流」『真理と創造』二四号、佼成出版社、一九八五年、英訳増補版)。
Irokawa, Daikichi. "Freedom and the Concept of People's Right." *Japan Quarterly* 14, 1967.
Iwao, Sumiko. *The Japanese Woman: Traditional Image and Changing Reality.* New York: Free Press, 1993.
Jameson, Frederic. "Postmodernism, or the Cultural Logic of Late Capitalism." *New Left Review* 146, 1984, 53-92.
Jansen, Marius B., ed. *Changing Japanese Attitudes Toward Modernization. Studies in the Modernization of Japan, no. 1.* Princeton: Princeton University Press, 1965.
Katō, Shidzue. *A Fight for Women's Happiness: Pioneering the Family Planning Movement in Japan.* JOICFP Document Series II. Tokyo: Japanese Organization for International Cooperation in Family Planning, 1984.
Kertzer, David I. *Sacrificed for Honor: Infant Abandonment and the Politics of Reproductive Control.* Boston: Beacon, 1993.
Kimmel, Michael. "Invisible Masculinity." *Society* 30, 1993, 28-35.
Konner, Melvin, and Marjorie Shostak. "Timing and Management of Birth Among the! Kung: Biocultural Interaction in Reproductive Adaptation." *Cultural Anthropology* 2, 1987, 11-28.
Kuhn, Annette. "Women's Genres." *Screen* 25, 1984, 18-28.
―― *The Power of the Image: Essays on Representation and Sexuality.* London: Routledge and Kegan Paul, 1985.
LaFleur, William. *Liquid Life: Abortion and Buddhism in Japan.* Princeton: Princeton University Press, 1992.（ウィリアム・

ラフルーア『水子――〈中絶〉をめぐる日本文化の底流』森下直貴／遠藤幸英／清水邦彦／塚原久美訳、青木書店、二〇〇六年）
Lee, Nancy Howell. *The Search for an Abortionist.* Chicago: University of Chicago Press, 1969.
Leigh, Barbara. "Reasons for Having and Avoiding Sex: Gender, Sexual Orientation and Relationship to Sexual Behavior." *The Journal of Sex Research* 26, 1989, 199-209.
Lock, Margaret. *Encounters With Aging: Mythologies of Menopause in Japan and North America.* Berkeley and Los Angeles: University of California Press, 1993.（マーガレット・ロック『更年期――日本女性が語るローカル・バイオロジー』江口重幸／山村宜子／北中淳子訳、みすず書房、二〇〇五年）
Luker, Kristin. *Taking Chances: Abortion and the Decision Not to Contracept.* Berkeley and Los Angeles: University of California Press, 1975.
Mangen, J. A., and James Walvin, eds. *Manliness and Morality: Middle-Class Masculinity in Britain and America, 1800-1940.* New York: St. Martin's, 1987.
Mayne, Judith. *Cinema and Spectatorship.* London: Routledge, 1993.
McClain, James, and John M. Merriman. "Edo and Paris: Cities and Power." *Edo and Paris: Urban Life and the State in the Early Modern Era.* eds. James McClain and John M. Merriman. Ithaca: Cornell University Press, 1994, 3-38.（ジェイムス・L・マックイン／ジョン・M・メリマン「江戸とパリ」高橋清徳訳、鵜川馨他編『江戸とパリ』前掲）
McKinstry, John, and Asako McKinstry. *Jinsei annai: Life's Guide.* Armonk, N.Y.: M. E. Sharpe, 1991.
McLaren, Angus, and Arlene McLaren. *The Bedroom and the State.* Toronto: McClelland and Stewart, 1986.
Messer, Ellen, and Kathryn E. May. *Back Rooms: Voices from the Illegal Abortion Era.* Buffalo, N.Y.: Prometheus Books, 1994.
Middleton, Peter. *The Inward Gaze: Masculinity and Subjectivity in Modern Culture.* London: Routledge, 1992.
Millard, A. "The Place of the Clock in Pediatric Advice: Rationales, Cultural Themes, and Impediments to Breastfeeding." *Social Science and Medicine* 31, 1990, 211-21.
Modleski, Tania. *Loving with a Vengeance: Mass-Produced Fantasies for Women.* London: Methuen, 1982.
Mohr, James C. *Abortion in America: The Origins and Evolution of National Policy, 1800-1900.* Oxford: Oxford University

Press, 1978.
Morley, David. *Family Television: Cultural Power and Domestic Leisure.* London: Comedia, 1986.
Morris, Meagan. "Banality in Cultural Studies." *Discourse* 10, 1988, 3-29.
Mouer, Ross, and Yoshio Sugimoto. *Images of Japanese Society: A Study in the Social Construction of Reality.* New York: KPI, 1986.
Netting, Nancy. "Sexuality in Youth Culture: Identity and Change." *Adolescence* 27, 1992, 961-76.
Oakley, Deborah Jane Hacker. "The Development of Population Policy in Japan, 1945-1952, and American Participation." Ph.D. diss. University of Michigan, 1977.
Ohmer, Susan. "Female Spectatorships and Women's Magazines: Hollywood, Good Housekeeping, and World War II." *The Velvet Light Trap* 25, 1990, 53-68.
Ong, Walter J. *Orality and Literacy: The Technologizing of the World.* London: Methuen, 1982.（ウォルター・J・オング『声の文化と文字の文化』桜井直文／林正寛／糟谷啓介訳、藤原書店、一九九一年）
Padgug, Robert. "Sexual Matters: On Conceptualising Sexuality in History." *Radical History Review* 20, 1979, 3-23.
Parker, Richard. *Bodies, Pleasures, and Passions: Sexual Culture in Contemporary Brazil.* New York: Beacon, 1993.
Parker, Richard, Gilbert Herdt, and M. Carballo. "Sexual Culture, HIV Transmission, and AIDS Research." *Journal of Sex Research* 28, 1991, 77-98.
Petchesky, Rosalind. "Foetal Images: The Power of Visual Culture in the Politics of Reproduction." *Reproductive Technologies: Gender, Motherhood and Medicine,* ed. Michele Stanworth. Minneapolis: University of Minnesota Press, 1978, 57-80.
—— *Abortion and Woman's Choice: The State, Sexuality, & Reproductive Freedom.* London: Verso, 1984.
Reader, Ian, and George Tanabe, eds. *Conflict and Religion in Japan,* special issue of *Japanese Journal of Religious Studies* 21, June-September 1994.
Reicher, Edwin O., and John K. Fairbank. *East Asia, the Modern Transformation.* Boston: Houghton Mifflin, 1960.
Renov, Michael. "Advertising/Photojournalism/Cinema: The Shifting Rhetoric of Forties Female Representation." *Quarterly Review of Film and Video* 11, 1989, 1-21.

Rothman, Barbara Katz. *Tentative Pregnancy: Prenatal Diagnosis and the Future of Motherhood.* Pandra Press, 1986.

—— *Recreating Motherhood: Ideology and Technology in a Patriarchal Society.* Norton, 1989.（バーバラ・K・ロスマン『母性をつくりなおす』広瀬洋子訳、勁草書房、一九九六年）

Rotundo, Anthony. *American Manhood: Transformations in Masculinity from the Revolution to the Modern Era.* New York: Basic Books, 1993.

Sankar, Andrea. "Sisters and Brothers, Lovers and Enemies: Marriage Resistance in Southern Kwangtung [Hong Kong, 1865-1935]." *Journal of Homosexuality* 11, 1985, 69-81.

Schecter, Harold. *The Bosom Serpent: Folklore and Popular Art.* Iowa City: University of Iowa Press, 1988.（ハロルド・シェクター『体内の蛇――フォークロアと大衆芸術』鈴木晶／吉岡千恵子訳、リブロポート、一九九二年）

Shostak, Arthur, and Gary McLouth. *Men and Abortion: Lessons, Losses, and Love.* New York: Praeger, 1984.

Smith, Bardwell L. "Buddhism and Abortion in Contemporary Japan: Mizuko kuyō and the Confrontation with Death." *Japanese Journal of Religious Studies* 15, 1988, 3-24.

Smith-Rosenberg, Carol. *Disorderly Conduct: Visions of Gender in Victorian America.* New York: Oxford University Press, 1985.

Solinger, Rickie. *Wake Up Little Susie: Single Pregnancy and Race Before Roe v. Wade.* London: Routledge, 1992.

Stabile, Carole. "Shooting the Mother: Fetal Images and the Politics of Disappearance." *Camera Obscura* 28, January 1992, 179-205.

Taeuber, Irene, and Marshall Balfour. "The Control of Fertility in Japan." *Office of Population Research.* Princeton University, n.d.

Townsend, Rita, and Ann Perkins. *Bitter Fruit: Women's Experiences of Unplanned Pregnancy, Abortion in America: The Origins and Evolution of National Policy, 1800-1900.* Oxford: Oxford University Press, 1978.

Ulrich, Lauel Thatcher. *A Midwife's Tale: The Life of Martha Ballard, Based on Her Diary, 1785-1812.* New York: Vintage Books, 1990.

Weeks, Jeffrey. *Sex, Politics and Society: The Regulation of Sexuality Since 1800.* London: Longman, 1981.

Werblowsky, Zwi. "Mizuko kuyō: Notulae on the Most Important 'New Religion' of Japan." *Japanese Journal of Religious Stud-*

ies 18, 1991, 295-334.（R・J・ツヴィ・ヴェルボロウスキー「水子供養――日本の最も重要な「新宗教」に関する覚書」鳥井由紀子訳、『國學院大學日本文化研究所紀要』七二輯、一九九三年）
Wetherington, Ronald. "Culture and Reproduction: An Anthropological Critique of Demographic Transition Theory." *American Anthropologist* 89, 1987, 5-6.
Wigmore, John Henry, ed. *Law and Justice in Tokugawa Japan: Materials for the History of Japanese Law and Justice under the Tokugawa Shogunate, 1603-1867.* 9 vols. Tokyo: University of Tokyo Press, 1967.

付記　原著公刊以降に発行された関連文献

〈日本語文献〉

飯島吉晴「いのちの誕生と成長」『成長と人生』飯島吉晴／宮前耕史／関沢まゆみ著、吉川弘文館、二〇〇九年
石崎昇子「日本の堕胎罪の成立」『歴史評論』五七一号、一九九七年、五三―七〇頁
板橋春夫『出産――産育習俗の歴史と伝承「男性産婆」』社会評論社、二〇〇九年
猪瀬優理「ジェンダーの視点からみる水子供養」『龍谷大学社会学部紀要』四八号、二〇一六年
岩田重則『「いのち」をめぐる近代史――堕胎から人工妊娠中絶へ』吉川弘文館、二〇〇九年
大鹿勝之「人工妊娠中絶と水子」『東洋学研究』四一号、二〇〇四年
太田素子『子宝と子返し』藤原書店、二〇〇七年
太田素子編『近世日本マビキ慣行史料集成』刀水書房、一九九七年
大出春江「出産の正常と異常の境界をめぐるポリティックスと胎児の生命観」『年報社会科学基礎論研究』五号　二〇〇五年

――「出産の戦後史」新谷尚紀／岩本通弥編『都市の暮らしの民俗学③』吉川弘文館、二〇〇六年
荻野美穂『中絶論争とアメリカ社会』岩波書店、二〇〇一年
――「堕胎・間引きから水子供養まで」赤坂憲雄他編『女の領域・男の領域』岩波書店、二〇〇三年
――『「家族計画」への道――近代日本の生殖をめぐる政治』岩波書店、二〇〇八年
柿本加奈「人工妊娠中絶に見る身体の自由とは何か」『倫理学年報』五六集、二〇〇七年
勝又里織／松岡恵／関根憲治「人工妊娠中絶術を受けた女性の内的世界――20代前半未婚女性のデータから」『日本女性心身医学会雑誌』一二巻一／二号、二〇〇七年
香山リカ『新型出生前診断と「命の選択」』祥伝社、二〇一三年
川橋範子「「他者」としての「日本女性」」『民族學研究』六八巻三号、二〇〇三年
――「他者としての日本女性像をめぐって」『比較日本文化研究』八号、二〇〇四年
――『妻帯仏教の民族誌――ジェンダー宗教学からのアプローチ』人文書院、二〇一二年
神田より子「民俗学からみた日本の女性研究のあゆみ」『敬和学園大学研究紀要』一七号、二〇〇八年
杵渕恵美子／高橋真理「人工妊娠中絶を経験した女性の心理経過」『石川看護雑誌』一号、二〇〇四年
金律里「水子供養絵馬からみる死者イメージ」『東京大学宗教学年報』三〇号、二〇一三年
後藤靖「水子と国家について」京都橘女子大学・女性歴史文化研究所編『家と女性の社会史』日本エディタースクール出版部、一九九八年
小松加代子「ニューエイジ思想の輪廻観と水子供養」『湘南国際女子短期大学紀要』八号、二〇〇一年
沢田博「沢田博と英字紙を読む――水子供養」『世界週報』八七巻一三号、二〇〇六年
沢山美果子『出産と身体の近世』勁草書房、一九九八年
島薗進「個としてのいのち、交わりの中のいのち」『死生学研究』五号、二〇〇七年
――「いのちの始まりの生命倫理」『東洋学術研究』四六巻一号、二〇〇七年
清水邦彦「水子供養」末木文美士編『近代国家と仏教』佼成出版社、二〇一一年
――「水子供養から見る日本人の生命観」『倫理学』二七号、二〇一一年
白井千晶編『産み育てと助産の歴史』医学書院、二〇一六年

新村拓『医療化社会の文化誌』法政大学出版局、一九九七年
末木文美士／前川健一「妊娠中絶と水子供養」関根清三編『死生観と生命倫理』東京大学出版会、一九九九年
椙山聖子「近世・「水子」をめぐる問題」民衆史研究会編『民衆史研究の視点』三一書房、一九九七年
鈴木由利子「選択される命」『日本民俗学』二二四号、二〇〇〇年
――「育てる意思のない子ども」『東北民俗学研究』七号、二〇〇一年
――「間引きと生命」『日本民俗学』二三二号、二〇〇二年
――「水子供養の成立過程」『東北民俗』三七輯、二〇〇三年
――「間引きと近代」『東北民俗学研究』八号、二〇〇五年
――「堕胎・間引きと子どもの命」太田素子／森謙二編『〈いのち〉と家族』早稲田大学出版部、二〇〇六年
――「人工妊娠中絶と水子供養」『東北民俗』四一輯、二〇〇七年
――「水子供養にみる生命観の変遷」『女性と経験』三四号、二〇〇七年
――「清源寺「子育ていのちの地蔵尊」と水子供養」『東北学院大学　東北文化研究所紀要』四四号、二〇一二年
――「水子供養」安井眞奈美編『出産の民俗学・文化人類学』勉誠出版、二〇一四年
スミス、バードウェル「水子供養における死との直面」ポール・L・スワンソン／林淳編『異文化から見た日本宗教の世界』法藏館、二〇〇〇年
関口充夫『理想のお産とお産の歴史』近代文芸社、一九九八年
高棹健太「「巫女」と水子――大和教団の教勢展開」『宗教研究』八八巻別冊、二〇一五年
高橋三郎編『水子供養――現代社会の不安と癒し』行路社、一九九九年
武田正『子どものフォークロア』岩田書院、一九九七年
田島靖則「生命主義とキリスト教」『ルーテル学院研究紀要』四〇号、二〇〇六年
田間泰子『母性愛という制度――子殺しと中絶のポリティクス』勁草書房、二〇〇七年
陳宣聿「台湾における嬰霊慰霊について」『東北宗教学』一〇号、二〇一四年
――「三居沢不動における水子供養の成立と展開」『東北民俗』四九号、二〇一五年
塚原久美『中絶技術とリプロダクティヴ・ライツ――フェミニスト倫理の視点から』勁草書房、二〇一四年

土屋敦「胎児を可視化する少子化社会」『死生学研究』六号、二〇〇五年
土井健司「ヒト胚研究と妊娠中絶の是非」『思想』二〇〇七年九月号
中野優子「仏教の生命倫理と女性の権利」『印度学仏教学研究』四五巻二号、一九九七年
――「「水子供養」と女性〔3〕女性の権利と「生命倫理」」『曹洞宗宗学研究所紀要』一一号、一九九七年
中村禎里『胞衣の生命』海鳴社、一九九九年
西川麦子『ある近代産婆の物語』桂書房、一九九七年（一九八九年刊の増訂版）
新田光子「「水子供養」に関する統計調査資料」『龍谷大学社会学部紀要』二号、一九九一年、四六―六〇頁
野村文子「水子供養と外国人研究者」『龍谷大学社会学部紀要』一四号、一九九九年
――「水子供養と女人救済」『川村女子大学紀要』一九号、一九九九年
――「水子供養に関する宗教儀礼とジェンダー」『川村女子大学女子学年報』一号、二〇〇三年
林千章「ウィリアム・R・ラフルーア著『水子――〈中絶〉をめぐる日本文化の底流――』によせて」『女性史学』一七号、二〇〇七年
日比野由利「中絶を経験した女性のスピリチャリティ」『日本看護科学会誌』二五巻三号、二〇〇五年
――「中絶の語りからみた女性の自己変容とケアの可能性」『母性衛生』四八巻二号、二〇〇七年
日比野由利／柳原良江編『テクノロジーとヘルスケア』生活書院、二〇一一年
藤田庄市『宗教事件の内側』岩波書店、二〇〇八年
藤目ゆき『性の歴史学』不二出版、一九九七年
渕上恭子「韓国仏教の〈水子供養〉」『平和と宗教』一六号、一九九七年
――「韓国仏教の〈水子供養〉――韓国に民衆仏教の生命論と仏典理解」『宗教研究』七六巻二号、二〇〇二年
星野智子「辯天宗の水子供養について」『宗教と社会』別冊、一九九七年度ワークショップ報告書、一九九七年
――「危機管理装置としての水子供養」宗教社会学の会編『神々の宿りし都市』創元社、一九九九年
――「現代社会における胎児の生命観」『現代宗教二〇〇三』国際宗教研究所、二〇〇三年
――「フィールドワークの実践――水子供養調査を通して」宗教社会学の会編『宗教を理解すること』創元社、二〇〇七年
前川健一「水子供養の論理を超えられるか？」末木文美士編『現代と仏教』佼成出版社、二〇〇六年

松浦由美子「「弔い」のポリティクス」『多文化』六号、二〇〇六年
――「電子水子」『多文化』七号、二〇〇七年
――「「たたり」と宗教ブーム」『多文化』八号、二〇〇八年
松崎憲三「堕胎（中絶）・間引きに見る生命観と倫理観」『現代供養論考』慶友社、二〇〇七年（初出二〇〇〇年）
水谷徹／今野義孝／星野常夫「障害児の出生前診断の現状と問題点」『文教大学教育学部紀要』三四集、二〇〇〇年
源淳子「「英霊」と「水子霊」からの解放」『関西大学人権問題研究室紀要』四六号、二〇〇三年
麦倉泰子「中絶の倫理問題についての考察」『立教大学コミュニティ福祉学部紀要』七号、二〇〇五年
森芳周「オーストリア各州における死亡胎児の埋葬に関する規制」『福井工業高等専門学校紀要　人文・社会科学』四八号、二〇一四年
――「ドイツにおける死亡胎児の処分のあり方」『医学哲学医学倫理』三三号、二〇一五年
――「スイス生殖医療法の改正――着床前診断の容認」『福井工業高等専門学校紀要　自然科学・工学』四九号、二〇一六年
森栗茂一『不思議谷の子供たち』新人物往来社、一九九五年
――「水子供養研究のその後」『比較日本文化研究』八号、二〇〇四年
安井眞奈美『出産環境の民俗学』昭和堂、二〇一三年
山本由美子『死産児になる――フランスから読み解く「死にゆく胎児」と生命倫理』生活書院、二〇一五年
魯成煥「海を渡った日本の水子供養――民間信仰の日韓比較」安井眞奈美編『出産の民俗学・文化人類学』勉誠出版、二〇一四年
渡邉典子「創られた伝統　水子供養」『境界を越えて』九号、二〇〇九年

〈英語文献〉

Allison, Anne. “Book Review: Marketing the Menacing Fetus in Japan.” *The Journal of Asian Studies* 58/3, 1999.
Anderson, Richard W., and Elaine Martin. “Rethinking in the Practice of Mizuko Kuyo in Contemporary Japan.” *Japanese*

Journal of Religious Studies 24/1, 2, 1997.

Bays, Jan Chozen. *Jizo Bodhisattva: Modern Healing and traditional Buddhist Practice.* Boston: Tuttle Publishing, 2002.

Drixler, Fabian. *Mabiki; Infanticide and Population Growth in Eastern Japan, 1660-1950.* Berkeley: University of California Press, 2013.

Green, Ronald M. "The Mizuko Kuyo Debate: An Ethical Assessment." *Journal of the American Academy of Religion* 67/4, 1999.

Harrison, Elizabeth G. "Strands of Complexity: The Emergence of Mizuko Kuyo in Postwar Japan." *Journal of the American Academy of Religion* 67/4, 1999.

Hibino Yuri. "Postabortion spirituality in women: insights from participants in the Japanese ritual of mizuko kuyo over the Internet."（日比野由利『女性心身医学』一三巻一・二号、二〇〇八年）

Keown, Damien, ed. *Buddhism and Abortion.* Honolulu: University of Hawaii Press, 1999.

Kumara, Anuradha, Leila Hessinia and Ellen M.H. Mitchell. "Conceptualising abortion stigma." *Culture, Health & Sexuality* 11,6, 2009, 625-39.

LaFleur, William R. "A Comment Concerning Abortion Rites in Japan." *The Journal of Japanese Studies* 25/2, 1999.

Macfarlane. Alan. *The Savage Wars of Peace: England, Japan and the Malthusian Trap.* Basingstoke: Blackwell Publisher, 1997.（『イギリスと日本　マルサスの罠から近代への跳躍』北川文美／工藤正子／山下淑美訳、船曳建夫監訳、新曜社、二〇〇一年）

Moskowitz, Marc. *Haunting Fetus Abortion, Sexuality, and the Sprit. World in Taiwan.* Honolulu: University of Hawaii Press, 2001.

Moto-Sanchez, Milla Micka. "Jizō, Healing Rituals, and Women in Japan." *Japanese Journal of Religious Studies* 43/2, 2016, 307-31.

Norgren, Tiana. *Abortion Before Birth Control: The Politics of Reproduction in Postwar Japan.* Princeton, N.J.: Princeton University Press, 2001.（『中絶と避妊の政治学――戦後日本のリプロダクション政策』岩本美砂子監訳、塚原久美／日比野由利／猪瀬優理訳、青木書店、二〇〇八年）

Petchesky, Rosalind Pollack. *Abortion and Woman's Choice: The State, Sexuality, & Reproductive Freedom,* Revised Edition. Northeastern, 1990.
Reader, Ian. "Book Review: Marketing the Menacing Fetus in Japan." *Asian Folklore Studies* 57, 1998.
Rothman, Barbara Katz. *Tentative Pregnancy: Prenatal Diagnosis and the Future of Motherhood.* Pandora Press, 1988.
Smith, Bardwell L. *Narratives of Sorrow and Dignity: Japanese Women, Pregnancy Loss, and Modern Ritual of Grieving.* Oxford: Oxford University Press, 2013.
Steinhoff, Patricia. "Book Review: Marketing the Menacing Fetus in Japan." *The Journal of Japanese Studies* 24/2, 1998.
Underwood, Meredith. "Strategies of Survival: Women, Abortion, and Popular Religion in Contemporary Japan." *Journal of American Academy of Religion* 67/4, 1999.
Wilson, Jeff. *Mourning the Unborn Dead: A Buddhist Ritual Comes to America.* New York: Oxford University Press, 2009.

《監訳者紹介》
塚原久美（つかはら くみ）
1980年代半ばよりフリーランスの翻訳家・ライターとして活躍。金沢大学大学院にてジェンダーの観点から日本の中絶問題を研究し、博士号取得。
主著　『中絶技術とリプロダクティヴ・ライツ――フェミニスト倫理の視点から』（勁草書房、2014年）
訳書　ティアナ・ノーグレン『中絶と避妊の政治学――戦後日本のリプロダクション政策』（共訳、青木書店、2008年）、ドゥルシラ・コーネル『イマジナリーな領域――中絶、ポルノグラフィ、セクシュアル・ハラスメント』（共訳、御茶ノ水書房、2006年）、ウィリアム・R・ラフルーア『水子――〈中絶〉をめぐる日本文化の底流』（共訳、青木書店、2006年）など。

《監修者紹介》
清水邦彦（しみず くにひこ）
金沢大学人間社会研究域歴史言語文化学系国際学類教授。
筑波大学助手等を経て、1999年金沢大学文学部人間学科比較文化学講座助教授。2017年より現職。博士（歴史民俗資料学、神奈川大学）。
主著　『中世曹洞宗における地蔵信仰の受容』（岩田書院、2016年）
訳書　ウィリアム・R・ラフルーア『水子――〈中絶〉をめぐる日本文化の底流』（共訳、青木書店、2006年）

《訳者紹介》
猪瀬優理（いのせ ゆり）
龍谷大学社会学部准教授。宗教社会学。
日本学術振興会特別研究員を経て、北海道大学大学院文学研究科博士後期課程修了。北海道大学大学院文学研究科助教を経て現職。博士（行動科学）。
主著　『信仰はどのように継承されるか――創価学会にみる次世代育成』（北海道大学出版会、2011年）、櫻井義秀・川又俊則編『人口減少社会と寺院――ソーシャルキャピタルの視座から』（共著、法藏館、2016年）。

前川健一（まえがわ けんいち）
創価大学大学院文学研究科准教授。仏教学・生命倫理学。
東京大学大学院人文社会系研究科博士課程修了。博士（文学、東京大学）。
主著　『明恵の思想史的研究』（法藏館、2012年）、『明恵上人夢記訳注』（共編、勉誠出版、2015年）。

著者紹介

ヘレン・ハーデカー（Helen Hardacre）

ハーヴァード大学ライシャワー日本研究所、日本宗教社会学教授。ヴァンダービルト大学の学部生時代から日本の宗教について研究を開始し、1980年にシカゴ大学のジョセフ・キタガワ教授の下で博士号取得。1980–1989年プリンストン大学宗教学部、1990年から2年間、オーストラリアのグリフィス大学現代アジア研究所で教鞭をとり、1992年から現職。その宗教研究は伝統的な教義や儀式が現代人の生活にいかに変容され採用されていくかに焦点を合わせている。現代日本宗教史を中心に、現代の神道、仏教教団、在日韓国人の宗教生活に研究の幅を広げ、国家神道と現代的な中絶の儀式化の研究も手掛ける。現在は憲法改正とその宗教団体への影響について主に研究を進めている。2003年、J・S・グッゲンハイム・フェローシップを取得、2014年には全米芸術科学アカデミーに選出された。本書の原著でアリサワ・ヒロミツ賞受賞。

水子供養　商品としての儀式
近代日本のジェンダー／セクシュアリティと宗教

二〇一七年一二月二五日　初版第一刷発行

著　者　ヘレン・ハーデカー
監訳者　塚原久美
監修者　清水邦彦
訳　者　猪瀬優理、前川健一
発行者　石井昭男
発行所　株式会社　明石書店
〒101-0021 東京都千代田区外神田6-9-5
電　話　03-5818-1171
FAX　03-5818-1174
振　替　00100-7-24505
http://www.akashi.co.jp

装　丁　明石書店デザイン室
印刷・製本　モリモト印刷株式会社

ISBN978-4-7503-4599-4
（定価はカバーに表示してあります）